분배정치의 시대

분배정치의 시대

기본소득과 **현금지급**이라는 **혁명적 실험**

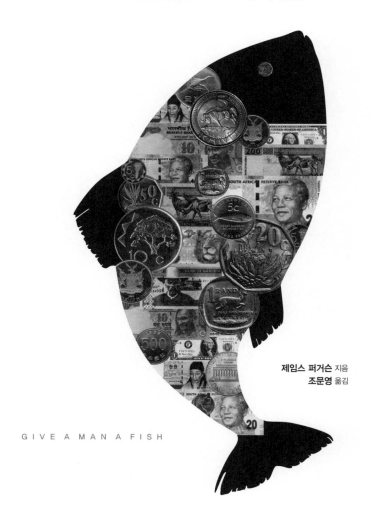

제임스 퍼거슨 지음
조문영 옮김

GIVE A MAN A FISH

여문책

차례

이 책은 원래 남아프리카 지역에 관한 특수한 질문과 논쟁에서 시작되었다. 하지만 집필작업이 진척되는 과정에서 (내가 '새로운 분배정치'라 명명한) 훨씬 더 넓은 범위의 사안들이 다루어져야 할 필요가 분명해졌다. 이 사안들은 분명 특정 지역에 국한되지 않으며, 전 세계적 중요성을 갖는다는 결론에 도달하게 되었다. 세계에 대한 나의 지식이 그 의미를 온전히 헤아리기에는 너무나 부족하지만 말이다. 그런 점에서 나는 이 한국어 번역본이 상이한 관심을 지닌 새로운 독자들을 초대함으로써 전 지구적인 프레임 안에서 분배정치를 이해하는 데 도움이 되기를 희망한다.

불평등의 전반적 수준이나 구조적 실업의 정도에서 보듯, 남아프리카의 어떤 요소들은 분명 세계의 다른 사례들에 견주어 볼 때 특이하거나 극단적으로 비칠 수 있다. 하지만 점증하는 불평등이나 '잉여'노동의 문제는 세계 여러 지역에서 상당히 가시적이고 논쟁적인 현실로 다가왔으며, 한국도 그 점에서 예외가 아닐 것이다. 오늘날 거의 전 지역에서 우리는 노동을 기반으로 한 분배주장이 약화되는 반면, 새로운 형태의 정치주장이 노동을 토대로 하지 않는 다른 종류의 분배방식을 제안하고 있음을 발견하고 있다. 이런 점에서 『분배정치의 시대—기본소득과 현금지급이라는 혁명적 실험』에서 분석한 기본소득, 현금지급, 사회보조금과 같은 특정 프로그램들은 분배정치라는 더 포괄적인 분야에 속하는 사례로 사유되어야 한다.

　그러나 노동에 대한 수요 감소와 분배를 둘러싼 새로운 정치주장의 출현이 전 지구적 현상임이 분명하더라도, 분배생계에 대한, 그리고 이 생계에 의존하는 사람들에 대한 뿌리 깊은 혐오와 경멸 역시 전 지구적으로 너무나 만연해 있다. 이 혐오와 경멸은 전 세계에서 상당히 유사한 방식으로 표출되고 있다. 가령 미국인들은 일의 세계에서 주변화된 사람들, 특히 어떤 종류든 사회적 지급을 받는 사람들을 '기생충'으로 조롱하고 폄하하는 데 익숙하다. 보수 정치가들은 이들 '기생충'을 생산적·도덕적이라 상상되는 '만드는 자makers'와 대조되는 의미에서 '받는 자takers'라 부른다. 나는 자기 나라 국민의 '99퍼센트'를 차지하는 '민중people'이 "개·돼지처럼" 취급받아야 한다는 충격적인 주장을 펼친 한국 교육부 고위관료에 관한 기사를 읽으면서 비슷한 사고방식을 발견했다.[1] 그 관리의 발언은 계급적 스노비즘과 오만함의 극치를 명백하게 보여주었고, 대중적 분노와 비난도 그러한 측면에 초점이 맞추어졌다. 하지만 그의 발언이 내게 충격적이었던 것은 단지 명백한 계급적 경멸뿐 아니라 이러한 경멸이 일의 세계에서 주변화된 사람들을 수동적·의존적이라고 상상하는 방식에 암묵적으로 뿌리를 두고 있다는 점이었다. 그 교육부 간부는 특히 한국의 민중이 "사회적 사다리를 올라갈…… 시도조차 하지 않는다"는 점에서 "미국의 흑인이

1　Sang-Hun Choe, 2016, "Korean Official, Calling for Class System, Hears Woofs, Oinks and Outrage," by Choe Sang-Hun, July 12, 2016, *New York Times*.

나 히스패닉"과 닮았으며, 따라서 이들을 "개·돼지처럼 취급하고", "먹고 살게 해주면 그만"이라고 주장했다.

인류학자들이라면 이런 종류의 발언에서 에드먼드 리치가 이야기한 일종의 주술이나 저주로서 동물 분류체계가 지속적인 영향력을 발휘하고 있다는 점을 알아차릴 것이다. 하지만 또한 리치가 일찍이 강조했듯,[2] 그 러한 모욕에서 중요한 것은 단순히 동물성animality이라는 사실이 아니라 문제의 동물들이 갖는 특수한 상징적 특징들이다. 교육부 고위관료의 '주 술적 행위'에서 '민중'은 단순히 아무 동물이 아니라 '먹이를 먹여주어야 하는' '개와 돼지'라는 특정 동물로 형상화되었다. 말이나 당나귀처럼 고된 노동을 하지도 않고, 양이나 염소처럼 스스로 먹이를 찾아 풀을 뜯으며 살 지도 않는 이 개와 돼지라는 동물은 수동성과 의존을 상기시키면서 아예 혐오의 대상이 되어버렸다. 이 동물들은 빈자들처럼, '민중'처럼, 무작정 거저 받기만을 기다리고, 다른 사람들이 '먹이고 살게 해줘야' 하는 존재로 상상된다.

이 책은 의존과 '분배생계'라는 명명을 이해하는 완전히 다른 방식을 선보인다. 분배를 가치 있고 필수적인 사회적 작업으로 바라보면서, 공식 적·비공식적 수단을 통해 분배를 추구하는 것을 (수동성이라기보다는) 일종 의 활동으로, 분배적 형태의 노동('분배노동')이 갖는 지향으로 분석한다. 분배를 기생적이고 가치 없는 '가져가기taking'로 바라보는 관점 대신, 이

Leach, Edmund, 1966, "Anthropological Aspects of Language: Animal Categories and Verbal Abuse." In Eric H. Lenneberg (ed.), *New Directions in the Study of Language*. Cambridge, Massachusetts: MIT Press.

8 | 분배정치의 시대

책은 남아공 기본소득 캠페인에서 제시된 것처럼 국민을 자신의 나라와 국부의 진정한 소유자로 규정하고, 분배적 사회보조금을 소유자이기 때문에 갖는 정당한 몫으로 바라보는 완전히 대조적인 개념을 서술할 것이다.

　남아프리카에서든, 한국에서든, 그 밖의 세계 어디에서든, 우리는 분배와 노동에 관련된 사안들을 새롭고 익숙지 않은 방식으로 구성해내는 정치적 사고와 실천이 등장하고 있음을 목격하고 있다. 우리가 원하든 원하지 않든 이러한 작업은 도처에서 놀라운 진전을 보여주고 있다. 우리의 도전은 손쉬운 기각이나 순진한 찬양을 넘어 이 사유와 실천이 함축하는 가능성과 위험들에 대해 정확하고 현실적인 분석에 도달하는 것이다. 하지만 그러한 분석을 생산해내는 지적 작업 역시 이를 통해 이해하려고 하는 새로운 변화와 마찬가지로 전 지구적으로 퍼져나가야 하며, 전 세계 지역과 각기 다른 지적 전통에 관한 폭넓고 다양한 안목과 통찰을 요구한다. 이러한 번역이야말로 상이한 지역과 언어를 관통하면서 전 지구적으로 분배되는 지적 기획을 성공적으로 이끌 대화와 토론을 촉진시키는 데 물꼬를 틀 수 있을 것이다.

분배정치가 열어젖힌 새로운 사유와 가능성

1

제임스 퍼거슨은 미국 스탠퍼드 대학 인류학과 교수로, 지난 30여 년 동안 빈곤과 개발에 관한 인류학과 인문사회과학의 논의를 이끌어온 대표적인 학자다. 상대적으로 덜 주목받는 아프리카 지역을 오랫동안 연구했기 때문에, 국내에서는 1990년대 고전 인류학에 대한 비판과 방법론 논쟁을 이끌었던 아킬 굽타Akhil Gupta와의 편저 『문화, 권력, 장소Culture, Power, Place』(1997)와 『인류학적 장소들Anthropological Locations』(1997)이 먼저 학계의 주목을 받았다. 비판적 개발인류학의 고전이 된 그의 첫 저서 『반反정치 기계The Anti-Politics Machine』(1994)는 2000년대 한국 사회에서 국제개발이 대형 산업으로 급성장하면서 역설적이게도 (그의 메스가 가장 날카롭게 향했던) '원조aid'체제의 참여자들 사이에서 선풍적 인기를 끌었다. 그의 책은 1970~1980년대 남아프리카 레소토Lesotho에 수많은 국제기구와 NGO가 개발원조를 제공했음에도 레소토는 여전히 너무나 가난한 나라로 남아 있다는 점, 그럼에도 개발원조의 반복된 실패란 오히려 당연한 '규범'이 되고, 정책의 설계-집행-평가로 이루어지는 개발주기가 정형화되고 있다는 점으로부터 간단명료하면서도 도발적인 질문을 제기했다. 개발은 과연 무엇을 위해 복무하는가? 우리가 '개발 프로젝트가 왜 실패하는 가'라는 통상적인 질문을 거두고 그 프로젝트가 (실제로) 무엇을 하는지에 시선을 돌린다면, 정책설계자들이 '우발적' 혹은 '부차적'이라 폄하했던 효과들이야말로 개입의 지속성을 담보한다는 점이 밝혀질 것이며, 이때 개발이란 결국 관료적 권력을 강화하고 확산시키는 한편 기술적 언어와 문법으로 빈곤에 대한 질문을 탈정치화시키는 장치에 다름 아니라는 점이 그의 논지였다.

『반정치 기계』가 개발 프로젝트에 대한 비판과 회의를 추동한 지 근 20년이 지난 시점에 출간된 『분배정치의 시대—기본소득과 현금지급이라는 혁명적 실험』은 "그렇다면 아무것도 하지 말란 것이냐"는, 아마도 그가 숱하게 받았을 질문에 '분배정치'를 전면에 내세우면서 직접 화답하고 있다는 점에서 적잖은 놀라움을 안겼다. 개발정책과 실행에 적극적으로 관여하는 '개발인류학Development Anthropology'과 개발 담론과 장치를 문제화하면서 비판적으로 거리를 두는 '발전인류학Anthropology of Development'이라는 구분이 암묵적으로 지속되어왔음을 상기한다면, 지식과 실천의 관계라는 판도라의 상자를 다시 열어젖힌 셈이다.

옮긴이는 이 책에서 분배정치의 주된 사례로 등장하는 남아프리카공화국의 기본소득 캠페인을 2004년 퍼거슨 선생이 개설한 대학원 수업 '신자유주의의 인류학Anthropology of Neoliberalism'에서 처음 접했다. 마지막 강의에서 그는 별도의 교재 없이 남아공의 기본소득 캠페인 자료를 소개하면서 캠페인을 주도하는 집단의 성격과 논리를 신자유주의에 관한 종래의 이론적 논의를 참조하여 분석해볼 것을 제안했다. 진보 성향의 성직자에서 기업인에 이르기까지 정치적 입장이 상이한 사람들이 뒤섞여 있는 데다 수업 내내 신자유주의적 통치성의 주된 측면으로 비판해온 언설들이 캠페인 소개에 빈번히 등장하고 있어 혼란스러웠던 기억이 생생하다. 캠페인 지지자들은 반대 진영에서 우려하던 이른바 '의존성' 문제에 맞대응하기 위해 신자유주의적 서사를 적극 동원했다. 빈민 대다수가 그동안 정부로부터의 각종 보조금을 책임감 있게 사용해왔으며, 기본소득이 위험을 줄이고 글로벌 투자를 촉진할 수 있음을 강조하고 있었다. 그러나 한편에서는 모든 개인에게 조건 없이 현금을 지급하는 방식이 의무교육처럼 보편화될 수 있다면 종래의 궤적이 어떻든 무슨 상관이겠느냐는 생각도 들었다. 통치의 '좌파적' 논리를 염두에 두며 미셸 푸코Michel Foucault가 언급한 바를 떠올린 순간이기도 했다. "통치에 협조하는 것은 결코 종속이나 전면적 용인을 뜻하지 않는다. 사람들은 협조하는 동시에 반항할 수 있다. 나는 심지어 두 가지가 나란히 가는 것이라고 생각한다."[1]

현재 한국 사회에서 기본소득에 관심 있는 보수 논객들은 기본소득이 원래 우파의 머리에서 나왔다며 역사쓰기에 골몰하고, 진보 논객들은 기본소득 의제가 자본주의의 안전망을 원하는 시장주의자들에 의해 '오염'되고 있다며 우려하는 형국이 종종 벌어지고 있다. 이런 마당에 좌파와 우

---

1 콜린 고든, 2014, '통치합리성에 대한 소개', 콜린 고든, 그레엄 버첼, 피터 밀러 엮음(심성보, 유진, 이규원, 이승철, 전의령, 최영찬 역), 『푸코 효과—통치성에 관한 연구』, 난장, p. 84에서 재인용. 퍼거슨은 신자유주의적 통치성에 대한 푸코의 양가적 입장을 재해석하면서, 우리가 당연시해온 정치적 구속과 가능성의 풍경을 다시 그려보는 실험이야말로 '좌파의 통치기술'을 발전시키는 데 긴요함을 주장한다. James Ferguson, 2011, "Toward a Left Art of Government: From 'Foucauldian Critique' to Foucauldian Politics", *History of the Human Sciences* 24(4).

파의 정치적 궤적을 동시에 비판하고 성찰하면서 '새로운 사회주의'를 위한 실험으로서의 분배와 기본소득을 주장하는 저자의 논지는 어쩌면 그 어느 쪽에서든 온전히 환대받지 못할 공산이 크다. 그럼에도 저자의 핵심 화두인 분배정치는 '의존적'이고 '비생산적'인 생계방식에 대한 보수주의자의 경멸과 노동가치와 생산주의로부터의 이탈에 대한 좌파의 우려를 단순히 불식시키는 작업에 국한되지 않음을 강조하고 싶다. 실제 분배로 생계를 영위하는 삶의 방식이 초지역적으로 광범위하게 퍼져 있고, (신자유주의의 통념과 달리) 분배와 관련된 정책 역시 전 지구적으로 확대일로에 있음을 염두에 둘 때, 분배정치를 전면에 내세우는 것은 "사람들이 무엇을 해야 하는지에 대한 이론가들의 생각이 아니라, 사람들이 실제로 무엇을 하고 있는지에 대한 경험적 관찰로부터 급진적인 정치를 실험"해야 할 필요성을 강조하는 것이다. 분배정치는 더 나아가 생산과 노동, 가족과 '사회적인 것', 의존과 권리에 대한 새로운 사유의 방식과 정치적 동원의 가능성을 제안한다는 점에서 "의례화된 불충 선언"[2]에 익숙한 지식인들, 그들이 공학적 야심으로 사유의 대지를 집어삼켰다고 종종 비난해 마지않는 정책입안자들, 신자유주의에 대한 반대 선언에 머물지 않고[3] 직접 행동을 추구해온 사회운동집단 간의 새로운 연대를 바라는 사람들이라면 누구나

---

2 데이비드 그레이버David Graeber는 '보통 사람'의 편에 있음을 자처하지만 행동하지 않는 인류학자들을 묘사하기 위해 이 표현을 사용했다. 데이비드 그레이버(나현영 역), 2016, 『아나키스트 인류학의 조각들』, 포도밭, p. 172.

3 신자유주의와 관련하여 대안 없이 '반대'만 범람하는 상황을 퍼거슨은 그의 다른 논문에서 비판한 바 있다. James Ferguson, 2010, "The Uses of Neoliberalism", *Antipode* 41 (supplement 1).

충분히 숙고할 가치가 있다.

2

이 책의 원제인 "물고기를 줘라Give a Man a Fish"에 착목해서 핵심 쟁점을 간단히 살펴보기로 하자. "어떤 사람에게 물고기를 그냥 준다면 그를 하루만 배부르게 할 것이고, 물고기 잡는 법을 가르쳐준다면 평생을 배부르게 할 것이다." 개발과 빈곤퇴치 사업에 참여하는 정부나 NGO, 종교단체가 구사해온 관용적 수사에 반박하기 위해 1장에서 저자는 문자 그대로 '물고기'를 잡는 어업이 어떤 상황에 직면해 있는지를 상세히 서술한다. 오늘날의 어업은 과거와 달리 아시아의 양식업에 상당 부분 의존하며, 일반 어업의 경우 고도로 자본화·기술화된 특정 기업들이 독점하는 상태다. 노동에 대한 수요가 감소하면서 실직 어민이 넘쳐나는 판국에 현재의 어업이 정말로 숙련된 노동을 필요로 한다고 말할 수도 없고, 작금의 어획량은 이미 바다의 생태계를 파괴할 만큼 엄청나서 우리가 지금보다 물고기를 더 많이 잡을 필요가 있는지도 의문이다. 잡은 물고기가 특정 지역의 밥상에만 오른다는 게 문제지 어획량을 무작정 늘리는 게 능사는 아니다.

이러한 비유는 고용 없는 성장의 시대, 생태위기가 일상이 된 시대에 살면서도 여전히 분배가 아닌 생산에서 탈빈곤의 해법을 찾고자 하는 시각에 대한 문제제기다. 아프리카에서 공식 부문에 종사하는 임금노동자는 전체 성인 인구 중 극소수에 불과하며, 실업률은 기약 없이 치솟고 있다. 도시에서 살아가는 대부분의 사람은 일시적 잡일을 하거나 주변 사람들에게 적당히 손 벌리거나 자잘한 소매치기로 '땜질'을 반복하는데, 과거 식민지배자들이 '부랑자'라 불렀고, 카를 마르크스Karl Marx가 '룸펜프롤레타리아트Lumpenproletariat'라 칭했던 이들은 이제 남아공에서 나이가 40대든 50대든 상관없이 '청년'으로 통한다. '청년'이 단순히 세대적 범주가 아니라 공식 부문 고용의 기회를 박탈당한 채 결혼과 출산, 양육을 통해 가족을 구성할 기약이 없이 만성적 유예의 삶을 살아가는 사람들 일반에 대한 통칭이 된 것이다.

탈빈곤의 해법을 여전히 생산과 노동에서 찾는 관점에 대한 이론적 반박은 결국 (저자 자신이 여전히 사유의 상당 부분을 빚지고 있는) 마르크스주의에 대한 비판을 향한다. 가정에서의 부불노동에 대한 재인식과 경제적 가치의 실제 원천을 노동보다 사회에서 찾으려는 최근의 움직임에 이르기까지, 마르크스주의 논의 역시 자본주의 정치경제의 변동과 조응하며 다양한 궤적을 밟아왔다. 그럼에도 저자는 생산이 일차적·구조적·물질적인 반면 분배는 이차적·파생적·일시적이라는 생각이 여전히 마르크스주의 논의를 지배하고 있다고 지적한다. 젖을 먹이는 행위를 원초적인 인간 행위로 생각한다면 분배가 오히려 생산의 결과가 아니라 토대가 될 수 있다며 발상의 전환을 요구하는 한편, 마르크스주의의 유산과 곧바로 등치되지 않는 사회주의의 유산 가운데 분배를 중시했던 대안적 좌파 전통(특히 초기의 무정부주의)을 복원하고자 한다.

저자가 물고기 이야기를 통해 마르크스주의를 위시한 좌파 전통을 비판하는 지점은 생산주의적 전제뿐 아니라 현금에 대한 불신을 포함한다. 분배정치, 그중에서도 특히 기본소득운동이 제안하는 것은 물고기 자체라기보다는 '현금화'된 물고기다. 그러나 금전을 매개로 한 관계를 사회적·도덕적 연대의 대척점으로, 시장교환을 통한 비인간적 상품화 과정에 자발적으로 편입하는 것으로 생각하는 사람들은 기본소득의 정당성을 어느 정도 인정하면서도 현금지급cash transfer에 불편한 감정을 드러내곤 했다. 하지만 저자는 사람들에게 생필품이 아니라 현금을 주자고 호소하는 기본소득 지지자들의 주장을 이론적·경험적으로 옹호하는 입장이다. 상품경제와 도덕경제를 각각 시장과 선물, 이기적 교환과 이타적 호혜, 전前자본주의와 자본주의로 이분화하는 경향은 마르셀 모스Marcel Mauss의 선물이론을 오독한 결과임을 강조한다. 모스가 인류학 연구로부터 밝히고자 했던 것은 사회적 의미와 개인적 이익이 구분되기보다 긴밀히 연결되어 있다는 점이었다고 주장하면서, 사회주의는 시장과의 적대를 선언하기보다는 공생의 방식을 모색해야 했다는 모스의 비판을 21세기의 새로운 사회주의를 모색하기 위한 통찰로 소환하고 있다. 저자가 소개하는 다양한 경험적 연구 역시 빈민이 사회적인 **동시에** 현금에 집착한다는 점, 이들의 일상에서 시장의 논리와 공동연대의 논리란 서로 모순적인 것으로 등장하지 않는다는 점을 입증한다. 교통비가 없어 이동조차 하지 못한다면 자신이 의존할 사회적 관계를 어떻게 만들 수 있겠는가 반문하면서, 저자는 자기 호주머니 안의 돈이란 "결국 생사의 문제이기도 한 사회성의 기회를 배가시켜줄 너무나 소중한 자원"임을 강조한다.

3

한편 저서의 원제목 "Give a **Man** a Fish"에서 보듯, 물고기를 지급하는 대상에 '성인 남성'이 포함된다는 점은 남아프리카에서 등장한 새로운 복지국가를 유럽 복지국가의 후발주자 또는 아류로 파악하는 데서 벗어나 '사회적인 것'의 역사화를 통한 새로운 정치적 가능성을 타진케 한다. 저자는 우리가 통상 '사회적인 것'이라 불러온 유럽의 사회민주주의와 그 식민지 버전들은 건강한 남성 노동자로 가정된 '부양자'와 부인과 자녀로 구성된 '피부양자'의 결합을 토대로 구축되어왔기 때문에, 남성에게 물고기를 주라는 슬로건은 독립과 자율을 권력의 토대로 가정하는 남성성의 상상을 위협할 뿐 아니라 복지국가의 오래된 금기를 건드린 셈이라고 분석한다. 과거 유럽의 복지국가는 '남성'이 노동에 대한 교환을 통해서만 '물고기'를 정당하게 획득할 수 있다는 패러다임을 전제로 했으며, 보험과 같은 일련의 테크놀로지는 불의의 사고나 실업으로 이 노동교환에서 문제가 발생한 (남성) 노동자의 위험을 관리하기 위해 등장했다. 대조적으로 현재 남반구에서 확대되는 대부분의 사회급여는 서구처럼 임금노동과 보험합리성을 전제로 하지 않으며, 각종 보조금에 의존하며 살아가는 사람들이 인구의 절대 다수를 차지한다는 사실은 '비정상적' 상황을 다루기 위한 예외적 조치로서의 '안전망'이라는 통상적인 복지국가의 논의를 무색케 한다.

요컨대 저자는 (대부분의 비서구인들이 경험해보지도 않은) 유럽 복지국가에 대해 노스텔지어를 가질 필요가 없다고 단언한다. 전통적인 복지국가의 근간이자 현재 종말을 고했다고 얘기되는 '사회적인 것'은 '정규직 남성 임금노동자와 그의 가족들'만을 대상으로 사회적 돌봄을 제도화했던 불완전한 구성물에 지나지 않았으며, 안정적인 임금노동의 기회를 박탈당한 '프레카리아트precariat'가 새로운 노동자의 전형으로 급부상한 시대에 조응하는 체제도 아니라고 주장한다. **보편적인 사회적인 것the social**'의 종말 이후 무엇이 올 것인지가 아니라 '**이러한 사회적인 것this social**' 이후에, 남아공의 역사로 한정짓자면 "백인 정착자와 흑인 노동귀족만을 위한 역사적으로 특수하고 위계적이었던" 사회적인 것 이후에 무엇이 등장할 것인지에 대한 질문을 제기해야 한다는 것이다.

이렇게 사회적인 것의 개념을 재조직하고 나면 물고기를 주어야 할 정당성의 논리 역시 재고될 필요가 있다. "Give a Man a Fish"에서 물고기를 주는 주체는 명시적으로 드러나 있지 않은데, 책에서 기본소득의 영토적 범위를 국민국가의 경계 바깥으로 확장하는 일부 사례에 대한 언급을 제외한다면 그 주체란 대개 국가의 형상으로 나타난다. 이 점에서 질문이 곧바로 제기된다. 과거 전통적인 유럽 복지국가와 달리 남반구에서 지급되는 사회급여가 임금노동을 통한 노동력의 재생산과 무관하다면, 심지어 개인이 더는 '산업예비군'이 아니라 자신의 노동력을 사회가 필요로 하지 않는 '잉여인구'로 전락한 상태임에도 각종 보조금이 지급되고 기본소득이 주창된다면, 도대체 이 지급의 명분은 무엇인가?

여기서 퍼거슨은 지급의 정당성을 찾는 작업이 프롤레타리아트의 노동기반 청구권을 되살리는 게 아니라, 새로운 사회적·도덕적 기반을 구축하는 것임을 강조한다. 사회적 지급이란 선물과 시장이라는 이분법적 이해 너머에 위치하며 원조도, 지원도, 선물도, 자선도, 교환이나 부채도 이 지급을 설명하는 논리가 될 수 없다. 일부 기본소득 지지자들이 유럽 복지국가의 수사를 그대로 차용하여 내세우는 '안전망'이나 '사회적 임금'도 새로운 분배를 설명하는 언어가 될 수 없다. 분배주장이란 사회적으로 생산된 부의 보편적 **몫**share을 선언하는 것이며, 사회급여의 지급이란 결국 이 부의 소유자들에게 마땅히 가져야 할 몫이 전달되는 것일 뿐이다. 집단적 소유를 주장할 수 있는 부의 원천에 대해 기본소득 지지자들은 토지나 천연자원, 물, 공기뿐 아니라 금융 시스템, 인터넷, 방송주파수처럼 사회 공통의 재산임에도 특정 기업의 소유물로 전유되어온 공유재를 광범위하게 지적해왔다. 풍부한 자연과 물질적 비참이 병존해온 남아프리카의 맥락에서 저자가 특히 초점을 맞추는 것은 광산자원이다. 저자가 인용한 피터 크로포트킨Peter Kropotkin의 말을 빌리자면, "내가 어떤 재화를 생산하기 때문에 그것을 누릴 자격이 있는 게 아니라, 내가 우리 공통의 산출물에 대한 상속인으로서의 지분을 갖기 때문에 배당의 권리를 주장할 수 있다"는 것이다.

4

하지만 첨언해야 할 것은 이 '권리'를 상호 인정을 요청하는 것에 불과한 신자유주의적 '권리 담론rights talk'과 등치시켜서는 안 된다는 점이다.[4] 저자는 오늘날 남아프리카에서 가장 강력하고 급진적인 정치적 요구란 추상적인 권리제기가 아니라 물질적 재화의 몫에 대한 매우 구체적인 주장이라는 점을 강조한다. 서구 NGO의 지원을 받는 활동가들이 서구 사회의 권리문법을 그대로 빌려와 가난한 흑인들에게 집에 대한 '권리'를 행사해야 함을 강변했을 때, 한 노인의 답변은 다음과 같았다. "나는 집에 대한 권리를 원하지 않습니다. 나는 **집**을 원합니다." 저자는 몫에 대한 '권리'를 요구하는 것이 아니라 그 몫 자체를 요구하는 것이 원시적이거나 미성숙한 종류의 정치로 이해되어서는 안 되며, 인류학자들이 수렵채집사회의 공유관행을 통해 제기한바, 의무가 권리에 **선행한다**는 점이나 기여가 아

---

4 앤디 매리필드Andy Merrifield는 권리란 그것을 어떻게 구성하고 휘두르는지에 따라 달라지는 텅 빈 기표signifier일 뿐임을 지적한다. "좌파는 정신 차리고 권리를, 인간의 권리를, 인권을, 도시에 대한 권리를 요청하는 일은 그만둬야 할지도 모른다……. (권리는) 형이상학적 관심사라기에는 너무 추상적이고 너무 소원하며, 정치적 프로그램이라기엔 너무 유화적이고 너무 '합리적'이다." 앤디 매리필드(김병화 역), 2015, 『마주침의 정치』, 이후, p. 282.

닌 **존재**presence만으로 요구가 정당화될 수 있다는 점을 진지하게 검토할 것을 제안한다. 이는 퍼거슨이 이전의 저작—『현대성의 열망*Expectations of Modernity*』(1999)과 『글로벌 세계의 그림자*Global Shadows*』(2006)—에서 아프리카 정치과정의 역사적 맥락을 통해 이미 강조했던 '온정주의'라는 유령을 재소환한다. 물론 민주화운동을 거치면서 '권리'가 정치적 투쟁과 열망의 언어로 중요성을 획득했고, 온정주의와 능력주의의 단단한 결속이 신분제 부활에 대한 우려를 불러일으키는 현재 한국 사회에서 권리와 의존, 인격적·온정주의적 가치에 대한 저자의 논의는 신중하게 검토될 필요가 있다. 그러나 가난한 보수를 결집시키는 포퓰리즘populism이 전 세계적 화두가 된 지금, 온정주의를 야만적이고 후진적인 옛 세계의 유물로 매도하기에는 석연치 않은 구석이 있다. 오히려 노동의 가치로 수렴되지 않는 사람의 가치를 복원하고, 법적·추상적 시민권으로 수렴되지 않는 사회 성원권을 고민하기 위한 매개로 인격의 정치를 사유하는 작업, 더 나아가 갈수록 첨예해지는 양극화의 세계에서 근대 민주주의의 가치가 극빈자들에게 공허한 슬로건이 되어버린 현실을 성찰하는 작업이 그 어느 때보다 절실하다. 저자가 강조했듯, 우리가 흔히 내뱉는 '사회적 불평등'은 단순히 '불평등'의 동의어가 아니며, 오늘날 우리가 세계 도처에서 발견하는 것은 '비사회적 불평등'이라 부를 만한 것으로의 전환, 즉 "삶의 조건과 기회에서의 엄청난 불평등이 경험상의 사회적 불평등 관계들로부터 점점 더 이탈하는 현상"이다.

　이런 의미에서 볼 때, 기본소득 지지자들이 '의존성'에 대한 보수주의적 경멸과 우려를 불식시키는 작업은 빈자의 '생산성'이나 '의지'를 방어적으로 강조하면서 '의존'을 '자립'으로 대체하는 것으로 귀결되어서는 안 된다. 2014년 생활고에 시달리던 세 모녀가 "죄송하다"는 메모와 함께 마지막 집세와 공과금을 남긴 채 죽음을 택했을 때, 진보 언론조차 "주변에 폐를 끼치지 않으려 한 (그들의) 고운 심성"을 강조하기에 급급했다. 그러나 빈민의 도덕적 책무를 가정하는 것은 의존의 네트워크에서 축출됨으로써 그들이 감내해야 했던 고통에 침묵하는 행위에 불과하다. 저자가 찰스 메스Charles Meth의 주장을 인용하며 강조하듯, 정책이 다루어야 할 실질적 질문은 '사람들이 의존적인가 아닌가'가 아니라 '어떤 형태의 의존이 장려되거나 제지되어야 하는가'이다. 마찬가지로 기본소득 지지자들의 책무는 자본주의를 살아가는 "빈자들의 삶에서 덜 해악적인 의존의 관계가 뿌리를 내릴 수 있도록 돕는, 일방향적인 의존관계가 상호의존이라는 좀더 평등한 형태로 나아갈 수 있도록 호혜성의 통로를 열어젖히는" 작업에 동참하는 것이다. 단언컨대 우리가 의존하지 않고 살아갈 세계란 없다.

5

퍼거슨은 분배정치가 열어젖힌 새로운 사유와 가능성을 검토할 지역이자 '방법method'으로 아프리카에 주목한다.[5] 이 책에서 남아프리카는 국제개발 레짐regime이 도움을 호소하기 위해 굶주린 아동을 전면에 내세우는 이

---

5 지역을 '방법'으로 사고한다는 것은 사유의 대상을 일종의 매개로 상대화하면서, 타자를 매개로 새로운 자기인식을 도모하는 것을 의미한다. Kuan-Hsing Chen, 2010, *Asia as Method: Toward Imperialization*, Durham: Duke University Press. 방법의 사유는 쑨거가 '방법으로서의 중국'에 대해 논평한바, 인식론의 위상에서 가치전도를 수행하면서 진보, 민주, 자유 등 종래의 가치를 되묻는 작업을 포함한다. 윤여일, 2014, 『사상의 번역—쑨거의 다케우치 요시미라는 물음 읽기와 쓰기』, 현암사.

른바 빈곤의 '포르노그라피'로 등장하지 않는다. 저자가 『글로벌 세계의 그림자』에서 강조한 바 있는 글로벌라이제이션(세계화)의 역설, 즉 글로벌 이동성의 단절과 우회bypass가 남긴 비참의 표지로 등장하지도 않는다. 오히려 남아프리카 지역은 분배정치를 사고하는 데 긴요한 상황과 요구, 방법이 흥미로운 방식으로 결합하면서 복지국가와 '사회적인 것'의 종언이 아닌 새로운 형성으로 우리의 시선을 붙든다.

우선 복지국가를 파괴한 주범으로 곧잘 거론되는 신자유주의적 구조조정하에서 이 지역은 역설적으로 새로운 형태의 사회지원체계를 실험 중이다. 가령 과거의 차별정책이 종식되고 첫 흑인 대통령이 선출된 1994년 이후 남아공의 사회부조는 계속 확대되어왔다. 정부 통계에 따르면 현재 전 인구의 30퍼센트를 차지하는 1,600만 명의 국민들이 정부의 사회지원 프로그램을 통해 보조금을 받고 있으며, 극빈 지역의 경우 이 수치는 전체 가구의 75퍼센트에 다다른다. 여기서 등장하는 '사회적인 것'은 유럽 복지국가의 근간이었던 임금노동·보험합리성과 거리가 멀며, 대규모의 사회지원은 오히려 임금노동에서 배제된 다수의 개인을 대상으로 한다. 1990년대 말부터 대대적으로 시행되고 있는 아동지원보조금의 경우 결혼의 유무를 따지지 않으며, 오직 보조금 지원 대상이 아이를 가장 적극적으로 돌보는 자인지의 여부만 조사한다. '정상적'인 가족을 더는 복지급여의 기준으로 전제하지 않게 된 것이다. 기본소득 캠페인은 가족구조는 물론이고 임금노동의 유무도 따지지 않는다. 임금이라는 공식적 대가를 지불할 직업이 늘지 않는 상황에서 생계를 위한 다양한 형태의 노동을 추구하는 다수를 끌어안는 작업을 제안한 것이다.

이 작업의 정당성은 "인민이 나라의 부를 공유한다"는 남아공 자유헌장을 둘러싼 논쟁에서 보듯 국부에 대한 몫을 선언하는 것에 다다른다. 물론 현재 시행되는 남아프리카의 광범위한 보조금 제도가 유럽 복지국가 체제에서 구축된 임금노동의 선험적 가정에서 완전히 벗어난 것은 아니지만, 분배정치를 확장하려는 시도들은 줄리우스 말레마Julius Malema의 인종주의적 포퓰리즘에서 국부의 도덕적 공유에 관한 기본소득 지지자들의 주장에 이르기까지 다채로운 지형을 포함하고 있다.

남아프리카를 주목해야 할 또 다른 이유는 노동과 분리된 '정당한 몫 rightful share'에 대한 대중적 요구가 그 몫을 지급하는 현실적이고 구체적인 방법에 대한 고려와 연동되어 있기 때문이다. 나미비아에서 연금과 기타 사회보조금은 이미 지문인식기나 생체인식bio-recognition '스마트카드'를 통해 지급되고 있으며, 기본소득 지지자들은 간단한 생체인식만으로 현금지급기에서 매달 기본소득을 가져갈 수 있는 방안을 검토하고 있다. 까다로운 심사와 광범위한 서류작업을 걷어낸 관료적 승인방식은 테크놀로지의 발달과 전자감시 시대로의 진입을 등치시키는 입장에서 보자면 상당히 (그리고 정당하게) 우려스럽다. 그러나 한국에서도 사회적 약자들이 서류를 갖추는 과정에서 상당한 부담을 느끼고, 이 과정에서 자잘한 실수로 자격을 박탈당하는 경우가 허다한 현실을 고려한다면, "비판적 회의를 제기하는 일은 물론 중요하지만 새로운 '사회적인 것의 기술들'이 야기할 정치적 가능성을 열어두는 작업 또한 중요하다"는 저자의 주장을 가볍게 치부하기는 어려울 것이다.

6

이 책의 번역을 결심하게 된 이유는 옮긴이의 박사학위 지도교수이자 문자 그대로 은사思師인 퍼거슨 선생의 저서가 그간 국내에서 한 권도 번역되지 않았다는 개인적 아쉬움도 한몫했지만, 무엇보다 기본소득에 관한 한국 사회의 논쟁이 추상적 이론화와 정책화 가능성에 대한 공방으로 이분화되는 것을 넘어 구체적 역사성에 대한 탐색으로 확대되기를 바라는 바람이 컸기 때문이다. 기본소득은 한국 사회에서 이미 낯선 개념이 아니다. 2000년대 말 소수의 학자들과 사회당,『녹색평론』에서 시혜가 아닌 국민의 권리로 그 실현 가능성을 제기한 지 10년도 채 되지 않은 지금, 모든 시민에게 조건 없이 현금을 지급하자는 이 단순한 제안은 녹색당, 주류 야당 정치인, IT 기업의 핵심 인사까지 다양한 지지자들을 결집시키면서 그야말로 '핫한' 주제로 급부상했다. 그 사이에 한국기본소득네트워크와 기본소득청'소'년네트워크는 2016년 기본소득지구네트워크 대회를 한국에서 개최할 만큼 충분한 역량을 선보였고, 성남시와 서울시는 대상과 조건에 제한을 두는 한계와 온갖 정치적 공방에도 불구하고 각각 '청년배당'과 '청년수당'이라는 실험을 진행 중이다.

다양한 정치적 스펙트럼에 놓인 입장과 여러 주체가 '기본소득'이라는 의제 아래 뒤섞인 풍경은 체제의 구조적 모순에 대한 이의제기를 포기한 진보 진영이 자본주의에 백신을 투여하는 정도로 일축하기에는 너무나 변화무쌍하다. 아프리카에 대한 '지역 연구'라는 협소한 지형에 머물지 않고 아프리카를 매개로 빈곤, 노동, 시장, 복지에 관한 사유를 확장시켰던 퍼거슨의 작업처럼, 오히려 지금 우리에게 요청되는 바는 기본소득의 개념과 정당성, 그 장치의 역동을 역사화해내는 것이 아닐까. 이미 파산선고를 한 유럽 복지국가체제의 파편들을 짜깁기하면서 한국이 '따라야 할' 경로를 갑론을박하는 대신, 군사독재와 민주화운동, IMF 경제위기를 거친 뒤 복지에 대한 관심과 신자유주의적 개입이 동시에 똬리를 튼,[6] 민주의 외침만큼이나 살기에 가까운 혐오가 득세하는 미궁 속 한국 사회를 분배에 관한 새로운 사유를 끄집어낼 보고寶庫로 재발견할 수도 있지 않겠는가.

민주화운동이 열어젖힌 이른바 '87체제' 30주년을 맞은 한국 사회는 그 투쟁의 성과를 제대로 공론화하기는커녕, 정치적 대립을 합리적 소통과 대화로 해소하는 게 불가능한 정동적 전쟁상태에 돌입해 있다. 누군가는 정치적인 것이 냉소와 조롱, 기피와 부정의 대상이 된 현실을 애도하면서 추도사를 쓴다. 대통령 퇴진 시위에 운집한 시민들을 '동지同志'로 호명하기 위해 항일운동의 역사를 소환한 진행자처럼, 누군가는 전쟁상태의 언어와 문법을 피하기 위해 안간힘을 쓴다. 앞으로 나아갈 추진력도, 뒤를 돌아볼 여유도 없는 집단적 공황상태에서 벗어나는 해법의 하나로 저자가 제안하는바, "연역적이기보다 귀납적인, 판단적이기보다 실험적인" 방식으로 정치적 사유의 전환을 모색해봄직도 하다.

일례로 한국에서 기본소득을 반대하는 사람들은 기본소득이 각종 정부보조금의 폐지를 유도함으로써 궁극적으로 약자의 고통을 가중시킬 것이라 지적한다. 설득력 있는 비판임에는 분명하나 기본소득의 시간성을 염두에 두지 않은 채 정책 논의로 건너뛴 조급함의 결과가 아닌지 질문하고 싶다. 저자가 만난 남아공의 공무원들은 기본소득과 보조금 제도를 대척관계로 바라보는 대신, 보조금 지급과정에서 대상 선정의 난해함과 부

---

6   관련 논의로 송제숙(추선영 역), 2016, 『복지의 배신』, 이후 참조.

당함을 몸소 체험하고 임금노동을 시민권의 '디폴트default' 상태로 규범화하는 그간의 가정을 되짚어보면서 오히려 기본소득 주장에 적극적으로 공감하는 태도를 보였다. 분배정치의 관점에서 보자면 보조금의 확산은 기본소득의 장애라기보다는 현금지급과 '정당한 몫'에 대한 이해와 관심을 제고해가는 과정의 일부로 볼 수도 있다. 마찬가지로 현금을 '개인'에게 지급하자는 제안이 파편화된 사회의 반영일 뿐이라며 간단히 일축할 필요도 없다. IMF 경제위기 이전 한국 사회의 저항과 패기를 추억하면서 현시대 청년들이 경험하지도 않은 역사에 대해 집단 노스탤지어를 부추기는 대신, 개체성을 인정하기를 거부했던 사회를 성찰하고 새로운 연결성을 모색하기 위한 작업에 더 공을 들여야 하지 않을까.

옮긴이는 금융자본주의 아래서 현금이 갖는 투기적 성격과 폭력적 순환을 (저자를 포함해) 기본소득 지지자들이 더 치열하게 고민해야 한다고 생각하지만, 그럼에도 사회적 연대와 인간됨의 의미를 새롭게 모색하는 작업으로서 기본소득이 갖는 가치를 대체로 인정하는 입장이다. 물질적 빈곤과 실존적 빈곤이 동시에 심화되면서 타인의 고통과 대면하기를 점점 거부하는 한국 사회에서 기본소득이, 이 세계에 현존한다는 것만으로 그 몫을 공동으로 요구할 자격이 있다는 주장이 점점 더 파급력을 갖기를, '나의 빈곤'과 '너의 빈곤'을 연결하는 마주침의 장을 생성해낼 수 있기를 원한다. 이 바람은 아마도 기본소득과 분배정치 제안이 열어젖힌 새로운 사유, 그 위험과 가능성의 파편들을 논쟁에 회부할 때, 경청과 합의, 정책과 선언의 고통스러운 과정을 감내할 용기가 있을 때 비로소 현실적 힘을 발휘하게 될 것이다. "우리는 집단적 행동을 위한 새로운 상징적 형식들을 창조해야만 한다. 우리는 거의 20세기 내내 그랬던 것처럼, 전면적인 부정과 '최후의 전쟁'이라는 맥락 속에서 그것을 창조할 수 없다. 우리는 끝없이 이어지는 충돌의 그물망에 조여진 진리의 국지적 긍정 속에서 새로운 진리들을 애써 옹호해야 한다."[7]

7

2015년 늦가을 제주의 한 민박집에서 시작한 번역작업은 옮긴이의 시행착오에도 불구하고 적잖은 도움 덕택에 무난히 마무리될 수 있었다. 초벌번역에 대한 윤문작업을 도와준 연세대학교 문화인류학과 대학원 한선영에게 고마움을 전한다. 2012년 연세대 문화인류학과와 한국 문화인류학회 초청으로 퍼거슨 교수가 한국을 방문했을 때 의미 있는 대화의 자리를 마련해준 기본소득네트워크, 옮긴이를 기본소득의 난장판으로 안내해준 주온과 기본소득청'소'년네트워크, 하승수 선생님, 이 책의 일부 내용을 미리 접하면서 흥미로운 의견을 공유해준 연세대 문화인류학과 학부 수업 '빈곤의 인류학', 대학원 수업 '21세기의 빈곤' 수강생들, 어려운 여건에도 출판 전 과정에 힘이 되어주신 여문책 소은주 선생님께 별도의 감사를 전하고 싶다. 생존이 화두가 된 현재 한국 사회에서 이 책이 위안과 용기를 줄 수 있기를 바란다.

2016년 초겨울에

조문영

---

7 알랭 바디우(서용순 역), 2013, 『투사를 위한 철학』, 오월의봄, p. 90.

서문

루이스 헨리 모건 강좌The Lewis Henry Morgan Lectures는 1961년 로체스터Rochester 대학 인류학·사회학과의 학장이었던 버나드 코헨Bernard Cohen에 의해 처음 구상되었다. 현대 문화인류학의 창시자인 모건은 로체스터 대학에서 가장 널리 알려진 지식인이자 대학의 후원자로서, 여자대학 설립을 위해 막대한 유산을 남겼다. 매년 그를 기념하는 강의는 반세기가 넘게 이어져 이제는 북아메리카에서 가장 유서 깊은 강연 시리즈가 되었다.

처음 세 차례의 강의는 모건의 대표적 업적인 친족, 북아메리카 인디언, 문화적 진화를 주제로 진행되었고, 마이어 포르테스Meyer Fortes(1963), 프레드 에간Fred Eggan(1964), 로버트 애덤스Robert M. Adams(1965)가 각각 강의를 맡았다. 2~3주에 걸쳐 매주 화요일과 목요일에 대중을 상대로 진행된 이들 강의는 단행본으로 출간되었다. 현재 대중 강연은 저녁 동안 한 회만 이루어지며, 인류학과 구성원들과 외부에서 초대된 논평자들이 초고를 두고 하루 동안 별도의 워크숍을 진행하고 있다. 하지만 여전히 대중 강연과 단행본은 일반 청중에게 다양한 사례를 통해 현대 인류학 사유의 지평을 보여주는 것을 목적으로 한다.

이 책은 제임스 퍼거슨 교수가 2009년 10월 로체스터 대학에서 진행한 루이스 헨리 모건 강좌를 기초로 한다. 강연에 뒤이어 진행된 워크숍에는 마리나 웰커Marina Welker(코넬대), 존 웨스턴John Western(시라큐스대), 던바 무디Dunbar Moodie(호바트 앤드 윌리엄 스미스 컬리지), 매리 모란Mary Moran(콜게이트대), 더글라스 홈스Douglas Holmes(빙햄턴대), 다니엘 라이히만Daniel Reichman(로체스터대)이 공식 토론자로 참석했다. 퍼거슨의 주장은 개인적·집단적 재산형태의 발전과 변화, 경제자원 배분에 있어 친족과 국가가 갖는 역할, 비자본주의 사회가 장래 '구체적 형태의 정치적 영감'에 기여할 수 있는 방식에 이르기까지 모건의 주요 관심사를 아우르고 있다.

퍼거슨의 주된 관심사는 남아공, 나미비아, 멕시코, 브라질, 인도와 같은 글로벌 남반구(주로 지구 남반구에 위치한 저개발국과 개발도상국에 대한 통칭으로 쓰임—옮긴이)에서 등장하고 있는 새로운 분배형태. 현재 국면의 글로벌 자본주의가 이들 국가 내 인구를 점점 더 만성적인 실업상태로 몰아넣었을 때, 수많은 정치활동가는 자본주의자와 마르크스주의자가 공유하는, 오직 임금노동자만이 사회적 생산물의 몫을 주장할 권리를 갖는다는 가정을 의문시하기 시작했다. 퍼거슨은 토머스 페인Tomas Paine과 피터 크로포트킨 같은 급진적 민주주의 전통의 선구자들이 주장했던바, 사회 전체가 가치를 생산하고, 모든 사회성원이 집체의 주주로 간주되어야 하며, 따라서 모든 사람이 전체 사회 생산물의 몫에 대해 권리를 갖는다는 점을 강조한다. 마르셀 모스, 줄리우스 니에레레Julius Nyerere 같은 학자들 역시 개인의 노동을 기초로 삼지 않은 채 집단적 사회 생산물의 정당한 분배를 논하는 또 다른 방식을 발전시킨 바 있다.

오늘날 남아공과 나미비아에서 퍼져나가는 가장 급진적인 제안들 중

하나는 모든 사회성원이 연령, 성별, 고용상태, 가족구성에 상관없이 기본소득을 받아야 한다는 것이다. 퍼거슨은 그러한 보조금이 남에게 의존하는 성인 남성을 죄악시하고 여성, 아동, 노인이 남성 가장이나 국가적 지원에 의존하는 것만을 용인하는 산업자본주의의 가치체계를 침식시킬 수 있다고 주장한다. 이 가치체계는 젠더 불평등을 영속시키고, 장기실업자를 범죄인으로 만든다. 이와 달리 인류학자들이 전통적으로 연구해온 친족 기반 사회와 하위문화에서는 친족 네트워크 안에서 경제적·도덕적 상호의존을 배양하는 것이야말로 사회적 삶의 주요 목표 중 하나였다. 기본소득과 같은 제안들은 이런 종류의 도덕성을 국민국가, 그리고 이를 넘어서는 차원으로 확장하는 길을 탐색하고 있다.

자본주의와 사회주의의 이념형적 모델보다 실제로 존재하는 형태들에 주목함으로써 정치경제학자들로 하여금 시장과 계획의 역할을 새로운 관점에서 생각하도록 촉발했던 이전 인류학자들의 작업과 마찬가지로, 글로벌 남반구에서 등장하는 상호성의 실제 존재형태들을 파고드는 퍼거슨의 연구는 정치활동가들에게 사회정의를 새로운 방식으로 사유할 것을 주문하고 있다. 이 책은 신자유주의적 자본주의에 관한 익숙한 논평을 넘어 더 나은 미래가 어떤 식으로 우리 앞에 등장할 수 있는지에 관해 새로운 논쟁을 열어젖히고 있다. 바로 이러한 실천을 통해 루이스 헨리 모건 자신이 실천했던 인류학의 급진적 탐구정신을 이어받고 있는 것이다.

토머스 깁슨
루이스 헨리 모건 단행본 시리즈 편집자

저자 서문과 감사의 글

1980년대 초반 이후 여러 해에 걸쳐 비판적 '개발' 연구를 진행하면서 나는 자칭 '개발자들'한테 종종 다음과 같은 질문을 받았다. "글쎄요. 그렇다면 우리가 무엇을 해야 합니까?" 당시 나는 이 질문이 근본적으로 잘못되었다고 생각했다(Ferguson, 1990, 에필로그 참조). 하지만 반복되는 프로젝트가 개발 수혜자들의 삶에 긍정적인 영향을 주지 못한 채 돈만 축내는 상황을 지켜보면서 종종 위 질문에 답하고 싶다는 생각이 들었다. 해외 컨설턴트를 위해 개발자금이 쓰이는 대신 '초점집단target population'에게 직접 돈이 건네진다면 더 나은 결과를 만들 수 있다는 제안을 하고 싶었다. 다른 많은 인류학자 역시 똑같은 충동을 느꼈다고 내게 고백했다. 한 사람은 심지어 다소 심각한 표정으로 개발 프로젝트 자금을 헬리콥터에 실어서 공중에다 뿌리고 지역 주민들이 직접 거두게 하자고 제안했다.

그러한 생각이 단지 억눌린 충동이나 냉소적 유머의 형태로 나타날 수밖에 없다는 사실은 빈자들에게 돈을 직접 '주는' 데 대한 뿌리 깊은 염려가 강력하게 똬리를 틀고 있음을 반영하는 것이다. 자본주의는 그 탄생부터 사람들을 노동으로 내모는 것을 핵심 원칙으로 삼았고, 자원이 부족한 사람들에게 이를 직접 분배하는 (정책) 기획은 '일하려는 동기'를 약화시킨다는 이유로 강력한 우려를 자아냈다. 그러한 고려는 사람들에게 직접 생계의 원천을 제공하는 것이 아니라 일할 수 있는 준비를 시키는 것이야말로 개발 프로젝트의 사명이라는 생각을 자명하게 보이도록 만들었다. 현금을 직접 주는 것은 진지한 선택지라고 여겨지지 않았고, 이를 제안하는 것은 일종의 농담으로 받아들여질 뿐이었다.

하지만 더는 농담이 아니다. 나는 최근 남아프리카공화국에서 빈자들에게 직접 현금보조금을 제공하는 시스템이 점진적으로 확장되고 있음을 지켜보아왔다. 이제 전 인구의 30퍼센트가 넘는 시민들에게 매월 현금 수표를 지불하는 이 '신자유주의' 체제의 명백한 역설을 숙고하게 되었고, (최근 출간된 저서의 제목이기도 한[Hanlon, Barrientos, and Hulme, 2010]) "빈자들에게 돈을 그냥 주는just give money to the poor" 방식이 남아공의 특수한 사례가 아니라 세계 도처에서 현실로 등장하고 있음을 점차 깨달았다. 이 책에서 자세히 논하겠지만, 최근 글로벌 남반구에서는 이른바 현금지급이라는, 가난한 사람들에게 직접 현금을 분배하는 프로그램이 확산되고 있으며, 얼마 전까지만 해도 이러한 생각에 경악했던 세계은행을 비롯한 개발기구들까지 종종 지원에 나서고 있다. 이러한 흐름은 경제발전의 역사적 목적이자 진보정치를 떠받치는 지지대로 오랫동안 간주되어온 임금노동에 인구 대다수가 충분히 접근할 수 없게 된 상황과 동시에 발생했다.

이 새로운 국면을 어떻게 이해할 것인가? 남아프리카와 여타 지역에서 빈자들에게 현금을 지급하는 방식이 대세가 된 것은 어떤 의미를 갖는가? 일단 이 책은 이 질문들에 답하면서 내가 명명한 새로운 '분배정치'의 등장을 어떻게 바라볼 것인지에 대해 적어도 서두가 되는 생각들을 제안하려는 시도다. 이 책에서 제기하는 주장은 현재의 국면이 새로운 정치적 가능성과 위험 모두를 낳았다는 것이다. 동시에 나는 현 시기 우리가 맞닥뜨린 실제 수수께끼와 난관을 지속적으로 고민할 때, 여러 세대 동안 비판 사회이론의 초석을 닦은 가정들의 일부는 새로운 현실과 보조를 맞추지 못하고 있다는 점이 드러난다고 주장한다. 분배에 대한 질문을 이론적 관심의 주변부에서 중심으로 이동시킬 수만 있다면 새로운 정치적 가능성이 등장할 것이고 노동과 생계, 시장과 돈, 의존과 인간성에 이르기까지 일련의 분석적 사안들에 대해 새로운 접근이 가능해짐을 주장할 것이다.

나는 구체적인 지역사에 대한 오래된 천착을 거쳐 위 질문들을 풀어가고자 한다. 이 책에서 탐색하는 경험적 사례들은 대부분 남아공과 나미비아에 집중되어 있지만, 분배과정과 관련해 다루어지는 논의들은 남아프리카 전 지역을 포괄한다. 또한 이는 레소토와 잠비아에서 일찍이 진행한 문화기술지ethnography(인간 사회와 문화의 다양한 현상을 현지조사fieldwork를 통해 기술하고 분석하는 인류학 연구작업을 통칭하며, '민족지'나 '민속지'로도 번역됨—옮긴이) 작업을 소환하고 재해석하면서, 내가 수년간 진행한 현지조사의 궤적을 좇는 작업까지 아우른다. 하지만 나 자신의 연구만큼이나 수많은 다른 이들의 연구 또한 상당히 중요하다. 이 책은 다양한 검토작업을 통해 지역 문헌들이 보여주는 심원한 통찰을 폭넓은 논의 진영에 끌어들이고자 한다. 풍부한 문화기술지 사례들을 보여주는 남아프리카 지역 연구들은 우리가 통상 인식해온 것보다 훨씬 더 큰 중요성을 갖는다는 점을 제시할 것이다. 그리고 신자유주의 시대, 실질적인 대안을 구상하는 능력이 어떤 정치적 상상의 빈곤상태에 허덕이고 있다면, 풍부한 문화기술지 작업들이야말로 현 상태를 이해하고 가능한 미래를 그려내는 새로운 방식들을 추구하는 데 있어 상당히 유용한 자원들을 비축하고 있음을 주장할 것이다.

　나는 이 훌륭한 문헌들에 지적인 빚을 지고 있을 뿐 아니라 그 문헌을 낳은 학자들, 근래 내 작업을 돕거나 영감을 준 학자들에게도 신세를 지고 있다. 수십 년간 알고 지낸 학자들 중 일부는 내 작업에 직접적인 지원을 아끼지 않았다. 특히 패트릭 본드Patrick Bond, 진 코마로프와 존 코마로프 Jean and John Comaroff, 벤 커진스Ben Cousins, 도널드 던햄Donald Donham, 앙드레 뒤 투아Andries du Toit, 해리 잉글런드Harri Englund, 질리언 하트 Gillian Hart, 아쉴 음벰베Achille Mbembe, 도널드 무어Donald Moore, 니콜라이 나트라스Nicoli Nattrass, 데이비드 네베스David Neves, 프랜시스 니암조Francis Nyamnjoh, 스티븐 로빈스Stephen Robins, 제레미 시킹스Jeremy Seekings, 앤드루 슈피겔Andrew Spiegel, 에릭 워비Eric Worby에게 감사를 드린다. 최근 몇 년간 남아공 케이프타운 대학 사회인류학과와 스텔렌보쉬 대학 사회학·사회인류학과에서 명예직을 지내게 된 것을 매우 기쁘게 생각하며, 두 기관의 훌륭한 동료들에게도 감사를 드린다.

　이 프로젝트를 진행하는 과정에서 '공공지식인'이라 칭할 만한 사람들로부터 얼마나 많은 도움을 받았는지 깨닫게 되었다. 이들은 NGO, 비정부기구, 대학, 정부부서, 노동조합, 정치정당 등 다양한 환경에서 실질적인 사회정책 현안에 관여해온 세련된 사색가들이었다. 지난 10여 년에 걸쳐 공식적·비공식적으로 이들을 인터뷰했는데, 익명을 보장해줄 것을 요청받았기 때문에, 혹은 단순히 그들에게 곤란을 끼치고 싶지 않았기 때문에 이름을 밝히지는 않았지만, 이 자리를 빌려 이들 모두에게 감사를 표하고 싶다. 남아공의 경우 자신들의 견해를 나와 주고받을 시간을 기꺼이 허락해준 사회개발과 직원들에게 특히 감사하며, 나미비아의 경우 기본소득 캠페인을 주도한 덕 하르만과 클라우디아 하르만Dirk and Claudia Haarmann, 우후루 뎀퍼스Uhuru Dempers가 보여준 호의와 관대함에 특별히 신세를 졌다.

나는 이 책의 핵심 논의를 2009년 10월 로체스터 대학 루이스 헨리 모건 강좌에서 처음 발표했다. 로체스터 대학 인류학과, 특히 다니엘 라이히만과 엘레나 김, 초대와 환대를 베풀어준 톰 깁슨과 봅 포스터에게 감사를 드린다. 이 강의의 토론자로서 귀중한 제안과 질문을 던져준 더글러스 홈스, 던바 무디, 마리나 웰커, 존 웨스턴에게도 많은 빚을 졌다. 저서의 출간을 준비하면서 강의 시리즈 특유의 느낌을 계속 유지하려고 했다. 부제가 암시하듯, 이 책은 권위 있는 연구서보다는 일련의 '고찰reflections'로서, 새로운 분배 프로그램들을 자세히 설명하는 것보다는 그 의미와 중요성을 짚는 것을 목표로 한다. 각 장은 독립된 에세이의 형식으로 이루어져 있다. 각 장들이 모두 모였을 때 통합된 주제를 보여주지만, 개별 장만으로도 분명한 논지를 드러내고자 했다. 이런 전략 때문에 불가피하게 일부 내용을 반복하게 되어 독자들의 아량을 바랄 뿐이다.

이 프로젝트는 2010~2011년 엘렌 앤드루 라이트 펠로십을 제공한 스탠퍼드 인문학센터와 2011년에 나를 특별연구원으로 초대해준 스텔렌보쉬 고등연구기관의 지원 덕택에 가능했다. 두 기관에서 펠로십을 함께 했던 연구자들과의 지적 교류는 매우 소중한 것이었으며, 특히 스텔렌보쉬에서 함께 작업한 연구팀의 벤 커진스와 헨리 번스타인, 브리짓 오로린, 폴린 피터스에게 감사를 표하고 싶다. 2008~2010년 국제 특별연구원으로 연구할 기회를 제공해준 암스테르담 자유대학에도 감사를 드린다. 초청강연 기회를 통해 생각을 정교히 할 수 있도록 도움을 준 동료 연구자들 중 특히 프레이크 콜롬바인, 마르요 데 테이예, 비르히트 메이어, 오스카 살러밍크에게 고마움을 갖고 있다. 2009년 5월 뉴멕시코 산타페 고등연구학교에서 열린 '시장과 도덕성Markets and Moralities' 세미나에서 받은 자극 역시 컸다. 생각을 다듬고 발전시킬 수 있게 도와준 세미나 참여자들, 특히 세미나를 조직한 테드 피셔와 피터 벤슨에게 감사를 드린다. 본 책 4장은 이 세미나를 집대성한 에드워트 피셔의 편저 『눈먼 돈: 시장, 가치, 도덕경제Cash on the Table: Markets, Values, and Moral Economies』에 수록되었다. 2장은 영국 아카데미 기록물인 『등록과 승인: 인간 문서화의 세계사Registration and Recognition: Documenting the Person in World History』, 5장은 영국 왕립인류학협회 저널 19집 2호에 실린 바 있다.

타냐 리Tania Li는 오랜 시간에 걸쳐 훌륭한 생각과 질문의 보고가 되어주었다. 분배에 관한 비교론적 관점과 그녀가 명명했던 '일 없는 세계들worlds without work'이라는 개념에 큰 영감을 얻었다. 언제나 그랬듯, 리사 말키Liisa Malkki는 새로운 사고와 통찰력 있는 질문, 고무적인 제안을 던져주었다. 키스 브레켄리지Keith Breckenridge, 진 코마로프와 존 코마로프, 해리 잉글런드, 힐턴 화이트Hylton White는 이 책 일부에 대해 상당히 가치 있는 논평을 제공했다. 나는 또한 로렌스 코헨, 스티븐 콜리어Stephen Collier, 토비아스 리즈Tobias Rees와 나눈 광범위한 토론으로부터 도움을 받았다. 오스틴 자이더만과 사라 아이브스는 연구보조원으로서 귀중한 작업을 해주었다.

지금까지 계속해온 스탠퍼드 대학 인류학과 학자들과의 지적 동행은 무척 값진 것이었다. 학문적으로 매력적이고 든든한 본거지를 제공해준 모든 동료에게, 특히 남아공 현장에 대한 사유를 심화할 수 있게 도와준 토머스 블룸 한센과 린 메스켈에게 감사를 표한다. 전체 원고를 기꺼이 읽어주고 통찰과 격려를 선사해준 캘리포니아 베이 지역의 학문 동료들, 특히 도널드 던햄, 질리언 하트, 리사 로펠, 안나 칭, 실비아 야나기사코에게도 고마움을 전한다. 언제나 그랬듯, 켄 위소커는 현명한 판단과 확고한 지지로 출간의 전 과정에서 의지가 되어준 최고의 편집자였다.

마지막으로, 다른 어떤 인간의 생산물과 마찬가지로 이 책 역시 물질적 분배와 사회적·감정적 돌봄에 대한 오랜 개입들 덕택에 가능했다는 사실을 말하고 싶다. 그런 의미에서 내 생애 다른 시기에 나를 지지하고 보살폈던 모든 이, 특히 내 부모인 제인 퍼거슨과 짐 퍼거슨에게 이 책을 바친다.

현금지급과 새로운 복지국가의 출현:
신자유주의에서 분배정치로

지난 20여 년에 걸쳐 예기치 않은 일이 발생했다. 우리는 한동안 역사의 종언을 선포하거나 세계가 평평함flat을 설파하는 식으로 '자유시장' 자본주의의 전 지구적 전파를 자축하는 입장을 형식적으로는 유사하나 도덕적으로는 반대편에 위치한 비판적 논의와 맞붙이는 토론에 익숙해 있었다.[1] 하지만 이 중대한 토론에 나선 쌍방은 이야기를 구성하는 방식에 있어서는 근본적으로 일치하는 것처럼 보인다. 그 이야기란 규제 없는 '자유시장' 자본주의가 군림하는 가운데 '신자유주의적' 시장에 기반을 둔 경제와 거버넌스 시스템이 세상을 장악한 반면, 복지국가는 싸움에 패해 후퇴 중이며 거의 떨어져나가기 일보 직전이라는 점이다. 이런 맥락에서 볼 때, 최근 글로벌 남반구 도처의 각기 다른 현장에서 상당히 이채로운 현상이

---

1   "역사의 종언"과 "세계는 평평하다"는 주장은 각각 프랜시스 후쿠야마Francis Fukuyama와 토머스 프리드먼Thomas Friedman의 베스트셀러 저서에 등장한다. 같은 '메타' 수준에서 강력한 힘을 발휘하는 비판적 논의로는 Harvey(2007); Davis(2006), 그리고 좀더 대중적인 작업으로는 Klein(2008)을 참조하라.

발생하고 있다는 점은 의미심장하다. 요컨대 일정 현금을 광범위한 저소득층에게 직접 제공하는 것을 골자로 하는 빈민 대상 사회복지 프로그램이 새롭게 만들어지고 확산되고 있다.

찬성이든 반대든 시장 승리에 관한 이데올로기적 서사들은 이러한 변화를 포착하는 것을 방해해왔다. 그러한 서사들은 사회학자 피터 에번스 Peter Evans가 지적하듯(2008, p. 217), "사회적 보호 요구에 선천적으로 둔감한" 신자유주의가 시장을 숭배하면서 국가를 난도질하는 시대에 '빈민'이 국민국가로부터 별 주목을 받지 못하는 것은 당연하다고 보았기 때문이다. 개발과 빈곤 정책에서 발생하는 어떤 개입이나 혁신이든 이 서사들에 들어맞을 것이라는 가정이 굳건한 가운데 학자들의 관심은 소액대출이나 소액금융처럼 '신자유주의'의 모범 사례들에 집중되었다. 하지만 이제 연기가 걷힌 후 무엇이 제 모습을 드러내는지 분명히 볼 때가 되었다. 지난 20여 년의 '개발' 이야기에서 정말로 주목할 만한 것은 소액대출이 아니라 최근의 정책 검토가 증명하듯 "사회적 보호social protection가 날로 증가했다"는 것이다(Roelen and Devereux, 2013, p. 1).[2] 새로운 반反빈곤 프로그램을 주도적으로 구성한 것은 신용거래, 금융증권화 등 신자유주의적 약탈기제가 아니라 돈이 필요하다고 여겨지는 사람들에게 약간의 돈을

---

2 아냐 로이Ananya Roy에 따르면 무하마드 유누스가 설립한 그라민 은행의 본거지이자 굶주린 아동을 포스터 홍보에 동원하면서까지 소액대출을 선전하는 방글라데시의 경우에도 소액대출 프로그램은 투자와 수익보다는 빈자들에게 정부보조금을 지급하는 성격이 더 강했다. "신용과 기업가주의라는 수사를 퍼뜨림에도 불구하고 방글라데시 제도들은 '사회적 보호'에 더 들어맞는 개발논리를 따르며, 소상공인 육성보다는 일련의 사회적 보호 프로그램에 더 집중하는 경향을 보인다."(Roy, 2010, pp. 116~117)

지급하는 놀랍게도 단순한 장치였다. 그러한 현금지급을 적극적으로 옹호하는 한 책자의 제목이 바로 "빈자들에게 돈을 그냥 줘라Just give money to the poor"다.[3]

그 결과에 대해 어떻게 생각하든, 이러한 장치는 시장화와 신자유주의에 관한 지배적 서사가 표명한 것과는 거리가 멀다. 우리가 현재 목도하는 일련의 사건은 신자유주의에 관한 기존의 이야기가 전하는 바와는 다른 종류의 정치적 가능성과 위험을 함축하고 있다. 이 책은 내가 지난 30여 년간 연구해온 남아프리카를 중심으로 전 세계에서 펼쳐지는 새로운 변화와 그 정치적·사회적 의미를 끈질기게 고민하는 작업이다.[4] 이 책의 목적은 변화를 단순히 설명하는 게 아니라 이 일련의 변화가 어떠한 의미를 갖는지, 그리고 남아프리카와 그 너머의 지역에서 어떻게 정치적 한계와 가능성의 장을 바꾸어내는지 탐색하는 것이다.

---

3 Hanlon, Barrientos, and Hulme, 2010.

4 '남아프리카Southern Africa'는 전문 학문 분야의 관습적인 연구단위일 뿐 아니라 경제적·정치적 의미에서 통합성을 지닌 지역이다. 이 지역은 남아공의 산업화 '핵심' 경제를 추구하며, 한때 반아파르트헤이트 '전선'을 형성했던 남아프리카개발공동체Southern African Development Community는 오늘날 남아공을 포함한 지역 내 국가들을 아우르는 연합체로 남아 있다. 이 책에서는 광범위한 사회적 지원 프로그램을 발전시킨 남아공과 나미비아에 특히 초점을 맞추지만, (내가 지속적으로 연구를 진행해온 레소토와 잠비아를 포함해서) 유사한 프로그램이 도입되거나 구상되었던 이웃 국가들 역시 필요하다면 언급할 것이다.

신자유주의적 복지국가?:
남아프리카 정치경제 구조조정의 놀랄 만한 결과

남아프리카는 사회정책적 측면에서 신자유주의와 그 구체적 발전에 관해 연구하는 주요 학자들 사이에 의견 차이가 두드러진 곳이다. 이후 설명하겠지만, 신자유주의에 관한 서사들은 지난 수십 년 동안 이곳에서 발생한 거대한 정치적·경제적 변화들을 이해하기 위한 핵심이었다. 하지만 동시에 이 지역은 전 지구를 휩쓴 사회적 보호제도의 선구자 격으로 칭송받기도 한다. 남아프리카공화국(이하 남아공)은 노령연금, 육아보조금, 장애보조금을 근간으로 한 사회급여 형태를 광범위한 국가 시스템으로 구축하면서 이 흐름을 주도했고, 주변의 다른 나라들 역시 여기에 보조를 맞추었다. 보츠와나와 나미비아는 남아공과 유사한 전 국가적 프로그램들을 실시하고 있고, 레소토·스와질랜드·모잠비크는 좀더 작은 규모의 프로그램들을, 말라위·잠비아·짐바브웨는 향후 전국적 확대를 모색하는 가운데 시범적 프로그램들을 시행하고 있다.[5]

한편 남아프리카(특히 남아공)는 종종 신자유주의의 가장 전형적인 사례로 취급되어왔다(Klein, 2008). 논자들이 다소 유럽 중심적 시각으로 주장하는바, 신자유주의가 2차 세계대전 이후 (서구) 세계를 지배한 케인스주의식 '사회적' 국가들의 침식, 역행, 축소를 골자로 하는 전 세계적 프로젝트라면(예를 들어 Harvey, 2007), '신자유주의적' 남아프리카가 어떤 방향

---

5   Garcia and Moore(2012); 짐바브웨의 경우는 UNICEF(2012) 참조.

으로 나아갈 것인지는 분명해 보인다. 그것은 복지국가가 쇠퇴하는 가운데 빈자들이 '시장'의 약탈에 점점 더 노출될 수밖에 없는 냉혹한 자본주의 세계로의 질주일 것이다. 이슈들에 이 같은 프레임이 덧씌워지면서 가장 비판적인 관찰자들조차도 이 지역에서 일어나고 있는 일련의 주목할 만한 사건들, 즉 사회적 지원 프로그램들의 (축소가 아니라) 지속적인 확장, 새로운 종류의 복지국가로 묘사될 법한 것의 출현을 이끈 사건들에 별반 주목하지 않았다. 신자유주의에 관한 주요 논의들은 점점 더 증가하는 사회적 배제에만 초점을 맞추었으나, 이제는 국가로부터 이전에 무시당하거나 배척당해온 수많은 가난한 시민이 현금급여의 직접 수혜자가 되었다는 점 또한 고려해야 한다.[6]

남아프리카 신자유주의에 관해 가장 영향력 있는 논의들은 이 지역 경제의 중심인 남아공에 초점을 맞추고 있다. 따라서 이 논의들이 남아공의 아파르트헤이트(남아공 백인정권의 유색인종에 대한 차별정책으로, 1994년 아프리카민족회의 의장 넬슨 만델라가 대통령으로 선출되면서 공식 철폐됨—옮긴이) 이후의 이행과 뒤따른 경제적 변화를 어떻게 이해하고 있는지를 먼저 간략히 검토할 필요가 있다. 일반적인 논의는 다음과 같다. 1994년의 이행 이후 정권을 잡은 아프리카민족회의African National Congress(이하 ANC)는 사회주의 경제로의 변혁이라는 오래된 공약을 포기하고 패트릭 본드가 명명한 대로 '토착적' 구조조정 프로그램을 채택했다. 새로운 남아공을 국제

---

6 배제exclusion라는 주제에 관해서는 예를 들어 Wacquant(2009); Sassen(2010)을 보라. 최근에 학자들은 사회적 정책을 통한 새로운 형태의 포섭도 '신자유주의적' 이야기의 일부일 수 있다는 점에 주목했다. Collier(2011); Muehlebach(2012) 참조.

적 자본 투자의 이상향으로 만들겠다는 희망에 부푼 나머지 탈규제와 시장화를 통해 전면적인 시장개방을 요구하는 세계은행과 IMF 교리에 제대로 싸울 생각도 하지 않고 순순히 무릎을 꿇은 것이다. 뒤이은 '혼합경제'에 대해 폭넓고 공허한 사회민주적 헌신을 표방했던 '재건과 개발 프로그램RDP' 공약은 짧게 끝났고, 1996년 ANC는 '성장, 고용 및 재분배GEAR' 프로그램이라는 새롭고 좀더 '신자유주의적인' 접근으로 선회했다. 이 계획의 핵심은 성장 위주의 친親비즈니스 전략이 실질적 고용증가를 이끌고, 결국에는 모두가 이익을 볼 수 있는 충분한 경제성장을 가져오리라는 주장이었다.[7] 하지만 경제를 시장에 개방하는 조치들은 실망스럽게도 낙관적인 초기의 전망에 다가가지 못했고 단지 제한된 경제성장만 가져왔을 뿐이었다. 더욱 극적인 실패는 이 조치가 대규모 고용창출에 대한 기대를 저버렸다는 것이다. 새로운 일자리가 별반 늘어나지 않았을 뿐 아니라 농업이나 광업처럼 저임금, 저숙련 노동자들을 도시와 농촌의 지역생계에 간신히 붙들어놓았던 전통적인 일자리까지 끊임없이 줄어들고 있었다. 1970년대에 이미 시작된 노동력 부족 경제에서 대규모 노동 잉여 경제로의 이동이라는 변화가 가속도를 내기 시작한 것이다(Seekings and Nattrass, 2005; Marais, 2011). 공식 집계된 실업률조차 25퍼센트에 육박할 만큼[8] 대량실업이 만연하면서 경제조직의 맨 밑바닥에 위치한 사람들이 아파르트

---

7 이러한 '신자유주의적' 전환에 대해서는 Bond(2000)와 Marais(2001) 참조.

8 가장 최근의 공식 실업률은 25.2퍼센트였고, 구직활동을 실제로 하는지에 상관없이 모든 구직 희망자를 포함할 경우 실업률은 35.1퍼센트로 증가했다. 2014년 5월 5일 『메일과 가디언 Mail and Guardian』지 기사("2014년 1분기 고용 하향추세")에 따르면 당시 청년실업은 66퍼센트에 달했다.

헤이트 철폐 이후 가질 법한 해방감은 보이지 않았다. 새로운 부는 분명 창출되고 있었고, ANC의 엘리트 집단과 긴밀히 연결된 남아공 흑인들은 축적 기회를 잡았지만, 전체적인 불평등은 아파르트헤이트 시기보다도 심각해졌다. 결국 피상적인 번영이 불평등, 대량실업, 사회적 포섭의 실패 등 가공할 만한 병폐들을 은폐하고 있다는 게 이 '신자유주의' 이야기의 요지였다.

다소 거칠게 보자면 이 같은 비판이 틀린 것은 아니다. 경제자유화와 뒤따른 사회문제들의 진단은 대체적으로 정확하다. 하지만 지역의 새로운 복지국가들에 대한 이해를 제한한 두 가지 공백을 지적하지 않을 수 없다.[9] 첫째, 이 논의들은 반대의 표적('신자유주의')에 치중하느라 현실적이고 설득력 있는 대안과 전략을 내놓기가 어려웠다. 신자유주의에 대한 비판적 논의들은 너무나 자주 (내가 다른 글에서 '반대의 정치politics of the anti-'라 부른[Ferguson, 2010]) 비난의 정치로 귀결되었다. 이 비난의 정치에서 정치적 정체성이란 정부의 구체적 프로그램이나 정치적 동원보다는 '신자유주의'라 불리는 악의적이고 다형적인 '타자'에 대한 반대 선언으로 구성된다. 그 결과 오늘날 남아공의 거의 모든 지식인과 정치학자들이 '신자유주의'를 비난하지만, 실질적으로 다른 정치적 노선을 표명하는 주요 정치정당들은 적어도 최근까지는 출현하지 않았다.[10] 두 번째 문제도 이와 관련

---

9   사회적 지원이라는 질문과 직접 관련되지는 않지만, Hart(2008)는 지배적인 신자유주의 서사의 한계에 관해 연관성 있는 평가를 제공했다. 그녀는 남아공 지역 정치투쟁이 갖는 구체적이고도 특수한 역동성을 이해하려면 단순히 '신자유주의적 계급권력'을 강조하기보다 좀더 복잡한 정치적·분석적 전략이 필요하다고 주장한다. Parnell and Robinson(2012)도 참조.

된다. 남아공 '신자유주의'에 대한 통상적인 비판들은 그 나라가 (이웃 국가들이 밟는 경로를 개척하면서) 표준적인 신자유주의 모델과 거의 상반된 것처럼 보이는 전환을 실질적으로 이루어냈다는 데 별로 주의를 기울이지 않는다. 오늘날 이 나라가 GDP의 3.4퍼센트를 비시장적 현금급여 방식으로 전체 인구의 30퍼센트 이상을 차지하는 '빈자들'에게 직접 제공하는 비갹출적non-contributory(수급자의 직접적인 기여 없이 국가재정으로 전액 조달하는 방식─옮긴이) 사회 공익 시스템을 고안해냈다는 중요한 사실을 간과하는 것이다(National Treasury, 2013, pp. 84~86).

이 같은 발전이 상당히 특수한 시기의 산물이라는 점은 분명해 보인다. 포스트 아파르트헤이트 ANC가 그 정치적 기반이었던 빈민과 노동자 계급의 경제적 조건을 개선할 사명을 부여받았던 바로 그 시점에, 전 세계적인 경제 구조조정이 오랫동안 남아공 전 지역을 지탱해온 저임금고용 체계를 침식해버렸기 때문이다(저임금, 미숙련 노동시장의 급격한 붕괴에 관해서는 Seekings and Nattrass, 2005; Marais, 2011 참조). 새로운 흑인 지지층 집단에 구체적인 변화를 보여주어야 하는 막중한 정치적 요구에 직면해서, 그리고 '시장 옹호적' 경제정책들이 '모두를 이롭게' 할 거라고 여겨졌던 신속한 성장을 도모하지 못한 상태와 맞물려, 사회적 보호는 정책 혁신의 핵심 영역이 되었다. 남아공과 인접 지역에서는 오랫동안 백인들을 위한

---

10 (6장에서 다룬) 줄리우스 말레마가 이끄는 경제해방투사Economic Freedom Fighters가 좋든 싫든 이 점에 대한 예외일 수 있다. 아직까지 주요 정치정당으로 불릴 순 없지만 최근에 좌파 민주전선Democratic Left Front, DLF과 노동자사회주의당Workers and Socialist Party, WASP이라는 대안적 좌파 군소정당이 출현한 점도 눈여겨볼 만하다.

사회복지제도가 그런대로 훌륭히 발전되어왔으나, 흑인들을 위한 제도는 기껏해야 초보적 수준에 머물러 있었다. 포스트 아파르트헤이트 체제로의 이행을 맞아 연금인상률은 인종집단과 무관하게 동등해졌고, 사회적 지원도 인구 대다수를 포괄하는 방식으로 급속히 확대되었다. 동시에 어린 아동을 돌보는 사람들에게 지역에 상관없이 현금을 제공하자는 새로운 결정이 내려졌다. 이러한 결정은 곧 이웃 국가인 나미비아와 (더 미약한 수준이기는 하지만) 보츠와나에서 유사한 프로그램이 채택되는 결과로 이어졌고, 수혜자의 범위는 급속히 확산되었다. 일례로 남아프리카에서 수혜를 받는 아동 연령 상한선은 1998년에 7세에서 현재 18세로 대폭 상승했다.[11] 이 같은 프로그램들이 급속히 증가한 것은 아파르트헤이트 철폐 이후의 정치적 기대에 대한 화답이기도 했지만 여기에는 지역의 또 다른 위급사태가 작용했다. 1990년대 이후 대규모 에이즈 바이러스가 발생하면서 수많은 노인이 병자를 돌봐야 하는 상황에 직면했는데, 그럼에도 숱한 고아가 양산된 것이다.

이렇듯 복잡다단한 국면의 결과, 다양한 범주의 수혜자에게 매월 현금을 지급하는 아주 광범위한 국가 공약이 출현했다. 2011~2012년의 사회복지 지출은 2002~2003년 지출의 두 배로 증가했으며(National Treasury, 2012, p. 78), 현재 남아공에서 보조금을 받는 사람들은 전체 인구의 거의 30퍼센트에 달하는 1,600만 명 이상이다. 또한 60세 이상 약 300만 명의

---

11 이 지역 사회연금 발전에 관한 개괄적 설명은 Devereux(2007) 참조. 남아공 아동지원보조금South African Child Support Grant 프로그램 소개는 Lund(2008)와 DSD, SASSA, and UNICEF(2012) 참조.

노인들이 노령연금(2013년 기준 매달 1,260란드[125달러])을, 1,100만 명이 아동보호지원금(현재 아동 일인당 300란드[30달러])을 받고 있다.[12] 이러한 보조금은 수급자가 이전에 지불한 비용을 기반으로 제공되는 게 아니라는 점에서 비갹출적이며, 국고로부터 직접 지불되고 있다. 이는 명목상으로 소득조사를 조건으로 하며, 아동보호지원금의 경우 학교 출석을 원칙으로 요구한다. 하지만 그 같은 제한은 실제로는 엄밀하게 적용되지 않으며, 대부분의 보조금은 라틴아메리카나 다른 지역의 현금지급에서 종종 결부되어 있는 강력한 '조건들'을 충족할 것을 요구하지 않는다. 덧붙여 남아공 정부 산하 사회개발부는 현재 노령연금 지급에 필요한 자산조사마저 단계적으로 폐지할 계획을 세우고 있다. 물론 이 같은 보조금은 북반구 복지 국가에서 제공되는 것에 비하면 턱없이 미약한 수준이지만, 이 지역 저소득층의 삶의 맥락에서 보자면 상당히 중요한 것이다. 최근의 한 연구가 지적하듯(Garcia and Moore, 2012, p. 311), 2010년 남아공의 노령연금은 일인당 중간소득의 1.75배나 되었다. 다양한 보조금 혜택이 전 사회 인구로 파급되고 있다. 남아공 전체 가구의 약 44퍼센트가 적어도 한 가지 종류의 보조금을 받고 있는데, 이스턴케이프나 림포포 같은 빈곤한 농촌 주의 경우 이 수혜율은 무려 60퍼센트에 다다른다(Statistics South Africa, 2013, pp. 19~20).

나미비아는 남아공 프로그램과 매우 유사한 궤적을 따라 노령연금을

---

12 National Treasury(2012, p. 85) 참조. 다른 보조금으로는 참전용사수당War Veterans Grant, 장애수당Disability Grant, 위탁양육수당Foster Care Grant, 돌봄보조금Care Dependency Grant이 있다.

확대해왔다. 나미비아에서는 남아공의 아동보호지원금을 모델로 삼아 각종 소규모 프로그램뿐 아니라 아동유지보조금을 도입했다. 이러한 아동 관련 보조금은 유연하지 못하고 부실한 행정운영 때문에 아직은 남아공에서만큼 폭넓게 배분되지 못하지만, 최근 지출과 수혜자 수가 급증한 것은 사실이다. 2008년 당시 나미비아 전체 인구의 약 12퍼센트가 각종 사회보조금을 받고 있었다(Levine, Van der Berg, and Yu, 2009; Garcia and Moore, 2012, pp. 287~290). 또한 보츠와나는 포괄적인 비갹출적 노령연금 제도뿐 아니라 고아를 돌보는 사람들에게 현금을 지급하는 프로그램을 운영 중인데, 이는 전 아동 가운데 약 15퍼센트가 고아로 간주되는 나라에서는 결코 적지 않은 수치다(Dahl, 2009). 다른 남아프리카 나라들의 경우 사회보호제도의 발달은 아직 미약한 수준이지만, 남아공 모델의 성공에 자극을 받아 이 지역의 최빈국들 또한 새 시스템을 고안하려고 노력 중이다. 가령 스와질랜드는 이제 보편적인 노령연금을 갖게 되었고, 사회보호를 위한 재정수단이 절대적으로 부족하다고 여겨져온 레소토조차 2004년에 소박한 수준의 노령연금을 도입한 데 이어 육아보조금 지급을 위한 프로그램도 개발 중이다(Garcia and Moore, 2012, p. 264).

이러한 일련의 프로그램들이 말 그대로 '효과가 있음'을 보여주는 증거들은 많다. 이들 프로그램에 관한 연구가 가장 장기간에 걸쳐 집중적으로 이루어져온 남아공의 경우, 최근의 한 평가가 지적하듯 "사회급여가 빈곤을 완화하는 데 정말로 성공적이었다"는 합의가 폭넓게 형성되었다(DSD, SASSA, and UNICEF, 2012, p. 3; 2009년의 Neves 외 전문가 평가도 참고할 것). 최근의 한 국가조사에 따르면 기아를 경험했다고 보고된 가구의 비율은 2002년 29.3퍼센트에서 2012년 12.6퍼센트로 줄어들었다(Statistics

South Africa, 2012, p. 4). 아동보호지원금에 관한 최근의 한 포괄적 평가서는 이 지원금이 영양상태는 물론 교육과 보건의 측면에서도 '긍정적인 개선효과'를 낳았으며, 동시에 HIV(인간 면역 결핍 바이러스) 감염 위험이 만연한 상황에서 사춘기 집단을 '위험한 행위'로부터 보호하고 있다고 결론지었다. 생활수준에 관한 최근의 한 조사는 이미 보고된 수입을 근거로 하지 않고 수돗물이나 수세식 변소의 유무, 생필품과 생활도구의 소유와 같이 구체적인 라이프스타일 표식에 따라 조사를 진행했는데, 생활수준을 열 단계로 나누었을 때 최하위를 차지했던 남아공 성인의 비율이 2001년 11퍼센트에서 2011년 단지 1퍼센트로 떨어졌다고 보고했다.[13] 이 같은 조사에서 전체 생활수준 범위의 중간을 차지하는 집단의 비율이 상당히 증가했다는 점도 드러났다. 조사를 진행했던 남아공 인종관계연구소의 조지나 알렉산더는 그 결과에 대해 다음과 같이 설명했다.

이 같은 개선은 부분적으로는 노령연금과 아동보호지원금 같은 사회급여 대상이 된 사람들이 증가했기 때문에 가능했다. 특히 아동지원금을 받는 사람들은 2001년과 2011년 사이에 무려 1,200퍼센트 증가했다. 2001년에는 약 8퍼센트의 남아공인들이 보조금 대상이었다. 2010~2011년에 이

---

13 패트릭 본드(2014)는 수돗물, 변소 등 이 조사에 등장한 항목들이 실제로 전혀 혹은 제대로 기능하지 못하는 경우가 많았다면서 이 수치의 신빙성에 의문을 제기했다. 이는 사실일 수 있겠지만, 오래전의 수치들 역시 이 점에서는 마찬가지의 문제를 안고 있을 것이다. 권위 있는 보고서(Neves et al., 2009)가 인용한 광범위한 현장연구나 위에서 인용된 기아 수치처럼 무시하기 힘든 자료들을 종합적으로 검토할 경우 본드의 주장만으로 최근 몇 년간의 뚜렷한 향상을 부정하기란 어렵다.

비율은 29퍼센트로 늘어났으며, 보조금 액수는 정부 지출의 10퍼센트를 차지한다.[14]

양적 연구만이 확대된 현금지급 프로그램이 갖는 효과와 중요성을 입증하는 게 아니다. 연구과정에서 나는 지역의 빈곤 상황에 대해 누구보다도 정통한 전문가들과 질적 연구를 수행하는 조사자들을 만났는데, 이들 중 누구도 사회보조금이 최악의 극빈을 막고 가난한 가정과 지역 공동체의 생존을 유지하는 데 절대적인 역할을 하고 있음을 부정하지 않았다. 한 식견 높은 연구자에게 보조금들이 사라진다면 남아공이 어떻게 될지 물었을 때 그는 잠시 주저하더니 간단히 답했다. "그야말로 종말이죠."

나미비아의 사회보호 프로그램에 대한 연구와 평가는 충분히 이루어지지 못했지만, 어떠한 데이터든 프로그램의 효과가 남아공에서 드러난 것과 상당히 유사하다고 말하고 있다. 최근 사회적 현금지급이 나미비아의 빈곤과 불평등에 갖는 영향에 관한 개괄적 보고서는 이러한 제도들이 "빈곤 감소에 점점 더 실질적인 공헌"을 하고 있다고 평가하면서 사회적 현금지급이 '가난한' 개인들을 10퍼센트까지, '매우 가난한' 개인들을 22퍼센트까지 줄이는 데 성공했다고 결론지었다(Levine, Van der Berg, and Yu, 2009, pp. 49~50). 그 보고서는 또한 프로그램들이 재정 면에서 지속가능하다고 보고 있다. 요컨대 GDP 성장이 예상되는 수급자수 증가를 앞지를 것으로 예상되기 때문에 GDP 비율로 따지자면 사회보조금 지출이 점차 감

---

14 2012년 8월 28일 남아공 인종관계연구소 보도자료 "생활수준 추세의 인상적인 변화" 참조.

소할 것으로 전망하고 있다(Levine, Van der Berg, and Yu, 2009, p. 42, p. 45).

놀랄 것 없이, 현금급여를 받는 사람들 사이에서 이런 프로그램들은 상당히 인기가 높다.[15] 그보다 한층 놀라운 것은 이런 프로그램들이 사회 각층으로부터 전반적인 지지를 얻고 있다는 점이다. 계급이나 인종 간 구분을 넘어서 공적 부조의 정당성이 사회 전체의 호응을 얻게 된 것이다. 제레미 시킹스는 어떤 상황에 처한 한 사람이 정부 부조를 '받을 자격'이 있는지, 어떤 부조를 받아야 하는지에 대해 다양한 시나리오를 들어가며 남아공인들에게 설문을 했을 때, 이들이 인종에 관계없이 유사한 견해를 보였다고 언급했다(Seekings, 2008c). 적어도 남아공에서는 도움이 필요하다고 여겨지는 광범위한 사람들에게 다달이 현금을 지급하는 것이 국가의 당연하고 적절한 임무의 일부라는 인식이 폭넓게 정착된 듯 보인다. 그 규모와 비용이 엄청난데도 내가 여기에 기술한 사회보조금 프로그램들은 남아프리카 어느 나라에서도 특별히 논쟁에 부쳐지지도, 각종 정치공세에 시달리지도 않았다. 내가 아는 한 어떤 주요 정당도 이 프로그램들을 없애거나 지원 액수를 줄이겠다고 주장한 적이 없다.

이 같은 일이 어떻게 가능했는가? 특히 남아공의 경우 포스트 아파르트헤이트 체제가 원래 꿈꾸었던 식의 임금노동 체제에서 배제된 사람들

---

15 버나드 두벨드Bernard Dubbleld(2013)는 최근 남아공 쿠아줄루 나탈 주에 사는 일부 농촌 수령자들이 보조금의 확산을 '전통'을 좀먹는 것이라 비난하고, 보조금으로 얼룩진 현재와 남성들이 임금노동을 통해 적절한 소득을 받았던 (상상된) 과거를 대조시키고 있다고 보도했다. 하지만 그렇다고 해서 임금노동과 그것이 지탱했던 사회구조에 대한 희구를 보조금을 줄이거나 없애기를 갈망하는 것으로 오해해서는 안 된다. 두벨드에게 정보를 제공한 사람들의 추정에 따르면 연구대상 지역 인구의 70퍼센트가 이 보조금을 주요 수입원으로 삼고 있다.

을 위한 복지국가를 창출하는 데 실패했다는 것은 분명하다. 반대로 이 체제의 첫 번째 정치적 임무는 고용을 창출하고 노동자들의 조건을 개선하는 것이었다. 물론 ANC는 정치적 좌파에 지적 기반을 두고 있었고, 처음부터 강력한 노동조합연맹인 남아공노동조합총연맹COSATU, 남아공공산당SACP과 일종의 '삼자동맹'을 맺고 출발했다. 부분적으로 이런 이유 때문에 사회적 통합의 주요 양식으로서의 노동, 정부가 대답해야만 하는 집단의 형상으로서의 '노동자'에 숭고한 가치를 부여했다(Barchiesi, 2011). 하지만 이 나라가 비참한 구조조정을 거치면서 점점 더 많은 사람이 직접적인 제공자이자 조달자로서 정부에 기대를 걸기 시작했다. '서비스 전달'은 새로운 슬로건이 되었고, 남아공 흑인들은 점점 더 주택, 전기, 물, 위생, 사회 서비스와 같은 상품들을 국가가 직접 조달하는 형태를 취하는 '해방'을 추구하게 되었다. 정말로 '서비스 전달을 요구하는 시위service delivery protests'야말로 이 나라의 빈민과 노동자들이 거주하는 지역의 일상적인 풍경이 되었다. 이런 맥락에서 볼 때, 아파르트헤이트 체제로부터 물려받은 뒤 인종주의를 걷어낸 오래된 사회부조 프로그램은 새로운 국가가 고도로 가시적이고 효과적인 보호를 제공하기 위해 광범위한 제도적 장치를 발전시킬 수 있는 출발점을 제공했다. 이 보호란 심지어 직업이 없는 경우에도 직접적인 현금지급의 형태로 가치 있는 무언가를 '전달'하는 것이었다.

이는 실제적인 정치와 실용적인 정책수립에 관한 문제였다.[16] 하지만 내가 여기에서 기술한 정치적·제도적 혁신들과 마찬가지로 새로운 사유방식들, 빈곤과 분배에 관한 새로운 논증방식을 추적하는 것 또한 가능하다(Foucault, 1988, pp. 152~156). 나의 관심은 단순히 사회적 지원의 새로운 프로그램들에 있지 않다. 그보다 내가 더 주목하는 것은 이 프로그램들과 나란히 생겨나고 있는 새로운 사유의 방식들, 제안컨대 신생정치를 위한 전조이자 지적 자원으로 이해될 만한 빈곤과 사회부조의 새로운 '합리성들'이다. 이는 내가 '분배정치politics of distribution'라 명명한 것으로 노동, 실업, 가족, '사회적' 지불의 의미를 포함하는 것들에 관한 새로운 사유의 방식들을 함축한다. 이러한 방식들을 간단히 매도하거나 칭송하는 식으로 나아가지는 말 것을 제안한다. 대신에 나는 우리가 이런 사유들에 대해, 그리고 이 사유들과 더불어 생각하면서 당면한 현재의 정치적 가능성과 위험들을 더 잘 이해할 수 있기를 바랄 뿐이다.

아파르트헤이트의 공식 설계자들이나 이들에 대한 급진적 비평가들이 다 같이 공유하는 오래된 사고방식 중 하나는 대다수를 차지하는 흑인 인구를 무엇보다도 노동의 원천으로 보는 관점이었다. 농촌 '고향'이나 '반투스탄'(아파르트헤이트 시기 남아공 정권이 흑인들을 격리시킨 지역—옮긴이)에 붙박인 흑인들은 광산의 대고용주들에게는 저임금 이주노동을 안정적으로 공급하는 '노동예비군'으로 보였다. 영구적으로 정착한 노동자들은 정치적 요구를 제기하고 최소 노동력의 재생산 비용을 감당하기에 충분한 임금을 요구할 수도 있었겠지만, 흑인의 운동과 거주지를 모두 통제한 국가는 노동의 지속적인 '이주'상태를 강제함으로써 이 사안을 일찌감치 해결해버렸다. 마르크스주의 비평가들이 지적하듯, 이는 육아와 간병을 포

---

16 남아공 아동지원보조금 제도 설립과정에 관한 프랜시 룬드Francie Lund(2008)의 연구는 하나의 특수한 상황에서 그러한 정책이 어떻게 등장할 수 있었는지에 관해 뛰어난 설명을 제공한다.

함한 사회적 재생산 비용을 이미 가난한 농촌 지역에 떠넘김으로써 노동자들 자신뿐 아니라 그들이 나고 자란 고향 지역을 황폐화시키는 일종의 '다중 착취'를 야기했다.[17] 따라서 아파르트헤이트라는 노골적인 착취와 억압체제를 무언가 나은 방향으로 바꾸어보려는 사람들은 자본가에게 직접 고용된 사람들만 자본주의에 착취를 당하는 게 아니라는 생각에 출발점을 두었다. 남아공 정치경제의 가난한 농촌 주변부에 위치한 사람들은 설사 직접 고용 상태에 있지 않더라도 생산 시스템의 주변부에 남아 있지 않았다. 반대로 그들이 노동의 재생산에서 맡고 있는 역할을 고려한다면 그들이야말로 사실상 이 지역 시스템의 산업 중심부에서 생겨나는 부의 대량생산에서 가장 중요한 존재였다. 이는 가장 주변적인 사람들이나 지역들조차도 '노동력을 재생산하는' 점에서 사실상 자본주의에 필수적이라는 분석적 주장에 다름 아니었다. 여기에는 '사회적 재생산'이 가능하려면 최소한의 '사회적 임금'이 제공되어야 한다는 기능적 필요성과 부의 창출을 돕는 사람들은 그것을 공유할 자격을 갖는다는 윤리적 주장이 바탕에 깔려 있었다.

하지만 최근의 변화는 초기 급진 비평가 세대가 산업경제의 생산성과 전체 사회를 위와 같은 방식으로 직접적이고도 강력하게 연결시키도록 승인했던 논리에 의문을 제기하게 만든다. 만약 노동력 부족에 시달리는 정치경제적 환경에서라면 남아프리카의 가장 편벽한 농촌이라도 광대한 생산 시스템을 유지하기 위해 필요한 노동예비군을 제공하고 있다고 여

---

17 이러한 입장에 관한 고전적 논의는 Wolpe(1972) 참조.

겨질 법하다. 하지만 오늘날 구조조정을 거친 자본주의는 이주노동 시스템이 만들어낸 저임금, 미숙련 노동자들을 더는 충분히 필요로 하지 않는다. 타냐 리(2010)가 아시아의 맥락에서 주장했듯, 오늘날 그렇게 많은 사람의 주변화와 빈곤화는 "글로벌 자본의 전략"이라기보다는, 그녀의 표현을 따르자면 "그들이 어떤 기준에서든 자본과 맺는 관계가 제한적일 수밖에 없다는 점"을 가리키는 것이다(2010, p. 67). 오랫동안 가난한 농촌 지역을 연구해온 한 남아공 사회조사자 덕분에 이 점이 확실히 분명해졌다. 그는 "이게 사실이 아니라면 좋겠지만"이라고 운을 뗀 뒤 말했다. "내일 최소 1,000만 명이 갑자기 죽는다 해도 요하네스버그 증권거래소에서는 잔물결조차 일지 않으리란 건 사실입니다."[18]

그런 상황에서 산업 중심부에서 생산되는 가치가 주변부 사람들의 고통에 의해 생겨나는 것이라고 주장하기는 점점 더 어려워졌다. 오히려 가난하고 주변화된 사람들의 고통은 그들을 활용할 필요가 없어져버린 생산체계로부터 기능적으로 유리된 것처럼 보인다. 그러한 사람들이 점점 더 사회급여를 받는다면, 이는 노동력을 재생산한다는 긴박한 논리의 귀결일 리 만무하다. 그 급여가 '재생산'한다고 주장하는 종류의 노동을 이제는 누구도 필요로 하지 않기 때문이다. 반대로 오늘날의 사회보호 프로그램들이 일종의 사회적 재생산을 지지한다면, 이는 노동시장에 진입할 전

---

[18] 내가 이 일화를 몇몇 사회정책 전문가들에게 말했을 때 그들 중 반박하는 사람은 없었으며, 일부는 요하네스버그 종합지수가 실제로 상승했을 것이라는 암울한 의혹을 제기했다. 한 전문가는 산업발전이나 국가 GDP에 아무 영향을 주지 못하는 '실업자예비군' 중 수백만 명이 에이즈로 사망했기 때문에, 이런 실험은 어떤 의미에서는 이미 수행된 것이나 다름없다고 주장했다.

망이 점점 더 희박한 사람들을 재생산하는 셈이 된다.

하지만 이와 동시에 자신의 노동을 누구도 원하지 않게 된 사람들은 다른 종류의 권력을 획득하게 되었다. 이 권력이란 가난해지고 역사적으로 배제된 일련의 '빈자' 대중masses of 'the poor'을 정치적 기반으로 삼을 수밖에 없는 민주주의적 지배체제 내의 정치적 권리를 말한다.[19] 이 지배체제는 점점 노동이나 재생산 개념이 아니라 시민권과 정치적 압력 같은 것을 토대로 자신의 권리를 주장하는 사람들에게 일련의 재화와 서비스를 '전달할' 필요를 느껴왔다. 이 맥락에서 선별적 사영화와 시장화를 주도하는 '신자유주의적' 프로그램은 노동 및 노동공급 이슈들과 점점 분리된 채로 광범위하게 확산되고 있는 직접 분배 프로그램과 결합되어왔다.

전 세계적 이행: 현금지급 혁명과 그 함의

이러한 변화는 남아프리카의 독특한 현상이 아니다. 물론 노령연금 제공 같은 남아프리카의 프로그램들은 2장에서 보듯 특수한 역사적 원인이 있지만, 최근의 급속한 확대는 그야말로 전 세계적인 추세다.

사실 지난 20여 년에 걸쳐 새로운 종류의 복지체제가 세계 도처에 등장했다. 이 변화의 계획적 핵심 요소는 다름 아닌 '현금지급'이었다. 이 지원형태는 대개는 아동의 학교 출석이나 건강 향상을 위한 정기적 진

---

19 상당한 정치적 중요성을 갖는 로컬 범주로 '빈민'이 등장한 것에 관해서는 Desai(2002) 참조.

료소 방문처럼 명목적인 '조건들'이 따라붙기 때문에 '조건적 현금지급 conditional cash transfers, CCTs'이라 불린다. 이러한 프로그램의 현대적 기원은 라틴아메리카, 특히 멕시코의 오포르투니다데스Oportunidades 프로그램이나 이후의 브라질 볼사 파밀리아Bolsa Familia 프로그램으로 거슬러 올라간다. 두 프로그램은 모두 자녀를 둔 가족에 초점을 맞추었다. 특히 볼사 파밀리아 프로그램은 1,100만 이상 가정에 혜택을 제공함으로써 강력한 반빈곤 효과를 생산하고, 소비를 유발해서 경제를 활성화한다는 친숙한 케인스식 보조금 개념을 내포하고 있기 때문에 전 지구적으로 영감을 준 모델이 되었다(Soares et al., 2010; cf. Lo Vuolo, 2013). 하지만 한때 라틴아메리카 현상이라 불렸던 것이 이제는 전 지구적 현상이 되었다. 2009년 세계은행 보고서는 "국가들이 엄청난 속도로 CCT를 채택하거나 채택할 것을 고려하고 있다"(2009, p. I)고 전하면서 전 세계의 점점 더 많은 나라가 현금지급 프로그램을 시행하고 있음을 밝히고 있다. 조지프 핸런Joseph Hanlon, 아만도 배리엔토스Armando Barrientos, 데이비드 흄David Hulme(2010)은 이러한 변화를 "글로벌 남반구로부터의 개발혁명"이라 표현하면서 "가난한 사람들이 빈곤을 탈출할 효과적인 방법을 찾도록 직접 돈을 주는 게 낫다"는 확신에 뿌리를 둔 "새로운 사유의 물결"이라 지칭했다(2010, p. I). 영국의 공식 개발원조기구가 수행한 최근의 문헌 리뷰는 이와 같은 현금지급의 확산을 '조용한 혁명'이라 정의하면서 이러한 프로그램이 현재 약 7,500만 명에서 1억 명 사이의 사람들에게 영향을 미치고 있다고 추산했다(DFID, 2011, p. i).

내가 언급한 대로 남아프리카는 독특한 역사로 말미암아 그들의 고유한 경로를 통해 이러한 프로그램에 안착했다. 그러나 아프리카 대륙의 다른 지역들의 경우 사회보호제도는 최근까지도 초보적 수준에 머물거나 존재하지도 않았다. 몇 년 전까지만 해도 사회부조는 취약한 재정능력과 관료적 기능장애, 만연한 부패로 소문난 이 대륙의 '약한 국가들weak states'에 적합한 카드가 아닌 것처럼 보였다. 하지만 다른 지역, 특히 인근 남아프리카의 사례가 널리 화제가 되면서 남아공에 비해 상당히 낮은 수준이기는 하지만 '가난한 사람들'에게 현금을 지급하는 새로운 프로그램이 폭증하고 있다. 최근 세계은행은 아프리카 대륙에서 123개의 현금지급 프로그램이 시행 중임을 밝히면서 28개 국가의 프로그램들에 관해 소상한 문헌 검토를 제공했다(Garcia and Moore, 2012; Ellis, Devereux, and White, 2009; World Bank, 2009도 볼 것).

이런 프로그램들에 관한 논의는 대부분 공공정책 영역에서 이루어졌기 때문에 프로그램이 실제로 얼마나 잘 '굴러가는지', 어떻게 프로그램을 개선하거나 규모를 키울 수 있는지에 관한 질문이 주로 제기되었다. 내가 이미 밝혔듯이 적어도 남아프리카 지역에서 나온 경험적 증거는 이 프로그램들이 각종 개발지표를 개선하는 데 탁월했음을 보여준다(전 세계적으로 유사한 증거에 관한 검토로 Hanlon, Barrientos, and Hulme, 2010; DFID 2011을 참조할 것). 다시 말해 공공정책 측면에서 이러한 프로그램들의 긍정적 효과는 충분히 입증되어왔다. 하지만 최악의 빈곤을 경감시킬 수 있다는 실용적 이득보다 더 중요한 게 있다. 내가 주장하고 싶은 것은 새로운 분배양식이 빈곤을 사유하는 새로운 방식과 연결됨과 동시에 새로운 종류의 정치적 권리주장 및 새로운 정치적 동원의 가능성과 밀접히 관련되어 있다는 점이다. 이런 점에서 "빈자들에게 돈을 그냥 주자"(Hanlon, Barrientos, and Hulme, 2010)는 새로운 공적 의지와 이와 관련된 새로운 종류의 분배정치는 진보정치의 시각에서도[20] 아주 흥미로운 사건이며, 동시에 비판적 검토와 고찰을 필요로 한다. 따라서 나의 목적은 사회정책과 분배정치의 영역에서 일종의 새로운 사유를 기술하고, 동시에 이 사유에 대해, 그리고 이 사유와 더불어 고민을 밀고 나가는 것이다.

'개발혁명'과 관련된 수많은 이야기를 감안했을 때 아마도 답해야 할 첫 번째 질문은 내가 여기서 설명한 프로그램들과 관점들이 실제로 새롭냐는 것이다. 복지국가가 소외계층에게 돈을 지급한다는 것만큼 진부하게 들리는 얘기도 없을 것이다. 확실히 '실업보조금dole'은 글로벌 북반구의 고전적인 복지국가에서 시행해온 수많은 '사회적' 프로그램의 하나로 가장 널리 알려져 있고 논의되어왔다. 게다가 돈을 정말로 쓸 사람들의 손에 쥐어주는 게 경제성장을 위해서든 소비능력이 없는 '가난한' 자들의 행복을 위해서든 이롭다는 생각은 새로운 발견이 아니라 20세기 구미의 고전적 복지국가의 성장과 번영을 뒷받침했던 케인스주의의 기초 상식이기도 했다. 그렇다면 이 '혁명'이란 한 세기 전 북반구에서 개척한 사회적 지원을 글로벌 남반구가 뒤늦게 따라잡는 과정에 불과한 것인가? 이 질문에 대한 나의 대답은 전혀 아니라는 것이다. 많은 저자가 지적했듯이, 글로벌 남반구의 새로운 사회적 지원체제는 오래되고 훌륭한 연구성과가 축적된 북반구 사촌들의 작업과는 상당히 이질적인 특징을 지니고 있다.[21]

---

20 여기서 그리고 이 책 나머지에서 나는 **진보적**progressive이라는 용어를 좌파the Left의 동의어가 아니라 더 폭넓은 의미로, 그 단어의 글자 그대로의 의미에 더 부합하게 사용할 것이다. 즉 이 용어는 단순히 사회적·정치적 현 상태를 더 나은 방향으로 바꾸거나 개혁하려는 정치적 헌신을 지칭한다. 오늘날 흥미로운 진보정치 형태의 일부는 전통적인 좌파-우파 구분 안에 위치할 경우 명확해지기는커녕 더 왜곡되기 쉽다는 게 나의 주장이다.

무엇보다도 먼저 '저개발' 나라들이 대규모의 전 국가적 복지제도를 구축할 것을 고려하는 것 자체가 정말 새로운 일이다. 2장에서 자세히 설명하겠지만, 유럽 복지국가의 설계자들은 사회부조 프로그램들이 '발전된' 산업경제와 적어도 최소한 남성 '가장家長'의 완전고용 달성을 전제로 한다고 가정했다. 남아공과 아프리카 일부 지역에서 그러했듯이, 식민지 세계에서 태동한 '복지'제도들은 주로 백인들과 소수의 특권층을 위한 것이었다. 인구 대다수가 궁핍하거나 임금체계 바깥에 머물고 있는 식민지 상황에서는 '아프리카 확대가족'과 같은 '비공식적' 사회보장체계가 상상해봄직한 유일한 해결책이었다.

남반구의 새로운 복지국가에서 급여가 이루어지는 조건은 앞서 있었던 북반구 모델과는 상당히 다르다. 북반구에서 이루어진 급여의 핵심 개념은 종종 남성 '가장'으로 당연시되는 '생계부양자breadwinner'와 그의 '피부양자들dependents'에게 사회적 보호를 제공하는 '안전망'이었다. 이 '안전망'은 노년이나 죽음 또는 사고나 장애, 일시적 경제 슬럼프 등 임금노동을 저해하는 예외적 사건들에 대비하기 위한 것이었다. 그리고 이 급여를 보장하는 주요 기제는 어느 날 그 '망'에 걸릴 수 있는 사람들이 '제도'에 편입되는 것을 골자로 하는 일종의 보험제도였다.[22] 하지만 내가 여기서 논하는 남아프리카 제도는 일반 국고에서 자금이 나오고 수혜자들의

---

21 가령 제레미 시킹스는 국가 간 비교작업의 기준이 되어온 괴스타 에스핑-앤더슨Gøsta Esping-Anderson(1990)의 복지국가 유형론이 남반구의 새로운 복지국가에는 적합하지 않은 분석 범주들을 토대로 한다고 주장했다. Sandbrook et al.(2007); Gough et al.(2008); Haggard and Kaufman(2008)도 참조.

사전 '기여'를 참조하지 않는다는 점에서 비갹출적이다.[23] 그러한 급여제는 개개인의 고용이력을 참조하지 않으며, 대신에 일례로 연금의 경우 절대 연령, 육아보조금의 경우 자녀수와 같이 노동과 무관한 기준들을 토대로 한다. 게다가 보조금에 의존하게 된 인구가 절대 다수라는 점은 비정상적 상황을 다루기 위한 예외적 조치로서의 '안전망'이라는 개념 자체를 무색하게 만든다. 가령 오늘날 남아공에서 전체 가구의 44퍼센트가 한 종류 이상의 보조금을 받는데(Statistics South Africa, 2013, pp. 19~20), 이는 그 나라 전역에 걸쳐 전체로든 부분으로든 주어지는 보조금이 기실 예외라기보다는 표준이 되었음을 의미한다. 사실 극빈 지역의 경우 소득을 얻게 된다는 것은 근로능력보다는 다달이 현금지급에 접근할 자격을 주장할 수 있는 능력에 달려 있다. 여기서 가난한 여성들이 단지 소득을 얻기 위해서 아이 출산 여부를 결정할 것이라는 우려는 근거가 별로 탄탄하지 않다. 여

---

22 물론 이는 너무나 단순화된 설명이다. 많은 학자가 '제1세계' 복지국가들 간의 중요한 차이를 분석했는데, 복지국가를 자유주의적, 조합주의적, 사회민주적 유형으로 세분화한 에스핑-앤더슨(1990)의 작업은 아마 그중에서도 가장 영향력이 클 것이다. 스웨덴 케이스로 잘 알려진 사회민주주의적 유형은 빈민이나 운 나쁘게 '추락'을 경험한 사람들뿐 아니라 거의 전 인구에 혜택이 주어지는 '보편주의적' 수혜를 강조한다는 점에서, 에스핑-앤더슨이 자유주의적 복지국가의 특성으로 규정한 '안전망' 모델보다는 여기서 논의되는 남아프리카 제도에 더 가까워 보일 수 있다. 그러나 가장 보편주의적 사회민주주의 시스템도 표준상 수혜자의 평상시 소득수준에 따라 누진적으로 등급화한다는 점, 그리고 보편적 임금노동이 '정상'상태라는 가정을 유지하고 있다는 점에서 남아프리카 사회보조금과는 차이가 있다. 실제로 에스핑-앤더슨은 복지국가의 세 가지 기본 유형 중 사회민주주의적 유형이 보편적 임금고용에 **가장** 역점을 두며, "완전고용 보장을 위해 헌신할 뿐 아니라 모델의 성공 여부가 그 보장의 실현에 전적으로 달려 있다"고 주장한다(1990, p. 28).

23 남아공은 공식 부문의 노동자들을 위한 갹출적 제도들도 갖추고 있다. 이 제도들은 전형적인 사회보험 시스템처럼 작동하는 것으로, 여기서 다루는 보조금 시스템의 일부는 아니다.

러 연구가 육아보조금이 도입된 이후 출생률은 실제로 떨어졌거나 안정화 추세임을 밝힌 바 있다(Macleod and Tracey, 2009; Neves et al., 2009). 장애보조금이 에이즈 감염을 부추길 거라는 경제학자들의 우려 또한 확실한 데이터보다는 들려오는 일화들에 의존하는 경향이 있다. 이러한 우려들이 근거가 없는 반면, 한편으로 이는 정말로 놀랄 만한 새로운 사실에 대한 반응이기도 하다. 즉 '안전망' 모델에서 일정한 수입을 **잃는** 것과 관련된 조건들(질병, 노령, 장애, 육아)이 이제 다수에게 있어 무엇인가를 **획득**할 유일한 가능성처럼 보이고 있다는 것이다.

하지만 설계상 그렇게 얻은 소득은 전일제 임금노동을 통해 얻은 소득에 비견할 만한 것이 아니다. 북반구에서 전통적인 '실업보조금'은 산업재해를 당하거나 일시적으로 실업상태에 빠진 노동자들의 표준임금을 대체해주는 수단이었다. 반면, 남반구의 새로운 복지국가에서 이루어지는 훨씬 적은 액수의 현금지급은 다른 경제활동에 대한 대체수단이라기보다, 지지자들의 주장에 따르면 소규모 사업과 같은 '비공식' 생계나 때때로 임금고용 자체에 접근할 수 있게 해주는 일종의 촉매제다. 최근의 포괄적인 문헌 검토에 따르면 현금지급이 노동시장 참여에 부정적 영향을 끼친다는 증거는 거의 발견되지 않는다. 오히려 반대로 많은 연구가 현금지급이 구직활동에 필요한 비용을 충당해주거나 곤궁한 지역에 새로운 시장을 창출함으로써 새로운 고용기회를 만들어내고 있다는 긍정적 효과를 증명하고 있다(DFID, 2011; cf. Neves et al., 2009). 이런 점에서 현금급여는 사라진 수입원을 비활동inactivity을 통해 대체하는 것이 아니라 가난, 질병, 교통수단의 부족 등 사람들의 경제활동의 범위를 실제로 제약했던 요인을 완화시켜줌으로써 새롭게 활력을 불어넣는다고 볼 수 있다(cf.

Ferguson, 2007).

더불어 중요한 것은 새로운 현금지급 프로그램이 북반구 복지국가 시스템에 오랫동안 뿌리박힌 가정생활 구조를 통치, 감시하려는 야심과 결별했다는 것이다.[24] 가령 남아공에서 광범위하게 실시되고 있는 아동보조금 프로그램은 1998년 이후 보조금 수혜자가 배우자나 부모에 한정된다는 조건을 요구하지 않았다. 수혜자의 결혼 여부나 파트너와의 거주 여부역시 고려하지 않고 있다. 실제로 보조금을 받는 '주요 돌봄제공자primary caregiver'는 아이의 부모일 필요도, 심지어 친척일 필요도 없다. 사회복지사의 성가신 개입을 통해 도덕적인 가족규범을 적용하려는 것으로 악명높은 전통적 북반구 제도와 달리, '진짜 부모'를 가려내거나 친부親父의 책임을 부과하고, '올바른' 행동이나 가족형태를 강제하려는 어떤 시도도 하지 않는다.[25]

더욱 급진적인 점은 사회정책에 관한 새로운 어떤 사유가 고전적 복지국가의 핵심 개념, 즉 사회급여가 (대부분 남성인) 어른 가장이 피부양자를 돌보기 위해 임금을 버는 '정상적' 상태를 가로막는다는 이해방식과 단절하기 시작했다는 것이다. 지금까지 북반구의 사회보호 프로그램은 사회적 지원이 노인이나 자녀를 돌보는 사람, 장애인 같은 '피부양' 범주에 한정되어야 한다고 가정하면서 대량실업 사태를 효과적으로 무시해왔다. 그프로그램은 동시에 노동연령대의 '건강한' 남자들은 노동을 통해 스스로

---

24 이에 관한 비판적 문헌들은 1장과 2장에서 검토될 것이다.
25 이 문제는 2장에서 자세히 논의될 것이다. 이 프로그램이 '핵가족'을 전제로 한 전통적 지원모델과 왜, 어떤 방식으로 결별했는지에 관해서는 Lund(2008) 참조.

를 부양할 수 있다는, 사실에 반하는 전제를 견지했다. 남아공과 나미비아에서는 최근 그 같은 이해에 직접 도전하면서 모든 개별 시민에게 매달 적은 액수의 현금을 지급하는 것을 골자로 하는 기본소득Basic Income Grant, BIG 캠페인을 제안해왔다. 처음 지급 액수는 (제안서를 입안할 당시 16달러에 해당하는) 일인당 100란드로 정해졌다(기본소득 제안에 관해서는 나머지 장, 특히 6장에서 더 자세히 논의할 것이다. DSD, 2002; Standing and Samson, 2003; Meth, 2008; Haarmann et al., 2009도 참조). 이 프로그램은 모든 종류의 자산조사를 철폐함으로써 모든 시민이 보조금을 받을 수 있도록 고안되었다(부유한 사람들은 16달러를 받은 뒤 세금제도에 따라 공제를 받게 될 것이다). 젠더, 연령, 고용상태나 가족구성을 전혀 기준으로 참조하지 않고 사회급여가 이루어지며, '건강한' 노동연령대의 남성들도 수급 자격을 갖게 될 것이다. 이 점에서 전체 시민을 대상으로 한 현금지급은 최근에 고안되거나 시행되는 새로운 사회급여제도 중 가장 혁신적인 것으로, 임금노동의 유무나 가족구성과 관련된 집요한 계산과정과 완전히 결별하는 것을 의미한다.

다음 장에서 논하겠지만 현재 시행 중인 현금지급 프로그램은 기본소득 보조금 캠페인에서 보이는 것만큼 사회급여의 의미를 충분히 급진적으로 재고하지 않는다는 점에서 비판을 받을 수도 있다. 내가 이후 다소 길게 주장하겠지만, 남아프리카의 사회정책은 너무나 많은 점에서 오래된 유럽 '사회social' 국가의 용어들에 포획되어 있다. 예를 들어 생계부양자들과 그들의 피부양자들로 이루어진 상상의 구세계가 구조적 대량실업, '비공식적' 생계, 상당히 유동적인 가족집단의 특징을 갖는 사회적 환경에도 적절히 지형이 들어맞을 것처럼 착각하고 있다. 또한 국민국가의 시민권을 토대로 하는 현행의 프로그램들은 모든 복지국가체제를 곤혹스럽게 만드는 이주와 외국인 혐오 문제들, 심지어 가장 보편적이라고 공언하는 프로그램들에도 배어 있는 전통적인 국가주의적 특성을 만족스럽게 해결해야 할 과제를 안고 있다. 하지만 자세히 들여다보면, 심오하고 종종 도전적인 새로운 사유가 이러한 프로그램들 주변을 맴돌고 있음을 발견하게된다. 오늘날 남아프리카를 분배에 관한 사고를 진작시킬 흥미로운 장소로 만드는 것은 단순히 이러저러한 구체적 정책이 아니라 새로운 사유 자체다. 아마도 이 지역의 심각한 불평등이나 극적인 정치사를 감안한다면 주요 사안들이 대담하게 제기되고 있는 현 상황에 놀라움을 느낄 수도 있을 것이다. 극도의 인종주의적 불평등 아래서 이런 사안들은 특히나 가시적이고 논쟁적일 수밖에 없다. 세계의 많은 지역이 모종의 저임금노동 형태가 저물어가는 상황과 씨름하고 있을 때, 남아프리카는 여기에 수반된 변화가 너무나 비통하고 갑작스러웠기 때문에 오히려 다른 지역에서는 떠올리지도 못했거나 개인적 사색, 낮은 수준의 비공개 정책회의 정도에 머물렀던 생각들이 여과 없이 분출하게 된 것이다. 다른 지역에서는 생각조차 할 수 없었던 것들을 상당히 공개적으로, 때로 지적 엄격함과 비판의식과 함께 사고하기 시작했다. 남아공의 한 주요 비즈니스 일간지는 잘 알려진 정치·문화 분석가 조니 스타인버그Jonny Steinberg의 주장을 다음과 같이 싣고 있다.[26]

　"청년들을 거리에서 빼낼 만큼 충분한 직업을 만들 수만 있다면 우리는 구

26 "모두를 위한 일자리라는 생각은 복지의 필요성에 눈감게 만든다."(2013. 7. 26. 『비즈니스데이Business Day』). 이 칼럼을 소개해준 제스 아우어바흐Jess Auerbach에게 감사한다.

제받을 것이다. 그렇지 않다면 남아공은 붕괴하고 말 것이다." 내가 이 말을 직접 인용한 것은 이제 이 단언이 복음서의 진리가 되어버렸기 때문이다. 의심하는 순간 당신은 스스로 제 정신이 아님을 선언한 꼴이 된다.

하지만 이는 틀렸다. 좀더 솔직해져보자. 우리는 모든 사람에게 일자리를 주려는 시도, 실업을 반만이라도 줄여보려는 시도를 이미 오래전에 포기했다……. 남아공은 세계의 나머지 나라들처럼 1970년대 중반부터 일자리의 출혈사태를 경험하기 시작했다. 우리는 그 시절 이후 계속 일자리를 잃어왔다……. 누가 권력을 쥐든, 우리의 정치제도가 인종적 독재든 민주주의든, 우리의 노동법이 유연성이 있든 없든 실은 중요치 않다. 우리는 모든 사람에게 일자리를 제공할 수는 없다. 심지어 여기에 근접할 수도 없을 것이다. 우리가 정말 [완전고용에] 이를 수 있다고 생각한다면, 이는 마치 예수 그리스도가 내려와 세계를 재창조하거나 마법이라 불릴 만한 뭔가를 믿는 것 같은 천년왕국적 망상에 빠져 있는 것이나 다름없다.

더 깊은 곳에서, 우리는 내심 이를 잘 알고 있다. 말로는 일자리 창출을 떠들어대지만 기실 우리가 해온 일은 다르다. 우리는 계속 보조금을 지급해왔던 것이다. 어떤 사람들은 이 보조금이 일자리가 생길 때까지만 임시방편으로 제공되는 것임을 얘기하고, 또 다른 사람들은 이런 되갚음을 요구하지 않는 급여행태가 나태의 문화를 낳을 거라고 염려한다.

하지만 정직하게 말하자면 이 같은 보조금 급여가 바로 우리가 지금 하고 있는 일이며, 앞으로도 영원히 계속하게 될 것이다. 보조금은 일자리의 대체재로서 이 나라를 지탱하고 있으며, 수백만 사람들을 굶주림과 비참한 상황에서 건져냈다.

복지가 영원할 것임을 기정사실로 받아들인다면 이를 좀더 철저히 수행해야 한다. 우리는 빈민 범주에서 전적으로 배제되어 있는 청년들에게도 보조금을 지급하기 시작해야 한다.

스타인버그는 전 세계에서 고용에 관한 생각과 담론을 지배하는 일련의 금기들을 미신으로 간단히 폐기처분한다. 모든 국가의 지도자들이 전체 국민의 일자리를 약속하지만 그는 임금노동을 기반으로 한 생계가 다시는 복구되지 않을 것이며, 새로운 분배형태가 새로운 세계의 영원하고도 당연한 특징임을 사실로 명시하고 있다. 보조금이 이처럼 확산된다면 '의존성'을 생산하고 일할 의지를 약화시키지 않을까? 스타인버그에 따르면 "이는 일자리가 넘쳐났을 때나 일리가 있던 죽은 생각에 지나지 않는다. 이 나라 청년들을 다 고용할 만큼 충분한 수요란 더는 없다. 우리에게 선택지는 보조금을 주든가, 아무것도 주지 않든가 둘 중 하나밖에 없다. 어찌 됐든 그들은 우리의 동료 시민이 아닌가. 그들이 원하는 대로 쓸 수 있도록 호주머니에 약간의 돈을 쥐어주는 것은 곧 그들에게 존엄을 부여하는 것"이며, 빈자들의 삶에 "나태가 아닌 생명력"을 불어넣는 것이다.[27] 몇 주 후 한 칼럼에서 그는 수백만 청년들이 부모 세대로부터 구조적 실업을 물려받은 나머지 좋은 일자리에 대한 전망이 "실제 기억 속에 있지도 않은" 상황에서 복지가 사람들을 나태하게 만들 거라고 주장하는 것은 "광기에 가깝다"고 평했다.[28]

나는 이 책의 말미에서 스타인버그의 도발적인 주장으로 다시 돌아올

---

27 "모두를 위한 일자리라는 생각은 복지의 필요성에 눈감게 만든다", 『비즈니스 데이』.
28 "보조금은 의존이 아니라 해방을 장려한다"(2013. 8. 23. 『비즈니스 데이』).

것이다. 여기서는 일단 대담하고 이단적으로 들리는 주장이 주류 논평에 등장할 정도가 되었음을 보여주기 위해 그의 생각을 짤막히 인용해보았다. 이런 새로운 사유의 가능성이 위기 상황에서 터져 나오고 있다는 점이 남아프리카의 새로운 복지국가들에 관한 이야기를 흥미롭게 만든다. 게다가 이 이야기가 어떻게 끝날지 우리는 그 종착지를 아직 모르는 상태다.

분배정치를 향하여

이 책은 새로운 사회부조 프로그램의 세부사항을 점검하는 것을 넘어, 그것이 촉발한 일련의 질문을 논의하는 것을 목적으로 한다. 이는 내가 분배정치라 명명하는 것으로, 현대 사회에서 이루어지는 일반적인 분배과정들과 이 과정들을 지지 혹은 반대하는 주장들에 관한 질문을 포함한다. 이 책은 지구 남반구의 새로운 복지국가들의 출현이라는 최근의 현상과 점점 더 많은 '노동연령대의' 사람들이 임금노동과는 다른 수단을 통해 보호를 받는 상황에서 새로운 형태의 분배정치가 야기하는 가능성과 위험들을 연계시켜보려 한다.

분배문제의 가장 일반적 형태로부터 논의를 시작하는 게 유용할 것이다. 우리가 생산하는 재화는 어떻게 분배되는가? 이 재화에 나는 어떻게 접근할 수 있는가? 경제인류학자들이 오래전부터 지적했듯, 수렵채집자들 사이에서 고기를 나누는 의무적 규칙들에서 쿨라kula 교역(뉴기니 섬에서 발견되는 의례적 증물교환 체계—옮긴이)과 포틀래치potlatch(북아메리카 북서해안 지역의 인디언들이 사람들을 초대하여 과시적으로 베푸는 향연—옮긴이)처럼 꽤 알려진 세리머니적 증여제도에 이르기까지(Mauss, [1924]2000), 상이하게 조직된 사회들은 이 질문에 대해 무척이나 다양한 대답을 제공해왔다. 하지만 현대 자본주의 사회에서 통상적인 설명의 틀은 어느 정도 정해져 있다. 요컨대 내가 직접 어떤 물건을 생산하거나 선물로 받을 수도 있다 해도, 어디까지나 사람들이 자신이 소비하는 재화와 서비스에 접근하는 일반적인 방식은 '시장'을 통해서라는 것이다. 그렇다면 매년 생산되는 그 많은 재화 중 어떤 것이 내게로 배분되는가? 가장 단순하게는 내가 살 수 있는 재화를 갖게 되는 것이라고 대답할 수 있을 것이다. 그렇다면 그 재화를 구입할 자금은 어디에서 나오는가? 일을 함으로써 나온다는 게 가장 통상적인 대답일 것이다. 나는 내 노동 혹은 그 노동의 산물과 돈을 교환하고, 그 돈으로 '시장'이 허용하는 만큼의 재화를 구입하게 된다. 우리가 신고전주의 경제학자의 저서를 읽든 마르크스주의 비평가들의 글을 읽든, 자본주의 사회에서 분배가 '시장'에 의해 조직된다는 점, 노동교환이 대다수 사람의 구매력의 원천이며, 시장에서의 구매력이란 가장 본질적인 분배기제이자 소비의 원천이라는 결론에 쉽게 다다르게 된다.

케이시 윅스Kathi Weeks(2011, pp. 6~7)가 "임금노동은…… **물론** 대부분의 사람이 필요한 의식주를 얻는 방식이다"라고 썼듯이, 심지어 일work의 헤게모니에 관한 최근의 가장 명료하고 통찰력 있는 비평조차도 임금노동에 관한 기본 전제를 그대로 수용하는 것처럼 보인다. 하지만 단도직입적으로 말해 단지 소수만이 임금노동에 참여하고 '대부분의 사람'이 다양한 활동과 기제를 통해 생계를 유지하는 아프리카에서 이 전제는 전혀 들어맞지 않는다. 우리가 이를 아프리카의 '저개발' 조건의 징후로 간단히 덮어버리기 전에, 임금노동 형태가 특히 지배적이라고 가정되는 '선진적 자본주의' 국가인 미국의 사례를 잠시 따져보자. 미국에서도 임금노동이 흔히 상상되는 것보다 분배과정에 핵심적이지 않다는 사실에 주목할 필요가 있다. 세계 나머지 지역과 마찬가지로, 미국에서도 사람들이 자신이 필요로 하는 것들을 실제로 어떻게 획득하느냐에 대한 질문은 단순히 노동교환에 관한 설명으로 대답할 수 없으며, 훨씬 복잡하다는 점이 드러나고 있다.

우리는 매우 좁은 의미로 정의되는 공식적인 '실업률'(적극적 구직행위를 하지만 일자리를 찾지 못한 노동인구의 비율)을 추적하는 데 익숙해 있다. 이 실업률이 대개 한 자릿수(현재는 약 7퍼센트)이기 때문에 우리는 나머지 인구, 즉 '실업상태'에 있지 않은 90 몇 퍼센트가 실제로 고용되어 있다는 가정을 하게 된다. 하지만 2012년의 공식 노동인구 통계는 **미국 성인 인구의 단지 58.6퍼센트만 실제로 고용상태에 있음**을 보여준다.[29] 전체 3억 1,400만 인구 중에서 (2012년 기준으로) 단지 1억 4,200만 명만이 고용상태였다.[30] 나머지 사람들 중에서 단지 1,200만 명만이 공식적으로 '실업상태'였으며, 약 9,000만 명의 성인들은[31] 고용상태나 실업상태에 있지도 않고 단순히 "노동인구가 아니다"라고, 즉 "직업이 없으며, 직업을 찾고 있지도 않은"[32] 사람들이라고 보고되었다. 물론 이 성인 가운데는 은퇴자나 가정주부처

---

29 미국 노동통계국, "노동활동인구조사", p. 35. "취업 용이성 및 취업 의사별 일·연령·성별 비노동활동인구", http://www.bls.gov/cps/cpsaat35.htm. 2013년 12월 4일 검색.

30 미국 노동통계국, "노동활동인구조사", p. 1. http://www.bls.gov/cps/cpsaat01.htm. 2013년 12월 4일 검색.

31 미국 노동통계국, "노동활동인구조사", p. 35. "취업 용이성 및 취업 의사별 일·연령·성별 비노동활동인구."

럼 전통적 '피부양자' 범주에 해당하는 사람들도 있으나, 그 외의 많은 사람도 포함한다. 『뉴욕타임스』의 칼럼니스트인 데이비드 레온하트David Leonhardt는 심지어 고전적인 '부양자' 집단(25~54세 남성)조차도 다섯 명 중 한 명은 고용상태에 있지도 않고 일자리를 찾지도 않는 상태에서 "뭔가 다른 방식으로 그럭저럭 살아가고 있다"면서 걱정스러운 어조의 논평을 냈다.[33]

그러한 관찰을 통해 보수론자들은 거대한 하층계급이 경제적으로 더 부유한 사람들이 생산한 몫을 가로채고 있다는 식으로 현재 미국의 분배 경제를 규정해버렸다. 레온하트의 직접적인 근심은 연방정부의 장애인 프로그램에 등록된 인원이 계속 증가하고 있다는 데 있었다. 하지만 그는 연방정부의 SNAP 프로그램(Supplemental Nutrition Assistance Program: 현재 인구의 15퍼센트를 차지하는 약 4,800만 명의 미국인들이 이른바 식료품 할인 구매권food stamps을 받고 있다)을 통해 식량지원을 받는 가정에서 살아가는 한창 일할 나이의 성인들이나[34] 재소자로 남아 있는 성인 남성들의 충격적인 숫자 또한 지적할 수 있었을 것이다(최근의 연구가 밝혔듯 미국에서 노동연령대 남성 48명 중 한 명은 감옥에 있다[Schmitt, Warner, and Gupta, 2010, p. 1]).

---

32 미국 노동통계국, "노동활동인구조사: 자주 찾는 질문", http://www.bls.gov/cps/faq.htm. 2013년 6월 23일 검색. 여기에 '노동활동인구'이거나 '고용상태'에 있다고 간주되는 자영업자들은 포함되지 않았다.

33 데이비드 레온하트, "성인 남성, 고용, 장애"(2011. 4. 8. 『뉴욕타임스』). http://economix.blogs.nytimes.com/2011/04/08/men-unemployment-and-disability/?_r=0. 2013년 12월 4일 검색.

34 미국 식약청, 음식영양 서비스, "보충영양지원 프로그램SNAP", http://www.fns.usda.gov/pd/34SNAPmonthly.htm. 2013년 6월 26일 검색.

그러나 노동의 시장교환을 통해서가 아니라 직접적인 분배를 통해 생계수단을 얻는다는 것은 사회경제적 층위의 맨 하단에서만 발견되는 것이 아니다. 킴벌리 모건Kimberly Morgan이 최근에 지적했듯, 그녀의 자료에 따르면 96퍼센트에 달하는 거의 모든 미국인이 한 종류 이상의 정부 프로그램으로부터 수혜를 받고 있으며, 그러한 혜택이 사실 수입 사다리의 중간층과 상층에 위치한 사람들한테 비대칭적으로 쏠리고 있다(Morgan, 2013). 또한 복지 사기와 실업보조금에 의존하는 게으름뱅이의 이미지가 대중적 판타지에 불과한데도 당신이 정말로 후한 현금수입을 받는 나태한 비노동자non-workers들을 찾고 싶다면 전체 스펙트럼의 가장 부유한 층부터 수색을 시작해야 할 것임을 명심하자. 투자 자본에 기식寄食하는 사람들이 몇 퍼센트나 되는지 계산하기는 어렵지만, 부유층과 은퇴해서 사적 연금을 받는 수많은 중상층 사람, 전적으로든 부분적으로든 신탁자금을 받는 젊은이들을 포함하면 분명 수백만 명은 될 것이다. 물론 여기에는 부모의 후한 지원과 제도적 보조금, 장학금 등에 의지해 학교를 다니는 수백만의 학생들뿐 아니라 성인기에 접어들었어도 여전히 부모나 친척의 보살핌을 받는 청년들이 아직 셈해지지 않았다. 사실 어떤 상식은 우리에게 '모든 사람'이 생계를 위해 일해야 한다고 말하지만, 명백한 사실은 다수의 미국인이, 어린이들까지 포함한다면 정말로 대부분이 그렇지 않다는 점이다. 그들은 적어도 미국 노동청에서 집계되는 방식의 '일'을 하고 있지는 않다. 대신에 그들은 자신의 노동을 시장가치와 교환함으로써가 아니라 다른 개인, 제도, 혹은 그 양자로부터 할당을 분배받음으로써 살아간다.[35]

이는 물론 ('비공식적' 송금과 친족에 기반을 둔 공유에서 국가의 보조금과 연금 프로그램에 이르기까지) 대량실업이 정상적 규범으로 통하고 수많은 분배행위가 인구 상당수의 생계를 오랫동안 책임져온 남아프리카에서 훨씬 더 적나라하게 드러난다(3장을 보라). 하지만 그렇게 많은 미국인과 아프리카인이 유사하게 경험하고 있는 분배기제는 여전히 폄하되고 있다. 1장에서 자세히 논의하겠지만, 일종의 생산주의적 상식이 너무나 자주 분배보조금을 드러나지 않게 하거나 부차적인 것으로, 심지어 경멸스러운 것으로 취급해왔다.

분배적 생계양식에 대한 무시와 비난은 그러한 생계가 전 세계에 걸쳐 점점 더 중요해져가는 상황에서도 지속되어왔다. 마이크 데이비스Mike Davis(2006)가 지적하듯, 글로벌 남반구의 수많은 가난한 사람들은 최근 수십 년에 걸쳐 농촌을 떠나 도시로 이주했다. 하지만 이주 후의 모습은 근대화 이론과 마르크스주의의 예언을 상당 부분 비껴갔다. 그들을 프롤레타리아트로 변모시킬 산업혁명의 소용돌이에 휩쓸리는 대신에, 빈민들은

---

35 임금고용 상태에 있는 사람들에게조차도 임금을 통한 분배가 종종 보충적인 성격을 가질 뿐임을 지적할 필요가 있다. 때로 법 영역 밖의 다른 자원들, 가령 비공식적 '특전'이나 특권, '용인된 절도' 등이 임금 못지않게 중요성을 갖는다. 리사 더드슨Lisa Dodson(2011)은 미국 사회에 팽배한 '공정함'이라는 사고 때문에 이런 형태의 지급이 절도보다는 작업장/직장 내 '규칙의 변칙 적용bending the rules'으로 정당화되는 경향이 있다고 했는데, 이러한 현상은 종종 남아프리카의 작업장에서도 발견된다. 미국에서 직접 재분배에 대한 대중의 지지가 주류 정치 담론이 가정하는 것보다 훨씬 크다는 점 역시 주목할 만하다. 최근 갤럽 조사는 (34퍼센트의 자칭 '보수층'을 포함해서) 미국인 중 52퍼센트가 "우리 정부가 부자에게 강력한 세금을 부과해서 부를 재분배해야 한다"는 데 동의했고, 미국인들이 "부의 재분배에 정부가 적극적으로 개입하는 데 점점 더 찬성하는" 것이 "시간에 따른 추세"가 되고 있다고 발표했다("미국인 다수가 부가 더 공평하게 분배되기를 원한다", http://www.gallup.com/poll/161927/majority-wealth-evenly-distributed.aspx. 2014년 2월 8일 검색).

점점 더 빈번히 비공식적 슬럼에 편입되어왔고, 이 슬럼에서 농업과 공식 부문의 임금노동이 똑같이 주변적 역할밖에 하지 못하는 상황에서 복잡다단한 생계전략으로 간신히 입에 풀칠을 하고 있다(3장을 보라). 물론 도시에 오든 농촌에 남아 있든 소농들이 임금노동에서 배제되는 현상이 일반적으로 발생하는 것은 아니다. 특히 이는 중국처럼 급속한 경제성장을 경험하는 지역에서 농민들이 산업노동자로 대규모로 충원되는 데서 볼 수 있는데, 이런 점에서 전 지구적 미래가 보편적인 대량잉여 상태로 불가피하게 귀결될 것이라고 섣불리 추론하려는 유혹을 경계해야 한다. 하지만 세계의 많은 지역에서, 현재 그리고 근접한 미래에 토지와 일자리에 충분히 접근할 수 없는 사람들이 점점 더 우리의 사회적·정치적 현실의 주요 부분을 형성하게 될 것이라는 점은 틀림없는 사실이다. 마찬가지로 또한 중요한 것은, 그렇게 불안정하고 불분명한 사회적 위치를 차지하는 사람들이 새로운 생계양식을 개척하고 새로운 종류의 정치적 요구를 제기하고 있다는 점이다. 분배실천과 분배정치가 새로운 구심점을 획득하는 것은 바로 이런 맥락에서다.

남아프리카 지역에서 분배와 관련한 문제들은 토지개혁과 광산자원의 국유화를 둘러싼 격렬한 논쟁을 통해 가장 확실히 드러날 것이다. 하지만 폭발성을 지닌 이 문제들이 때때로 분배에 관한 또 다른 논의, 즉 그 지역에서 경제적·사회적 구조의 주요 부분을 형성해온 사회보조금에 관한 논의를 가려버렸다. 생계의 원천인 임금노동이 상대적으로 쇠퇴하면서 남성성의 위기가 종종 발견되어왔다. 임금을 벌어들이는 능력을 통해 사회적 권력을 행사했던 젊은 남성들의 지위가 약화되고 불안정해진 것이다. 하지만 동시에 사회적·경제적 영향력이 미미했던 사람들, 특히 여성들과 연금생활자들에게 새로운 가능성이 열린 점 또한 명백하다. 이는 부분적으로는 전통적인 '블루칼라' 산업 부문에 비해 여성들에게 더 많이 열려 있는 서비스 산업 부문이 상대적으로 팽창했기 때문이다. 하지만 많은 연구가 보여주듯이, 이 같은 변화는 적어도 실질적인 부문에서 사회적 보조금이 확대된 데 따른 것이다.[36]

실제로 고용기회가 줄어드는 상황에서 경제적으로 밑바닥에 위치한 사람들을 위한 분배는 점점 더 사회정책 영역에서 결정되고 있는 추세다. 그런 점에서 사회적 보호는 자원들이 어떻게 분배되어야 하는지, 그리고 누가, 왜 자원을 받을 자격이 있는지에 관해 근본적인 질문들이 제기되는 주요한 장으로 등장했다. 이 책은 새로운 사회급여체제가 단지 개량적인 것이 아니라 분배에 관한 더 근본적인 사안들을 우리의 분석과 정치의 중심부로 이동시킬 수 있는 새로운 가능성의 포문을 연다는 점에 주목한다.

따라서 이 책을 구성하는 각 장들은 새롭게 출현하는 정치를 기술하고, 그 위험들과 가능성들에 관해 비판적인 평가를 제공하는 데 초점을 둔다. 1장은 학계와 실질적인 정책수립에 편재한 반反분배 정서를 검토하고, 분배에 대한 적개심에 깔린 남성 중심적이며 여성 혐오적인 토대들을 고찰한다. 그다음에 이러한 문제가 변화를 겪고 있다고 믿을 만한 이유들을 언급하면서 이 책의 핵심 주장들, 즉 분배정치의 점증하는 역할과, 필요나 자선이 아닌 '정당한 몫'에 근거를 둔 분배주장의 중요성을 제기하려고 한다. 2장은 이러한 이야기에 관한 역사적 맥락화를 제공한다. 이 장은 '사

---

36 White(2001); Ngwane(2004); Niehaus(2010); White(2010); Barchiesi(2011); Dubbeld(2013).

회적인 것'의 더 오래된 20세기 중반의 버전이 아프리카 대부분 지역에서 적용되지 않았음을 보여주면서, 아울러 이 점이 '복지국가'가 아프리카 대륙을 단순히 건너뛰었다는 흔하지만 잘못된 견해를 낳았음을 지적하고자 한다. 특히 남아프리카의 정착자–식민사회를 감안할 때 복지국가는 아프리카에서 독특한 역사를 가지며, 새로운 종류의 사회보호가 출현한 것은 이 특수하고 고도로 인종적인 역사 때문이다.

3장은 분배에 관한 새로운 국가 프로그램들이 예로부터의 토착적인 분배과정이나 실천과 어떻게 교차하는지의 문제를 검토한다. 저소득층 사람들이 활용해온 수많은 생계적 실천과 그러한 실천을 유발하고 뒷받침하는 사회적 관계들에 관한 방대한 문헌이 쌓여 있다. 이 장은 그러한 문헌들에서 주요한 통찰 지점을 추려내고, 이로부터 내가 지역적 정치경제에서의 '분배노동'이라 명명한 지점을 이해하도록 돕는 교훈을 이끌어내고자 한다. 사회적·경제적인 것과 마찬가지로 분배와 생산이 너무나 긴밀히 연결되어 있다는 사실은 종종 분리된 영역들을 다시 묶어낼 필요성을 제기한다. 4장은 3장의 주장과 연계된 것으로, 시장과 사회에 관한 사고를 곤혹스럽게 만드는 개념적 이원론과 이 이원론이 분배과정과 분배정치를 이해하는 데 미치는 치명적인 영향을 추적한다. 이 장에서는 돈과 [복수의] 시장을 자본주의와 혼동하는, 정치적 좌파로부터 발견되는 끈질긴 개념적 오류를 추적하고, '현금급여'를 이해하기 위한 대안적 틀과 이와 관련된 사회성socialities을 고찰할 것이다. 이때 사회정책 영역에서 출몰하는 어떤 새로운 사고는 분석의 대상임과 동시에 세심한 영감의 원천이기도 하다.

물론 가난한 남부 아프리카인들을 서로 간에 그리고 시장과 묶어내는

'빈곤의 상호성mutualities of poverty'에는 불평등이 만연해 있다. 다른 사람들에게서 받든 제도를 통해 받든, 분배관계에 기대어 생계를 유지하는 경우의 분배실천이란 통상 불평등하고 위계적이며, 종종 착취적이거나 모욕적이기까지 한 의존관계들과 묶여 있다. 5장은 우리가 '해방적', '후기 식민지적'이라 간주하고 싶어하는 사회에서 살아가는 많은 사람이 좋은 위치를 선점한 타인들과 위계적·의존적 관계를 적극적으로 맺고자 노력한다는 역설적 사실에 주목한다. 사람들의 희소성과 가치를 기반으로 한 사회적 질서가 이들을 잉여로 취급하는 사회로 급작스럽게 전환된 지역의 역사를 추적하면서, 이 장은 '빈자들'의 사회적 의존에 대한 욕망과 한편으로 그렇게 얽히는 관계를 회피하고자 하는 유산계급의 갈망을 역사화하고자 한다. 오랜 역사를 통해 보건대, 강력한 타인들과 의존관계를 맺고자 하는 욕망은 낡고 반동적인 온정주의적 과거의 찌꺼기가 아니라 지극히 최신의, 적어도 그 효과가 수치로 입증된 현행 경제조건에 대한 반응임을 이장에서 주장한다. 이는 일반적으로는 사회정책을 둘러싼 현재의 논쟁들, 특수하게는 '의존성'에 관한 논의에 일정한 함의를 갖는다.

마지막으로 이 책은 현재의 국면이 진보정치에 제기하는 가능성들에 관한 검토를 결론부에서 다룰 것이다. 특수하게는 현금지급을, 일반적으로는 더 넓은 범위의 '서비스 전달'을 포함하는 새로운 분배정치의 형태들이 새로운 종류의 동원을 행사하고 주장을 제기하고 있음을 보여줄 것이다. 더 근본적으로 이 책은 현금급여란 무엇이며 무엇일 수 있는지, 분배급여가 시민들에게 왜, 어떻게 주어져야 하는지에 관해 새로운 이해가 출현하고 있음을 보여줄 것이다. 분배 관련 질문들에 대한 사유는 오랫동안 선물(일종의 관대함의 표현으로 여겨지는 사회부조)과 시장(노동의 시장교환으로 여겨지는 임금)의 개념적 대립이라는 덫에 빠져 있었지만, 6장은 현금급여를 소유자들에게 응당 주어져야 할 정당한 몫으로 보는 관점을 포함해서 사회적 지급의 함의를 검토할 다른 방식들의 출현을 추적한다. 여기에서 분배청구란 시민들(특히 가난한 흑인 시민들)이 인종적 탈취의 역사적 과정에서 부당하게 빼앗겼던 광활한 국부의 정당한 소유자들이라는 확신에 뿌리를 두는 것이다. 이러한 구상은 '사회적 지원'을 궁핍한 사람들에게 주는 일반적인 도움으로 보는 흔한 틀과 비교할 때 현금급여에 대해 매우 다른, 훨씬 더 정치적인 정당화를 제공하는 것이다. 이 책의 결론에서는 새로운 사유가 새로운 종류의 분배정치를 등장시키고 있는 장들에 주목하고, 그러한 사유의 중요성과 전망을 평가하면서 추론을 좀더 밀고 나갈 것이다.

"가능한 곳이라면 어디든 계속 실험하라"

도입부에서 언급했듯이, 점점 더 공허해지는 '신자유주의에 반대하는' 정치에 대한 조바심 때문에 나는 이 프로젝트에 이끌렸다. 신자유주의에 대한 비판은 중요하고 필요하지만, 똑같은 비판이 내가 다른 글에서 '반대의 정치'(Ferguson, 2010)라 부른 식으로 단순히 반복되고 있다면 결국 그 수확도 줄어드는 법이다. 그 같은 비난의 지점에서 더 긴요한 사안은 긍정적 통치의 도전, 즉 사람들을 특정 프로그램으로 집결시키고, 찬성하든 반대하든 실험에 착수하도록 할 현실적인 전략과 전술들을 개발할 필요인 것처럼 보인다.

　신자유주의에 관한 1979년의 콜레주 드 프랑스 강의에서 미셸 푸코

(2008)는 잘 알려져 있다시피 '사회주의적 통치성의 부재'를 논하고, 좌파가 자유주의에 필적할 '자율적autonomous 통치술'을 개발하는 데 역사적으로 실패했음을 언급했다. 또한 그는 좌파의 통치문제에 대한 대답은 우리의 신성한 텍스트들을 통해 또 다른 탐색을 시도하는 게 아니라 개념적·제도적인 혁신의 과정을 요구한다는 점을 주장하면서 사회주의적 통치성에 관한 논의를 끝맺었다. "정말로 사회주의적 통치성이라는 게 있다면, 그것은 사회주의와 그에 관한 텍스트에 숨어 있는 게 아니다. 그것은 텍스트에서 추론될 수 있는 게 아니다. 그것은 발명되어야 한다."(2008, p. 94)

그러한 발명은 아마도 철학자나 인류학자의 강의를 통해서가 아니라 실제 통치와 실제 정치가 밀치락달치락하면서 생겨날 것이다. 나의 주장은 그러한 발명의 중요한 요소들이 글로벌 남반구의 새로운 복지국가들이 추진하는 새로운 형태의 '사회적' 통치와 새로운 분배양식들이 작동하면서 생겨나고 있다는 점이다.

물론 내가 여기에서 분석하는 일련의 프로그램이 단순한 사회주의 방식이라거나 경제조직의 지배적인 자본주의 형태를 전복시키고 있다고 말하려는 것은 아니다. 반대로 내가 이 책에서 분석하는 프로그램들은 그들이 속한 시대의 산물일 뿐이다. 어떤 점에서 이 프로그램들은 이 시대 신자유주의 정신을 그대로 따른다고도 볼 수 있다. 내가 다른 글에서 지적했듯이, 남아프리카 지역에서 제공되는 현금지급제도 중 가장 개념적으로 야심차고 흥미로운 기본소득의 제안들은 상당히 신자유주의적인 주장들에 빚지고 있다.

한 예로 가난한 개인을 일종의 소기업으로 다루는 전형적인 신자유주의적 흐름을 포함해서 '투자'와 '인적 자본'에 관한 발상을 사회보조금을 정당화하기 위해 흔하게 이용하는 모습을 지적할 수 있다. 기본소득을 지지하기 위해 결성된 연합체의 웹사이트에서 드러나듯이, 기본소득이란 "일하는 가족들이 그들의 수입을 영양과 교육, 보건에 투자해서 상응하는 생산성을 산출하도록 할" 것이다(Tilton, 2005). 사실 오늘날 사회적 지급에 관한 주장들은 사회적 소비를 일종의 자본에 투자하는 것으로 규정하는 언어들에 의존하고 있다('사회자본' 이론에 관한 유용한 비판으로 Fine, 2000을 참고할 것). 이와 유사하게 사회적 급여에 관한 주장들은 비활동적 실업자들을 기업가적 '활동'에 참여하도록 격려할 촉매제로 보조금을 바라보면서 때때로 '비공식' 기업에 관한 신자유주의적 가치화 논의에 의존하고 있다.

이 같은 신자유주의적 요소들과의 호환성이야말로 좌파 진영에서 새로운 현금지급 프로그램을 비판하는 주요 이유였다. 가령 패트릭 본드는 ANC체제가 실제로 '우로 걷는' 상황에서 '좌로 떠드는' 교묘한 이데올로기적 전략을 제공한 것에 불과하다면서 남아공의 사회정책체제를 신자유주의에 대한 '형식적인' 보완책 정도로 일축했다(Bond, 2014). 프랑코 바르키에시Franco Barchiesi(2011)는 직접적인 분배 프로그램이 더 급진적인 가능성을 드러낼 수 있다는 점을 인정하면서도 현행 프로그램들이 신자유주의 구조조정을 대표하는 '불안정한' 임시고용 형태들의 팽창 양상과 너무나 부합된다고 지적한다. 하지만 내가 언급했듯이, 이러한 프로그램들(그리고 기본소득 캠페인처럼 그들 중 가장 진보적인 것)은 반대 방향으로 나아가는 것처럼 보이는 요소들도 포함하고 있다. 예컨대 신자유주의 논의에서 통상 지적되듯 모든 것을 '시장'에 떠넘기기보다, 국가적 시민권을 토대로 한 소득에 조건 없는 청구권을 부여하고 있다. 자원을 상위 '1퍼센트'

에 이전하기보다는, 미약한 수준일지라도 소득 재분배를 실시하기 위해 누진세progressive tax에 의존하고 있다. 결론에서 더 구체적으로 논의하겠지만, 국제노동기구ILO와 같은 조직들은 심지어 그러한 사회보호 프로그램들을 우리가 현재 국가로부터의 기본 교육을 기대하는 것과 똑같은 방식으로, 최소한의 소득에 대한 권리를 보장하는 국제적 규범을 개발하기 위한 첫 번째 단계로 보고 있다. 6장에서 자세히 살펴겠지만, 현재 현금지급을 위한 요구들은 '원조aid'가 아니라 소유자이기 때문에 당연히 받아내야 하는 '정당한 몫'으로서의 사회적 급여에 대한 권리를 포함할 것이다. 이는 새로운 직접 분배 프로그램들이 사회적 '지원'과 통상적으로 연결되는 것보다 훨씬 더 급진적인 정치지형으로 옮아갈 가능성을 제기하는 것이다.

그렇다면 신자유주의적 요소들이 똬리를 틀고 있는 상황에서도 이러한 체제가 실질적으로 '빈자에게 우호적인' 효과들을 만들어낼 수 있을까? 실제로 상황이 이보다 더 흥미롭게 진행되고 있다. 그러한 효과들은 '신자유주의적' 프로그램 요소들과 합리성의 양식modes of reasoning에도 **불구하고** 획득되고 있을 뿐만 아니라 형식적으로는 '신자유주의적인' 요소들 **그 자체가** 효과들을 생산하도록 돕고 있다. 가령 신자유주의는 통상 국가에 대한 '의존성'의 위험을 들어 사회부조를 반대하지만, 현재 새로운 사회적 지원 프로그램을 옹호하는 사람들은 그 주장을 뒤집기 위해 신자유주의적 추론을 활용한다. 기본소득을 추진하는 사람들이 얘기하듯 의존성을 배양하는 것은 **기존의** '안전망'인데, 이는 현재의 시스템 아래서는 아무리 경제적으로 생산적인 빈자라 하더라도 보호받아야 할 피부양자들에 둘러싸여 있기 때문이다. 이러한 의존성은 빈자들의 생산성에 일종의 '세금'

을 매김으로써 일할 의욕을 꺾고 인적 자본을 퇴화시킨다. 절대적 빈곤하의 '의존성'이란 생산성을 방해하는 것으로, 노동자들이 더 나은 직업을 찾거나 경제적으로 활발히 움직일 수 없게 만든다. 더욱이 불안정은 수동성을 낳고 기업가적 행위와 모험심을 없앤다. 예를 들어 현재 자영업을 시작한 한 가난한 남아공인은 사업이 실패했을 때 궁핍과 기아의 나락으로 떨어질 위험을 고려해야만 한다. 하지만 그 사람이 다달이 기본소득을 받는다면 훨씬 더 대담해질 수 있을 것이다. 모두를 위해 기본소득 안전을 제공한다면 가난한 사람들은 기업가나 모험가처럼 좀더 적절한 신자유주의 주체가 될 것이고, 현재와 같은 상황이 지속된다면 '의존성'만을 배양할 뿐이라는 주장이 제기된다(예를 들어 DSD, 2002, p. 61을 보라). 이렇게 보자면 기본소득은 위험으로부터의 보호라는 낡은 스타일의 복지 이미지인 '안전망'이 아니다. 그것은 일종의 '도약판'을 제공하면서 위험한, 그러나 짐작건대 빈자들의 권한을 강화할empower* 신자유주의 비행의 조력자 역할을

---

* 임파워먼트는 한국에서 대체로 '역량강화'로 번역되는데, 칼럼니스트 이광원이 장애인 관련 논의에서 지적했듯이 이 경우 권력을 부여하는 측면은 축소되고 능력제고capacity building라는 소극적 의미만 강조될 수 있다. 물론 국내 주류 복지사업에서 임파워먼트가 집단적·정치적 힘을 길러내는 작업보다는 개인적 역량강화로 축소되어온 게 사실이며, 미셸 푸코의 통치성 논의를 발전시킨 학자들은 더 나아가 '임파워'라는 담론 자체가 하위주체의 무관심과 무기력을 가정함으로써만 정당화될 수 있다는 점을 들어 개념 자체에 내포된 정치적 문제를 제기한다. 그러나 본 책의 저자가 이러한 비판에 직접 개입하기보다는 권한 또는 세력강화의 측면에서 이 용어를 폭넓게 쓰고 있으므로 여기서는 이광원의 제안대로 '역량강화' 대신 '권한강화'라는 번역을 차용할 것이다. 단, 저자가 임파워먼트를 국가의 소극적 해결책으로 간접적으로 비판하는 경우는 '역량강화'로 번역할 것이다. 이광원의 논의는 "두 가지 뜻 '역량강화'에 대한 불편한 진실", 2013년 8월 5일, 에이블뉴스, http://www.ablenews.co.kr/News/NewsContent.aspx?CategoryCode=0006&NewsCode=00062013080212240569 8315 참조―옮긴이.

할 것이다(Ferguson, 2007).

유사하게 역설적인 반전이 신자유주의적 요소로 알려진 또 다른 측면, 즉 '감사監査 문화'(Strathern, 2000)라 불리는 투명성, 평가, 정량화된 생산성의 가치화에서 감지된다. 이러한 신자유주의적 요소들은 '통치성'에 관한 푸코주의적 관점이나 통제와 감시라는 불쾌한 형태들과 종종 연계되어왔다. 하지만 남아프리카와 세계 다른 지역에서 현금지급을 지지하는 움직임에서 보자면, 투명한 지표와 측정 가능한 결과에 대한 '신자유주의적' 요구는 '조건이 따르지 않는' 현금보조금을 옹호하기 위해 활용되어왔는데, 이는 그러한 프로그램이 상대적으로 쉽게 시행되고, 효과적으로 평가되며, 보건과 영양, 교육 등 즉각적이고 정량화된 이득을 생산해낸다는 단순한 이유 때문이다(World Bank, 2009).

현금지급의 상대적 단순성과 '투명성'은 신자유주의적 추론이 통상 신자유주의와 연계되지 않는 정치적 목적을 향해 배치되는 또 다른 지점이다. '사회'의 요구라는 명목으로 모든 사람의 생활을 책임지는 '유모처럼 구는 국가'에 대한 오래된 대처식Thatcherite 불평에서 보듯, 복지에 관한 신자유주의적 담론들은 전통적으로 사회적 지원을 일종의 온정주의로 폄하해왔다. 하지만 기본소득 같은 새로운 형태의 사회급여를 옹호하는 사람들은 복지를 반박하기 위해서가 아니라 복지의 새롭고 확대된 형태를 지지하기 위해 이러한 주장을 이용한다. 그들은 단순하고 보편적이며 무조건적인 현금지급이 '가치 있는 빈민'에 대한 도덕적 판단을 만들어내는 것도, 통상 '사회적 지원'과 연계된 감시나 정상성을 요구하는 것도 아님을 지적한다. 기본소득은 모든 사람에게 지급될 것이고, 시민들은 (이상적인 시스템에서라면) 자신의 신분증을 현금지급기ATM에서 긁는 것만으로 돈을 갖게 될 것이다. 그리고 이들은 그 돈을 쓸 것이다. 어떤 국가기구보다도 자신의 문제와 가용자원을 가장 잘 알고 있는 이들은 돈을 자신에게 가장 적합한 방식으로 쓸 것이다. 이 시스템에서는 사람들의 행동에 대한 어떤 감시도, 어떤 낙인 딱지도, 집으로 불쑥 찾아오는 사회복지사도, 누가 자격이 있는지를 가려내기 위한 고비용의 관료제도 사라질 것이다. 공공근로는 물론 자산조사를 조건부로 하는 현금지급 프로그램들은 정교한 관료제적 정보장치들을 불가피하게 필요로 하고 행정비용에 막대한 예산을 써야 하는 반면, 무조건적 현금지급은 상대적으로 절차가 단순해서 더 많은 돈을 수혜자들의 손에 직접 건네줄 수 있다. 자산조사를 철폐하는 대담한 절차를 통해, 그리고 2장에서 보겠지만 일부 제도에서 서류를 생체인식장치로 대체함으로써 점점 더 광범위한 현금지급제도가 오만하고 억압적인 국가의 개입을 필요로 하지 않으리라는 주장도 제기된다. 이제 국가는 자신의 보호하에 있는 사람들의 행위를 일일이 조율하는 식의 고비용 정부 프로그램들을 피한다는 점에서 신자유주의적으로 '날씬해지며', 동시에 자원을 재분배하고 모든 시민을 위한 직접적인 제공자 역할을 함으로써 실질적인 경제적 개입을 수행하는 것으로 상상된다.

과거와 마찬가지로 오늘날에도 현금지급 프로그램을 둘러싼 이데올로기 노선은 종종 모호해진다. 가령 일부 좌파 비평가들은 전통적 신자유주의자였던 밀턴 프리드먼Milton Friedman이 현재의 현금지급 프로그램과 일정 부분 유사성을 갖는 '역逆소득세'를 주장했다는 점을 지적하면서 직접적 분배 프로그램을 비난하려고 한다. 하지만 그들은 동시에 마틴 루터 킹Martin Luther King Jr.(1967)이 오늘날의 기본소득 옹호론자들과 매우 유사한 방식으로 소득 보장guaranteed income을 지지했다는 점을 간과하고 있다. 또한 동시대 리처드 닉슨Richard Nixon이 자녀가 있는 모든 가구에 최저 수입을 제공하는 '가족부조 계획'을 제안했을 때, 좌파 진영에서 그의 정적이었던 조지 맥거번George McGovern이 모든 미국 시민에게 매년 1,000달러의 재분배적 현금급여를 요구하는 캠페인을 펼쳤다는 점 또한 기억해야 한다. 의외의 연관성을 갖는 이 사례들은 명백히 진보적인 정책 제안 뒤에서 사악한 '신자유주의적' 본질을 드러내는 것으로 생각될 때 곧바로 오해에 직면하게 된다. 여기서 특정 통치 테크닉이 갖는 정치적 미결정성이 드러난다. 내가 다른 글에서 주장했듯이(Ferguson, 2010), 특수한 제도적·지적 기제들은 너무나 다양한 방식으로 상이한 사회적·정치적 목적을 달성하기 위해 결합될 수 있다. 다른 모든 사회적 테크놀로지와 마찬가지로 기계나 기제 그 자체가 목적을 결정하지는 않는다.

스티븐 콜리어(2012, p. 188)는 최근에 '신자유주의적' 요소들을 '신자유주의' 혹은 '신자유주의적 프로젝트'로 알려진 사악한 '빅 리바이어던 big Leviathan'(콜리어는 국가권력에 대한 토머스 홉스의 비유를 매크로 구조나 모든 현상을 꿰어주는 설명적 배경으로 차용함—옮긴이)의 표식으로 보는 사람들은 계획과 재분배라는 '사회주의적' 요소들이 '농노제', 즉 전체주의적 독재를 이끌 것이기 때문에 '혼합경제' 따위란 있을 수 없다고 잘못 판단한 정통 신자유주의자 프리드리히 폰 하이에크Friedrich von Hayek의 추론을 역설적으로 재생산하고 있다고 지적했다. 하이에크가 "마르크스주의적 프로그램의 요소들이 프롤레타리아 독재와 전혀 유사성이 없는 시스템에서 작동할 것"(Collier, 2012, p. 188)임을 상상할 수 없었던 것과 마찬가지로, 현재 '반反신자유주의' 비평가들은 '신자유주의적' 기원 혹은 그 관련성을 가진 생각이나 기술들이 하이에크나 프리드먼이 상상했던 것과 다른 종류의 정치적·사회적 시스템을 만드는 일에 기여할 수 있는지 상상하는 데 애를 먹는 것처럼 보인다. 하지만 역사가 우리에게 보여준 바가 있다면, 그 것은 원래의 의도에 대한 존경 없이 이데올로기적 순수성을 고려하지 않 는 다양한 제도적·개념적 요소들을 한꺼번에 분출해왔다는 것이다. 사회 주의적 요소들이 자유주의적 자본주의와 혼합되면서 오늘날 우리가 사회 민주주의 혹은 복지국가라고 부르는 체제를 탄생시켰듯이, 오늘날 명백히 '신자유주의적'인 것으로 보이는 요소들 또한 다른 무언가로 변화하는 과 정에 있다(cf. Ferguson, 2010).

이러한 가능성을 고려하고자 한다면 우리는 열린 마음과 기꺼이 놀랄 의향 같은 모종의 덕virtues을 갖추고 사고를 진작시킬 필요가 있다. 우리 의 정치는 연역적이기보다 귀납적이어야 하고, 판단적이기보다 실험적이 어야 한다. 현금지급이 국가시민권과 광신적인 외국인 혐오증의 덫에 빠 지는 것은 아닐까? 이런 프로그램이 불안정성의 영역을 단순히 확장하지 는 않을까? 일부 전통적 마르크스주의자들이 지적하듯이, 그러한 급여가 급진적 사회변화로부터 가장 큰 이득을 얻어야 할 빈자들에게 동전 몇 푼 을 쥐어줌으로써 정치적 순응을 유도하고 이들을 동원 해제시켜버리는 장치는 아닌가? 그러한 프로그램이 기본소득과 같은 직접 분배를 요구하 는 정치의 동조자들이 주장하듯이, 노동과 소비의 연결을 끊어내고 분배 정치의 포문을 열면서 정치적 요구와 동원의 새로운 공간을 만들어낼 수 있을까? 이러한 질문들은 이론적으로, 이데올로기적으로 답할 수 있는 것 이 아니다. 정말로 확신 있는 대답은 오직 경험과 실험을 통해 주어질 것 이다. 함께 찾아보기로 하자!

이러한 실험을 통해 우리는 푸코가 좌파 진영에 제기했던바, 이 시대에 적합한 통치성을 발명해야 할 도전을 시도해볼 수 있다. 푸코에게 통치와 정치란 똑같이 비난보다는 실험, 일반적인 정치이론으로부터 적절한 길을 연역해내는 것보다는 구체적 상황에서 가능한 방법들을 찾아보는 것이었다(cf. Koopman and Matza, 2013). 사회보장에 관한 한 인터뷰에서 푸코는 사회정책을 진보적으로 재고하는 데 요구되는 것은 이론적으로 파생된 '노선line'이 아니라 '일종의 경험주의', 즉 비평보다 실험에 몰두하는 접근임을 주장했다. 그는 사회정책 전 분야가 "바람직한 변화를 만들기 위해 어떤 꼭지를 돌려야 할지, 어떤 볼트를 풀어줘야 할지 결정하는 식의 거대한 실험적 분야"로 취급되어야 한다고 주장했다. 그 목표란 바라는 식의 잘 알려진 목적에 도달하는 게 아니라 "어느 곳에서든 실험을 확대하는 것"이었다(1988, p. 165).

푸코의 논의가 암시하는 것은 비판과 비난보다는 실험과 평가와 더 관련된 정치형태다. 정말로 실행 가능한 좌파의 '통치성'에 도달하려면, 우리는 "어느 곳에서든 실험을 확대하면서" 새로운 조건들이 어떻게 새로운 정치와 정책 가능성을 여는지에 주의를 기울이며 예상치 못한 상황에 개방적일 필요가 있다.

그러한 정치는 어느 곳을 향할 것인가? 이 책의 결론은 제도적 영역이든 지식의 영역이든 흥미롭고 정치적으로 유망한 현행 '실험들'을 검토하겠지만, 이는 다양한 행위자의 분석, 평가, 재상상reimagination을 엮어내는 오랜 과정의 시작에 불과하다. 이 책은 푸코의 경험적이고 실험적인 감수성에 자극받았고, 시대에 적합한 정치란 어떤 사안에 영향을 미치는 규범적 확실성의 집합 이상이어야 한다는, 정치란 발견과 발명의 과정이어야 한다는 확신을 갖고 완성되었다.

1장

물고기를 줄 것

가부장적 생산주의에서 분배의 가치복원으로

개발과 글로벌 빈곤정책 분야를 잠깐이라도 거친 사람이라면 아마도 세계에서 가장 광범위하게 유포되고 있는 한 가지 상투적 표현을 기억할 것이다. 중국 속담에서 나왔다고 추측되기도 하는 이 슬로건은 다음과 같다. "어떤 사람에게 물고기를 그냥 준다면 그를 하루만 배부르게 할 것이고, 물고기 잡는 법을 가르쳐준다면 평생을 배부르게 할 것이다." 기독교 선교나 개발기구, NGO 훈련시설에 이르기까지, 이 슬로건은 '도움을 제공하는' 각종 대행기구의 선언문이 되었다. 이 슬로건은 개발 업무의 목표가 자선이 아니라 변화이며, 원조 수혜자들은 지원금과 의존성이 아니라 생산기술과 일할 기회를 부여받아야 한다는 핵심 신념을 경제적 측면에서 표명하면서 모종의 개발 에토스를 압축하고 있다.

수년간 비판적인 학자들은 "물고기를 준다give a man a fish"는 상투적 문구에 배어 있는 가정들의 문제를 지적해왔다. 젠더 불평등에 관심 있는 학자들은 물고기를 잡는 사람을 남성으로 가정하는 것에 재빨리 이의를 제기했다. 정치경제에 몰두하는 학자들은 빈곤이 원초적 무지에 기인한다는 가정을 반박하며 빈자들에게 정말로 부족한 것은 지식이 아니라 배, 모터, 그물, 수로에 접근할 권리 등 어업에 진입하기 위한 물질적 수단임을 강조했다. 반면에 '토착지식indigenous knowledge'을 공부하는 학생들이라면 그 속담에 깔려 있는, 외부로부터의 개발 실무자가 미개한 지역민들에게 그들 자신의 권한을 강화할 전문적 지식을 가져다준다는 신념에 불편해할 것이다. 실제로 지역 생태계에서 살아가는 사람들은 실용적 삶의 기술에 대해 전혀 무지하지 않으며, 오히려 '조력자helpers'를 자처한 외부인이 물고기를 잡는 토착적이고 실용적인 지식을 배워야 할 판이라는 것이다.[1]

하지만 이 슬로건에는 일반적으로 그다지 주목받지 못한 훨씬 더 근본적인 문제가 있다. "물고기 잡는 법"을 후렴구처럼 강조하는 이면에는 빈곤의 문제가 근본적으로 생산의 문제이며, 그 해결책은 더 많은 사람을 생산노동에 끌어들이는 것이라는 가정이 함축되어 있다. 이 가정은 분배의 중요성("물고기를 줄 것")을 비웃으면서 지속적인 해결책은 물고기를 단지 먹는 게 아니라 직접 잡음으로써 배고픈 사람을 생산세계로 유인하는 것이어야 함을 암시한다.

'개발'은 더 많은 물고기를 잡고 더 많은 사람을 일하도록 만드는 것이라는 생산주의적 전제는 지식과 무지에 대한 가정들보다는 훨씬 더 깊은 인식론적 수준에 위치해 있기 때문에 앞서 인용한 친숙한 비판들에 도전받지 않는다. 하지만 이 전제는 경험적으로, 심지어 어업의 사례를 보더라도 충분히 미심쩍다. 현대 세계의 다른 분야와 마찬가지로 오늘날의 어업은 예전과 같지 않다. 어업 중 그나마 성장한 분야는 양식업으로, 인간 소비를 위한 전체 어획량의 거의 절반을 기여하고 있다(FAO, 2012, p. 26). 어업이 점점 닮아가는 제조업과 마찬가지로, 양식업은 아시아의 몇 개 나라

---

1 "물고기 잡는 법을 가르쳐라"라는 논리가 현재 '지속가능성sustainability'을 다루는 개발 논의에서 문제적으로 활용되는 방식에 관해서는 Swidler and Watkins(2009) 참조.

에 절대적으로 의존하고 있다(아시아가 전 세계 양식업 생산의 약 89퍼센트를 차지하며, 이 중 중국이 69퍼센트를 차지한다[FAO, 2012, p. 27]). 전 세계 양식업 고용 중 97퍼센트, 전 세계 어업 고용(어부와 양식업자) 중 무려 87퍼센트가 아시아에서 이루어지는 것은 이러한 이유 때문이다(FAO, 2012, p. 41). 한편 가장 핵심적인 어업 국가들의 경우 "포획 어업에 고용된 어부들의 숫자는 정체되거나 감소하고 있다."(2012, p. 10) 이는 생선이 별로 잡히지 않아서 가 아니다. 고도로 자본주의화된 사영 기업들이 '떠다니는 공장들'이라 불릴 만큼 거대한 특수기술을 활용해 어업을 주도하기 때문에 어부 인력을 충원할 필요가 줄어든 탓이다. 그러한 자본 투자는 어획률과 수익을 증가시켰지만, 생산이 확대될 때조차 노동 수요는 감소해왔다. 실제로 선진국의 어업 고용은 1990년과 2008년을 비교했을 때 무려 11퍼센트나 줄어들었다(FAO, 2010). 아프리카도 이러한 추세에서 예외가 아니다. 남아프리카의 대서양 연안에 위치한 어촌들은 역사적으로 어업이 지역 경제의 핵심이었으나 이제는 실직한 어부들로 들끓고 있다. 남아프리카의 한 소도시 town에서는 어업 규모를 "재정적으로 타당한 수준으로" 늘리기 위해 어업 할당제를 실시했는데 4,000명 이상의 지원자 중에서 단지 25퍼센트만 영업 허가권을 받았다. 나머지 3,000명의 (물고기 잡는 법을 배워야 한다는 생산주의적 충고를 따랐을) 어부들은 그대로 남았고, 한 신문 보도가 전하듯 "(어부들은) 도심이나 항구 근처를 어슬렁거리고 있다."[2]

그렇다면 이 시대에 어떤 인간에게 물고기 잡는 법을 가르치는 것은 실업자 어부를 양산하거나 기껏해야 이미 경쟁이 포화상태인 분야에 뜨내기 한 명을 추가하는 것에 불과할지도 모르겠다. 존재하지 않는 직업을 위해 훈련을 받는 것이 어떤 식으로든 이득이 될 거라고 장담할 수도 없다. 그가 훈련을 거쳐 평생 동안 그 직업으로 생계를 유지할 거라고 가정하는 것도 난센스에 불과하다. 그뿐만 아니라 그러한 훈련이 어업과 전 지구적 생태계, 혹은 물고기에 이득이 될 것인지도 불확실하다. 어업계는 정말로 숙련된 노동력에 목말라 있는가? 아니면 문제는 정반대로 노동의 대량 초과공급과 이를 수용할 수 없는 산업에 있는 게 아닌가? 잠비아에서 최근에 발생한 한 사건은 이 점을 분명히 보여주고 있다. 탕가니카 호수 근처 음플룽구라는 소도시에서 한 수산회사가 임시 일용직 어부를 소규모로 채용할 것이라는 소식이 전해졌다. 그 대호수 주식회사Great Lakes Products, Limited의 소유주가 고용을 진두지휘하기 위해 음플룽구에 도착했다는 뉴스가 퍼지자마자 전체 인구가 1만 명에 불과한 이 소도시에 무려 5,000명의 절박한 구직자들이 몰려왔다. 자리를 차지하기 위해 맹렬히 다투던 사람들이 한쪽으로 쏠려 넘어지는 바람에 무려 9명이 죽고 38명이 부상을 당했다.[3]

　"물고기 잡는 법을 가르쳐라"라는 말은 생산조직들이 실제로 가난한 사람들의 노동을 **필요로** 했고, 노동의 필요를 충족시키기 위해 충분히 숙련된 노동자들을 창출하는 게 주요 현안이었던 세계로부터 파생된 슬로

2　"ANC는 서해안의 분노한 어부들을 어떻게 결집시킬 것인가"(2006. 2. 24. 『비즈니스 데이』). 포스트 아파르트헤이트 남아공 어업이 역사적으로 배제되었던 집단들에게 접근권을 확대시키는 과정에서 당면한 난제를 분석한 한 연구는 "소규모의 진짜 어부들이 전 세계의 강적들과 싸우고 있다"면서 이 기사에 언급된 전 지구적 산업의 문제를 지적하고 있다(Hersoug, 2002, p. 223).

3　"음플룽구 일자리가 9명을 죽게 하다"(2012. 5. 29. 『잠비아 데일리 메일Zambia Daily Mail』). http://www.daily-mail.co.zm/?p=4484. 2012년 6월 4일 검색.

건인 것처럼 보인다. 이는 오늘날 우리가 살아가는 세계는 아니다. 그리고 우리가 정말로 더 많은 생선을 잡을 필요가 있을까? 전 세계의 1년 어획량은 이제 1억 5,400만 톤에 달한다. 식용을 위한 1인당 생산량은 매년 41파운드 이상에 달한다(FAO, 2012, p. 3). 이 양은 결코 부족해 보이지 않는다. 그럼에도 왜 그렇게 많은 사람이 끼니를 잇지 못하는지를 이해하려면 다른 측면을 보아야 한다. 우리는 분배의 영역에 주목해야 한다. 대량 과잉생산과 만연한 빈곤의 세계에서 가장 필요한 것은 더 많은 생선도, 더 많은 여성·남성 어부도 아니라 이 글로벌 산업의 풍부한 산출물을 공유하지 못하는 사람들이 더 많은 몫을 가질 수 있는 묘안을 찾는 것이다.

그러나 우리의 생산주의적 상식만 보더라도 이러한 제안은 (교육과 훈련과 같은 것들을 제공함으로써만 제거할 수 있는) 빈곤의 근본 원인에 다가가지 않고 빈곤의 **징후**만을 건드리는 것처럼 보이기 십상이다. 하지만 어업의 사례는 전 세계 사람들이 이미 알고 있듯 직업훈련이나 교육이 직업을 보장해주지 않으며, 직업을 갖는다는 게 괜찮은 삶을 보장해주지도 않는다는 점을 보여주고 있다. 이런 상황에서 노동력 외에는 아무것도 팔 게 없는 사람들이 박탈감을 느끼는 근본 원인은 준비 부족으로 생선 잡는 법을 숙지하지 못했기 때문이 아니라 한때는 자신들을 포용했던 분배적 계약 distributive deal에서 갑자기 제외되어버렸기 때문이다. 그런 견지에서 보자면 감축된 부분을 분배적 계약 안에 편입시키는 작업은 결코 '징후'만을 건드리는 게 아니라 실제로 문제의 근원에 다가가는 것이다. 분배를 누릴 자격이 결핍된 것이야말로 근본 원인인 것이다. 실제로 생산주의적 분석보다는 차라리 분배주의적 분석이 다음의 방식으로 '물고기' 공식을 수정할 것이다. 그 속담 속 '사람'이 물고기나 고기 잡는 기술을 배우는 대신에 전체 글로벌 생산에서 일정한 배당을 청구할 자격을 획득할 수만 있다면, 그 때서야, 그리고 오직 그때만이 그는 정말로 '평생 동안' 배부를 것이다.

물고기를 줘라?: 생산주의적 근본주의와 '의존성'이라는 근심거리

분배문제야말로 가장 가난한 사람들의 상황을 근본적으로 변화시킬 수 있다는 생각은 친족을 토대로 한 뿌리 깊은 공유 전통에서 최근의 국가주의적 포퓰리즘 형태에 이르기까지[4] 오랜 족보를 가지고 있다. 하지만 너무나 적게 가진 사람들은 더 많이 받아야 한다는, 처음에는 거의 자명한 것으로 들리는 생각은 빈자들을 '고무시키고' '발전시키는' 것을 업으로 삼는 사람들 사이에서는 일종의 공포심을 유발했다. 그들 사이에서는 "당신은 가난한 사람들에게 돈을 그냥 줘서는 안 된다!"는 말이 불변의 진리가 되었다. 실제로 이러한 후렴구는 너무나 친숙해서 현금지급의 등장을 환영하는 최근의 한 텍스트는 "빈자들에게 돈을 그냥 줘라"라는 역설적 제목을 달았다(Hanlon, Barientos, and Hulme, 2010). 행여 안 될 까닭은 무엇인가? 가장 일반적으로 돌아오는 대답들을 살펴보자. 돈이나 다른 자원이 단순히 제공된다면 수혜자들은 이를 남용하거나("그들은 받은 돈을 술 마시는 데 탕진할 것이다!") 비생산적으로 쓸 것이다(다시 말해 자원을 "낭비하고", 아

---

4 이 장 후반부와 6장; Ferguson(2013) 참조.

무런 변화 없이 "그들을 출발지점으로 되돌려놓을 것이다"). 더 심한 경우, 수혜자들은 '의존성'의 희생양이 되어 일할 의욕을 상실하고 국가에 기대서 살아가기를 바랄 수도 있다(미국에서 의존성 사유의 역사에 관한 연구로 Fraser and Gordon, 1994를, 남아프리카의 경우에는 Meth, 2004; Davie, 2005를 참조). 반면에 "물고기 잡는 법을 가르치는 것"은 단순히 떠먹여주는 것보다 뭔가 더실질적이고, 지속적이고, **근본적인** 전망을 약속하는 것처럼 보인다. 직업은 '의존성' 대신에 독립성, 그리고 자신과 가족을 위해 자립할 기회를 약속하고 있다. 생산노동에 종사하는 사람은 다른 생산적인 사람들의 몫을수동적으로 '빼앗는' 대신에 사회에 기여를 하고, 그럼으로써 존엄과 자부심을 획득할 수 있다. 그리고 어떤 분배든 생산이 전제되어야 하기 때문에이 자가생산 시스템에 기여함으로써 경제 시스템의 진정한 토대인 부를창조하도록 돕는다. 재화를 직접적으로 분배하면 가난한 한 사람의 즉각적 필요를 충족시켜주겠지만, 실질적인 변화를 가져오지는 않는다. 반면에 이 자가생산 시스템과 맺는 관계를 변화시킨다면 훨씬 더 심오하고 '구조적인' 변화를 이끌어낼 수 있다.

앞으로 보겠지만, 이 주장들을 일일이 의심해볼 만한 근거들은 상당히 많다. 공장이나 광산이 갑자기 문을 닫으면서 "자신들이 출발했던 곳으로 되돌아왔음"을 발견할 때 종종 깨닫게 되지만, 임금노동으로 살아가는 사람들은 다른 사람들만큼이나 생계를 위해 타인에게 의존적일 수밖에 없다. 실제로 낸시 프레이저Nancy Fraser와 린다 고든Linda Gorden(1994, p. 313)은 산업화 이전의 서구 사회에서 '의존적'이라는 말과 "다른 누군가를 위해 일함으로써 생계를 꾸린다"는 말은 정확히 같은 의미였다고 지적했다. 임금을 받는 사람들이 사회적 급여를 받는 사람들보다 "술로 돈을 다 탕진하는” 경우가 적다고 주장할 수도 없다. 사실 많은 연구가 보여주 듯 임금노동과 알코올중독은 어느 지역을 막론하고 오랫동안 친밀한 결속관계를 보여왔다(Onselen, 1976; Crush and Ambler, 1992). 무엇보다 잠재적 노동자들이 일할 의지를 상실할 수 있다는 생각은 이 시대에 와서는 근심할 거리조차 되지 않는 것처럼 보인다. 음플룽구 수산공장 문 앞에 쇄도한 구직자들은 여러모로 많은 게 부족했지만, 임금을 받기 위해 일할 동기가 부족했다고 말할 수는 없다. 게다가 임금노동을 하지 않는 사람들이 사회에 아무런 기여도 하지 않는다는 생각은 전혀 근거가 없다. 페미니즘 비평의 오랜 역사가 보여주듯, ‘주부들’과 가족적 환경 속에서 비非임금작업을 수행하는 다른 여성들은 사회에서 가장 고된 노동을 하는 집단에 속할 뿐 아니라 그 사회 자체의 재생산이라는 점에서 사회에서 가장 높은 가치를 부여받는 많은 일에 ‘기여해’왔다.[5] 똑같은 방식으로, 노인과 임금노동 인구에 속하지 않는 사람들도 나이 어린 사람들, 병에 걸린 사람들에게 가치 있는 돌봄 서비스를 제공해왔다는 점을 기억할 필요가 있다. 최근 수년간 에이즈로 힘든 시기를 보내고 있는 남아프리카 지역에서 이 점은 굳이 언급할 필요도 없다. 그리고 (생산된 게 없으면 분배할 것도 없다는 의미에서) 모든 분배행위들이 그에 앞서 생산의 ‘구조적인’ 과정들을 필요로 하는 게 사실이라면, 모든 생산은 그에 앞서 똑같이 ‘구조적인’ 분배과정을 필요로 한다는 점 역시 동등한 정도로 사실이다. 결국 노동자란 당장에 일할 수 있는 상태로 태어나는 게 아니라 다른 사람들에게 전적으로 의존할 수밖에

---

5 최근에 케이시 윅스(2011)는 이 역사를 통찰력 있게 검토했다.

없는 상태를 먼저 거치기 때문이다.

그러나 이러한 주장들을 전적으로 평가하기 위해서는 어떤 자에게 물고기를 주는 것에 대한 공포가 단순히 가난한 사람들에게 돈이나 재화를 주는 것에 대한 혐오가 아님을 이해할 필요가 있다. 사실 곤궁한 사람들에게 무언가를 제공한다는 것은 국가의 사회 프로그램이나 사적인 자선 차원에서 똑같이 공인된 입지를 누려왔다. 하지만 누구를 위해 그러한 분배를 제공받는 게 적절하다고 여겨져왔는가? 2장에서 상세히 논의되겠지만 유럽의 사회민주주의와 그 식민지 버전들은 보편적이라고 추정되는 '노동자'라는 형상을 기초로 만들어졌고, 우리가 '사회적인 것'으로 알게 된 영역은 이상화된, 건강한 남성 '부양자'를 토대로 구축되어왔다. 실제로 '사회적' 개입을 필요로 하는 사람들의 명단(노인, 병자, 아동, 장애인, 피부양 가입 여성)은 임금을 벌어들이는 성인 남성 형상의 일종의 부정적 측면을 스케치하는 것이다. 그것은 건강한 성인 남성이라면 무조건 '독립적', 다시 말해 고용되어 있어야 하기 때문에 노동자가 아닌 사람, 남성이 아닌 사람, 건강하지 못한 사람만이 '의존적'일 권한을 부여받는다. 이런 이유 때문에 사회적 지원 시스템은 오랫동안 마치 '건강한 성인 남성들'이 모두 고용된 '부양자들'이고, 여성과 자식들은 피부양자이며, 국가는 사고나 불운, 노령 때문에 다른 종류의 '의존'을 필요로 하는 사람들을 위한 잔여적 제공자인 것처럼 설계되어왔다.

"남자a man에게 물고기를 줘라"라는 슬로건이 어부를 남성으로 만들었다는 사실은 그런 점에서 보면 단지 젠더 중립적 언어를 써서 교정해야 할 유감스러운 실수가 아니다. 반대로 여성이나 아동, 장애인에게 비유적으로 '물고기'를 주는 것은 국가가 전통적인 남편이나 부모 역할을 맡고,

여성 배역이 엄마, 피부양자 혹은 그 둘 다를 맡는 식으로 오랫동안 합법적인 제공으로 이해되어왔다. 남자에게 물고기를 주라는 그 슬로건은 남성이 곧 노동자라는 식으로 가정되어왔기 때문에 금기를 건드린 셈이다. 그렇다면 분배에 대한 경멸은 단지 물고기를 그냥 준다는 데 있는 것이 아니다. 그것은 물고기가 노동자일 거라고 '추정되는' 사람, '피부양자'가 아닌 사람에게 주어진다는 데 대한 경멸이다. 즉 "남자에게 물고기를 줘라"라는 슬로건에 대한 거부는 준다는 행위뿐 아니라 물고기를 받게 될 대상이 '성인 남성'이라는 점도 문제로 삼는 것이다.

남성에게 물고기를 줄 것?!: 분배에 대한 경멸과 사회적 지원의 젠더화된 정치

서론에서 언급했듯이, 전 지구를 휩쓸고 있는 새로운 현금지급 프로그램들은 적어도 어떤 측면에서 보자면 전적으로 진부하다. 이 프로그램들은 유럽 복지국가를 낳은 전제들이 거의 적용될 수 없는 맥락 속에서 탄생했지만, 그럼에도 보편적인 남성 임금노동을 반사실적으로 가정하고 있다는 점에서는 다를 게 없다. 남아공의 아동보호지원금과 라틴아메리카나 다른 지역에서 고안된 더 광범위한 현금지급제도는 현금지원을 '피부양자', 다시 말해 자식, 어머니, 노인, 장애인 범주들에 적합한 것으로 이해하고 있다. 그런 제도들은 '건강한' 남성이 마치 임금노동자인 양 전제하고 있다. 남아프리카에서 보듯 그 이상이 실제와 완전히 동떨어져 있음에도 말이다. 실제로 이 제도들은 모자가정을 핵심 수혜자로 특권화하면서 일종의 온정주의가 전 지구적으로 유행하는 데 힘을 실어주었다(Molyneux, 2007a).

이런 점에서 새 프로그램들은 복지국가에 의해 제공되는 사회적 지원이 노동계급을 주 대상으로 한 규범화 프로젝트와 긴밀히 연결되어 있다는 오래된 혈통을 이어받은 셈이다. 이 규범화 프로젝트란 적정 연령대의 '건강한' 남성들이 임금제 고용하에서 부인과 자식들과 같은 일련의 '피부양자들'에 대해 생계부양자의 역할을 하는 세계를 만들도록 도운 기획을 일컫는다. 프랜시스 폭스 피번Frances Fox Piven과 리처드 클로와드Richard Cloward(1993)가 미국에 대한 연구에서 오래전에 주장했듯, 현대 복지국가에서 공제적benevolent, 추정적putative 동기들의 역설적 결합은 노동계급 가정을 관리하고 노동자들을 훈육하는 전 방위적 기획의 맥락에서만 이해 가능하다. 이런 측면에서 볼 때 복지급여는 항상 노동력 동원에 필요하다고 간주되는 '일하려는 동기'를 저해하지 않으면서 불안정한 노동계급 커뮤니티를 통치하고 안정화시키는 것을 의도했다.

남성들은 이제 '노동자'뿐 아니라 가정의 피부양자들을 책임지는 '생계부양자'로 명명됨으로써 장애나 노령의 경우가 아니라면 어떤 식으로든 지원을 신청하는 것이 어렵고 수치스러운 일이 되어버렸다. 위에서 언급했듯이, 이는 사회적 지원을 받을 자격이 있는 사람들의 명단이 항상 '건강한' 남성과 대비되는 부정적 이미지를 형성하는 것처럼 보이기 때문이다. 하지만 한 저명한 여성주의 문학에서 드러나듯, '사회보호'의 공인된 수혜자로서 여성들이 갖는 명백히 특권적인 지위는 사실상 한정된 형태의 시민권과 연계되어왔다. 캐럴 패이트먼Carole Pateman이 주장하듯, "부양자–노동자로서 남성들의 지위는 복지국가에 내재되어 있으며"(1989, p. 187),

남성 임금노동자의 특성으로 규정된 '독립성'이야말로 여성과 아동에게 있어서는 부정되어온 완전한 의미의 공공시민권을 성립시켜주는 주요 기준이었다.[6] 사회적 지원에 대한 접근은 실제로 여성들에게 모종의 이득을 제공했으나 남성을 '노동자'로, 여성을 그의 피부양자로 취급하는 복지국가의 집요한 경향은 페이트먼의 말을 빌리자면 "우리의 사회적 망명을 완화시켜주기보다 확증해주었다."(1989, p. 193; Fraser and Gordon, 1994; McIntosh, 2006; Fraser, 2013도 참조)

2장에서 살펴겠지만, 아프리카의 경우 임금노동이 '선진국'과 비교해서 훨씬 덜 포괄적이었음에도 '생계부양자'와 '피부양자'에 관한 똑같은 추정이 사회보호제도의 발달에 영향을 끼쳤다. 그리고 위에서 언급했듯이, 그러한 추정이 새로운 현금지급제도에도 지속적으로 개입하고 있다.

그렇다면 '건강한' 노동연령 남성들에게 사회적 지원을 줄 수 있는지를 둘러싼 질문에서 쟁점은 남성들이 통상 그러한 지원에서 배제되어 있다는 점에 국한되지 않는다. 그들이 '피부양자'가 될 수 있다는 바로 그 생각이 '독립'과 '자율'을 남성 권력의 토대로 가정하는 남성성의 상상을 위협하는 것이다. 이런 맥락에서 노동교환이 아닌, "물고기를 줘라"라는 식의 분배라는 유령은 바람직하지 않은 수동성과 여성성, 즉 개발과 사회적

---

6 브라이언 터너Brian Tunner가 영국 맥락에서 T. H. 마셜Marshall의 논의에 대해 지적했듯, 시민권은 역사적으로 (전형적인 남성의) 공식 노동시장 참여와 연계되어왔고, 때때로 남성의 군복무를 통해 다시금 보완되어왔다. 이는 '노동자-시민worker-citizen'과 '군인-시민soldier-citizen'의 결합이었다고 말할 수 있다. 여성들은 개인으로서가 아니라 '가족'의 일부로 사회적 권리를 인정받았고, 이 범주 안에서 "국가를 채워줄 가임기 성인"으로서의 자격을 누렸다(Turner, 2010, p. 70).

지원에 관한 정책 담론에서 혐오의 대상이 되어버린 '의존성'을 환기시키게 된다. 비시장적 분배란 성인 남성이 직접적 분배 때문에 무력해지고 친밀한 영역의 굴욕적인 의존상태로 돌아가는 일종의 젠더 공포상태를 유발하는 것이 된다. 현대의 상식이 분배 프로그램들을 가정 영역과 얼마나 직접적으로 연결시키는지는 광범위하게 유포되는 '유모국가'의 이미지에서 잘 드러난다. '유모국가'는 양육하는 여성을 터무니없이 강하게 표상하면서 분배 시스템의 수혜자들에게는 굴욕적이고 부적합한 미성숙, 무기력, 아이 같은 의존성을 덧입힌다.

여성에 대한 체계적이고 전 세계적인 평가절하가 여자, 남자들이 개인으로서 갖는 어떤 특징들로 설명될 수 없다는 발견은 여성주의 인류학의 주요 통찰 중 하나였다. 널리 알려진 미셸 로잘도Michelle Rosaldo의 주장처럼(1974), 핵심적인 불평등은 구조적인 것이어서 공적 혹은 정치적이라 여겨지는 영역은 가정적인 보완물보다 훨씬 가치가 있는 것으로 평가된다. 여성들은 생물학적 개인들로서가 아니라 구조적으로 종속된 사회적 영역과 연계된 혹은 그 영역에 구속된 사회적·문화적 존재로서 폄하되고 있다. 이 주장이 암시하는 것은 이 과정에서 작동하는 가치절하가 여성들에게뿐만 아니라 여성들이 관계를 맺는 모든 영역의 '가정적' 활동과 제도들에 적용된다는 점이다. 이 활동과 제도들은 일반적으로는 비시장적 분배행위들을, 특수하게는 모자 결속의 의존관계를 다루고 있다. 이런 점에서 분배에 대한 폄하가 가정 영역과 그 영역에 남아 있는 게 적합하다고 간주되는 여성들에 대한 폄하와 아주 쉽게 연결된다는 점은 전혀 놀랍지 않다.[7]

이는 유모국가와 복지여왕에 대한 흔한 이미지들뿐 아니라 미국 상원의원 앨런 심슨Alan Simpson이 최근에 사회보장제도를 "3억 1,000만 개의 젖꼭지를 가진 암소"로 비난한 데서 보듯,[8] 분배에 적대적인 담론들이 왜 그렇게 노골적인 여성 혐오를 드러내는지를 설명해준다. 실제로 "(남성에게) 물고기를 주는" 데 대한 반감을 표현하는 것 중 수억 개의 젖꼭지에 압도당해 생식능력이 비참하게 떨어지고 만 국가를 묘사하는 이 늙은 남성(상원의원)의 공포에 찬 시선보다 더 확실한 이미지도 없다.

경제적 의존이 성인 남성 시민의 온전성integrity에 위협이 된다는 생각은 서구 사상에서 오랜 족보를 갖고 있다. 예를 들어 루시 알레Lucy Allais (2012)는 이마누엘 칸트Immanel Kant가 구걸에 대해 극단적인 혐오를 가지고 있었다는 점을 최근에 지적했다. 칸트의 주장에 따르면 "구걸하는 가난한 남성은 자신의 사람됨을 지속적으로 평가절하하며, 그 자신의 품격을 떨어뜨리고 있다. 그는 자신의 존재를 다른 사람들에 의존하게끔 만든다." 이는 자선이 수여자와 수혜자 양측 모두의 위신을 떨어뜨린다는 점만을 의미하지 않는다. 거지는 다른 사람에게 의존함으로써 모든 자존심을 포기하고 "자신에 대한 최상의 경멸을 드러낸다." "다른 사람들과의 관계에서 자유롭고 독립적으로 남아 있는 것은 남성의 의무다. 반면 거지는 타인의 일시적 기분에 의지하면서 자신의 자부심을 희생시키고 만다."(Allais, 2012, p. 2에서 인용)

직접적인 분배에 기대는 '의존적'이고 비생산적인 생계에 대한 경멸은

---

7 가정 영역과 인도적 실천의 유사성에 관해서는 Malkki(2015) 참조.

8 "앨런 심슨이 사회보장제도를 '3억 1,000만 개의 젖꼭지를 가진 암소'라 불러 논란을 일으키다"(2010. 8. 25. 『화제메모*Taking Points Memo*』). http://talkingpointsmemo.com/dc/alan-simspon-calls-social-security-cow-with-310-million-tits-causes-uproar. 2013년 9월 27일 검색.

오늘날 '게으른 복지 사기꾼들', 혹은 열심히 일하는 '만드는 자'의 세금에 기생하는 가치 없는 '받는 자'에 대한 맹렬한 보수적·반反복지적 비판으로 표현된다. 하지만 분배생계에 대한 반감은 우리가 생산주의적 좌파라 부르는 진영에서도 엿볼 수 있다. 정통 마르크스주의는 항상 노동을 모든 가치의 원천으로 삼고, 프롤레타리아트를 역사의 주인공으로 내세웠다. '무산자' 등급에 매겨지지 못하고 분배적인 생계전략에 기대는 빈자들은 마르크스와 엥겔스Friedrich Engels의 표현에 따르면 '룸펜프롤레타리아트'였고, 인간적·정치적 가치를 별반 지니지 못한 집단으로 묘사되었다.[9] 실제로 마르크스와 엥겔스의 전체 논의의 출발점은 생산이라는 물질적 행위다.

인간은 '역사를 만들' 수 있기 위해 살아가는 위치에 있어야 한다. 하지만 삶은 다른 모든 것에 우선해서 먹고, 마시고, 거주하고, 입는 다른 많은 것을 포함한다. 그러므로 가장 첫 번째의 역사적 행위는 이러한 요구들을 만족시킬 수단의 생산, 물질적인 삶 자체의 생산이다(Marx, 1977, p. 165).

---

9 『공산당 선언』에서 그들은 룸펜프롤레타리아트를 "구사회에서 나가떨어져 무기력하게 썩어가는 사회적 쓰레기"라 묘사했다([1848]1998, p. 48). 한참 뒤인 1870년에 엥겔스는 이들을 "모든 계급의 타락한 요소들을 끌어모은 찌꺼기…… 가능한 동맹집단 중 최악"이라 기술했다(Engels, [1870]1968, p. 229). 다른 글에서 마르크스는 그러한 계급이 자본주의 사회에서 임금을 낮추는 데 기여하는 '산업예비군industrial reserve army'이라 주장했다. 대량 노동 잉여라는 측면에서 마르크스의 기능주의가 갖는 한계를 비판한 논의로 타냐 리(2010)와 이 책의 결론을 참조. 룸펜프롤레타리아트에 관한 마르크스의 개념에 관해서는 스탈리브라스Stallybrass(1990)와 3장의 논의를 참조.

마르크스에게 분배는 명백히 부차적이고 파생적인 것이었다. 분배구조는 "생산구조에 의해 완전히 결정되며", 분배란 "생산의 결과만이 분배될 수 있다는 점에서 그 대상에 있어서뿐 아니라 특정 종류의 생산참여가 특정 형태의 분배를 결정한다는 점에서 그 형태에 있어서도" 생산의 산물로 이해되어야 했다(Marx, [1857]1973, p. 95).[10]

물론 마르크스가 보조금과 연금제도처럼 "특정 종류의 생산참여가" 특정 형태의 분배를 결정하지 않는 제도화된 대규모 분배 시스템의 등장을 예견하지 못했다고 해서 비난받을 이유는 없다. 하지만 좌파 진영의 가장 최근의 저작에서조차 생산이 일차적·구조적·물질적인 반면 분배는 이차적·파생적 혹은 일시적이라는 고집스러운 생각을 견지하는 것처럼 보인다.[11] 분배의 이차적 지위를 이론적 화두로 단언하지 않은 상황에서도

---

10 나중에 그는 다음과 같이 썼다. "어떤 소비수단에 대한 분배든 그것은 생산조건들 자체의 분배결과일 뿐"이며, 생산요소의 배치가 이미 이루어졌다면 소비수단의 분배는 "자동적으로 발생한다." 이런 이유로 마르크스는 고타 강령이 "소위 분배를 갖고 야단법석을 떠는 것"은 실수였다고 주장했다(Marx, 1977, pp. 569~570). 물론 같은 텍스트에서 마르크스는 ("능력에 따른 분배에서 필요에 따른 분배로"의) 어떤 분배적 이상을 공산주의의 궁극적 종점으로 선언한 것으로 유명하다. 하지만 그의 비전하에서는 생산양식의 총체적 변형이 절정에 달했을 때라야만 그러한 분배결과를 상상할 수 있다는 점을 기억해야 한다. 그때까지 분배란 단지 노동에 대한 교환으로서만 진행되는 것이다. 잘 알려진 바대로 후에 스탈린은 "능력에 따른 분배에서 일에 따른 분배로" 이를 정식화했고, "일하지 않는 인간/남성은 먹지도 말라"(Lenin, 1968, p. 223)는 레닌의 훨씬 더 간명한 선언은 결국 소련 헌법에 기입되었다.

11 가령 포스톤Postone(1996)은 분배에 대한 생산의 우위를 새로운 방식으로 단언했다. 하트와 네그리Hardt and Negri(2001)는 기본소득과 같은 분배정치 전략을 환영하지만 내가 '분배적' 이라 기술한 수많은 관행을 이른바 '비물질노동'의 형태로 파악하면서, '실제적'·'물질적'으로 상상되는 생산과 비물질 영역으로 좌천된 분배 사이의 오래된 이분법을 은연중 재생산하고 있다. 3장에서는 지역 정치경제의 물질성과 분배관행의 중요성 양자에 대한 주장을 확장해나갈 것이다.

마르크스주의적 접근은 대체로 노동자와 자본가에 대한 생산 중심적 이야기들을 우위에 놓으면서 분배생계와 이에 의지해서 살아가는 '주변적' 사람들에 대해서는 별로 주목하지 않았다.

분배에 대한 무시와 가치절하가 더는 존재하지 않는 사회적 실재에 깊이 뿌리박힌 편견이라는 점을 인정할 시기가 왔다. 이 책의 후속 장들에서는 분배가 고도로 구조화되어 있고, 남아프리카 지역 정치경제의 본질적 부분이며, 생산의 단순한 반영이 아니라 물질적·생산적 노동만큼이나 실재적인 노동형태들을 기반으로 한다는 점을 보이려고 한다(3장을 보라). 실제로 생산이 역사적 행위에 선행한다는 식으로 생산에 특권을 부여하는 마르크스주의를 대신하여 인과적 우화를 뒤집어보는 것도 괜찮을 것 같다. 아동기가 항상 성인기에 선행하기 때문에 분배적 급진정치의 슬로건은 이렇게 잡아도 될 것이다. 한 사람이 생산을 할 수 있으려면 먼저 양육되어야 한다. 즉 무조건적인 '불로不勞'분배와 돌봄은 생산적 노동에 항상 선행한다는 것이다. 생산보다는 젖을 먹이는 행위를 인간의 원초적인 행위로 볼 수 있다면, 분배는 오히려 생산의 토대로 자리매김할 수 있다. 물론 분배에 대한 일방적 과대평가가 지적으로 만족스러운 해결책이라고 말하려는 것은 아니다. 이러한 전략적 반전이 우리가 너무나 오랫동안 분배문제에 대해 생각해온 뿌리 깊은 상식을 뒤집어볼 수 있게 한다는 점을 강조하고 싶을 뿐이다.

우리가 살아가는 시대는 이러한 오랜 상식을 재고할 것을 요구하며, 내가 구체적으로 살필 남아프리카의 사례에서 이 점은 더욱 명백하다. 남아프리카에서 광산과 이주노동을 기반으로 한 지역적 정치경제는 노동에 뿌리를 둔 남성 정체성을 형성했고, 노동계급의 남성성은 오랫동안 임금노동과 연계되어왔다(5장을 보라). 이러한 역사적 배경 아래서 여성, 아동, 노인을 대상으로 한 사회보조금의 확산은 건강한 남성은 '게으름을 피울' 요량이 아니라면 모두 돈벌이가 되는 일자리에 있어야 한다는 (망상적) 판타지를 수반했다('노동의 멜랑콜리melancholia of labor'와 이 뿌리에 놓인 노동, 존엄, 자율적 남성됨의 연쇄에 관한 훌륭한 역사적 분석으로 바르키에시[2011]를 보라). 그러나 전통적·저숙련 형태의 '남성들의 일자리'가 급속히 사라진 반면(남아공의 사례로는 Seekings and Nattrass, 2005; Marais, 2011), 여성들이 새로운 고용기회와 (사회보조금을 포함하여) 새로운 비임금소득의 원천을 갖게 되면서 종전의 이해는 역사적 정당성을 부여받지 못했다. 지역적 이주노동 시스템에서 너무나 중요했던 임금노동자와 피부양자의 전통적 네트워크는 점점 남성과 여성 모두의 생계전략에 의지하는 새로운 분배와 의존의 회로로 대체되었다(3장을 보라).

이러한 맥락에서 나는 이 책의 나머지 부분에서 설명할 두 사안에 특별히 주목했다. 하나는 분배적 국가정책을 지향하는 근본적으로 새로운 종류의 사회적 지원을 위한 캠페인이다. 이 측면에서 가장 흥미로운 것은 6장에서 자세히 논할 기본소득 캠페인, 즉 모든 시민에게 매달 약간의 보편적·무조건적 급여를 지급하는 움직임이다. 두 번째 주제는 물질적 의존 관계와 이를 통해 지속될 정치적·사회적 관계에 초점을 맞추는 것이다. 오늘날 남아공과 나미비아에서 핵심적인 정치적·경제적 동학은 분배적 청구권으로 선회하고 있다. "물고기를 주는 것"에 대한 오랜 저항의 역사에 반대를 표명하면서 오늘날 사회보조금과 같은, 주택·물·전기 같은 다른 서비스에 대한 지원금을 포함한 직접 분배 방식은 점점 더 가난한 사람들의 생계와 국가의 정치적 삶에 핵심 요소가 되어가고 있다. '권리들'의 언어는 전 세계는 물론 남아프리카에서도 종종 현행 정치의 담론장을 지배하지만, '서비스 전달'에 대한 핵심 요구들은 사실상 신자유주의적 '권리 담론'보다 더 근본적이고 정치적으로 더 강력한 분배정치를 내포하고 있다. 다음 절에서 나는 '물고기'에 대한 분배요구의 기저에 자리한 정치적 주장들이 남아프리카에서 점점 두드러지고 있으며, 전통적 복지국가와 권리를 기반으로 한 정치가 가정해온 것들에 도전하고 있음을 주장할 것이다.

권리와 몫: 추상적 평등에서 구체적 재화로

분배기제로서 임금노동의 쇠퇴가 남아프리카는 물론 세계 여러 지역에서 유례없는 정치적 민주화의 시기 동안에 발생했다는 사실은 잔인한 역설을 가져왔다. 자신들이 마침내 정치적으로 포함되어 있음을 발견한 바로 그때 경제적으로 점점 배제되고 있음을 확인하면서, 다수결 원리에 따른 '해방'이 실질적으로는 실패했고, 불완전하며, 공허하다는 인식이 팽배해진 것이다(6장을 보라). 한때 '비백인' 등급으로 격하되었던 사람들은 마침내 형식적인 정치적 평등을 획득했음에도 명목상의 평등을 나쁜 농담 정도로밖에 받아들일 수 없는 물질적 상황에 직면해 있다. 이런 맥락에서 헌법과 같은 새로운 진보적 장치들을 통해 승인된 민주적 권리들의 조합은 이 장치들이 공언한 추상적 자유가 남아프리카 극빈자들의 실제 삶과 하등의 관련이 없는 좁은 정치적 주장으로 번역되는 것처럼 비칠 때 공허해 보일 수밖에 없었다. 이는 예를 들어 말라위 '인권'에 관한 잉글런드(2006,

2011)의 통렬한 비판이나 남아공 진실과화해위원회 보고서에 대한 마무드 맘다니Mahmood Mamdani(2002)의 비판적 분석을 관통하는 주제였다. 비슷한 방식으로 데보라 제임스Deborah James(2007)는 남아공 토지개혁의 측면에서 '권리' 구성의 한계에 대한 사려 깊은 설명을 제공했고, 패트릭 본드(2012, 2013)는 수자원 공급을 둘러싼 남아공에서의 논쟁과 관련하여 '권리문화의 한계'에 대한 고무적인 비판을 발전시켰다.

비판적 학술계에서만 그러한 결론에 다다른 것이 아니다. 몇 년 전 케이프타운에서 내가 들은 얘기를 첨언하고 싶다. 판잣집 거주자들이 오랫동안 주거 개선 지원을 받으려 노력했으나 번번이 실패했던 한 지역에서 NGO 주최로 주거권 관련 워크숍이 열렸다. 프레젠테이션이 진행되었고, 파워포인트 화면은 헌법에 규정된 주거권에 관한 설명을 상세히 보여주었다. NGO 실무자들이 한 사람씩 일어나서 모여든 청중을 상대로 권리란 무엇인지, 누가 그것을 갖는지, 어떤 법적 보장이 주거에 적용되는지, 남아공 주거권의 역사가 어떠했는지 등등에 대해 참을성 있게 설명했다. 몇 시간이 흐른 뒤 피곤한 기색이 역력한 한 노인이 손을 들고 조용히 말했다. "이 자리는 아무래도 뭔가 실수가 있는 것 같습니다. 오늘 내가 들은 얘기는 내가 집에 대한 권리를 가져야 한다는 거고, 그 점은 충분히 이해했습니다. 하지만 문제는 내가 집에 대한 권리를 **원하지** 않는다는 겁니다." 무거운 침묵이 방 안을 뒤덮었고, 워크숍 진행자들은 영문을 몰라 서로 빤히 쳐다보기만 했다. 결국 그 노인이 말을 계속했다. "나는 **집**을 원합니다."

모든 사람이 헌법에 규정된 주거권을 갖고 있음에도 수백만 명이 여전히 집 없이 살아가는 정치형태에서 물질적 재화에 대한 직접적인 요구는 권리와 같은 법적 추상을 확인하는 것보다 더 강력할 수 있다. 물론 권리의 법제화가 정치적·시민적 권리에 대한 전통적인 '자유주의' 보장보다 진일보했다 하더라도 말이다. 사람들이 관념적인 '권리'의 인정이 아니라 실질적인 재화에 접근할 능력을 소원하는 지역에서는 위의 이야기에 등장한 노인이 결코 특별한 사례가 아닐 것이다.

이처럼 단순하고 직접적인 요구는 종종 원시적이거나 미성숙한 종류의 정치로 이해되는 것처럼 보인다. 간단히 "나는 그걸 원해"라고 말하는 아이처럼, 직접 분배의 요구는 인정 가능한 정당화의 틀에 근거를 두지 않고 필요나 열망을 즉각적으로 내뱉는다. 사람들에게 "어떻게 권리를 가져야 하는지 가르치고자 하는" 열망 따위는 들어설 틈이 없다(Englund, 2006). 칸트가 부끄러운 거지와 비교하는 '독립적 인간(남성)'처럼, 권리보유자는 의존적인 불쌍한 인물이 아니라 재산을 보유한 자율적 개인, 다시 말해 형식적 평등의 맥락에서 존중되어야 할 어떤 것들('권리들')을 소유한 사람이다.[12]

"나는 집을 원한다"라는 단순한 분배적 주장이 개인들의 평등한 권리에 대한 어떤 언급도 하지 않는다는 점은 사실이다. 실제로 그러한 분배적 요구들은 **불평등**의 측면에서 제기되는데, 여기서는 부모가 자식에 대한 책임을 갖듯 국가가 국민을 돌볼 책임을 가져야 하는 것으로 이해된다. 5장에서 길게 논하겠지만, 피부양자가 자신의 윗사람에게 제기하는 주장은 '실제 정치'에 대한 유치한 전조가 아니다. 반대로 이러한 주장은 오랫동안

---

12 맥퍼슨Macpherson([1962]2011)은 현대 자유주의 개념의 로크주의적 기원을 연구하면서 권리와 재산권을 연결하는 이런 방식을 '소유적 개인주의possessive individualism'라 명명하고 있다.

그 지역에서 가장 중요한 형태의 합법적 정치 권위를 집결시키는 기본 토대이자 자원이 분배되는 핵심 기제 역할을 해왔다.

자크 랑시에르Jacques Rancière(2010)는 배제되고 셈해지지 않은 자들의 정치적 요구를 "몫 없는 자들의 몫"으로 표현했다.[13] 그의 논의에 따르면 아무것도 갖지 않은 사람들, 아무 쓸모도 없는 사람들일지라도 그 영역 안에서 누구나 동등한 정치를 통해 주장할 수 있어야 하며, 이것이야말로 민주주의의 참된 의미다. 랑시에르에게 진정으로 실제적인 민주정치란 셈해지지 않는 "몫 없는 자들"의 편에서 급진적 평등의 주장을 통해 기존 질서를 뒤집는 정치다. 하지만 이러한 개념과 대조적으로, 앞서 예로 든 집에 대한 이야기나 '사회 서비스 전달'에 초점을 맞추는 현재 사회운동에서 가장 충격적인 것은 사람들의 주장이 그들의 몫이 부족함에도 동등한 자로서의 인정을 요구하는 식으로 나가지 않는다는 점이다. 대신에 그 요구란 정확하게는 우선 **몫이 없어선 안 된다는 것**not to be without a share이다. 기본적인 물질적 재화가 결핍된 사람들이 그럼에도 동등한 자로 인정받아야 한다는 요구 대신, 우리는 이들이 즉각적으로 재화를 제공받아야 한다는 아마도 더 근본적인 주장을 마주하고 있다. 그 요구란 '평등'에 대한 것이 아니라 물질에 대한 적절한 몫proper share of things이 마땅히 그것을 가져야 하는 사람들에게 분배되어야 한다는 것이다. 그것은 몫에 대한 '권리'를 요구하는 것이 아니라 그 몫 자체를 요구하는 것, 다시 말해 집에 대한

---

13 이는 프랑스어 'la part des sans-part'에 대한 발리바르Balibar(2009)의 번역이다. 이 구절은 가령 랑시에르(2010)에서 (내 생각에 더 모호하지만) 말 그대로 '역할 없는 사람들의 역할the part of those without part'로 직역되기도 했다.

권리가 아니라 집을 요구하는 것이다.

서비스나 사회부조를 요구할 때 몫의 분배방식을 수정할 것을 제안하는 것은 통상 '정당하다rightful'고 이해되기 때문에 '권리'에 대한 생각은 이러한 정식화에서 빠지지 않고 등장한다. 하지만 권리가 먼저 개인들에게 동등하게 분배되어야 한다는 것이 어떠한 물질적 주장을 제기할 토대를 제공하지는 못한다. 어떤 사안이 적절하고 올바르다고 이해되는 반면 다른 사안은 그렇지 못하기 때문에 '정당하다'는 표현이 성립된다면, **정당하다고 간주되는 것은 몫 그 자체여야** 한다. 권리를 누군가가 '가질' 수 있는 것으로 사고하는 것은 빈번이 주장되어왔듯이 현대 서구의 발명품이다. 하지만 리처드 대거Richard Dagger(1989)가 지적했듯이, 이런 주장이 '권리right'와 '정당함rightfulness'에 대한 사유가 다른 시간과 장소에서 부재했다는 점을 의미하는 것은 아니다. 서구에서의 이행이란 일반화된 정당함의 상태에서 권리들이 마침내 인정받고 존중되는 상태로의 전환이 아니라 (이 역시 부분적이었지만) '정직rectitude이나 올바름'에 관한 구상에서 "일종의 개인적 소유, 누군가가 '갖는' 것"으로서의 권리'a' right에 관한 구상으로의 이동을 의미했다. 대거의 표현을 빌리자면 그 변화란 "나는 무언가를 그것이 올바르기 때문에 할 수 있다"는 믿음과 "나는 그것을 할 권리를 갖고 있다"는 믿음 간의 차이를 가리킨다(Dagger, 1989, p. 294). 나는 개인적 권리에 관한 추상적 개념이 종종 재화와 서비스를 직접 요구하는 분배정치의 형태를 이해하는 우회로가 될 수도 있다고 주장해왔지만, **정당함**이라는, 무언가가 '올바르기 때문에' 행해져야 한다는 좀더 폭넓은 개념이야말로 핵심을 관통하는 것이다. 6장에서 논하겠지만 현대 정치 담론은 물질적 몫을 다양한 규범적 원리들을 경유하여 정당함의 개념과 연결시키고 있다. 이 원리들은 국가가 그 시민에게 보호와 필수재의 공급을 빚지고 있다는 사고, 취약한 타자를 보살피고 고통을 함께할 의무는 기독교적 도덕에 의해 요구된다는 사고, 국민은 그 나라의 모든 것을 소유하며 따라서 그 부의 몫을 받아야 한다는 사고를 포함한다. 그러한 정당함에 토대를 둔다면 누구나 워크숍의 그 노인처럼 헌법적 권리에 별반 관심이 없어도 아무 모순 없이 강력하게 집을 요구할 수 있을 것이다. 후속 장에서 논하겠지만, 그러한 추론은 남아프리카에서 광범위하게 퍼져 있다. 정치적 담론은 표면적으로는 여전히 자유주의적 권리 담론으로 덧씌워져 있지만, 실제로 중요한 것은 종종 더 심오한 의미의 정당함이다.

정당한 몫과 관련하여 좀더 발전된 논의는 이 책의 말미(6장)에서 정교하게 다루어질 것이다. 핵심만 짚자면 오늘날 남아프리카에서 가장 강력하고 급진적인 정치적 요구는 추상적인 권리제기가 아니라 물질적 재화의 몫에 대한 매우 구체적인 주장이라는 점이다. 이것이 내가 여기서 분배정치라 부르는 것이다.

분배의 가치를 복원하기

국가의 분배정책은 어떤 새로운 접근을 할 때마다 즉시 합법성에 관한 질문에 봉착한다. 누군가가 물고기(혹은 집)를 받게 된다면 다음 질문에 바로 답해야 한다. 무엇이 그 배분을 보증하고 정당화하는가? 자본주의 사회에서 그 질문은 오랫동안 근본적으로 교환의 문제로 이해되어왔다. 당신이 무언가(노동력)를 주기 때문에 무언가(임금)를 얻는다는 식으로 말이다. 내가 언급했듯 직접적 분배는 정책담당자들이 여성과 아동의 경우에 한해 합법적으로 인정해온 것이다. 여성과 아동에 대해 국가가 부양자/남편/아버지 역할을 자임하면서 말이다. 이 경우 오랜 상식을 따르자면, **남성**만이 물고기를 스스로 잡는 법을 배워야 한다.

하지만 임금노동이 더는 보편화될 수 없다면 이는 판타지에 불과하며, 시민권과 사회적 포용, 성인의 사람됨adult personhood이 어떤 토대를 기반으로 해야 하는지에 대한 답은 새롭게 발견되어야 한다. 노동에 대한 교환이 아니라면 필요한 재화는 어떤 근거로 사람들에게 분배될 것인가? 자선, 불평등, 종속의 함의를 모두 포함한 '선물'은 노동이 재화나 서비스와 교환되는 '시장'에 대한 정말로 유일한 대안인가? 6장에서 자세히 주장하겠지만 이러한 이분법적 이해에 대한 중요한 대안은 몫의 형태로 존재한다. 몫은 교환도 선물도 아니다. 몫은 그 소유자들에게 속하며, 누군가가 정당한 몫을 받는다는 것은 교환이나 부채와 하등의 연관이 없다.

자본주의가 공유를 이해하지 못한다는 것은 사실이 아니다. 배당으로서의 몫은 자본주의적 형태라 할 수 있다. 우선 일례로, 한 자본가가 소유한다는 것은 곧 회사의 지분을 나누어 갖는다는 것이다. 그리고 이 주식에 대해 배당금, 감사, 혹은 다른 형태 등으로 되돌려 보내는 것은 자본에 있어 상환return의 중요한 원천을 제공한다. 실제로 경쟁과 개인주의에 관한 모든 수사에서 현대 회사는 **공동**의 문화적·조직적 형태이며, 소유자 집단 간의 협동과 공유를 기반으로 삼는 것으로 나타난다. 회계, 감사, 주주모임과 선거 등 모든 절차는 자본주의가 공유를 매우 진지하게 취급하며, 배당을 올바르게 산정하기 위한 정교하고 효과적인 절차들을 개발해왔음을 입증하고 있다. 물론 자본주의에서 주식이란 단지 그것을 구입할 수 있는 사람들(주주들)에게만 한정된다. 하지만 다른 개념화 역시 가능하다. 누가 생산 시스템을 소유하는가, 누가 그 과정의 몫에 대해 권리를 갖는가라는 질문을 제기할 수 있다면 바로 여기가 다른 종류의 급진적 자본주의 비판을 시작할 장소가 될 것이다.

우리의 선진 산업사회가 생산한 방대한 부를 누가 정말로 소유하는가? 혹은 소유해야만 하는가? 좌파는 전통적으로 단순하고 명쾌한 대답을 제시했다. "노동자들!"이라고 말이다. 하지만 오늘날 부가 단지 '노동자들'에게만 속한다는 생각은 그 역할로부터 완전히 배제된 채 마르크스가 단지 '룸펜프롤레타리아트'라 경멸했던 구조적 위치에 남겨진, 점점 더 증가하기만 하는 대중을 고려하지 못하고 있다. 새로운 정치경제적 조건들 아래서 한때 마르크스주의자들이 프롤레타리아트의 초월적인 역사적 운명으로 상상하던 것은 약화되었고, 동시에 '노동자'와 '인민'의 자동적 결합이라는, 생산주의적 노동계급 정치가 보편주의적 위장을 하도록 허락했던 결합의 형태는 점점 더 받아들이기가 어려워졌다. 하지만 우리는 생산적 노동에 덜 주목하며 자본주의에 급진적으로 도전하기 위해 다른 종류의 토대를 구상해온 비마르크스주의의 풍부한 유산을 망각하면서, 아마 너무나 빨리 사회주의에 관한 질문을 마르크스주의에 관한 질문으로 수렴시켜왔는지도 모른다.

사실 우리는 분배와 몫을 비판 분석의 중심에 위치시키도록 돕는 풍부한 지적 자원들을 가지고 있다. 기본소득 옹호자들이 지적했듯이(예를 들어 van Parijs, 2013), 직접적 분배에 초점을 둔 강력한 정치적 주장들은 뚜렷하게 생산주의적인 서구 사상의 경향에 꾸준히 제동을 걸어왔다. 토머스 페인은 이미 1796년에 국가가 노령연금을 지원하는 것은 물론, "부유하든 가난하든 모든 사람에게" 실질적으로 현금을 지급해야 한다고 주장했다. 그는 분배를 소유자들에게 지급되는 일종의 '기초지대ground-rent'이자 빚의 상환이라 주장했다. 전체 지구는 "인류의 공동소유물"(1830, pp. 402~403)이며, 부를 축적한 모든 사람은 "사회에서 살아감으로써" 그 부를 이룩했고, "정의, 감사, 문명의 모든 원리에 입각할 때 모든 것이 나온 근원인 사회에 되돌려져야 할 축적의 일부를 소유할" 뿐이기 때문이다. 20세기 초반에 G. K. 체스터턴Chesterton은 정치경제에 대해 독창적이고 혁명적인 접근을 구상했다. 오늘날 대체로 잊히긴 했으나 그가 '분배주의'라 명명한 것은 자본주의든 사회주의든 어떤 노선과도 양립하지 않는 것으로, 재산의 보편적인 직접 분배 프로그램에 토대를 두고 있다(Chesterton, 1912). 버트런드 러셀Bertrand Russell 역시 거의 같은 시기에 분배를 제안했다. 노동에 대한 보상을 "노동을 할 수 있든 없든 모든 공동체 구성원의 생계를 위해" 국가가 지급하는 "최소한의 비용"으로 보충함으로써 사회주의와 무정부주의의 매력과 위험을 조정해보자고 말이다(Russell, [1918]2008, p. 73).

이러한 자원은 미국과 유럽에서만 발견된 것이 아니다. 6장에서 언급하겠지만 이른바 '아프리카적인' 사회주의는 분배를 주요 이슈로 삼았다. 아프리카 전통의 긍정적 유산으로 이해되어온 공유와 상호부조의 관행을 분배적 사회주의 사회를 위한 패러다임으로 규정함으로써 자신을 마르크스주의와 명시적으로 구분했다. 이런 점 때문에 줄리우스 니에레레는 탄자니아 사회주의를 우자마ujamaa(가족애)라는 '아프리카적' 원리를 기반으로 한 것으로 묘사했고, 잠비아를 연구한 케네스 카운다Kenneth Kaunda는 '아프리카적 인도주의'의 기치 아래 유사한 주장을 펼쳤다.[14] 아파르트헤이트에 대항한 투쟁 기간 중에 스티브 비코Steve Biko 역시 분배적 목적에 뿌리를 둔 사회주의에 대한 충성을 표현했고, 생산관계에 대한 소유권의 특정한 배열은 부의 분배에 대한 더 근본적인 질문들에 비하면 부차적이라고 주장했다. 1977년 한 인터뷰에서 사회주의 사회를 옹호하는지 질문을 받았을 때 비코는 다음과 같이 답했다.

> 저는 현재 남아공에서 부의 분배가 엉망진창이라는 사실로부터 우리가 빠져나갈 구석이란 없기 때문에 부의 올바른 분배를 다루지 않는 한, 어떤 형태의 정치적 자유도 의미가 없을 거라고 생각합니다……. 블랙 커뮤니티 개발 프로그램Black Community Programmes, BCP(정치적 커뮤니티 조직들을 결집하여 반아파르트헤이트 투쟁을 이끌기 위해 1970년대 초에 결성된 조직—옮긴이)은 사영기업[과 국가 소유권]의 신중한 혼합을 지지합니다. 그러한 결합을 통해 더 평등한 부의 분배에 이를 수 있기를 바랍니다(Biko, 1979, p. 149).

사실 유럽이든 아프리카든 사회주의를 마르크스주의로 수렴시키지 않는다면 우리야말로 분배에 초점을 맞춘 풍부한 대안적 좌파 전통의 상속인임을 알게 될 것이다. 이 전통 중 일부는 우리의 현재 상황에 비추어 정말로 긴요한 것처럼 보인다. 가령 마르크스는 항상 생산으로 시작했지만, 피터 크로포트킨은 항상 분배와 분배정의에 관한 주장에서 출발할 것을 고집했다. 자본주의는 왜 부당한가? 이에 대답하려면 부가 어디에서 오

---

14 그 실천은 다소 상이한 방식으로 펼쳐졌지만, 이는 당시 하나의 이론이었다. Ferguson (2006, 2013) 참조.

는지에 관한 역사적 논의에서 출발해야 한다.

수천 년 동안 수많은 사람이 힘써 숲을 개간하고, 습지를 간척하고, 육로와 수로를 닦아왔다. 유럽에서 우리가 경작하는 모든 땅은 수많은 인종이 땀을 흘린 덕에 비옥해졌다. 1에이커라도 강제노동과 참을 수 없는 고역, 고통의 이야기를 갖지 않은 땅이 없다. 1마일의 철도, 1야드의 터널에도 인간의 피가 고스란히 배어 있다……. 수백만의 사람이 오늘날 우리가 자랑해 마지않는 이 문명을 창조하기 위해 갖은 노동을 다했다. 다른 수백만의 사람은 지구상으로 뿔뿔이 흩어져 그것을 유지하느라 온갖 수고를 감내하고 있다. 그들이 없다면 50년 후에 지구는 아무것도 남지 않고 폐허가 될 것이다……. 과거든 현재든, 어떤 사상이든 발명이든 공유재산이 아닌 것이 없다……. 그렇다면 이 광활한 전체에서 한 조각이라도 떼어가려는 사람이 도대체 어떤 권리로 이게 오로지 나만의 것이고 너의 것은 아니라고 말할 수 있는가?(Kropotkin, [1892]1995, pp. 14~16)

크로포트킨이 내린 정치적 결론은 1892년에 쓰였음에도 우리 자신의 시대에 너무나 이상하리만치 맞아떨어진다.

우리는 구사회에서 등급이 어땠든, 강하든 약하든, 능력이 있든 없든 그 모든 것에 앞서 **살아갈 권리**를 갖는다는 점을, 그리고 사회에서는 누구나 어떤 예외도 없이 모든 존재수단을 공유한다는 점을 인정하고 큰 소리로 선언해야 한다……. '안녕well-being할 권리'란 인간답게 살아갈 가능성, 아이들을 현재 우리보다 나은 사회의 성원으로 양육할 가능성을 의미한다.

반면 '일할 권리'란 항상 임금노예로 남고, 고역에 시달리고, 장래 중산층에게 지배되거나 착취당할 권리만을 의미할 뿐이다. 안녕의 권리는 사회적 혁명이지만 일할 권리는 상업주의의 쳇바퀴에 갇혀 사는 것을 의미할 뿐이다(Kropotkin, [1892]1995, p. 28, p. 30).

여기에서 그 주장이 우선시되는 집단은 노동자가 아니라 사회의 성원, 즉 우리 모두가 몫을 갖는 거대한 공동유산의 상속자다. 그 상속의 토대가 되는 것은 단지 노동이 아니라 고통, 유혈, 창의성, 공유된 경험과 같은 것들이며, 따라서 전체 사회가 곧 가치의 원천이다. 클로드 레비스트로스Claude Lévi-Strauss가 현대 시기의 물질적 부는 수백만 년의 실험과 혁신의 유산으로 이해되어야 한다고 오래전에 주장한 데서 보듯, 이러한 주장의 요소들은 인류학자들에게는 꽤 친숙한 것이다. 정말로 '우리가 문명이라 부르는 것의 대부분'은 '신석기' 농업 혁신과 동물 사육, 도예, 직조를 포함해서 '야만적' 과거의 위대한 발견에 여전히 기초를 두고 있다(Lévi-Strauss, 1976, p. 347). 루이스 헨리 모건(1877)은 인류의 기술적·경제적 성취를 논하는 과정에서 유사하게 발명과 혁신, '사고의 유전자'를 강조했다.

크로포트킨은 특히 물려받은 고통에 관한 주장을 펼쳤는데, 광산의 유산에 관한 그의 논의만큼 남아프리카의 상황을 극적으로 대변해주는 것도 없을 것이다.

갱도를 따라가 보면 광부가 힘겹게 굴을 파면서 남긴 흔적이 암벽 곳곳에 남아 있다. 지하 회랑의 각 받침대 사이 공간은 광부의 무덤으로 표시되어 있기도 하다. 폭발과 낙석, 홍수로 한창 나이에 사라진 광부들의 빈약한 임금에 의지해 살았던 가족들에게 이 무덤이 얼마나 많은 울음, 궁핍, 형언할 수 없는 비참으로 다가왔을지 누가 짐작이나 할 수 있겠는가([1892]1995, p. 14).

이는 단지 광산산업 고유의 구조적 폭력의 문제가 아니다. 어떤 영역이든 현재의 청구권은 현세대가 시정이나 보상을 요구할 수 있는 과거의 고통과 기여를 기반으로 하고 있다. 실제로 오늘날 사회적 급여와 사회 서비스에 대한 주장은 생산("나는 평생 열심히 일했기 때문에 받을 자격이 있다")과 재생산("나는 다섯 아이를 키우기 때문에 받을 자격이 있다")뿐 아니라 세대를 관통하면서 집합적으로 물려받았다고 이해되는 과거의 상처("우리는 아파르트헤이트에 대항해서 싸웠다", "우리는 토지를 빼앗긴 사람들의 후손이다" 등등)를 종종 근거로 한다.[15]

전체 사회가 사회적 노동, 사회적 고통, 사회적 혁신의 산물인 부를 함께 공유해야 한다는 생각은 '공통적인 것'에 관한 사유와 창조성과 생산의 궁극적 원천으로서의 사회라는 주제를 발전시켜온 자율주의자들[16]에서 분배정의 전통의 급진적 방향을 추구하는 철학자들[17]에 이르기까지 최근의 이론가들 사이에서도 상이한 방식으로 전개되어왔다. 이러한 구상이

---

15 고통을 소속과 소유의 기반으로 보는 논의는 Moore(2005) 참조. 상처와 피해의 '부정적 유산'에 관해서는 Meskell(2011) 참조.

16 예를 들어 Hardt and Negri(2009); Hardt(2000, 2009).

17 특히 필립 반 파레이스Philippe van Parijs는 널리 알려진 기본소득 제창자이자 그가 명명한 "공산주의를 향한 자본주의의 길"(van der Veen and van Parijs[1986]; van Parijs[2013])의 지지자다.

다 문제가 없는 것은 아니지만 정당한 몫의 개념을 토대로 한 정치적 주장이 현재에도 파급력이 크다는 점은 고무적이다. 하지만 어떤 점에서 보자면 이 문제를 가장 명확히 정식화하는 사람은 여전히 크로포트킨이다. 토머스 페인도 얘기했지만 공동상속에 관한 그의 주장은 분배에 대한 권리를 생산적 노동이 아니라 소유에 관한 무조건적 청구권을 근거로 제기하면서 사안들의 핵심에 다가가기 때문이다. 그의 논지에 따르면 나는 재화를 생산한다고 해서 그 재화를 받을 자격이 있는 것이 아니다. 나는 전체 생산기구와 그 산출에 대한 몫을 (유산으로) 소유하기 때문에 생산의 몫을 받을 자격이 있는 것이다.

6장에서 논하겠지만 이와 정말로 유사한 주장이 나미비아 기본소득협회의 지지자들에 의해 제기되고 있다. 이들은 모든 나미비아인이 매월 현금급여를 받을 자격이 있다고 주장하는데, 이들이 한 국가의 시민으로서 나라와 이 나라 광물자원의 실질적 소유자들이기 때문에 "나라의 부를 공유해야만" 한다는 것이다. 이 주장에 따르면 수입의 일부를 받는 것은 소유자이기 때문에 응당 받아야 할 몫을 갖는 것이다. 따라서 가장 기본적인 시민권은 투표할 권리가 아니라 "국가의 부wealth of the nation에 참여할 권리"로 이해된다. 이 점에서 "물고기를 주라"는 도덕화된 논리가 단순히 적용될 수는 없다. 우선 '물고기'는 선물이 아니기 때문이다. "국가의 부에 참여함으로써" 국가의 소유자들은 이미 그들 자신의 것을 단순히 받는 것이다. 이때의 분배과정은 호혜성도, 특별한 장애나 고난의 증거도 필요로 하지 않는다.

분배에 대한 권리, 분배된 공동산물에 대한 정당한 몫을 기초로 한 청구권은 물론 쉽게 받아들여지지 않는다. 왜 어떤 사람이 자신이 생산하지 않은 산물에 대해 '정당하게' 몫을 가져야 하는가? 청구권을 합법적으로 인정받는 대부분의 사례는 생득권이나 상속권에 대한 사고가 충분히 힘을 획득하는 광산자원에 집중된 것처럼 보인다. 예를 들어 알래스카영구기금은 모든 법적 주민을 석유 생산으로 창출되는 부의 일부를 할당받을 수 있는 주주로 규정하고 있다. 기금은 알래스카 주민들에게 생산에 대한 참여가 아닌 주州의 주민이라는 법적 지위를 근거로 매년 배당금 수표를 지급하고 있다(Widerquist and Howard, 2012). 마찬가지로 최근 이란에서는 보조금에 대한 포괄적 개혁 중 하나로 석유수익의 현금지급이 직접적·보편적이며 자산조사를 기초로 하지 않는 방식으로 시행되었고, 광물자원이 풍부한 다른 나라들에서도 유사한 제도가 마련되면서 '자원의 저주'(자원개발을 통해 얻는 이익이 특정 집단에 편중됨으로써 오히려 국가의 빈곤이 초래되는 현상—옮긴이)[18]에 대한 가능한 해결책으로 환영받았다. 광물자원 수입의 직접적 현금지급을 골자로 한 프로그램이 아프리카에서는 아직 시행되지 않았다. 하지만 보츠와나가 널리 알려진 노르웨이 정부 연금기금을 참조하여 미래 세대를 위해 광물자원 수익금을 보존하도록 한 국부기금('풀라Pula기금')을 조성했다는 점은 중요하다. 나미비아에서와 마찬가지로 남아공에서 기본소득과 같은 프로그램을 옹호하는 강력한 주장은 일반 시민들이 국가의 광산산업에서 생산되는 방대한 부 가운데 최소한의 몫을 가져야 한다는 것이었다. 이런 해석에 근거해서 기본소득은 종종 '시민소득', 즉 부의 공동저장고common stock of wealth의 정당한 몫으로 명명되

---

18 이는 글로벌 개발센터Center for Global Development에서 최근 출간한 수많은 문헌을 관통하는 주제다. 예를 들어 Moss and Majerowicz(2013) 참조.

기도 한다.

부가 지구에서 나오는 모든 귀중한 재료로부터 나온다는 점을 고려할 때 정당한 몫이라는 사유에는 확실히 주목할 만한 무언가가 있다. 6장에서 자세히 논하겠지만 이런 종류의 추론이 자원추출에 한정될 이유는 없다. 오늘날 가장 선진적인 형태의 제조업을 들여다보라. 거기에선 소수의 고도로 숙련된 노동자들이 방대한 양의 상품을 낳는 고도로 자동화되고 자본집약적인 생산과정을 처리하고 있다. 이전 시기 가장 급진적인 요구는 노동자들이 공장을 소유하고 운영하는 것이었다. 가장 개혁적인 형태의 사회주의는 좀더 완곡한 어조로 노동자들이 자신들이 생산한 수익을 공유해야 한다고 주장했다. 하지만 인구의 절대 다수가 배제된 채 극소수의 노동자들이 고도로 자동화된 공장에서 일하는 지금, 과거의 그 어떤 정식화도 별로 분배적인 것으로 보이지 않는다. 오늘날 가장 급진적인 요구는 오히려 생산적 노동의 권리가 아니라 분배주장, 즉 사회적으로 생산된 부의 보편적 몫을 위한 주장에서 출발해야 한다.

여기에서 내가 논의한 분배주장들이 어떤 정치적 추동력을 획득하기 위해서는 우선 노동을 기반으로 하지 않는 정당한 분배라는 생각이 정당화될 수 있어야 한다. 생산주의적 시각이 지원금에 대해 가졌던 오랜 경멸을 극복해야 하며, 정당한 몫의 정당성에 대한 새로운 관심을 장려해야 한다. 이는 분배를 단지 생산이라는 '진짜' 작업으로부터 주의를 흩트리는 게 아니라 가치 있는 목적으로서 재평가하는 것을 의미한다. 3장에서 제안하겠지만 재평가의 한 작업은 사회적 활동으로서의 분배에, 특히 내가 '분배노동'이라 명명한 것에 초점을 맞추는 것이다. 하지만 분배를 중요하고 가치 있는 사회활동이라고 설명하는 것만으로는 충분하지 않을 것이다. 정당한 몫의 정치가 정말로 영향력을 가지려면 두 가지 도전에 대응해야 한다. 첫 번째는 분배의 제도적 기제를 식별하고 만들어내는 것이며, 두 번째는 몫을 **정당한** 것으로 인정하는 정치적·윤리적 참조 틀이 있어야 한다.

지금까지 직접적 분배와 관련 있는 시스템을 만드는 과정에서 이룩한 진보는 대체로 아이를 돌보는 여성, 노인, 장애인과 같은 '피부양자'를 정당화하기 위한 특정 종류의 분배뿐 아니라 특정 종류의 국민국가, 즉 분배 정치를 위한 최소한의 정치적·제도적 조건들을 갖는 집합체에 한정되어 왔다. 확실히 새로운 '현금지급'의 시대에 가장 인상적인 분배 시스템을 출현시킨 나라들, 가령 남아공이나 나미비아, 브라질, 이란은 부의 중요한 원천을 만들어낼 수 있는 튼튼한 경제를 갖추었을 뿐 아니라 국가의 역량이 상대적으로 높았다. 이러한 사실은 분배정치를 통해 확보된 정치적 이득이 얼마나 널리 적용될 수 있는지에 대한 질문을 제기한다. 실제로 남아공에서 번성한 분배적 국가정책들이 예컨대 민주적 제도가 잘 구비되어 있지도 않고, 국가 관료기구가 적절히 작동되고 있지도 않은 콩고민주공화국에 적합하냐에 바로 답하기는 어렵다. 비슷한 측면에서 남아공이나 브라질과 달리 빈자들에 대한 지원을 위해 세금을 내놓을 '부자들'이 상대적으로 적은 말라위 같은 나라에서 분배주장이 얼마나 강력할 수 있는가 하는 의문을 제기할 수도 있다. 또한 새로운 복지국가들은 물론 그들 이전에 출현했던 복지국가와 마찬가지로 연대solidarity를 만들어내는 수준이 국민국가에 한정되어 있어서 이민과 이민문제에 너무나 빈번히 등장하는 외국인 혐오증에 대처할 준비가 되어 있지 않다.[19]

이 책의 결론에서 논하겠지만 새로운 사고는 이러한 모든 한계를 노정하고 있다. 직접적 분배 프로그램들은 기근이나 응급 상황처럼 제도적으로 가장 도전적인 환경에서 문서작업과 신원확인 같은 통상적 절차를 생략하고 생체인증을 활용함으로써 그 가치를 입증해왔다. 최근의 리뷰는 제도 시행이 까다로운 여건에서도 이러한 기술 덕택에 현금지급 시스템을 만들 수 있었으며, 심지어 부패와 공공재정의 '누수'에 관한 보고가 비일비재한 '개발도상국'에서도 현금지급의 장애는 "더는 기술적인 문제가 아니라 정치적인 사안"이라는 결론을 냈다(Gelb and Decker, 2011, p. 1). 오늘날 너무나 확고히 국민국가와 결합된 것처럼 보이는 분배의 정치적·윤리적 지평에 관해서도 우리는 세계의 변화를 감지한다. 결론에서 상세히 다루겠지만, 정치 사상가들은 '분배정의'를 모색하면서 점점 더 전 지구적 프레임 안에서 윤리적 의무를 구상하고, 그 의무를 우리가 여기서 다룬 '정당한 몫'의 사고와 분리시키지 않으려는 주장을 전개하고 있다. 기본소득 지지자들 역시 기본소득지구네트워크라는 전 세계적 조직을 구축하는 가운데 기본소득 논의를 국가적 용어로 축소시키지 않으려 하며, 기본소득의 운용을 일련의 국가적 캠페인이 아니라 새롭게 등장하는 글로벌 시민권의 일부로 상상하고 있다. 한편 국제노동기구는 전 세계적인 '사회적 보호 최저선Social Protection Floor, SPF'이라 명명한 캠페인을 시작했다. 이 캠페인은 국가가 ('건강한' 노동연령대까지 포함해서) 노동시장에서 배제된 모든 사람에게 최저소득을 지급해야 하며, 이를 시민들이 국민국가에 기대하는 기본적인 책임에 포함시켜야 한다고 주장한다. 이는 '정상적으로' 기능하

---

19 이 책의 결론부에서 이 주제를 상당히 길게 논의할 것이다. 극단적인 외국인 혐오가 만연한 지역의 맥락에서 이 주제를 논한 연구로는 Nyamnjoh(2006); Geschiere(2009); Sichone (2008); Landau(2012) 참조.

는 모든 국가가 보편적 의무교육을 제공하리라고 기대하는 것과 같은 이치다.[20]

　이러한 생각들은 아직 충분히 발전되지 않았으며, 여전히 우리가 살아가는 글로벌 정치공간에서 주변부를 차지하고 있다는 점은 의심할 여지가 없다. 실천적인 분배정치가 전 지구적 수준에서는 어떤 모습을 드러낼지 아직 상상하기도 힘든 상황이다. 하지만 뭔가 시도를 할 적기適期라고도 볼 수 있다. 분배문제가 우리 정치의 핵심에 속한다면 우리는 중요한 분배작업이 실제로 어떻게 행해지는지 더 잘 이해할 필요가 있을 뿐 아니라 장래에 어떻게 더 낫게 이루어질 수 있을지 창조적인 생각을 발휘할 필요도 있을 것이다. 내가 여기서 제안했듯이, 남아프리카의 새로운 복지국가에 깃든 사유와 실천이 그러한 구상을 밀고 나갈 강력한 원천 중 하나가 될 것이다.

　다음의 제안을 하는 것으로 이 장을 끝맺기로 한다. 크로포트킨과 같은 비정통적 사회주의 사상가에서 자율주의, 분배정의와 같은 최근의 흐름에 이르기까지, 분배주의적 전통의 재조명은 남반구의 새로운 복지국가에서 등장하는 균열과 가능성의 지점들을 가로지르면서 종국에는 새로운 종류의 진보정치를 위한 조건을 만들어낼 수 있을지도 모른다. 남아프리카든 세계 어디든 현존하는 분배 프로그램들은 심각하게 제약받고 있고 도움이 안 되는 조건들 속에 포위되어 있다. 이 프로그램들은 단지 출발점에 불과하다. 하지만 노동과 정당한 몫의 수혜 사이의 자동적인 연결을 끊

---

20 이 사유에 관한 논의는 책의 결론부에서 자세히 등장할 것이다.

어내고 새로운 종류의 정책과 정치적 동원을 위한 가능성을 만들어내는 방식으로 분배문제에 접근하기 위해 어떤 포문이 열리고 있는지는 계속 검토해볼 만한 가치가 있다.

우리는 남반구의 새로운 복지국가에서 직접 분배 프로그램을 통해 어떤 종류의 정치가 가능할 수 있는지 좀더 두고 봐야 하며, 신중을 기해야 할 이유도 많다. 6장에서 분석하는 바와 같이 광신적 애국주의와 포퓰리즘에 사로잡힌 방식의 분배정치가 종국에 성공을 거둘 수도 있다. 노스탤지어로 충만한 '노동의 멜랑콜리'(Barchiesi, 2011)가 온갖 문제에 대한 해결책으로 '일자리 창출'에 매달리게 하면서 직접 분배 프로그램을 공공근로 프로그램보다 정치적으로 덜 매력적이게 만들 수도 있다. 이 경우 공공근로 프로그램은 공공정책으로서 그 장점이 어떻든 간에[21] '남성'이 노동에 대한 교환을 통해서만 '물고기'를 정당하게 획득할 수 있다는 패러다임에서 한 치도 벗어나지 않는다.

한편 현금지급은 적어도 지금의 수준에서 보자면 현 상황에 대한 급진적 도전으로 보이지 않는다. 실제로 좌파 비평가들은 그러한 프로그램을 재빨리 보수적이라 일축해버린다. 이는 충분히 타당한 근심이다. 브라질의 룰라 다 실바Lula da Silva 대통령이 현금지급을 골자로 한 볼사 파밀리아 프로그램을 변호하며 말했듯이 "빈자들을 돌보는 것은 값싸고 쉽다."

---

21 아프리카에서 공공근로 프로그램 실패에 관한 비판적 분석은 McCord(2012) 참조. 특히 남아공의 경우 McCord(2003)와 Seekings(2006) 모두 공공근로가 직접 분배 프로그램들에 비해 비효율적이고 비용이 많이 든다는 점을 지적한다. 남아공에서 현재 실시되는 확대 공공근로 프로그램(특히 이 중 커뮤니티 일자리 프로그램)에 관한 낙관적 설명은 Philip(2013), 상대적으로 회의적인 견해는 Meth(2011) 참조.

이 발언을 인용하면서 페리 앤더슨Perry Anderson이 지적하듯 "고무냐, 파괴냐?"(2011, p. 12)를 의문에 부치는 진술에는 도덕적·정치적 모호함이 가득하다. 현금지급이 빈곤을 제거하는 길인가, 아니면 빈곤을 관리하는 쉽고 값싼 방편에 불과한가? 그것은 빈자들의 합법적인 분배요구에 대한 진보적 응답인가, 아니면 이 방식이 아니라면 가능했을 아래로부터의 더 급진적인 정치적 압력을 길들이고 약화시킬 뿐인가?

이 질문들은 모두 중요하지만 현금지급이 사기를 꺾는다는 주장은 검증된 바가 없다. 반대로 사회의 극빈층에 대한 직접적 국가급여가 전통적 좌파가 어찌 해야 할지 몰랐던, 그리고 정치적 동원에 관한 한 가장 전통적 시도들에 저항해왔던 넝마주이 계급('룸펜프롤레타리아트'의 다른 표현으로 쓴 저자의 용어—옮긴이) 사이에서 새로운 참여와 동원을 이끌어낼지도 모른다는 근거는 있다. 존 글레드힐John Gledhill과 마리아 가브리엘라 히타 Maria Gabriella Hita가 브라질의 현금지급 프로그램에 관한 최근의 문화기술지 연구에서 결론지었듯이, 실제의 정치적 반응들은 사회적 지원이 '빈곤과 불평등의 비정치화'를 촉발시킨다는 생각을 뒷받침하지 않았다. 대신에 "볼사 파밀리아 수준으로 적용된 조건부적 소득지급은 더 나아가고자 하는 대중적 열망을 제한하기보다는 고무시키는 것처럼 보인다." 이 연구자들은 "가난한 지역의 사람들이 정치가들에게 빈곤과 사회적 불의의 근원과 맞서도록 요구하는 기회를 포착할 역량"(2009, p. 2)을 좌파 비평가들이 과소평가했다고 주장한다.

그렇다면 우리는 위험으로 충만하지만 다른 한편에선 가능성이 꿈틀대는 새로운 정치를 탐색하고 있는 셈이다. 마르크스주의자들과 다른 좌파들은 종종 분배문제에 핵심 지위를 부여하는 것이 자본주의에 대한 급진적 도전을 포기하는 일이 될지도 모른다고 우려한다. 하지만 반대로 내가 여기에서 제안하고 싶은 것은, 오늘날 정말로 급진적인 정치를 추구한다는 것은 프롤레타리아트의 노동기반 청구권을 되살리는 게 아니라 새로운 도전을 위한 사회적·도덕적 기반을 찾으려고 노력하는 것을 의미한다는 점이다. 타냐 리(2010)가 주목했듯, 우리가 일하고 있는 수많은 환경에서 임금고용의 보편화가 점점 더 헛된 꿈에 불과한 것으로 보이기 때문에 이러한 도전에 주목하지 않을 수 없다. 하지만 우리는 좌파정치의 지평으로서의 완전고용이 사라지고 있다는 점을 단순한 비극이 아니라 **기회**로 포착할 수도 있다.[22] 보편화된 임금노예의 삶은 필경 마르크스도 바라던 바가 아니었다. 그는 프롤레타리아트화를 오직 그것이 수많은 고통을 구원할 사회주의로 나아가는 필요 단계라 확신할 때에만 진보적인 것으로 간주했다. 하지만 그러한 초월적인 스토리라인 없이 생각해본다면(오늘날 반드시 생각해보아야 한다면) 다른 종류의 분배보다 임금을 받는 것에 더 큰 가치를 부여해야 할 까닭은 없다. 한편 새로운 진보정치의 핵심 영역으로서 새로운 분배주장의 출현에 관심을 가질 이유란 무궁무진하다.

    내가 여기에서 논의한 분배형태가 어떤 방향으로 나아갈지, 어떤 효과를 가질지는 명확하지 않다. 하지만 새로운 질문들을 간단히 요약해서 판단해버리기보다 호기심과 발견적 태도를 갖고 접근해보는 것이 더 현명할 수도 있다. 우리의 학계는 새롭게 출현하고 있지만 여전히 모호한 형태의 포스트 신자유주의 글로벌 질서에 대해 어떻게 '비판'을 할지 이미 너무

---

22 최근 프랑코 바르키에시(2011, 2012)는 남아공의 맥락에서 이 주장을 강력하게 개진했다. Tribe of Moles(2011)도 참조.

나 잘 알고 있는 것처럼 보인다. 하지만 나는 우리가 남반구의 새로운 복지국가를 열어젖힌 풍부한 사회적·정치적 실천들로부터 배울 수 있기를, 그 실천에서 자극을 받을 수 있기를 희망한다. 그 실천은 우리가 당연시해온 정치적 가능성과 구속의 풍경이 매 순간 다시 그려지고 있는, 여전히 발명과 놀라움으로 가득한 세계를 열어젖히고 있다.

2장

사회적인 것 이후?

아프리카 사회적 보호의 미래를 역사화하기

지금까지 살펴보았듯이 남아프리카의 여러 국가는 노령연금, 아동지원보조금, 장애보조금 등 대부분의 인구에 실질적 혜택을 부여하는 광범위한 사회적 지급 프로그램을 실시하고 있다. '사회적 보호'라 명명되는 이 프로그램들은 오늘날 국제적인 반反빈곤 정책에서 새로운 '빅 아이디어'로 회자되는 현금지급, 즉 '가난한' 수혜자 집단에게 약간의 현금을 직접 지급하는 형태를 취하고 있다. 이 점에서 남아프리카 지역의 사회제도들은 브라질, 멕시코 등 라틴아메리카의 제도들과 마찬가지로 새로운 글로벌 개발을 선도한 것으로 환영받고 있다. 하지만 이 제도들이 특정한 사회적·정치적 역사에 깊이 뿌리를 두고 있다는 점 역시 기억할 필요가 있다. 이 역사는 현재 진행되는 프로그램들이 어떻게, 왜 지금과 같은 형태를 띠게 되었는지, 장차 어떤 종류의 발전이 '사회적' 지급 시스템에서 가능할지 실마리를 던져준다. 여기서 나는 국가 분배 프로그램들의 현행 체제에 대한 역사적 이해를 통해서만 우리가 직접 분배 프로그램의 미래의 가능성을 개방적으로 사고할 수 있다는 점을 주장할 것이다.

남아프리카의 직접 분배 제도들이 갖는 역사적 특수성은 남아공인들이 '나머지 아프리카'라 곧잘 부르는 다른 장소들, 즉 남아공과 나미비아처럼 국가가 제도적·재정적 역량을 구비하지 않았을 뿐 아니라 '사회적' 지급의 특수한 역사를 거치지도 않은 상황에서 극단적 빈곤이 심화되고 있는 지역에서 현금지급 프로그램이 확산되려면 어떤 전망이 가능할지 질문을 던지고 있다. 이 장의 말미에서 자세히 살펴겠지만, 역사적 특수성에 관한 논의는 이러한 사회보호 프로그램들이 어느 정도로 유럽의 '사회적인' 것과 관련된 제도적·정보적 장치들을 반영하고 있는지, 바이오인식 시스템처럼 새로운 '사회적인 것의 기술들techniques'이 어느 정도로 새로운 정치적·기술적 인식을 기반으로 한 분배방식을 구상하도록 돕는지에 관해 더 큰 질문을 제기하고 있다.

사회적인 것의 발명

오늘날 사회적 지원에 관한 질문에 접근하는 한 방식으로 자크 동즐로 Jacques Donzelot가 '사회적인 것의 발명'이라 부른 것에 관한 주요 문헌을 출발점으로 삼고자 한다(Foucault, 2003도 보라). 니콜라스 로즈Nikolas Rose가 관찰했듯, 20세기 유럽에서 '사회적'이라는 수사가 붙은 각종 문제들은 이전에는 종교단체들과 '도덕과학moral sciences'으로 알려진 것 간의 결합을 통해 논의되는 **도덕적** 문제들로 이해되었다. 이러한 시선에서 볼 때 부랑생활, 나태, 도둑질, 매춘과 같은 문제들은 빈자들의 잘못된 '기질 character'과 '품행'의 결과였다. 이는 부분적으로는 수 세기 동안 그 같은 문제를 죄악시해온 기독교 종교단체들의 책임이기도 하다. 하지만 19세기 초반에 그러한 '문제들'에 대한 대응은 과학적 개입과 규율 아래 빈자들의 도덕적 위생과 기질을 개조시키는 것을 목적으로 하는 '도덕적 테크놀로지'들을 포함하게 되었다. 로즈는 빈민학교, 소년원, 정신병원, 공중목욕탕,

세탁장 등의 "위대한 도덕성의 기계들이 기질을 제조해내기 위한 밀폐된 현장의 형태를 취했다"고 주장했다(1999, p. 103). 도둑질, 부랑, 매춘은 비도덕의 형태였으며, 이 근본 원인에 입각해서 치료방식이 고안되었다.

하지만 19세기를 거치면서 문제를 완전히 다른 방식으로 규정하는 게 가능해졌다. 규칙적이고 심지어 계산 가능한 속성을 가진 자연적 시스템으로서의 '사회'에 관한 사유가 출몰하면서 도덕적 실패라 이해되어온 것들을 (뒤르켐Emile Durkheim의 유명한 문구를 따르자면) '사회적 사실들social facts'로 재해석하는 것이 가능해졌다. 초기 사회주의 사상가들은 이미 '기질' 개념을 19세기 말 사회적 인과관계 개념의 전조가 될 만한 방식으로 확대 해석하고 있었다. 1813년에 이미 로버트 오웬Robert Owen은 다음과 같이 썼다.

오늘날 범죄를 증명하는 그러한 기질들의 경우 잘못은 개인이 아니라 그 개인이 훈련받은 시스템의 결함에 있다. 인간 기질에 있어서 범죄를 유발할 만한 환경 요인을 제거하면 범죄는 발생하지 않을 것이다. 환경을 질서, 규칙성, 절제, 근면의 습관들을 형성하도록 고안된 형태로 대체하라. 그러면 이 새로운 자질들이 형성될 것이다([1813]2004, p. 30).

하지만 이러한 비전이 실체화된 것은 충분히 많은 사례가 확보되면 관찰 가능한 광범위한 현상에 걸쳐 놀랄 만한 규칙성을 드러내는 19세기 '숫자들의 쇄도'(Hacking, 1990)가 출현한 이후의 일이었다. 시공간에 걸쳐 적절히 기록되고 비교될 수만 있다면 범죄와 부랑 같은 '악습'은 자살률처럼 각자의 예측 가능하고 확정적인 법칙들을 따를 것이라 여겨지게 되었다.

범죄율은 기질이나 심리적 요소가 아니라 (다시 뒤르켐을 빌리자면) '상이한 사회적 사실들'에 기인하는 것이기 때문에 범죄 원인을 범죄자의 도덕적 잘못이나 선천적 특성에서 찾는 작업은 불필요해졌다. 범죄는 비도덕성이나 범죄인류학에서 다루는 '범죄적 유형'의 문제가 아니라 그 비율이 실업, 가족구조, 도시지리 등 다른 측정 가능한 사회적 사실들과의 일정한 상관관계에 따라 변하는 측정 가능한 사회현상이 되었다. 이런 의미에서 범죄는 더는 도덕적 혹은 생물학적 문제가 아니다. 그것은 정확히 **사회적** 문제다. 사회적 문제들이 사회적 원인을 갖는다면 이는 또한 사회적 해결책을 갖는 것임에 틀림없다. 이 기간 동안에 사회복지, 사회통계, 사회개혁, 사회정책 전문가, 사회과학자 등 새로운 기관과 직업들이 이 새로운 대상을 관찰하고 측정하고 관리하고 교정하기 위해 등장했다.

'사회적' 개입이 처음부터 핵심으로 삼은 대상은 가족이었다. 인과적 '요소들'로서 아동기와 양육, '사회적 배경'에 새롭게 주목한 것은 물론, '사회'의 병리적 측면들에 대한 우려는 재빨리 가족을 비난받을 만한 원인이자 최상의 해결책으로 삼기 시작했다(Donzelot, 1979). 매춘부를 도덕적으로 교정하거나 재교육하는 것으로는 충분하지 않다. 문제가 되는 것은 그녀를 낳은 사회적 환경이기 때문에 결핍된 가족구조, 어머니의 알코올중독, 아버지의 부재까지 모두 교정의 대상이 된다. 이 과정에서 동즐로가 '가족의 통치policing of families'라고 묘사한 '사회적'인 것과 '심리적'인 것을 결합하여 친밀한 생활을 감시하고 교정하는 대단히 야심찬 프로젝트가 태어났다.

여러 연구에 따르면 사회보험 기술의 발전 역시 사회현상의 규칙성들이 사회문제에 대한 제도화된 해결책으로 바뀔 수 있게 해준 주요 계기였다. 프랑수아 에발François Ewald(1986)이 탁월하게 지적한 바와 같이 사고, 질병, 수명기간과 같은 데서 발견되는 규칙성들은 그가 새로운 '정치 테크놀로지'라 명명한 위험관리의 테크놀로지를 가능케 만들었다. 작업장 사고위험을 포함하여 모든 계산 가능한 위험들에 대한 조치가, 그리고 이 위험들을 통괄하는pooling 것을 거쳐 사회적으로 분배하기 위한 조치가 대규모 회사의 임금노동자들에서부터 이루어지기 시작했다. '신중함'은 원래는 노동자들을 동업조합이나 공제회에서 마련한 각종 협회에 자발적으로 가입시키기 위해 장려되었으나, 한 세기가 지나면서 대부분의 유럽 국가에서 출현한 의무적 사회보험을 정착시키기 위한 덕목으로 강조되었다 (Ewald, 1986; Defert, 1991; Dean, 1992; Horn, 1994; O'Malley, 1996도 보라). 이러한 제도들은 어디까지나 급여를 통해 시스템에 기여할 수 있는 공식 부문의 노동자들에게만 적용되었고, 부인과 자식 등 다른 사람들은 이 인정된 노동자들의 '피부양자들'이라는 지위로 포섭되었다. 결국 가족은 공인된 피부양자의 구성을 통해 임금노동자에게 초점을 맞춘 제도들과 포괄적인 도시 인구를 접합시키는 핵심 요체가 되었다.

작업장 사고는 이제 일차적으로 도덕적 혹은 법적 문제(누구에게 잘못이 있는가? 누가 잘못했고, 누가 그것에 책임이 있는가?)가 아니라 사회적 해결책, 즉 정의가 아닌 보상을 요구하는 사회적 문제(무엇이 위험이며, 이 위험에 대한 보험은 어떻게 가능한가?)가 되었다. 기대수명이나 시력을 잃을 가능성에서 보듯, 사고란 확률적이고 계산 가능하며, 따라서 위험을 통괄하는 제도들을 통해 관리할 수 있는 것이 된다. 사회적인 것은 이제 도덕적이라기보다 기술적인 새로운 종류의 개입을 위해 이용 가능해졌다. 가난한 아이에게는 교육이 필요한데, 이는 우리가 그 아이한테 동정을 느껴서가 아니라 그 교육이 사회에 좋기 때문이다. 마찬가지로 케인스주의 경제학자가 해고된 노동자들에게 실업보험이 필요하다고 주장하는 것은 그 노동자들이 보험혜택을 받을 가치가 있어서가 아니라 비즈니스 주기에서의 하락 포인트를 만회하기 위해 그들의 경제적 수요를 필요로 했기 때문이다. 그러한 기술적 개입들은 여러 명칭이 있으나 그중에서도 '연대'라는 말로 가장 널리 알려진 새로운 도덕감정에 의지했고, 그 감정을 지지하도록 도왔다. 정직, 근검 등이 '부르주아적 미덕들'(McCloskey, 2006)이라면, 연대는 확실히 우리가 '사회민주적 미덕'이라 부를 만한 첫 번째 덕목이다.

그러므로 복지국가는 사회적 문제들을 도덕성이나 시장으로 환원시키기를 거부하는, '사회적인 것'을 관리하기 위한 일련의 기술들을 토대로 했다. 새로운 분배회로들은 이 방식으로 가능해졌다. 동시에 그러한 분배회로들이 완전히 새로운 방식으로 정당화·합법화되는 것이 가능해졌다. 여기서 장애연금이나 무상교육은 임금 같은 상품의 대가도 아니고 자선처럼 신앙적으로 고무된 선물이나 기부도 아니었다. 그것은 기술적으로 이해하자면 사회적 발명이었고, 규범적으로 이해하자면 사회적 연대의 표현이었다.

최근에 많은 저자가 이러한 개념의 사회적인 것이 그것을 기반으로 하는 제도들과 더불어 약화되거나 망가졌다고 주장해왔다. 예를 들어 피터 밀러Peter Miller와 니콜라스 로즈는 오늘날 '사회적인 것의 죽음'(2008)과 비슷한 무언가가 감지되고 있다고 주장했다. 이 논의에서 신자유주의적 구조조정은 단지 '국가를 축소'시키고 '자유시장'을 위한 길을 열어젖힌 게 아니었다. 오히려 이 과정에서 출현한 것은 통치의 목적을 달성하기 위해 시장 메커니즘에 의존하는 방식으로 '행위에 대한 행위conduct of conduct'

를 지도하는 새로운 통치합리성들의 발전이었다. 개인들은 점점 더 로즈가 '책임화'라 명명한 대로 자신의 위험을 관리할 책임을 지도록 유도되는 한편, '기업가적 모델'은 자본주의적 회사뿐 아니라 정부기구, 대학과 같은 비영리기관은 물론 개인들에까지 적용되고 있다. 이제는 개인들이 그들 자신의 '회사'의 소유주이자 그들 자신의 '브랜드'의 발기인으로 상상되는 것이다.

이와 더불어 밀러와 로즈는 '커뮤니티community'에 점점 더 가치가 부여되고 있음을 주장한다. 사회적 힘들에 의해 통치되는 '사회'를 대신해서 ('정체성', '문화', 섹슈얼리티, 질병상태 등) 일정한 속성과 ('사회'에서의 연대가 아닌 파편화된 이익집단으로서의) 이해관계를 공유하는 개인들로 구성된 커뮤니티가 새로운 추동력을 얻고 있다는 것이다. 커뮤니티들은 가령 자발적인 '커뮤니티 안전 프로그램'처럼 국가가 수용할 수 없거나 더는 수용하지 않을 책임들을 처리해야 한다. 한편 '책임화'될 수 없거나 그렇게 되지 않으려고 하는, 그리고 커뮤니티에 '가입'하는 방식으로 통치되기를 회피하는 주변화된 집단들은 점점 더 비참한 지대로 추방되고 있다. 이들은 현재 급속히 성장하고 있는, 로익 와캉Loic Wacquant(2001, p. 404)이 신자유주의적 통치의 주요 부분이라 주장한 감옥제도 아래서 실제로 감금되는 경우가 아니라면 결국 흩어지고 비가시화된다. 한편, 이들은 사영화되고 도덕적으로 재무장된, 약물치료와 노숙자쉼터에서 보듯 일정한 틈새로 파편화된 '프로그램들'을 통해서만 보호받을 뿐이다.

이 모든 주장에 대해 현재 사회적 분배를 다루는 인류학이라면 두 가지 질문을 제기해야 한다. 첫째, 이 모든 논의는 가망 없이 유럽 중심적이지 않은가? 이 논의에서 묘사하는 '사회적인 것'의 개념적·제도적 장치들 상당수는 글로벌 남반구에서 제대로 실현된 적이 없었다. 글로벌 남반구에서 신자유주의적 구조조정이란 케인스주의적 복지국가의 '후퇴'가 아니라 새로운 형태의 사회적 보호가 태동한 바로 그 환경을 묘사하고 있다. 글로벌 남반구에서 사회복지제도가 갖는 함의가 크고, 로즈와 동즐로, 에발이 제공한 논의들 상당수가 그곳에서 적용되기 힘들다면 분배를 둘러싸고 현재 진행되는 투쟁을 이해하기 위한 새로운 종류의 역사적 내러티브를 요구해야 하지 않을까? 둘째, 위의 논의에서 등장하는 '사회적'이란 것이 고정적인, 그래서 단지 (로즈와 밀러가 과도하게 표현했듯) '죽음'이라는 진단 외에는 형용이 불가능한 차원이 아니라 실로 근본적인 변화를 겪고 있다면 과연 "사회적인 것 이후?"라는 물음에 어떻게 답해야 할까? 학자들은 글로벌 북반구의 소위 고도로 자유주의적인advanced liberal 나라들에 대해서는 적어도 어느 정도 선까지는 이 질문을 제기했으나, 포스트 식민체제에 있는 남반구에 대해서는 거의 질문을 꺼내본 적이 없다. 이때 **신자유주의**라는 단어는 이 질문에 대한 답으로 적절하지 않다. 특히 신자유주의적 경제정책이든 신자유주의적 통치기술이든 이것이 특정 형태의 사회적 보호와 결단코 양립하지 않는다면 말이다(Ferguson, 2010).

아프리카의 사회적인 것

우리는 로즈나 동즐로와 같은 저자들이 의도한 의미에서의 '사회적인 것'이 정말로 피식민지에서 존재했는지를 질문함으로써 논의를 시작해볼 수 있다. 여기서 나는 아프리카, 특히 영어를 쓰는 남아프리카 나라들에 특별히 초점을 맞출 것이다. '사회적' 기술들은 20세기 초반에 시작해서 2차 세계대전 이후 더 강도 높게 유럽을 휩쓸었는데, 아프리카 식민지에서도 이 기술들을 도입하려는 시도는 분명히 있었다. 하지만 몇 가지 요소 때문에 그 프로젝트는 제한적일 수밖에 없었다.

첫째로, 아프리카 식민지 인구의 절대 다수는 농촌에 분포했으며, 생계의 주요 원천은 대체로 풍족한 토지에서 소규모 농사를 짓는 것이었다. 이런 상황에서 식민지 관리들은 그들이 '확대가족'이라고 지극히 이념형적으로 규정한 가족형태가 '자연스럽게' 사회보장을 제공할 것이라 상상했다. 물론 농촌의 친지들은 아프고, 부상을 입고, 장애와 극빈에 시달리는 가족구성원들을 도와야 할 때 가장 큰 역할을 맡는 게 사실이다. 하지만 도움의 제공이 불완전할 수밖에 없었다는 증거는 얼마든지 많다. 극심한 기근으로 농촌 내 친족 기반 공유방식이 한계에 직면한 동안, 식민지 도시는 급속히 누더기 거지들, 부랑자들, '비행청소년들'로 넘쳐났다. 상황과 관계없이 이 모습은 '전통적' 제도들의 '와해'의 징표로 해석되었다('와해'에 관한 논의로 Iliffe, 1987; Moore and Vaughan, 1994; Hunt, 1999를 보라). 이는 경험적으로 미심쩍은데, 존 아일리프John Iliffe가 지적했듯이 "가족들이 항상 모든 구성원을 보살피지는 않았다는 사실에서든 대부분의 가족이 통상 구성원 가운데서도 가장 불운한 사람들을 챙겼다는 사실에서든 그다지 새로울 것은 없다."(1987, p. 213) 그럼에도 (구성원을) 돌보는 '전통적인 아프리카 확대가족'은 2차 세계대전 이후의 사회보장에 관한 논의를 형성해온 상상된 현실로 강력히 자리 잡았다.

사람들이 오래된 제도들의 '와해' 때문에 극심한 곤궁에 시달린다고 가정할 경우, 도시의 '사회적 문제들'로 분류될 법한 일들은 대신 '도시화'

의 병리적 현상으로, 사회적인 것의 새로운 개입을 통해서가 아니라 농촌의 '전통'을 복구시킴으로써 해결되어야 할 현상으로 비칠 수 있었을 것이다. 이 시기의 각종 논쟁을 들여다보면, 우리는 제국에서 범람하던 '사회적' 개혁 프로젝트를 확대하려는 시도들이 '퇴보한' 농촌 사회를 회복하고 활력을 불어넣을 필요성으로 보장문제를 수렴시키는 전략들 때문에 반대에 부딪쳤음을 보게 된다. 이주노동제도를 통해 도시와 농촌을 연계시키는 지속적인 전략은 식민지 아프리카에 두루 퍼져 있었고, 특히 남아프리카 지역에서 두드러졌는데, 이는 완전히 도시인이 된 사람들의 가난조차도 상상된 농촌 '고향'의 렌즈를 통해 읽혔다는 것을 의미했다.

그 결과 '사회적인 것'의 용어들로 아프리카의 빈곤을 다루었을 수도 있는 프로젝트가 결국 '농촌 개발'이라는 상이한 형태를 취하게 되었다. 농촌을 지지하고 개발하는 전략들은 서로 공유하고 함께 돌보는 농촌의 사회성을 복구시켜야 한다는 판타지와 긴밀히 연계되었다. 이것이 거지, 장애인, 강도, 매춘부 등 문제적인 '룸펜' 도시인들에게 갖는 함의란 이들이 농촌으로 돌아가 '그들 친지'의 돌봄을 받아야 한다는 것이었다. 이런 식으로 도시의 빈곤은 사회적 지원과 복지가 아닌 '개발'의 문제가 되었다. 전쟁 이후 로디지아는 국제적 추세를 좇아 아프리카 '복지 관리' 팀을 창설했으나 1950년이 되자 그 이름을 '지역 관리-농촌 개발'로 바꾸었다(Seekings, 2005, p. 54). 탕가니카 사회복지부 역시 농촌 '공동체 개발'을 주요 업무로 맡는 사회발전부로 개편되었다(Iliffe, 1987, p. 204).

하지만 아프리카의 '사회적'인 것을 창출하려는 기획은 마찬가지로 근본적인 또 다른 문제와 부딪쳤는데, 이는 가난과 범죄를 도덕의 문제로 바라보는, 밀러와 로즈가 유럽에서 '사회적인 것'으로 대체되었다고 주장한 이해방식이 남아프리카의 식민지 지역에서는 훨씬 더 중요한 지위를 차지하고 있었기 때문이다. 아프리카에서 국가의 상대적 취약함과 더불어 기독교 전도의 영향력은 교육이나 보건 등과 관련된 단체들이 전적으로 세속화되지 않았으며, 명시적으로 도덕적·종교적인 사고가 유럽에서보다 훨씬 뚜렷한 지위를 점했음을 의미했다(Iliffe, 1987. 하지만 이는 단지 정도의 문제일 뿐이다. '사회적' 문제들은 미국에서도 줄곧 부분적으로는 도덕적 잘못과 기질의 결함 탓으로 이해되어왔다).

그 결과 몇 가지 예외를 제외하고는 매춘부와 거지는 사회복지사의 책임이 아니라 교회가 다뤄야 할 문제(죄악과 나쁜 기질)이자 도시화의 문제(도시에서 '빈둥거리는 사람들'을 농촌의 '친지들한테 돌려보냄'으로써 처리할 수 있는 한)가 되었다. 따라서 문제적인 도시계급을 다루기 위한 주요 구성체 formation는 '사회적인 것'이 아니라 우리가 '도덕적-발전론적인 것'이라 부를 만한 무엇이었다.

도시의 '룸펜' 기식자들의 경우 단순한 제거나 도덕화가 요청된 반면, 적절한 노동자들에 대해서는 그 이상의 조치가 필요했는데, 여기서 '사회적인 것'이라 불릴 만한 것이 작은 거점을 확보하게 되었다. 지배적인 식민 개념에 따르면 노동자들은 문명화되고, 적절한 방식으로 가족을 이루고 살아야 하며, 노동의 존엄을 배워야 한다. 하지만 수입과 집, 이를 지탱할 사회보장이 없다면 어떻게 도시생활을 제대로 영위할 것인가? 순환 속에 움직이는 이주노동자는 인건비는 저렴할지 몰라도 규율과 안정, 기술을 체화한 현대인이 될 수는 없었고, 이는 산업 지도자들과 식민지 계획가들에게 똑같이 문제적으로 비쳤다(Cooper, 1996). 하지만 도시에서 계속 거주할 수 있게 하는 사회보장이 전무하다면 이주의 순환성이 어떻게 지속될 수 있겠는가? 이런 맥락에서 많은 아프리카 식민지에서 상대적으로 소규모였던 공식 부문 노동자 집단을 위해 일정 범위의 '사회적' 제도들이 고안되었다. 아마 이 중에서도 가장 야심찬 기획은 1950년대 프랑스 식민지에서 시행된 것으로, 자녀양육을 위해 노동자 가정에 현금수당을 지급하는 가족수혜제도였을 것이다(Cooper, 1996, pp. 318~321; Iliffe, 1987도 볼 것). 남아프리카의 사례들은 이보다 덜 야심찼지만 여전히 중요했다. 가령 잠비아의 구리산출지대에서 주요 광산회사들은 노동자들에게 약간의 연금을 제공했으며(Ferguson, 1999), 카탕가(콩고민주공화국 남부 지역—옮긴이)의 광산조합에서는 노동인력의 '안정화'를 장려하기 위한 목적으로 사회보호 패키지를 제공했다(Perrings, 1979; Higginson, 1989).

이러한 보장정책은 아프리카 노동자들 중 적어도 일부 '선진적인' 노동자 집단은 '적절하고' '유럽 스타일을 갖춘' 핵가족체제에서 살아감으로써 '맞춤한proper' 노동자가 될 것이라는 식민지 비전과 연결되어 있었다(cf. Ferguson, 1999). 따라서 가족주의 이데올로기는 이러한 모든 제도의 핵심이 되었는데, 이는 단지 노동자 개인이 아니라 그 노동자의 공인된 피부양자들을 보호하는 것을 목적으로 했다. 이 피부양자들은 철저히 유럽 중심적 사고에 따라 '부인'과 '자녀들'로 이해되었다. 따라서 공식 부문에 종사하는 공인된 노동자들에 속하지 않는 더 넓은 범위의 인구는 단지 이상화된 핵가족의 전달체계relay로서만 지원을 제공받았다. 프랑스 식민지의 가족할당제도의 경우 자녀양육을 돕기 위해 부모에게 수당을 지급했는데, 이 자금은 어머니와 자녀들에게 분산된 게 아니라 아버지의 급료에 대한 일종의 보충물이었다(Cooper, 1996, p. 319).

이러한 제도는 대상 확대는 고사하고, 작동 면에서도 사회적·인구학적 서류작업이 불충분했기 때문에 그 한계가 뚜렷했다. 가령 가족을 기반으로 한 제도들은 출생기록뿐 아니라 특정 자녀들을 특정 가족에, 진짜 부인을 한 명의 임금생활자에 배정하는 신뢰성 있는 방식을 요구했다. 그러나 이 제도가 초점을 맞추는 '선진적인' 공식 부문 노동자들 사이에서조차 그러한 정보는 확신을 가질 만큼 완전하거나 정확하지 않았다(Cooper, 1996, p. 334). 더 넓은 범위의 인구에 대해서는 서류작업이 훨씬 미비했기 때문에 어떻게 '사회적인' 제도들이 전체 사회로 보급될 수 있을지 상상하는 것조차 힘들었고, 결국 '사회적인 것'의 문제는 공식적 임금노동자의 문제로 남겨졌다.

이런 맥락에서 '사회적' 제도들은 가난한 사람들을 보살피는 것보다 프레더릭 쿠퍼Frederik Cooper가 '노동에 관한 질문labor question'이라 서술한 것을 해결하는 데 집중되었다(Cooper, 1996). 따라서 종종 도시 커뮤니티 개발의 스타일을 띤 '사회복지' 작업은 특권적인 산업이나 직업 부문에 종사하는 도시 인구 중 가장 안정적이었던 노동자들을 위한 오락활동과 성인교육 수업 등을 진행하는 데 초점을 맞추었다. 1952년 니아살랜드(1964년 말라위로 독립—옮긴이) 지방위원은 지역 사회복지위원회가 가난한 사람들을 돌보는 게 아니라 대신에 "바느질 수업, 농구 수업, 축구팀 등 '인텔리겐치아'와 그 부인들을 대상으로 '고상한 수업들'만 개설하고 있다"고 불평했다(Iliffe, 1987, p. 205). 하지만 좀더 부유한 사람들을 위한 오락적·사회적 활동에 초점을 맞추는 경향은 전 지역에 걸쳐 있었는데(cf. Ferguson, 1999), 이는 '사회복지'가 빈자들을 돕거나 위험에 대비해 보험을 확대하는 게 아니라 공식 부문의 공인된 노동자들이라는 특권적 소수에게 '현대적인' 시설들을 제공하는 것이었음을 보여준다.

사회적인 것의 장치가 극빈층이 아니라 소수 엘리트에게 주어졌다는 역설적 사실은 '사회적' 시민권이 "문명화된 존재로서의 삶을 살 권리"([1949]1987, p. 8)를 포함한다는 T. H. 마셜의 유명한 정의를 상기시킨다. 마셜은 이를 모든 영국 시민이 문명화된 존재로서의 삶을 살 자격이 있다는 의미에서 보편적 사회권을 위한 주장으로 삼았지만, 식민지 조건에서 사회적인 것과 문명화된 것 간의 연계는 그와는 상반된 함의를 지녔다. '문명'은 보편적인 자격이 아니라 특권적 소수의 소유물이었고, '사회적' 권리들과 이 속성과의 연계는 정확히 제한의 원칙을 따랐다. 따라서 사회적 지원은 오직 '문명화된', '안정화된', '유럽풍 교육을 받은' 사람들에게만 허용되었고, 덜 문명화된 나머지 사람들에게는 '아프리카 확대가족'이라는 상상된 구제책만이 주어졌다.

　　'사회적' 제공은 가장 안정적으로 제도화된 공식 부문 임금고용 체제에 있던 소수에게는 명백히 중요했지만 전체 사회에 끼친 영향은 훨씬 제한적이었다. 공식 부문 노동자들은 인구의 극소수에 불과해서 이런 방식으로 한정된 '사회적' 제도들이 사회에 온전히 파급되기란 불가능했다. 반대로 쿠퍼가 지적했듯이(1996, p. 283), 노동계급을 '안정화하려는' 식민지의 시도들에서 가장 확실히 드러나는 것은 "이들의 공간을 아프리카 농촌과 전적으로 다른 세계로 취급하려는 욕망"이었다. 본질적인 장애들, 특히 자금부족과 적절한 정보의 부재는 식민지 상황에서 '사회적인 것'을 일반화·보편화하는 작업이 성취될 수도, 옹호될 수도 없었다는 점을 의미했다. 1961년 사회보장을 다루었던 영국 식민성Colonial Office의 한 전문가는 "제대로 된 보험제도는 완전히 불가능하다"고 노골적으로 말했다(Cooper, 1996, p. 333).

하지만 식민지 정착자 사회에서는 좀더 온전한 '사회적' 조치가 이루어졌는데, 이 역사는 현재 그 지역의 정치경제에서 중요한 역할을 담당하는 사회적 지원 시스템의 성격을 살피는 데 유용하다. 아프리카 대륙에서 백인 정착자 인구가 가장 많았던 남아공이 이 개입을 선도했다. 1928년부터 백인 '유럽인'과 혼혈 '유색인종'에게 연령(남성은 65세 이상, 여성은 60세 이상)과 자산조사를 조건부로 비갹출적 사회연금이 도입되었다(Devereux, 2001; Seekings, 2007). '아프리카인'으로도 불리는 '원주민'은 '피부양자를 지원하는 원주민 관습'에 의존할 수 있다고 가정되었기 때문에 이 제도에서 배제되었다(Pienaar Commission, Devereux, 2001에서 인용). 게다가 1930년대가 되면 백인 정착자들은 실업수당, 직업 프로그램, 농장 지원, 자녀 복지, 지체부자유자와 시각장애인을 위한 연금, 공공의료지원 등 다른 사회보호 혜택들을 누릴 수 있게 되었다(Seekings, 2008b). 1930년대 말이 되면 (심지어 1940년대와 전후戰後 복지국가에서 두드러졌던 경기활성화 시기 이전에) 시킹스가 '주목할 만한 복지국가'라 서술한 양상의 토대가 만들어졌는데, 1938년에 이미 전체 공공지출 예산의 20퍼센트가 '본질적으로 사회복지 성격을 띤 서비스'를 위해 책정되었다(사회복지부, Seekings, 2008b, p. 515에서 인용). 비트바테르스란트 대학 사회학과 교수 J. L. 그레이는 약간 과장된 어조로 "오늘날 영국인들에게 제공되는 지원은 대영제국에서 살았던 사람들이 받았던 것보다 훨씬 불완전하다"고 자랑할 정도였다(Seekings, 2008b, p. 516에서 인용).

무엇이 이렇게 특이한 발전을 추동했는가? 1924년 정권을 잡은 연합('조약')정부는 대체로 가난한 농촌의 아프리카 태생 백인Afrikaners을 대변하는 국민당과 비트바테르스란트 금광지대의 백인 노동자들을 지지기반으로 삼았던 사회주의 노동당 간의 동맹을 토대로 했다. 사회적 보호를 추진했던 연합정부의 목표는 백인들, 특히 경제적 상황이 흑인들과 비슷해지면서 인종적 특권을 위협받고 있는 '가난한 백인들'의 '문명화된 생활수준'을 보호하려는 것이었다. 시킹스(2007, p. 378)는 다음과 같이 서술했다.

> 가장 중요한 요소는 국민당이 '가난한 백인' 지지자들을 빈곤에서 구제함으로써 이들이 아프리카인들에게 종속되거나 뒤섞일 위험을 차단하는 것이었다. 노령연금은 '문명화된 노동' 정책들 가운데 한 초석이 되었다. 이 정책을 통해 연합정부는 모든 백인을 '원주민'보다 더 '문명화된' 생활수준으로 끌어올리고자 시도했다. 이런 점에서 남아공 복지국가는 무엇보다도 연합정부가 **흑인화**swartgevaar에 대한 대응으로 만든 인종분리(와 차별) 전략에 그 기원을 두고 있다.[1]

사회적 지원과 보호의 초기 형태들은 이처럼 '아프리카인'을 명백히 배제했지만, 1940년대에 접어들어 남아공이 세계의 다른 국가들처럼 사회적 지원과 관련한 다양한 프로그램들을 확대하고 합리화하면서 흐름이 조금씩 변하기 시작했다. 시킹스(2005)가 '급진적 순간'이라 부른 이 시기에

---

1 Davie(2005); Posel(2005); Seekings(2008b); Barchiesi(2011)도 참조. 많은 연구자가 '가난한 백인poor whites'의 곤경에 대한 1932년 카네기위원회Carnegie Commission의 분석에서야 사회복지로의 전환점을 추적할 수 있을 것이라 간주하지만, Seekings(2007, 2008b)는 이 견해에 대해 강력히 반대한다. 그에 따르면 주요한 변화는 이 위원회의 활동 이전에 이미 시작되었으며, 카네기위원회는 현대 복지국가제도들을 추동해낸 것이 아니라 오히려 이 제도들에 대한 보수적 백색 반동backlash이었을 뿐이다. '가난한 백인'에 관해서는 Beinart; Delius, and Trapido(1986); Iliffe(1987); Morell(1992) 참조.

남아공 복지의 주요 부문들이 모든 남아공 시민을 포함하는 방향으로 확대되었다. 특히 1944년 연금법 개정안은 장애보조금을 '유색인종', 아프리카인, '인도계 남아공인'들에게 확대했고, 백인, '유색인종'과 '인도인'이 이미 누리고 있던 비갹출적 노령연금에 아프리카인도 포함되었다(Seekings, 2005, pp. 47~48; Posel, 2005; Iliffe, 1987; Devereux and Lund, 2010도 보라). 이러한 변화는 사회적인 것의 보편화를 어느 정도 포함했지만, 그럼에도 정부가 '차별원칙'이라 부른 것을 따라 작동했다(Devereux, 2001, p. 4). 처음부터 인종 규모로 보자면 지극히 불평등한 방식으로 혜택이 주어졌는데, 아프리카인들이 받은 혜택은 백인들이 받은 것에 비하면 지극히 하찮았다. 실제로 1965년 백인 연금과 '유색인종'/'인도계 남아공인' 연금, 아프리카인 연금 간 비율은 11:4:1이었다(Devereux, 2001, p. 4). 북부의 복지국가들(특히 스웨덴)은 대체로 경제적·이데올로기적 평등주의를 따른다고 생각되지만, 남아공은 사회적인 것의 구성과 관련하여 매우 다른 모습을 보여준다. 그 범위에서 보자면 보편적이지만 명백히 인종적 위계를 지지하고 유지하는 방식으로 고안된 것이다.

다른 정착자 식민지 사회에서도 유사한 궤적이 발견된다. 후에 나미비아 독립국가가 된 남서부 아프리카의 남아공 신탁통치 지역에서는 1949년 남아공 모델을 따라 백인들을 대상으로 한 연금과 각종 혜택이 도입되었다. 이 혜택들은 1965년 '유색인종' 집단으로 확대되었다. 그리고 마침내 1973년 민족해방투쟁 과정에서 '영혼과 마음'을 얻을 요량으로 아프리카인을 위한 연금이 도입되었다(Devereux, 2001). 남아공에서와 마찬가지로 이 제도는 전체 인구를 대상으로 했지만 사회적 지출은 백인들의 수준을 유지하는 데 쏠려 있었고, 혜택을 배정하는 방식은 지극히 불평등하고 인종화되어 있었다. 심지어 나미비아가 독립한 시점에도 백인 연금과 아프리카인 연금의 비율은 7대 1 수준에 머물렀다(Devereux, 2001).

후에 짐바브웨로 독립한 남로디지아에서도 1930년대부터 '비아프리카인들'을 위한 야심찬 복지국가 기획이 마련되었다. 과부연금, 고아연금, 전쟁연금과 더불어 노령연금이 제공되고, 극빈자들을 위한 공공부조, 무상 공공교육, 육류 보조제공까지 이루어졌다(Kaseke, 2002; Iliffe, 1987; Henderson, 1972). 이는 패트리샤 헨더슨Patricia C. Henderson(1972)의 표현을 따르자면 2차 세계대전 말까지 로디지아의 유럽인 정착자들이 "하등 불평할 게 없었으며", "적은 비용으로 포괄적인 사회 서비스를 가진 복지국가"를 누렸음을 의미했다(1972, p. 398). 하지만 아프리카인들은 그들의 이른바 '단순한 필요'와 "농촌 비축지가 늙고 가난한 아프리카인들을 보호하는 일종의 토착연금을 제공한다는" 생각 아래 앞서 말한 제도에서 완전히 배제되었다(Kaseke, 2002, pp. 222~223; Iliffe, 1987, p. 206도 보라). 따라서 도시에서 살아가는 아프리카인들이 경험하는 극빈상태란 이들이 혜택을 받도록 유도하기보다는 "식민지 체제가 이들을 도시 구역에서 몰아내기 위한 정당한 근거"가 되었다(Kaseke, 2002, p. 222). 1940년대 도시 아프리카인들에게 복지 서비스를 확대하려는 시도는 그리 멀리 가지 못했다. 아프리카인들의 도시 복지는 아일리프에 따르면(1987, p. 206) 대체로 '오락활동에나 집중하는' 시정부나 자발적 조직에 맡겨졌다. 불라와요(영국 식민지 시기 로디지아의 공업중심지—옮긴이)에서 아프리카인들에게 더 포괄적인 도시 서비스를 제공하는 진보적 실험을 독자적으로 추진했지만(Brokensha, 2007), 이는 "백인들의 생존을 위해 모든 것을 종속시킨"(Iliffe, 1987, p. 206) 1965년의 일방적인 독립선언(당시 엘리자베스 2세 영국 여왕을 국가원수로 일방적으로 선포함—옮긴이)에서 살아남지 못했다.

이렇게 볼 때 남아프리카의 정착자 식민지 사회에서는 다른 부문들과 마찬가지로 사회정책에 있어서도 이원화된 정부 시스템이 존재했다고 볼 수 있다. 우선 백인들을 위해 진정한, 어떤 의미에서는 꽤 탄탄한 베버리지 Beveridge식 '사회적'인 것의 버전이 등장했다. 한편, 흑인들은 여기서 단지 주변적으로만, 지극히 불평등한 조건 아래서만 참여할 수 있었다. 하지만 이들은 아무리 불평등할지라도 소수의 중요한 사회보호 프로그램에 속해 있었다. 특히 1944년 흑인 남아공인들에게 주요 사회적 혜택들을 확대한 것은 그 중요성이 크다고 하겠다. 실업보험과 같은 일부 혜택들은 1948년 국민당이 반동적 승리를 거두고 아파르트헤이트 정책을 시작하면서 번복되었지만, 국민당은 비갹출적 노령연금과 장애보조금을 폐지하지 않았고, 이는 독립 후 복지정책 전개에 굉장히 중요한 역할을 했다.

이 모든 점으로 미루어 볼 때, 우리는 질문의 초점을 이동시킬 필요가 있어 보인다. 즉 우리의 질문은 보편화된 '사회적인 것"the" social'이 아니라 '이러한 사회적인 것this "social"' 이후에 무엇이 올 것인지로 바뀌어야 한다. 남아프리카 지역의 역사만 놓고 보자면 백인 정착자와 흑인 노동귀족만을 위한 역사적으로 특수하고 위계적이었던 '사회적'인 것 이후에 무엇이 등장할 것인지에 대한 질문을 제기할 필요가 있다.

남아프리카의 '사회적'인 것 이후에 무엇이 올 것인가?

확실히 남아공은 이 질문을 규명할 가장 흥미로운 장소다. 이 나라에서

1940년대부터 시행된, 인종적으로 가장 불평등했던 연금과 보조금 제도
들은 1994년 첫 흑인 대통령이 선출되고 과거의 차별정책이 종식되면서
평등화·탈인종화의 수순을 밟았다. 다수 흑인에게 이런 변화는 사회적 지
원의 엄청난 확대를 의미했는데, 새롭고 인종적으로 평등한 혜택이 오래
되고 인종적으로 차별적인 '아프리카' 혜택보다 그 비율에 있어 훨씬 높
았기 때문이다. 1994년 이후 분배자금의 규모로 보나 수혜자 규모로 보
나 이 확대는 계속되어왔다. 남아공 정부 통계에 따르면 현재 전 인구의
30퍼센트를 차지하는 1,500만 명의 국민들이 정부의 사회적 지원 프로
그램을 통해 보조금을 받고 있다. 이 중 900만 명은 아동보호지원금을 받
는 자녀 양육자들이며 나머지는 노령연금과 장애보조금 수혜자들이다.
2010~2011년 정부는 사회보조금으로 890억 란드를 썼는데, 이는 사회보
조금 지출을 GNP의 3.5퍼센트까지 끌어올린 것이다(South Africa, 2011).
림포포와 이스턴케이프 같은 극빈 지역의 경우 전체 가구 중 거의 60퍼
센트가 여러 형태의 보조금을 받고 있다(Statistics South Africa, 2013, pp.
19~20).

전 인구에 연금과 보조금을 놀라운 수준으로 확대시킨 데 대해 혹자는
서구에서 이미 한물간 '사회적인 것'이 남아공의 다수를 차지하는 흑인들
에게 주어졌다고 말하고 싶을 것이다. 하지만 이 주장은 틀렸다. 이 장에서
일찌감치 주장했듯이, 전통적인 유럽의 '사회적'인 것은 가장 근본적으로
는 임금노동과 보험합리성을 토대로 했다. 그러나 현재 남아공에서 보조
금은 대부분 보험 메커니즘을 기반으로 하지 않을뿐더러 임금노동을 하
지 않는 개인들과 지역을 지원하는 수단으로서 가장 중요한 역할을 하고
있다.

사회 전역에 퍼진 사회적 지원을 충격적인 수준의 대량실업 상태와 결합시킨 발상은 유럽 사회부조 시스템의 공학자들이 상상할 수 없었던 것이다. 실제로 윌리엄 베버리지William Beveridge(1879~1963, 진보적 사회개혁가로 알려진 영국의 경제학자—옮긴이)는 사회보험에 관한 1942년의 보고서에서 "사회보험이라는 만족스러운 제도는 고용유지와 대량실업 방지를 전제로 한다"(1942, p. 163)고 썼다. 이는 기술적·재정적 이유 때문이기도 했지만, 또한 기본 원칙들에 따른 것이었다(그가 '부족Want'이라 부른 것에 대항한 싸움은 다른 '거대한 악들'을 향한 조직화된 공격으로 보완되어야 했는데, 여기서 '나태함'은 '질병', '불결함'과 동등한 지위를 차지했다[Beveridge, 1942, p. 170]). 마찬가지로 남아프리카의 식민지 관리들은 상당한 임금을 받는 것이 일반적 규칙이기보다 예외적 상태였던 상황에서 사회적 지원을 적용한다는 것을 상상할 수 없었다. 남로디지아의 사회보장을 맡았던 F. T. 러셀Russell은 사회보장에 관한 베버리지의 생각이 남아프리카에서 적용될 수 없었던 이유를 명확히 설명했다.

베버리지위원회는 존재하는 빈곤의 75퍼센트가 질병, 사고, 실업, 노령이나 조기사망으로 정상적인 수익력earning power이 침해당한 바람에 야기된 상당히 동질적인 지역을 다루었다. 대영제국에서 나머지 25퍼센트의 빈곤은 가장breadwinner이 정상적인 수입으로 부양하기에는 규모가 너무 큰 가족에서 발견되었다. 낮은 수입 자체는 빈곤의 원인으로 상대적으로 덜 중요한 요소였다. 반면 남아프리카에서 빈곤을 유발하는 것은 수익력의 중단이라기보다는 그 비효율성 때문이다. 인구의 절대 다수는 일을 하든 하지 않든 빈곤한 상태다(Seekings, 2005, p. 55에서 인용).

무엇이 변했는가? 복지국가가 통치하던 시기에는 장래 가능성을 진지하게 염두에 두지 않았던 사회적 지원의 거대장치가 어째서 복지와 상반된다고 가정되는 '신자유주의' 조건들 속에서 상상 가능할 뿐 아니라 실용적이고, 심지어 긴요한 것이 되었는가?

분명 어려운 질문이다. 하지만 우리는 적어도 남아공이 사회적 지원 시스템을 기꺼이 확대하려고 한 이유가 두 가지 본질적인 곤경과 관련되어 있다는 점을 지적함으로써 답을 모색해볼 수 있다. 첫째, 포스트 아파르트헤이트 계획가들은 남아공의 오래된 '원주민 보호' 구역에서 농업에 의지한 생계가 급속히 무너졌다는 인식에 합의하게 되었다. 초기 수십 년 동안 흑인들의 가난이 '재농업화' 전략을 통해 억제될 수 있을 것이라는 꿈이 아무리 비현실적이어도 지속되었다. 1994년 아파르트헤이트의 '반투스탄' 프로젝트(남아공과 현재의 나미비아 지역에 흑인거주구역을 설치하여 흑인들을 강제로 격리시킨 작업—옮긴이)의 완전한 정치적 패배는 물론 흑인거주구역의 경제적 참담함을 지켜본 계획가들은 사람들을 농촌에 몰아넣음으로써 빈곤과 실업의 문제를 해소하려는 기획이 얼마나 한계가 많은지를 분명히 깨달았다. 하지만 동시에 새로운 ANC체제의 경제정책은 고용성장을 제대로 이루어내지 못한 채 또 다른 곤경을 맞았다. 신자유주의적 구조조정은 경제성장을 어느 정도 촉진했으나, 이 책의 서론에서 논의했듯 이는 대체로 '고용 없는 성장'이었다. 실업률은 일부, 특히 가난한 저숙련 흑인들 사이에서 40퍼센트까지 추정할 정도로 (공식적 수치는 이보다 낮지만) 끔찍하게 치솟았다.

이러한 두 가지 위기의 접합은 아프리카 사회정책을 오랫동안 지탱해온 가족주의 판타지, 즉 전통적 농가를 토대로 한 농촌의 '확대가족'과 '생계부양자'인 남성 임금노동자를 기반으로 한 도시 '핵가족'이라는 두 가지 판타지를 동시에 종식시켰다.

중요한 것은 사회적 지원에 관한 현행 정책에서 지원수준이 확대되고 더 많은 대상을 포함하게 되었을 뿐 아니라 동시에 보조금 자격을 따지는 데 있어 가족을 토대로 삼는 전통적 관념에 의문을 품게 되었다는 것이다. 1998년 이후 대대적으로 시행되고 있는 아동보호지원금의 경우 지원금 수령자가 반드시 가족일 필요가 없다. 수령자의 경우 결혼 유무를 따지지 않으며, 가족이나 심지어 친척관계를 증명할 필요도 없다. 오직 필요한 것은 지원금 수령자가 아이를 가장 적극적으로 돌보는 자인지의 여부만 확인하는 것이다. 이전의 사회적 지원형태와 대조적으로 '진짜 부모'를 가려내고, 친부에게 책임을 부과하고, '적절한' 가족형태를 강요하는 어떤 시도도 등장하지 않는다.[2] 가난한 여성들은 이제 아동보호지원금에 점점 더 의존하고 있으며, 혜택을 받기 위한 필수 조건으로 결혼을 생각하지 않게 되었다(Hunter, 2010).

최근의 기본소득 캠페인은 복지가족주의welfare familism와 더 급진적인 결별을 보여주고 있다. 이 제안은 (실제로 모든 다른 종류의 구분을 포함해서) 가족 지위에 관한 모든 구분을 무시하며, 각 개인에게 매달 최소한의 현금을 지급할 것을 주장하고 있다. 남아공에서 맨 처음 제안된 금액은 100란드였다. 여기에서는 어떤 종류의 자산조사도 요구되지 않으며, 모든 남아공 국민이 수령 대상이 된다. 기본소득 캠페인은 빈자들을 위한 지원

---

2 정책결정자들이 어떻게 그리고 왜 "핵가족 모델을 기반으로 한…… 구시대적 가족생계 모델" 중심의 정책을 탈피했는지에 대해서는 Lund(2008, p. 80) 참조.

을 임금노동 유무는 물론 가족구조와 완전히 분리시키겠다는 점을 분명히 하고 있다. 이런 이해에서 보자면 우리가 한때 사회적 지원이라 불렀던 것은 단순히 그냥 지원처럼 보이게 된다. 현금지급이 기술적 담론에서 '복지'가 아니라 단순히 '지급'으로 묘사되는 것처럼 말이다(6장 참조).

이는 남아공만의 사안이 아니다. 남아공 노령연금 모델은 최근 아프리카 여러 나라에 도입되었고, 나미비아에서는 외국 자금으로 시범적인 기본소득제도가 시행되었다(6장 참조). 더욱이 조건부 현금지급제도들은 전 세계적으로 (특히 라틴아메리카에서) 시행되고 있다. 여기서 '조건'이란 수입 커트라인과 수령자 자녀들이 학교에 다니고 정기적으로 진료소를 방문할 의무를 포함한다. 기본소득과 달리 여기에서는 최소한일지라도 행위를 통치하려는 목적이 배어 있으며, 이는 '인적 자본을 강화할' 필요에 의해 정당화된다. 하지만 여기서 수령자를 규율하려는 야심은 좀더 전통적인 '사회적인 것'과 비교할 때 상당히 규모가 축소된 것임을 주목해야 한다. 남아공 사례와 마찬가지로 이러한 현금지원 정책들은 (임금노동자와 생계부양자를 가정하는) 특정 고용배치나 ('적절한 가족', 결혼, 친부와 같은) 가족구조를 고려하지 않고 있다. 최근의 주요 세계은행보고서(2009)는 이러한 제도가 27개국에서 시행 중이라 추산하며, 제도의 확대를 빈곤퇴치 전략에 중요한 기여를 하는 것으로 주장하고 있다.

이는 '사회적인 것'의 미래와 내가 새로운 분배정치라 명명한 것이 가져올 변화에 대해 여러 질문을 제기한다.

첫째, 어째서 '거저 주는 것'에 대한 두려움이 줄어들고 있는가? 20년 전이라면 주요 개발기구들은 '의존성', 자원의 오용("술 마시는 데 다 탕진할 것이다"), 그리고 무엇보다도 노동 유인의 감소 등 친숙한 위험들을 거론하며 "빈자들에게 돈을 그냥 지급하는" 제안에 대해 공포심을 내비쳤을 것이다. 하지만 오늘날 세계은행은 빈자들에게 현금지급을 확대하는 제안을 누구보다도 옹호하고 있다(World Bank, 2009). 무엇이 변한 것인가? 육체노동의 대량 과잉공급, 즉 부르주아지들이 빈자들의 노동을 시장에서 유용한 것으로 만드는 작업이 더는 설득력을 갖지 않게 되었다는 점이 부분적 대답일 것이다. 문제는 임금노동을 할 필요가 없어 너무나 행복한 게 아니라 일을 원해도 자리를 찾을 수 없는 수많은 노동 잉여인력에 대해 과연 무엇을 할 수 있느냐다. 여기서 우리가 발견하는 것은 임금노동을 포함하지 않는 토착적 생존방식들에 대한 새로운 통치적 관심과 다른 경제활동을 '촉진시킬' 수 있는 '유연한' 지원으로서 현금이 갖는 이점에 대한 새로운 평가다.

둘째, 왜 가족과 가구구성에 관한 질문들이 새로워졌는가? 오래된 복지국가가 국민국가와 임금노동자는 물론 가족을 토대로 했음을 기억한다면 남반구의 새로운 복지국가에서 이런 형상이 사라졌다는 점은 충분히 놀라운 일이다. 임금노동의 역할이 쇠퇴하고 있다는 점은 특히 중요해 보인다. 남성 임금노동자나 '가장'이라는 형상이 무너질 때 '피부양자'라는 사고는 인위적인 것이 되고 만다. 점점 더 '사회'는 '가장'을 가진 가족들의 연합체가 아니라 유연한 개인들의 네트워크로 상상된다. 그 네트워크에서는 단지 일부만 '진짜 직업'을 갖고 있으며, 거의 모든 사람이 변화하는 조건에 따라 즉흥적으로 적응하면서 살아가게 된다. 가족의 단합과 헌신은 여전히 중요하지만 계획가들은 이러한 양상의 본성을 미리 판단하는 것이 현명한지에 대해 점점 반문을 제기하고 있다. 가장 야심차게 생각을 재정비하자면 현금의 유동성은 비자격의 자격unqualified eligibility이 갖게 될 유동성과 같은 궤적을 밟게 되어 어떤 부양자든 남아공 아동보호지원금을 받고, 어떤 개인이든 기본소득을 받을 자격을 갖는다. 이때 수혜자들은 자신에게 지급된 현금을 그들이 원하는 방식으로 친밀한 가족형태를 만들면서 활용하게 될 것이다.

셋째, 이러한 변화가 진보정치에 어떤 가능성과 도전을 제기하는가? 이러한 일련의 변화에 대해 '신자유주의적'이라는 딱지를 붙인 뒤 간단히 매도해버리기는 쉬울 것이다. 하지만 내가 다른 글에서 주장했듯이 (Ferguson, 2010), 그 같은 매도는 진보정치에 대한 사유를 추동하는 데 도움이 되지 않으며, 남아공과 같은 새로운 복지국가에서 출현하고 있는 새로운 사유와 실천을 희망의 시선으로 인정하는 것을 가로막는다. 우리에게 더 필요한 작업은 이 새로운 지형에서 어떤 전략이 효과적일지에 대해 더 열심히, 실용적으로 분석해보는 것이다. 기본소득 캠페인과 같은 작업으로 우리는 무엇을 이루고자 하는가? 현금지급에 대한 의존은 (노동과 임금을 교환하는 방식에 의존하지 않는 탈상품화된 생계행위를 암묵적으로 인정한다면) 국가가 효과적으로 일자리를 창출하는 데 실패했음을 단순히 인정하는 것에 불과한가? 아니면 이는 20세기 '완전고용'의 지평을 넘어 좀더 현실적이고, 어떤 의미에서는 더 급진적인 목표를 추구하기 위한 새로운 종류의 정치전략을 열어젖히는 게 아닐까?

미래를 역사화하기

나는 오늘날 '사회적인 것'을 다시 만들어내기 위한 어떤 기획이든 가능성들의 장을 형성하기도 하고 구속하기도 하는 역사의 상이한 층위들과 대면해야 함을 강조했다. 존 클라크John Clarke가 지적했듯이, 사회적인 것을 '통해서' 통치하려는 시도들은 역사적 층위들과 언제나 맞닥뜨리며, 새로운 '지도제작mappings'은 이미 존재하고 있거나 출현 중인 지도화 작업과 협상하게 된다(2007, p. 7). 하지만 이는 단지 과거가 찌꺼기로 남아 있거나 현재를 구속한다는 뜻이 아니다. 실제로 내가 여기서 추구하는 '사회적인 것'의 역사화는 과거나 현재가 아닌 미래에 관한 작업이다. 무언가가 늘 존재했던 것은 아니라고 말하는 것은 결국 한때 등장했던 것이 언젠가는 사라질 수 있다는 가능성을 암시한다. '사회적인 것' 이전의 시대가 있었다면 동일한 형상이 모호함 속에 사라지거나 변화를 거치는 가운데 다른 무언가로 발전하는 시대를 상상하는 일 역시 가능할 것이다.

과거 '사회적인 것'이 남성 임금노동자, 핵가족, 개입주의적·사회공학적 국가를 대들보로 해서 구성되었다면, 현 시기 남아프리카에서 펼쳐지는 장면은 새로운 가능성을 진지하게 탐색할 충분한 이유를 제공한다. 아프리카 나라들 중 공식 부문 고용을 통한 사회적 포섭이라는 서구적 이상에 가장 근접할 것으로 기대되었던 남아공에서 대량실업은 전혀 해소되지 않고 있으며, 젊은 흑인 남성들은 자신의 아버지와 할아버지가 부분적으로나마 경험했던 공식 부문 일자리를 갖게 될 전망이 극히 희박하다. 국가로부터 아동보호지원금이나 기타 보조금을 받는 가난한 노동계급 여성들이 실업자 남성을 가구에 둠으로써 얻는 이득이 별로 없기 때문에 결혼이 급격히 감소하고 있다. 아프리카 다른 지역에서 공식 부문의 고용은 훨씬 더 작은 역할만을 담당하며, 한때 인구 대다수를 지탱했던 농촌의 생계는 급격히 퇴조하고 있다. 그 결과 공식(심지어 비공식) 고용은 물론 의미 있는 농촌과의 연계 또한 사라진 도시 인구가 대량으로 출현했다. 이 사람들은 한때 '룸펜'이라 불렸고, 식민지 관리들과 마르크스주의 이론가들은 이들을 소수의 위험한 잔류물로 이해했다. 하지만 오늘날 이들은 대부분의 아프리카 도시에서 인구의 절대 다수를 차지하고 있다.

역사화 작업은 이 상황을 단순히 쇠퇴나 퇴락이 아닌 다른 무언가로 보게 한다(à la Mike Davis, 2006). 농촌 마을을 떠나 도시로 간 아프리카인들이 안정적인 포디즘적 산업 노동계급으로 통합되고 보험 메커니즘을 통해 안정을 누릴 거라는 생각은 점점 더 믿기 어려운 것이 되었다. 하지만 지금 사라지는 것이 멋진 미래가 담지했어야 할 유일무이한 해답이 아니라 그러한 미래가 어떤 모습일 수 있는지에 관한 여러 그림 중 하나였을 뿐이라는 점을 인식한다면, 그때 우리는 우리를 가두고 있는 노스탤지어의 정치에서 벗어나 새로운 종류의 미래, 오직 제대로 역사화된 전망만이 감지할 수 있는 새로운 종류의 정치를 볼 수 있을 것이다.

도시 거주자들이 생계농사는 물론 공식 부문 임금노동과도 결별하고 있는 세계에서 경제적 포섭과 부조를 위해 어떤 종류의 요구가 출현할 것인가? 이러한 인구를 통치하기 위해 어떤 종류의 전략이 필요한가? 현금 지급에 관해 간략히 논의한 바가 암시하듯, 사회적 지급이 이 두 질문에 관한 대답의 하나로 등장하고 있는 것처럼 보인다.[3] 하지만 이는 매우 다른 종류의 '사회적'인 것이며, 그 위험과 가능성들은 더 많은 탐색을 요구한다.

---

3 인도주의적인 것과 의학적인 것 또한 핵심 현장을 구성하는 것으로 보이나, 이는 별도의 논의를 요구한다. 라마 매케이Ramah Mckay(2010)의 박사논문 참조.

사회적인 것의 새로운 기술들?: 문서에 의존하지 않는 인식장치

마지막으로 새로운 직접 분배 프로그램이 현금지급 수령자들을 확인하고, 인식하고, 이들에게 현금을 지급하는 새로운 기술적 방법들을 고안해냄으로써 어떻게 '사회적' 게임의 규칙들을 변화시킬 것인지 살펴보자. '사회적인 것' 자체와 마찬가지로, 이러한 기술적 방법들 역시 과거와 미래를 갖는다는 점을 이해해야 한다. 고전적인 북반구 복지국가들을 가능케 했던 특수한 구성체는 전체를 아우르는 상이한 제도들에 의존했는데, 정규직 임금노동, 남성 가장을 둔 가족, 보험 메커니즘, 구획된 성원권 집단으로서의 국민국가 등을 일례로 들 수 있다. 이 구성체의 경우 기술적인 서류작업, 정보화 작업이 중요했다. 교구, 소도시, 국가 등 일정 구획집단에서의 성원권은 물론, 언제 어디서 어떻게 출생했는지, 누구와 결혼했는지, 언제 사망했는지, 어떤 자식이 누구에게 속하는지를 가려내는 작업이 자격을 부여하는 데 있어 매우 중요했다. 이러한 관찰을 미래로 옮겨 질문해보자. 사회적 분배라는 잠재적 미래의 양식은 어떤 정보적·문서적 작업을 포함하게 될 것인가?

아프리카의 사회적 보호란 서구의 사회적 보호에 상응하는 경제적·정치적·문서적 제도들이 발전되기만을 기다려야 하는 사안인가? 사회적 급여의 효과적 분배란 모든 시민의 연령과 거주 장소, 가구수입, 자녀의 귀속 여부 등 모든 것을 알아야만 진행될 수 있을까? 이에 대해 확실히 답하기는 어렵지만 현재 몇 가지 실마리는 드러나고 있다. 가령 기본소득을 추진하는 사람들은 무조건적인 사회적 지급과 새로운 테크놀로지를 통해 간소화된 문서작업 덕택에 새로운 종류의 관료적 승인방식이 등장할 것이라는 흥미로운 주장을 펼치고 있다. 이상적인 시스템 아래서 수령자는 지문인식이든 홍채인식이든 간단한 생체인식만으로 현금지급기에서 매달 기본소득을 가져갈 수 있을 것이다. 각종 서류작업과 파일들, (이름, 출생지, 자녀수, 친자 유무, 수입 정도 등) 조건부 규정에 따라 자격 여부를 가려내는 사회복지사들 대신, 기본소득과 생체인식을 통한 승인제도는 당신이 이달에 지급을 받았는지에 대한 대답만 요구할 것이다. 이는 상당히 간소화된 승인형태로서, 종래의 사회적인 것이 요구했던 것보다 정보 처리와 등록에 드는 시간과 비용이 훨씬 줄어들게 됨을 의미한다.

복잡한 정치문제들에 대해 환원주의적인 기술 해결책을 추구하는 우리 시대의 일반적 경향으로 보든, 생체인식의 효율성에 대해 과장된 주장을 일삼아온 남아공의 특수한 역사를 상기하든, 이러한 제안을 회의적으로 받아들일 이유는 차고도 넘친다(Breckenridge, 2005). 하지만 생체인식이 지리적으로 멀리 떨어진 주변화된 사람들에게 서비스를 효과적으로 전달할 수 있다는 생각은 단순한 판타지가 아니다. 가령 나미비아에서 연금과 다른 사회보조금들은 지문인식기와 더불어 생체인식 '스마트카드'를 통해 지급되는데, 이러한 방식은 광활한 영토에 인구가 산발적으로 흩어져 있는 이 나라의 가장 편벽한 지역에서도 사람들이 가장 가까운 우체국 NamPost에 들르거나 (필요하다면 무장경비가 대동한 상태에서) 트럭 위에 받쳐 둔 모바일 급여기기를 이용함으로써 매달 지급을 받을 수 있게 해주었다. 가난한 농촌 인구가 넘쳐날 뿐 아니라 신원증명 시스템에 관한 한 우여곡절이 많았던 또 다른 국가인 인도는 식량분배카드를 고안하는 과정에서 홍채, 얼굴, 손가락을 결합한 생체인식 활용의 개척자 역할을 자임했다. 인도에서 포괄적으로 시행되는 전 국가적 생체인식장치를 지지하는 사람들은 그 장치가 부패 가능성을 줄이면서 극빈자들을 위한 서비스를 향상시킬 수 있다고 주장한다(Lakshmi, 2010; cf. Cohen, 근간). 최근의 리뷰는 이러한 인식 테크놀로지가 접근이 어려운 환경에서도 현금급여 시스템을 정착시키고, 부패와 공동재정의 '누수'가 심각한 나라들에서도 현금지급을 통한 분배를 효율적으로 만들어왔다고 결론지었다(Gelb and Decker, 2011, p. 1). 가나에서 "세계 최초의 생체인식 화폐 공급"이라 불리는 시스템을 도입하려는 움직임에 관해 연구한 키스 브레켄리지(2010)는 은행과 부유한 예치자들의 필요에 따라 이 제도가 배치될 가능성을 제기하면서 위험성을 강조했다. 하지만 동시에 그는 "이러한 생체인식 시스템이 남아프리카공화국에서처럼 노인, 병약자, 청년들에게 효과적으로 사회보장을 제공하는 포섭의 테크놀로지로 기능할 수 있다"는 점을 인정하고 있다(2010, p. 656).

생체인식은 종종 잠재적 독재국가가 마음대로 통제를 휘두르는 끔찍한 도구로 상상된다. 실제로 전통적 좌파의 시각에서 보자면 규율과 감시란 근본적으로 노동을 추출하고 통제하기 위해 이용되는 자본주의적 도구일 뿐이다. 따라서 계산이나 등록과 같은 규율형태에 저항하는 것은 누군가가 당신으로부터 뺏어갈 삶과 노동을 지키고 보호하는 방식처럼 보인다. 하지만 오늘날 노동과잉의 상황에서 가난하고 버려진 사람들은 일정한 형태의 감시와 계산으로부터 도피하기보다는(Robins, 2008, pp. 77~99) 이를 (다른 데서 전혀 가능하지 않은) 통합과 인정, 보호의 차원으로 바라보면서 생정치적 돌봄을 열망하기도 한다(McKay, 2012). 여기서 등록 시스템과 회계를 통한 포섭이란 압제적인 통치 시스템이라기보다는 성원권의 인정이라는 가치를 부여받는다.

　이런 맥락에서 나는 생물학적 개인성을 확인하기 위해 더 효과적이고 포섭적인 기술들을 개발하는 작업이 기계적으로 억압적이거나 정치적으로 부당한 것으로 생각되어서는 안 된다는 점을 주장한다. 실제로 내가 기술한 조건들 속에서 신원증명과 관련한 새로운 기술들은 더 효율적이고 포섭적인 형태의 국가적 지원과 승인양식을 촉진하고 있으며, 심지어 거슬릴 만한 감시를 이전보다 덜 요구하고 있다. 생체인식 케이스를 평가하기 위해서는 아프리카에서 현재 진행되는 문서화 작업이 상당히 심각한 문제들을 갖고 있다는 점을 기억할 필요가 있다. 무엇보다도 사회에서 가장 가난하고 주변부에 위치한 사람들은 서류를 획득하고 보유하는 데서 상당한 부담을 느끼며, 이 과정에서 실수로 자격을 박탈당하는 경우도 허다하다. 게다가 문서위조 등 공공연한 사기는 자원낭비를 가져올 뿐 아니라 사회적 지급 프로그램에 대한 정치적 지지를 약화시킨다. 서류를 발급하고 확인하는 과정에서 지방 관리들에 대한 의존이 많아지면서 부패 기회가 증가하며, 혜택을 특정 카드의 보유나 서류증명과 연계한 탓에 급여 수령자에 대한 사회적 낙인 역시 줄어들지 않고 있다. 반대로 생체인식 역학은 무조건적 현금지급의 보편성과 잘 어울리는 것처럼 보인다. 모든 사람이 홍채 스캔만으로 매월 돈을 수령해갈 수 있는 것이다. 이러한 시나리오에서 보자면 '사회적' 국가가 언제나 요구했던 신원 관련 서류들은 사라지며, 누가 소득 제한선에 걸려 있는지, 누가 어떤 주소에서 정말로 살고 있는지를 추적하느라 낭비한 자원들이 대신 직접적 혜택을 위해 쓰일 수 있다. 이러한 생각에 대해 비판적 회의를 제기하는 일은 물론 중요하지만, 나는 새로운 '사회적인 것의 기술들'이 야기할 정치적 가능성을 열어두는 작업 또한 중요하다고 확신하고 있다.

아프리카 도시의 '룸펜'들이 정말로 필요로 하는 것은 '적절한 일자리'와 이에 수반된 포괄적인 '사회적' 권리들, 국가의 보호, (적어도 유럽 복지국가에서 보였던) 서류구비라고 말하기는 쉽다. 하지만 그러한 요구는 국가 역량이 극도로 제한되어 있고, 공식 부문의 일자리는 동떨어진 소문에 불과하며, 비공식적 속임수나 사기가 주요 생계행위가 된 지역에서는 점점 더 허황되게 들린다. 사회부조와 국가 서비스의 형태들, 또한 이 상황에서 효과적인 정치적 동원의 형태들을 찾기 위해서는 미래와 그 가능성에 대해 역사적으로 주어진 감각뿐 아니라 새로운 사회적·정치적 승인형태에 부응하는 새로운 가독성legibility을 기꺼이 상상할 수 있어야 할 것이다.

3장

분배생계

의존과 남아프리카 빈곤층의 분배노동

우리는 보통 사람들이 '생산적'이 됨으로써 생계를 영위한다고 가정한다. 생계농업처럼 자신의 노동을 통해 필요를 직접 충족시키거나 자신의 재화를 시장에서 거래함으로써 혹은 임금노동의 형태로 자신의 노동을 파는 방식으로 생산활동을 수행함으로써 말이다. 사실 이 가정은 결코 적절하다고 볼 수 없다. 현대 산업사회에서 생산노동에 직접 종사하는 사람들의 숫자는 전체 인구 근처에도 못 미친다. 그럼에도 대부분의 사람이 직접 물건을 생산하거나 자신의 노동을 팔아 생계를 꾸리는 게 정상상태라는 생각은 일종의 상식으로 남아 있다. 하지만 최근 생산의 공간적·사회적 조직에서 생겨난 변화들은 생계와 생산의 상식적인 연계에 의문을 던지고 있다. 현 세계의 어떤 관찰자든 이미 알아차렸겠지만 점점 더 많은 물건이 이제는 전문화된 훨씬 소수의 사람들에 의해 생산되는 상황이다. 아이들을 위한 플라스틱 장난감 대부분은 중국에서 생산된다. 밀은 캐나다에서 대규모로 생산되기 때문에 다른 곳에서 가격 경쟁을 하기란 힘들다.

이는 단순히 '비교우위' 운운하며 끝날 전 지구적 노동분업의 문제가 아니다. 대부분의 지역과 사람들은 더는 어떤 종류의 비교우위도 가지지 못하고 글로벌 생산체제에서 그저 퇴출된 상황이기 때문이다. 심지어 가치재를 수출하는 지역에서도 많은 고용을 창출하지 못하고 있으며, 한때 전 세계 인구 대부분을 먹여 살렸던 노동집약적 소농도 쇠퇴하거나 농업

비즈니스로 대체되고 있다. 이런 상황에서 우리는 생산 시스템의 관점에서 보자면 '불필요한' 새 거대인구를 갖게 되었다. 타냐 리(2010)는 최근 농촌의 농업 생산 시스템에서 쫓겨났지만 지배적 개발 패러다임이 예상하는 대로 도시 산업노동자 계급으로 통합되지는 못한 '잉여인구'의 문제를 제기했다(아파르트헤이트 체제의 남아공에서 '잉여인들'을 바라보는 방식에 대한 오래전의 비판적 논의도 이와 유사하다[Platzky and Walker, 1985]). 이 '잉여인구'는 이제 생산 시스템에서 중요한 **어떤** 역할에서든 대체로 배제되는데, 이들은 재화의 생산이 아닌 분배, 즉 타인들의 자원에 대한 권리를 평가하거나 주장함으로써 생산된 재화의 분배를 디자인하는 작업에서 종종 발견된다. 물론 그러한 분배과정은 늘 있어왔지만, 많은 사람이 임금노동이나 농업 생산처럼 토지를 기반으로 한 생계에 의존하지 못한 채 살아가야 하는 상황에서 이는 새로운 중요성을 띠게 되었다. 이렇게 분배과정은 글로벌 경제의 가장자리에서 살아가고 있는 사람들의 삶에서 정말로 중요한 위치를 차지하고 있는 순간에도 우리의 이론적·분석적 작업에서는 거의 주목받지 못하고 있다.

그렇다면 분배문제를 다시 검토해야 할 때가 아닌가. 물론 이는 트로브리안드 쿨라 교환에 대한 브로니슬라프 말리노프스키Bronislaw Malinowski의 기초 연구든, 선물교환에 관한 모스의 훌륭한 접근이든, 재분배 시스템에 관한 카를 폴라니Karl Polany의 영향력 있는 분석이든 한때 '경제인류학'에서 중요하게 다루어졌던 주제다.[*] 오늘날 우리 대부분은 세습 추장이나 얌 꾸러미보다는 국가 관료제, 과세, 사회보호 프로그램에 더 관심이 많다. 하지만 여전히 중요하게 남아 있는 인류학적 통찰을 적어도 하나쯤은 강조해도 좋을 것이다. 분배가 (경제에 국한되지 않는) 사회적 질서를 구성하는 중요한 사회활동이라는 점 말이다. 우리는 분배를 키스 하트Keith Hart와 그 동료들이 말한 '인간 경제'에 속하는 필수적이며 가치 있는 사회활동으로 바라볼 필요가 있다(Hart, Laville, and Cattani, 2010).

룸펜프롤레타리아트에서 비공식 경제, 다시 분배생계로

분배는 보통 상상되는 것보다 더 흔하며 경제적으로 대단히 중요하다. 서론에서 밝혔듯, 고도로 산업화되고 복지제도에 상대적으로 덜 친화적인 미국에서조차 직접적인 임금노동으로 살아가는 사람들의 수는 예상보다 훨씬 적다. 분배가 주로 생산적 노동에 대한 직접적 보수를 통해 이루어진다는 생각은 지리학적 시야를 좀더 넓히면 그다지 적합하지 않다. 남아프리카에서 분배가 임금과 시장을 거친다고 설명한다면, 이는 대부분의 사람이 재화를 얻는 방식을 전혀 이해하지 못한 것이다. 아프리카의 대다수

---

* 브로니슬라프 말리노프스키(1884~1942)는 뉴기니 트로브리안드 군도에서 가치재인 조개 목걸이와 팔찌가 장기간에 걸쳐 쿨라 파트너들 간에 교환되는 과정을 고찰하면서 사회관계를 구축하는 기반으로서 의례적 선물교환이 갖는 중요성을 강조했다. 마르셀 모스(1872~1950)는 원시 혹은 고대 사회에서 주어진 선물에 반드시 답례를 하게 만들었던 원리가 무엇인지를 질문하면서, 선물이 자발적이고 자유로운 행위처럼 보이지만 실제로는 사회적인 의무를 실천하는 장임을 주장했다. 카를 폴라니(1886~1964)는 역사적·통문화적 비교 작업을 통해 볼 때 경제가 사회에 통합되는 방식은 교환, 호혜, 재분배로 다양했음을 주장했는데, 이 주장은 근대적 시장교환이 인간의 '보편적' 경제행위가 아니라 최근에야 유럽 경제에서 중심적 위치를 차지한 역사적 산물임을 시사한다—옮긴이.

빈자는 임금노동자가 아니며, 임금노동 시장에서 노동력을 팔아 재화와 서비스를 구입하지도 않는다. 다음 장에서 살피겠지만 프롤레타리아트 비중이 높았던 남아공에서도 광범위한 인구가 임금노동 세계에서 배제되어 있으며 대신 다른 활동들을 끌어모아 생계를 꾸리고 있다. 아프리카 전 지역에서 임금노동자는 (이 용어의 규범적 의미로 따질 때) 극히 적다. 그렇다고 정규직 임금노동자 바깥에 속한 사람들이 농민인 것도 아니다. 서론에서 논의했듯 아프리카에서 급속히 성장하는 도시들에 거주하는 대부분의 사람은 토지나 정규 직업을 갖고 있지 않으며, 점점 더 많은 사람이 보따리 무역이나 일용직 노동, 속임수, 밀수, 매춘, 구걸, 절도, 친척이나 애인의 도움 등등을 짜깁기한 방식으로 생계를 즉흥적으로 꾸려가고 있다.

마르크스는 일찍이 프롤레타리아트, 부르주아지, 프티부르주아지, 농민 등 생산을 토대로 한 계급 범주 바깥에서 살아가는 도시인들의 존재를 인식했다. 그는 이 집단을 룸펜프롤레타리아트라 명명하면서 『루이 보나파르트의 브뤼메르 18일』에서 다채로운 어휘로 이들의 특징을 서술했다.

> 모호한 생계수단과 모호한 출신성분을 지닌 타락한 무위도식자들 그리고 파산한 부르주아 계급의 일군의 모험가들과 함께 부랑자, 제대군인, 출옥범죄자, 탈출한 강제노역자, 사기꾼, 협잡꾼, 거지, 소매치기, 사기도박사, 노름꾼, 뚜쟁이, 포주, 짐꾼, 문인, 삼류문사, 거리의 악사, 넝마주이, 칼 가는 사람, 땜장이, 걸인, 요컨대 모호하고 뿔뿔이 흩어져 여기저기에 내버려져 있는 대중, 프랑스어로 라 보엠, 즉 유랑자라 불리는 대중(Marx, [1852]1978, p. 73).*

이런 생생한 목록은 사회학적 용어로 보기에는 잡동사니 묶음 같지만 이 어휘들이야말로 도시 가장자리에서 살아가는 사람들의 생계를 지탱하는 데 있어 분배과정이 얼마나 중요한지를 정확히 드러내고 있다. 현재 신자유주의 정책 문건은 닥치는 대로 생계를 꾸리는 빈자를 생산적 기업가로 재고하려는 경향을 보이지만, 룸펜프롤레타리아트에 관한 마르크스의 논의는 도둑과 소매치기, 떠돌이와 거지, 사기꾼과 노름꾼들을 포함해서 "사회의 부스러기를 먹으며 살아가는" 모든 사람이 직접적 분배에 의존하며 생계를 꾸려가고 있음을 강조하고 있다(Marx, [1850]1964, p. 50). 하지만 주변적인 도시생계가 분배를 기반으로 하고 있음을 강조한 그의 통찰은 "남에게 빌붙어 먹고사는" 생활방식에 대한 도덕적 경멸 때문에 무뎌지는 측면이 있다. 1장에서 얘기했듯이, 생산에 대한 마르크스식의 과대평가는 생산노동의 전통 내부에서 살아가는 사람들이 그 바깥에 속한 사람들을 (마르크스의 '산업예비군' 개념에서 보듯) 대기 중인 프롤레타리아트 이상의 의미로 바라보는 것을 어렵게 만들었다. 그게 아니라면 이 사람들은 경제적·정치적 가치를 전혀 갖지 못한 사회적 쓰레기, 마르크스 자신의 표현을 따르자면 "노동하는 국민의 희생으로 자신을 배불리는 온갖 인간쓰레기, 양아치들"에 불과했다(Marx, [1852]1978, p. 73).[1] 루이 보나파르트의 정치적

---

* 카를 마르크스(최형익 역), 『루이 보나파르트의 브뤼메르 18일』, 서울: 비르투, pp. 84~85의 번역문을 그대로 인용—옮긴이.

1 비생산적인 사람들을 이런 식으로 가치 절하하는 것은 왜 남아프리카의 마르크스주의 분석가들이 "도시 저항세력에 '프롤레타리아트'라는 수식을 붙여주고"(Saul[2011]), 이들의 실제 사회적 위치가 일자리의 **부재**로 정의될 때조차 '노동자'라는 도덕적 지위를 보존시켰는지를 설명해준다. 이 점에 관해서는 Barchiesi(2011) 참조.

승리에 대한 분석에서 보듯, 마르크스는 정치에서 직접적 분배가 갖는 역할을 분명히 인식하고 있었다. 하지만 그는 반동적 민중주의가 소시지나 흔들어대서 룸펜을 사들이는 수단에 불과하다며 분배정치에 대한 부정적 입장을 표명했다(Marx, [1852]1978, p. 124). 분배의 결과를 성취하는 것이 그 자체로 가치 있는 사회적 활동일 수 있다는, 그러한 생활형태에서 등장하는 분배주장이 합법적이거나 진보적인 정치적 동원을 이끌지도 모른다는 인식은 그의 논의에서 빠져 있다.[2]

좀더 최근의 저작에서는 마르크스가 '룸펜'으로 분석했던 조잡하고 누더기 같은 생계행위가 소위 비공식 부문 혹은 비공식 경제라는 용어로 더 자주 서술되고 있다. 하지만 이 논의 역시 적어도 두 가지 이유에서 적절하지 않다. 첫째, 케이트 미거Kate Meagher가 지적했듯이 그 용어가 원래 포착하고자 했던 종류의 경제활동은 너무나 만연해 있어서 '비공식 경제'라는 개념 자체를 의문시하게 만든다. 미거가 보기에 이는 '비공식성 패러다임의 붕괴'(2010, p. 11)를 낳았다. 비공식 부문이라는 용어를 창시한 키스 하트마저 많은 나라에서 비공식화가 이제는 너무 만연해 있어서 어떤 특정 부문 혹은 활동의 유형을 구별해내는 것은 의미가 없다고 할 정도였다. 그가 말한 대로 "경제 대부분이 '비공식적'일 때 그 범주의 유용성은 미심쩍을 수밖에 없다."(2007b, p. 28) 이러한 시각에서 볼 때 어떤 영역의 경

---

2 부르주아와 쉰베르크Bourgois and Schonberg(2009)는 '룸펜' 개념을 현재 상황에 맞게 재정비하고자 했다. 최근 다른 저자들은 새로운 급진정치의 원천으로 '프레카리아트precariat'라는 계급에 대한 사유를 발전시킴으로써 '룸펜프롤레타리아트'에 대한 전통적인 마르크스주의 접근의 결함을 복구하고자 했다. 예를 들어 Saul(2011); Standing(2011) 참조. 이 책의 결론 부분에서 이 접근에 대해 간략히 논의할 것이다.

제행위를 '비공식적'이라 부르는 것은 어떤 언어를 '비중국어'라 지칭하는 것만큼이나 쓸모없을 것이다.[3] 남아공 학자들은 오래전부터 '비공식성'에 의해 정의된 특정 '부문'이나 '2차 경제'와 같은 사고방식에 넌더리를 느껴왔는데, 이는 그 용어들이 포착하고자 하는 생계행위와 지배적인 '공식적' 경제 시스템 간에 너무나 많은 연결과 통합이 존재해왔기 때문이다(van der Waal and Sharp, 1988; Du Toit and Neves, 2007; Valodia and Devey, 2012 를 볼 것).

둘째, 여기에서 **비공식적**이라는 단어가 무엇을 의미하는지 전혀 분명하지 않다. 한 비판적 문헌은 그 용어의 부적절함에 동의하는 것처럼 보이나 대안적 어휘를 만들어내지는 못했다.[4] 공식적 행위(문서화, 관료제적 규제, 세금 지불, 법에 대한 준수 등등)가 정말로 중요한 변화를 만들어내는지도 확실하지 않다. 거리의 한 잡상인이 면허를 갖든 안 갖든 그의 상황이 근본적으로 바뀌는 것은 아니며, 상당히 크고 잘 조직된 회사조차도 종종 규제와 법, 세금을 기피한다. 남아프리카의 문화기술지에서 등장하는 풍경은 그 지역 인구의 대다수를 지탱하는 생계방식이 믿을 수 없을 만큼 불안정하며, 이런 생계를 배회하는 사람들이 그날그날의 상황에 즉흥적으로 대처해가며 간신히 최악의 상황을 면하고 있음을 보여준다.

---

3 가이어Guyer(2004)는 '대서양 아프리카Atlantic Africa' 전 지역에 걸쳐 경제적 공식화란 언제나 그들 고유의 논리를 갖는 '비공식' 실천들의 망망대해 위에 공식성이라는 '섬들'을 조각한다는 점에서 불안정한 프로젝트일 수밖에 없다고 주장했다. Ferguson(2007)도 참조.

4 이에 관한 포괄적 문헌 검토는 Meagher(2010, pp. 11~26) 참조. 특히 남아프리카에 관한 연구로는 van der Waal and Sharp(1988); Hansen and Vaa(2004); Du Toit and Neves(2007); Hull and James(2012); Valodia and Devey(2012) 참조.

'비공식성'이나 '룸펜'과 같은 언어들은 불안정성과 유동성이 맞물린 이 같은 상태를 적절히 포착하지 못한다. 따라서 나는 이 두 용어를 피하고 대신 **열악한 상황에서의 임기응변**improvisation under conditions of adversity이라는 말을 하고 싶다.[5] 경제수준의 맨 밑바닥에서 그러한 임기응변은 실제로든 인식의 차원에서든 생존의 문제인데, 이런 측면에서 로저슨Rogerson(1996)은 비공식 기업을 축적이나 선진적 도약으로 곧잘 칭송받는 '소기업micro-enterprises'이 아니라 하루하루 간신히 파산을 모면하는 '생존주의적 기업'으로 표현했다. 이런 의미에서 나는 남아프리카 빈자들의 불안정 생계의 특징을 '비공식성'이 아니라 **생존주의적 임기응변**survivalist improvisation으로 묘사한다. 이 표현은 사실 잠비아에서 종종 들었던 말을 고쳐 쓴 것인데, 누군가의 안부를 물을 때 사람들은 "그저 살아남아 있는 거죠"라 답하곤 했다. 하지만 내 주장의 초점은 이러한 '생존'작업이 재화나 서비스의 생산보다는 분배의 결과를 안정적으로 확보하기 위한 것이라는 점이다. 이 작업은 대개 타인의 자원에 대해 접근하거나 그에 대한 권리를 주장하는 것이다.[6]

이것이 사실이라면 남아프리카 빈자들의 불안정한 생존전략은 게으

---

5 임기응변이라는 주제는 압두 말리크 시몬Abdoumalik Simone(2004)이 아프리카 도시성을 생동감 있게 포착한 저작에서도 강조된 바 있다.

6 케이트 미거가 적절히 강조하듯 사회적 네트워크는 그러한 과정에서 핵심적이다. 하지만 여기서 나는 단순히 (결국에는 사회성 자체와 동일한 선상에 있는) 네트워크의 존재가 아니라 더 특수한 두 가지 요소들, 즉 (a) 생계활동의 불안정하고 임기응변적인 속성과 (b) 본질적으로 분배적인 과정 내에서 자원에 접근하기 위해 사회적 관계들이 만들어지는 방식에 방점을 찍고자 한다.

른 룸펜프롤레타리아트의 사악한 약탈이나 '비공식 경제'의 떠들썩한 기업가주의가 아니라 **분배생계**distributed livelihoods의 시스템이라 묘사될 수 있을 것이다.

분배노동과 의존이라는 고된 작업

"돈은 한 사람에게만 머무르지 않는다." 이는 레소토에서 처음 조사를 진행할 당시 마을 사람들이 왜 소와 같은 자산을 현금으로 바꾸기 꺼리는지 물었을 때 돌아온 답변이었다(Ferguson, 1990). 이는 단지 현금형태의 자원이 충동적이거나 현명하지 못한 방식으로 쓰일지도 모른다는 점 때문이 아니었다. 더 큰 위험은 소를 바꾸어 현금을 보유한다는 것이야말로 자신과 관계된 타인을 돌봐야 한다는 완전히 합법적이고 사실상 도덕에 묶여 있는 요구에서 벗어날 수 없음을 의미하는 것이었다. 나이든 친척을 따뜻하게 해줄 담요, 조카의 학비, 아픈 이웃이 진료소에 가는 데 필요한 택시비 등을 생각해보라. 그러한 요구는 가난한 집에서 경제문제에 대처할 때 곧잘 등장하며, 수입과 자산을 어떻게 다룰지에 대해 많은 것을 설명해준다. 이는 이주노동, 그리고 노동자들의 가정과 지역 공동체를 역사적으로 지탱해온 방식들에 관한 지역 문헌에서 꽤나 자세히 다루어져온 주제다 (예를 들어 Murray, 1981; Moodie, 1994를 볼 것). 하지만 나는 그러한 분배압력이 이주노동의 경우에만 적용되는 게 아니라는 점을 강조하고 싶다. 그러한 압력은 **모든** 종류의 수입 흐름을 사회적으로 받아들이는 데 있어 중요한 맥락을 제공한다.

사실 고용됨으로써 임금을 챙긴 빈자든, 아니면 장애보조금이나 노령
연금, 상속이나 기타 원천으로부터 소득을 갖게 된 빈자든, 누구나 수입
에 대해 강력히 자신의 몫임을 주장할 것이다. 이러한 주장의 강력함은 그
주장을 반박하기 위해 동원되는 극단적인 조치들에 의해 측정될 수 있다.
레소토에서 내가 발견했듯이 돈은 범죄를 통해 그것을 낚아채려 하는 각
종 비합법적 시도뿐 아니라 자신이 의무관계를 가진 사람들이 사회적·도
덕적 요구의 형태로 주장하는 다소간의 합법적인 수용으로부터도 보호될
필요가 있다. 영향력 있는 최근의 한 연구에서 일군의 발전경제학자들은
전 세계의 빈자들이 이자를 획득하는 예금을 통해서가 아니라 이른바 '돈
지키기'와 같은 비공식적 기제에 의존해서 종종 저축을 하고 있다는 '당
황스러운' 발견을 보고했다. 약간의 잉여자금을 일정 기간 묶어두기 위해
누군가에게 돈을 지켜줄 것을 부탁하고 나중에 되돌려 받는다는 것이다
(Collins et al., 2009). 실제로 연구자들은 어떤 경우 그러한 서비스에 꽤 높
은 '마이너스 금리'가 제공되고 있다는 점을 언급하고 있다(그들은 돈을 지
켜주는 데 따른 이자가 매월 −3.3퍼센트 정도이며, 연간으로 환산하면 −40퍼센트에
이른다는 서아프리카의 사례들을 인용하고 있다[2009, p. 21]). 남아프리카와 다
른 지역에서 이러한 현상이 널리 퍼져 있다는 점은 '저축', 다시 말해 현재
누군가가 필요로 하는 것보다 더 많은 돈을 자기만 알고 숨겨두는 행위가
일반적인 빈곤 상황에서 굉장히 실행하기 어렵다는 것을 증명한다. 더욱
이 문화기술지 기록에 따르면 이러한 어려움은 단순히 규율의 부족이나
(발전경제학자들이 주장하듯[2009, p. 22]) 즉각적인 소비 '충동' 때문이 아니라
다른 사람들에 대한 시급하고도 종종 사회적으로 합법적인 요구 때문에
생긴다.

남아프리카의 문화기술지에서 이러한 측면은 오래전부터 발견되어왔다. 가령 은퇴를 위한 저축은 은행계좌와 목돈보다는 (목초지의 부족과 빈번한 절도, 높은 가축 치사율 등) 장기적인 '투자' 손실이 있음직한 상황에서도 소와 같은 자산을 축적하는 것과 더 긴밀히 관련되어 있었다. 내가 다른 책에서 '소 숭배'라 칭했을 만큼 레소토 사람들은 소를 현금으로 바꾸는 것을 문화적으로 적대시하는데, 이러한 반감은 피부양자들의 즉각적인 필요와 요구로부터 자신의 자산을 보호함으로써 일하는 동안 축적된 자원이 불가피하게 사라지는 것을 어느 정도 늦출 수 있었다(Ferguson, 1990). 유사한 동학이 장례식처럼 일종의 저축이 필요한 상황에서도 발견되어왔다. 남아프리카 사람들은 그러한 문제를 신용credit을 순환시키고, 남아프리카식 계와 같은 저축제도saving scheme를 활용함으로써 집단적으로 다루어온 오래된 역사를 가지고 있다. '스탁펠stokvel'(한국의 계와 유사한 방식으로, 12명 정도 회원들의 회전식 신용조합이나 저축모임의 형태로 운용된다. 성인 남아공 흑인 두 명 중 한 명은 적어도 하나의 '스탁펠'에 가입해 있을 정도로 그 규모가 방대하다─옮긴이)은 개인에게서 자금을 떼어내어, 개인이나 가구의 저축을 어렵게 만드는 매일매일의 필요나 수요에 대해 상대적으로 덜 취약한 '집단'에 묶어둘 수 있게 한다(이 시스템의 변형과정은 바레Bähre[2007b]와 제임스 James[2012]의 연구에 잘 나타나 있다). 소를 지켜내는 사례와 마찬가지로 여기에서도 우리는 강력한 분배압력을 뚫고 자산을 쌓는 정교한 기제를 발견하게 된다.

그러한 방식으로 세심하게 보관되지 않는 자금은 저항하기 힘든 요구와 마주치기 십상이며, 저소득 지역에서 매일 발생하는 활동의 상당수는 그 지역 공동체가 보관하고 있는 약간의 돈줄이나 재원을 놓고 협상하고

갈등하는 것과 관련되어 있다. 이후 자세히 논하겠지만 이러한 분배요구
는 오랫동안 남아프리카 지역 임금노동자들의 생활력에 기댄 것이었으나,
오늘날에는 심지어 사회보조금과 연금 같은 쥐꼬리만큼의 돈줄조차 유사
한 요구에 직면한다. 이 경우 거래되는 양은 초라하기 짝이 없지만 그 적
은 돈이 가장 가난한 사람들에게 몇 푼 떨어지기라도 한다는 것은 일부 연
구자들이 '비공식적 사회보호'라 부른 시스템(Du Toit and Neves, 2009a), 즉
가시적인 수입원이 거의 없는 사람들이 어떻게 하루하루 살아남는지에
대한 답을 제공한다.

　　아프리카 학자들은 오랫동안 아프리카의 정치경제적 시스템이 비축
물의 전환, 분할, 이용에 의존한다는 점을 지적해왔다. 장 프랑수아 바야트
Jean-François Bayart(2000)는 그러한 과정에 있어서 정치권력의 특징이 외
부 지향적 자원의 흐름('외향성')을 통제하는 데 있음을 주목했다. 그러한
통제가 수혜clientage와 후원patronage의 네트워크를 구축하는 데 광범위하
게 이용되고 있는데, 이는 아프리카 지역의 현 정치를 이해하는 데 여전히
중요함을 지적했다. 지난 세기에 수집된 아프리카 인류학자들의 광범위한
문화기술지 역시 재원과 돈줄이 친족, 후원, 충성, 연대와 같은 사회관계를
거치면서 더 잘게 쪼개지는 놀라우리만치 정교한 분배기제를 보여주고
있다.[7] 이러한 분배행위들은 시간에 따라 그 형태가 변화하면서 다양한 이
름(송금, 친족을 기반으로 한 공유, 정치적 후견주의, '부패' 등등)으로 우리에게 알
려져 있다. 미시적 사회조사 내용을 조금만 들여다보면 우리는 수입을 가

7　우스마네 셈베네Ousmane Sembene의 『송금수표*The Money-Order*』(1997)는 이 기제의 어두
　운 측면을 생생한 픽션으로 보여준다.

진 자들이 광범위한 사회적 요구에, 명예롭기도 하고 때로 경멸스럽기도 하지만, 그렇다고 쉽게 무시할 수도 없는 요구에 불가피하게 직면해 있음을 알게 된다.

이러한 행위들이 잘 기록되어 있긴 하지만 오늘날 도시 빈민의 생계가 분배의 결과물을 찾아내고 확보하려는 끊임없는 과정에 의존하는 정도에 대해 우리의 이해는 여전히 깊지 않다. 성공적으로 분배를 요구하는 주장 distributive claims을 쟁취하는 능력은 쉽게 찾아오는 것이 아니며, 분배의 흐름을 가능케 하는 사회적 관계를 쌓아가기 위해서는 굉장히 지속적이고 세심한 작업이 요구된다. 즉 타인에 대한 물질적 의존은 수동적 상황이 아니라 고된 사회적 노동이 빚어낸 가치 있는 성과다. 도덕화된 사회정책에서 골칫거리가 된 '의존'은 이 점에서 보자면 '행위양식'이자 심지어 성취로 이해될 수 있다(Bayart, 2000, p. 218; 5장 참조). '의존성'은 사회정책상의 문제나 덫으로 낙인찍힌 채 집착에 가까운 경멸에 시달리지만, 문화기술지적 관점은 바로 이 '의존'관계를 통해 대부분의 사람이 생존을 영위하게 됨을 시사한다. 이 점에서 의존은 문제가 아닌 해결을 지칭한다.

이런 점에서 나는 '분배노동'에 분석적으로 초점을 맞출 것을 제안한다. 분배가 어떻게 노동의 대상이 될 수 있는지를 이해하려면 노동 개념과 생산과정 간의 교조적 연결을 해체할 준비가 되어 있어야 한다. 이 작업을 할 수만 있다면 노동에 대해서든 분배문제에 대해서든 새로운 이해에 도달하는 게 가능할 것이다.

사회과학과 정책 관련 문헌을 읽으면서 나는 빈민의 생계전략에 관해 '생산주의적'이라 부를 만한 지속적 오인이 존재한다는 점에 충격을 받았다. 이러한 오인은 몇 가지 상이한 형태를 띠고 있다. 정치적 우파의 경우

이는 도시에서 임기응변으로 살아가는 생존주의자들을 '소기업가'—자본가는 아닐지라도 적어도 '자영업자'나 '소기업의 소유주'—로 바라보는 시도로 나타났다. 좌파의 경우 임금을 받는 프롤레타리아트와의 계급적 위치(그리고 잠재적으로 정치)를 공유하면서 똑같은 대상을 '노동자'로 바라보려는 충동이 앞선다. 그러한 비전이 고무하는 정책과 정치의 형태들은 다양하다. 가난한 오두막 거주자들을 자본가로 둔갑시키는 헤르난도 드 소토Hernando De Soto식의 제안에서 노점상들을 노동조합으로 '조직화'하려는 노동당의 기획까지, 이 형태들은 이데올로기적으로 대립되기도 한다. 그러한 프로젝트는 다양하며, 특정 상황에서는 유용성을 갖기도 한다. 그럼에도 대개는 생존주의적 임기응변의 실제 현실과 동떨어진 경우가 많은 것처럼 보이는데, 이는 그 기획이 너무나 자주 사람들의 현재 상태가 아니라 사업가든 조직화된 노동자든 사람들이 마땅히 그래야 하지만 아직 그렇지 못하다는 생산주의적 사고에서 출발하기 때문이다.

좀더 낙관적인 논의들은 소위 비공식 경제를 빈곤의 무기력한 저수지가 아니라 '일자리를 만들어내는' 광활한 잠재성의 원천으로 바라본다. 잠비아 구리산출지대에서 한 경험을 통해 나는 이러한 논의에 상당한 회의를 갖게 되었다. 광산산업이 재난과도 같은 침체 국면에 접어들자 대량실업이 속출했다. 상대적으로 높은 임금과 안정된 고용을 누렸던 인부들은 거리에서 간신히 생계를 연명하는 상황에 빠져들었다. 내가 아는 한 남자는 매일 담배 한 갑을 산 뒤 거리 모퉁이에서 지나가는 사람들한테 한 개비씩 파는 걸로 목숨을 부지했다. 그런 상황을 목도하고 있는 동안 많은 정책 문건에서는 '비공식 경제'가 유례없는 속도로 '일자리를 창출'하고 있다며 호들갑을 떨고 있었다. 누군가는 의심을 해봐야 했다. 광산 인부가 거리 모퉁이에서 담배 한 개비를 파는 게 '일자리 창출'이라면 도대체 '일자리를 잃는다는' 것은 어떤 상태인가?

구리산출지대에서 목도한 두 번째 장면 역시 마찬가지로 중요하다. 내가 잘 아는 길목에서 두 여자가 쭈그리고 앉아 토마토, 양파 같은 채소를 팔고 있었다. 조사를 마칠 즈음 똑같은 길목에서 열 명은 족히 되는 여성들이 비슷한 행인들을 상대로 채소를 팔고 있었다. 두 명이 열 명으로 불어났으니 '비공식적인 것'의 미덕을 찬양하는 자라면 괄목할 만한 고용 팽창이라고 묘사했을지도 모르지만 상황은 전혀 달랐다. 여기서 발생하는 근본적 동학은 새로운 서비스를 창출하거나 새로운 시장을 활용하는 것이 아니라 이미 있던 작은 시장을 더 잘게 쪼개는 것, 다시 말해 같은 분자에서 분모를 늘리는 것에 불과했다.

다음 절("분배적 정치경제")에서 주장하겠지만, '비공식' 활동이라 불리는 것의 상당수는 근본적으로 미미하며, 새로운 재화와 서비스를 생산하기보다는 분배과정의 분모를 늘릴 뿐이다. 그러한 활동에서 그나마 다행인 것은 임금노동에 접근할 수 없는 사람들이 다른 사람들의 임금에서 조금이라도 떼어가기 위해 전력을 기울인다는 점이다. 이 점에서 보자면 마치 '1차'가 존재하기라도 하는 양 '2차 경제'를 운운하는 입장이나(cf. Du Toit and Neves, 2007), 임기응변적 생존주의자들을 마치 한 계급에 속하는 것처럼 노동자 범주에 묶는 입장은 본질을 호도하는 것이다. 사람들이 '일하는' 모든 국면을 생산으로 바라보는 경향은 특별한 생계활동을 생산적이라고 (혹은 생산적이지 않다고) 보는 인식이 활동의 어떤 본질적인 속성보다는 분석가의 상식에 더 좌우된다는 점을 의미한다. 예를 들어 쓰레기를 줍는 사람들은 '생산'에 종사하는가, 아니면 '분배'에 종사하는가? 그들이 이미 버려진 쓰레기더미가 아니라 야생의 풍경을 헤집고 다닌다면 '생산'이라고, 폐기물더미에서 쓰레기를 찾는 게 아니라 뒷문에 쌓아둔 폐품을 요구한다면 '분배'라고 주장하고 싶을 것이다.

물론 임기응변적인 비공식 노동에서 생산적 요소를 강조하는 많은 사람은 도시 빈민의 도덕적·경제적 미덕을 옹호하기 위해 그 같은 주장을 펼친다. 그들은 이 가난한 사람들이 절대 게으르지 않으며 사실상 굉장히 생산적이라는 점, 따라서 우리의 경멸이 아닌 존경과 도움을 받을 자격이 있다는 점을 주장한다. 민주적 시민권에 관한 현대 사상들은 오랫동안 임금노동을 사회적·정치적 성원권을 인정받을 수 있는 일종의 도덕적 증명으로 간주해왔다(Barchiesi, 2011). 대부분의 아프리카 도시는 물론 많은 다른 지역에서 인구 대다수가 임금노동의 세계에서 제외된 오늘날, 사회적 포섭과 성원권을 요구하는 사람들이 왜 도시 빈민을 고도로 생산적인 노동자들이라 강조하는지, 왜 조금만 면밀히 바라보면 이를 금방 알게 된다고 주장하고 싶어하는지 충분히 납득할 수는 있다.

소위 비공식 부문에서의 일은 생존주의적 동기에 따른 것일지라도 경제적 의미에서 종종 생산적이며, 소위 1차 경제의 생산성과 통합되어 있기도 하다. 그러나 나의 요점은 설사 그렇지 않은 경우에도 그 일을 경멸할 이유는 전혀 없다는 것이다. 심지어 비생산적인 사람들이라도 노동에 종사하고 있으며 사회성원권의 자격을 갖는다는 사실을 무시할 이유가 없다는 것이다. 거리에서 구걸하는 여자는 재화를 생산하거나 서비스를 파는 것은 아니지만 그럼에도 하루 종일 일한다. 그녀가 생산적이지 않다고 말하는 것은 그녀의 노동을 폄하하는 게 아니라 대신에 분배의 중요성과 가치를 강조하는 것이다.

이 점에서 이들이 임기응변으로 매일 수행하는 많은 일이 실제로 생산만큼이나 분배와 밀접히 관련되어 있다는 점은 중요하다. 나는 이것이 단순히 수입을 분배하는 양적인 과정의 문제가 아니라 (생산이 그러한 것과 마찬가지로) 일련의 사회적 관계, 사회제도와 사회적 과정을 포함한다는 점을 강조한다. 이 핵심 사실을 이해하기 위해 도입하고자 하는 개념이 바로 '분배노동distributive labor'이다.

오늘날 어떤 아프리카 도시에서든 쉽게 관찰할 수 있는 생존주의적 임기응변 노동의 네 가지 사례를 살펴보기로 하자.

1. (자동차) 창유리 닦이: 신호등이 빨간색으로 바뀌고 차가 멈추자 길모퉁이에 있던 깡마른 노인이 갑자기 달려와 운전자에게 묻지도 않고 차창을 닦는다. 그의 바람은 운전자가 떠나기 전에 동전 몇 푼이라도 팁으로 받는 것이다.
2. 앵벌이: 오늘날 대부분의 도시에서 앵벌이가 몇 시간이고 서서 어슬렁거리면서 행인의 관대함을 기대하는 것은 친숙한 풍경이 되었다. 장애가 있거나 있는 척하는 사람들이 많다.
3. 소매치기: 소매치기는 셀 수 없이 많은 도시의 생존주의자들을 지탱시켜주는 소소한 범죄행위에 종사한다. '룸펜'의 원형으로서 소매치기는 대개 젊은 남성이며 법을 준수하는 사람들에게는 경멸의 대상이다.
4. 가족을 방문하는 어머니: 도시에서 일하는 아들을 방문하기 위해 가난한 농촌 지역에서 찾아오는 나이든 여성. 그녀는 아들에게 사랑과 헌신을 표현하고, 고향에 남아 있는 친지들의 각종 문제와 어

려움을 전한 후 아들이 임금에서 떼어준 약간의 돈과 선물을 갖고 집으로 돌아갈 것이다.

관습적인 용어로 분석된다면, 다시 말해 분배의 동학이 배경으로 밀려나고 생산노동이 다른 종류의 노동과 엄격히 분리된다면 이러한 목록은 네 가지 다른 종류의 활동을 다음과 같이 보여준다.

1. 창유리를 닦는 사람은 서비스를 판매하고 있다. 그는 서비스 산업의 자영업자이며, 누군가는 심지어 그를 소기업가라 할 것이다.
2. 반대로 앵벌이는 실업상태이며, 게으르고, 자비만 추구한다.
3. 소매치기는 범죄를 저지르는 약탈자다.
4. 시골의 어머니는 친족 역할을 수행하면서 전통적 도덕성을 환기시킨다.

반대로 우리는 이 네 인물을 분배노동의 상이한 형태로 봄으로써 그들의 근본적 통합성을 회복시킬 수 있다. 이 네 사례 모두 노동, 즉 어떤 자원을 그것을 가진 사람에게서 갖지 못한 사람들에게로 전달하려는 노동에 종사하는 사람들에 관한 것이기 때문이다. 반면 '서비스 산업'이라는 용어를 무분별하게 적용하면 분배의 논점이 흐려진다. 창유리를 닦는 사람은 실제로 서비스를 판매하는 게 아니라(자동차 운전자는 그가 그냥 가버리길 원하지 않겠는가?) 분배를 주장하는 것이다. 소매치기는 재화를 생산하는 것도, 서비스를 수행하는 것도 아니다. 하지만 분배작업으로 보자면 그는 다른 사람들과 마찬가지로 정말 열심히 일하고 있다. 그 어머니는 단지 그냥 어머니가 아니라 분배를 주장하기 위해 애쓰고 있다. 확실히 분배노동은 도덕적으로 반드시 선한 것도, 윤리적으로 정련되어 정당화된 것도 아니다. 자기 할머니를 구타하거나 그녀의 연금을 훔치는 젊은 폭력배는 나의 용어를 적용하자면 분배노동에 종사하는 것이지만, 그의 행동은 그렇다고 칭찬할 일은 전혀 아니다. 그럼에도 거칠게 말하자면 (특히 극단적으로 불평등한 사회에서) 분배 자체는 필요하고 가치 있는 사회적 기능이며, 그에 따른 인정과 명명, 가치를 획득해야 한다.

우리의 정신적 습관은 사실 이와 반대되는 일을 한다. 우리는 정직한 노동자와 빈대, 게으름뱅이, 기생충, 거머리를 대립시키듯 기꺼이 생산주의적 선과 분배적 악을 대립시킨다. 실제로 관습적인 말과 생각을 돌아볼 때 누군가를 '비생산적'이라고 말하는 것은 폄하, 혹은 거의 모욕에 가깝다. 하지만 우리는 누군가를 '비분배적'이라 비난할 준비는 별로 되어 있지 않은 것처럼 보인다(실제로 분배적 채널을 봉쇄하는 것은 심지어 '절약'이나 '저축'이라 칭찬받기도 한다). 정말로 '비생산적인' 사람은 위대한 사회적 생산작업에 종사하지 않는 것이다. 하지만 거의 불가피하게, 우리는 그 사람이 아마도 똑같이 위대한 사회적 분배작업에 종사하고 있음을 알게 될 것이다. 그러한 형태의 노동은 도처에서 중요해지고 있으며, 남아프리카에서는 전체 지역의 정치경제에서 핵심적이기까지 하다. 다음 절에서 이 주장을 증명해 보일 텐데, 이는 이어지는 장에서 분배문제와 관련하여 사회적 지급이 갖는 역할을 분석하기 위한 기초작업으로서 중요하다.

분배적 정치경제

분배문제는 오랫동안 남아프리카 지역의 정치경제를 이해하기 위한 핵심이었다. 앞서 언급했듯 이는 임금노동자들과 그들의 고향인 농촌 공동체와의 관계가 이주노동 시스템의 맥락에서 볼 때 고도로 상호의존적이었기 때문이다. 이 관계는 나의 연구작업에서 대단히 중요한 주제였다. 레소토 고산지대에서 처음 조사를 시작했을 때 나는 농촌 주민들의 기본 생계가 수백 마일 떨어진 남아프리카 금광의 산업 고용에서 나온다는 것을 알게 되었다. 소작농처럼 보였던 마을 사람들은 콜린 머레이Colin Murray의 표현을 따르자면 '땅을 긁어대기만 하는' 프롤레타리아트였다(Murray, 1981, p. 19). 하지만 그럼에도 생계를 유지하는 데 있어 땅을 긁는 일은 중요했는데, 이는 그 행위가 대단한 농업 소득을 만들어서라기보다는 농촌의 주택을 이주노동자들이 돌아올 수 있는 자립적 기반으로 만들어주었기 때문이다. 이주 광산노동자와 농촌에 남아 있는 부인과 친지들 간의 의존관계와 상호의무는 사회적·경제적 시스템의 핵심이었다.

　잠비아 구리산출지대에 관한 이후의 조사에서(Ferguson, 1999) 나는 어떻게 은퇴에 대처할 것인지가 도시 광산노동자들이 갖는 가장 중요한 문제임을 알게 되었다. 광산을 떠난 후에도 도시에 남는 것은 생활비도 비싸고 다른 고용의 가능성도 희박하기 때문에 많은 노동자가 농촌생활을 좋아하지 않더라도 '고향' 마을로 은퇴할 계획을 세웠다. 하지만 '집으로 가는 것'은 첫째는 농촌의 '집'을 갖는 것, 둘째는 그 '귀향'이 환영받는 것을 의미했다. 농촌 친척들과의 관계는 종종 긴장이 팽팽하고 갈등도 많았으며, 도시에서 일하는 동안 '집에 있는' 친지의 필요나 요구에 적절히 화답하지 못한 사람들은 가장 취약하고 도움을 필요로 하는 상태가 되었을 때 사회적 거절이나 심지어 폭력에 직면했다. 자기 집안과 긴밀한 관계를 유지해온 사람들조차 지나치다 싶을 정도의 분배요구와 맞닥뜨렸는데, 이때 그들이 취하는 전략은 밤중에 몰래 마을로 돌아가는 것이었다. 사람들이 이후 분배를 주장할 증거가 될 만한 물품들을 외부에 노출하고 싶지 않아서였다. 귀향을 도모하는 사람들에게 있어서 관용과 공유의 관계란 어떤 의미에서는 의무적이었다. 실제로 이런 종류의 상호성은 에릭 바레Erik Bähre(2007a)가 지적했듯 폭력과 다른 종류의 강제를 통해 행사되는 '마지못한 연대'를 기반으로 하는 경우가 많았다. 그러한 공유가 뭔가 낭만적이고 갈등 없는 공동단결에서 자발적으로 생겼다고 가정해서는 안 된다. 하지만 그러한 사회적 연대에서 중요한 것은 농촌 공동체가 문자 그대로 이 연대가 만들어낸 분배에 의존해서 살아남았다는 것이다.

이는 단지 레소토와 잠비아만의 문제는 아니었다. 아프리카 전역에서 이미 많은 문헌이 보여준 대로 임금노동 덕택에 생겨난 돈의 흐름은 빠르게 흘러갔고, 분배의 사회적 과정을 거쳐 불균등한 지리적·사회적 공간을 넘나들면서 수많은 모세혈관으로 확장되었다. 그러한 과정을 통해 흘러드는 돈이 아무리 적을지라도 노동자들뿐 아니라 그들의 수많은 피부양자, 그리고 피부양자의 피부양자까지 먹여 살렸다.

이는 오랫동안 친숙한 풍경이었다. 하지만 지역 전체에 걸쳐 저숙련 육체노동자에 대한 수요가 급격하게 줄어들면서 오늘날 임금에 대한 접근은 빈자들을 위한 주요 수입 통로가 되지 못하고 있다(남아공의 경우 Seekings and Nattrass, 2005 참조). 대신에 다른 수입원, 특히 사회보조금과 '비공식 경제'라는 느슨하게 구조화된 땜질처방이 점점 더 큰 비중을 차지하고 있다. 그러한 조건하에서 레소토는 '예비상태'를 둘 만한 노동 수요가 거의 없기 때문에, 더는 노동 비축고labor reserve라 할 수 없다. 하지만 터너(2005)가 주장했듯이, 공유와 의존 관행에 뿌리를 둔 분배관계는 계속 중요한 역할을 하고 있다. 젊은 남성들이 과거와 같은 식으로 이주 임금노동을 할 수 없는 상황에서 극히 적은 수준이지만 새로운 소득원이 생겨났다. 가령 여성들이 극히 취약하고 위태로운 직물산업 안에서 불안정 저임금 고용에 참여하게 되었다. 노인들은 이제 (나미비아, 보츠와나, 남아공 같은 다른 남아프리카 국가들보다 훨씬 적은 수준이긴 하지만) 연금보조금을 받고 있다. 여기서 나이든 할머니는 자신의 아들이나 손자들이 벌어들이는 수입에 대해 분배를 요구하지 않는다. 이들이 더는 임금을 받지 못하기 때문이다. 이제 의존관계는 젊은 남성들이 다른 사람들에게 의존하는 방식으로 종종 역전되기도 한다. 뒤 투아와 네베스(2005)가 남아공에 관한 연구에서 강조했듯, 사회적 지급과 대부분의 비공식적 기업행위는 사회적 네트워크, 그리고 이를 작동케 하는 미미한 수준의 호혜성과 긴밀히 연계되어 있다. 이런 이유로 빈민을 위한 성공적인 생계전략은 갈수록 이 네트워크와 연계된 분배동학에 의지하게 되었다.

이런 맥락에서 사회보조금은 단순히 개인들에게 자신의 필요를 충족시킬 수 있도록 약간의 현금을 지급하는 것이 아니다. 대신에 국가의 피부양자로서 자원에 접근할 수 있는 사람들은 그들 자신이 '하위 피부양자'라 불릴 만한 다른 사람들을 위한 수입원이 된다. 반면 자식도 노인도 장애를 가진 사람도 전혀 없어서 국가 분배의 자격을 획득할 수 없는 사람들이야말로 극빈 가구를 구성한다.

하지만 그러한 분배과정은 단지 임금이나 보조금과 같은 정기적인 현금수입을 가진 사람들만의 사안이 아니다. 대신 훨씬 광범위한 사회적 관행들이 일정한 사회 영역들을 가로지르면서 전체적인 분배적 정치경제를 구성해내고 있다. 여기서 나는 분배의 관행을 여섯 영역으로 나누어 살펴보려 한다. 이 영역은 '토지와 토지보유landholding', '친족과 공유', '이동과 이주', '일과 사업', '성性과 사랑', '죽음과 장례'로 나뉜다.

토지와 토지보유

위에서 살폈듯이 광범위한 이주노동 시스템이 지배해온 지역의 정치경제에 있어서 적어도 최소한의 농업 생계를 유지시킬 수 있는 토지의 역할은 중요한 분배자원을 제공해왔다. 농촌의 피부양자들은 언젠가는 돌아올 도시의 노동자들에게서 일정한 물질적 지원을 기대했는데, 이들이 '집'으로 돌아온다는 것은 부인과 친지, 애인의 곁은 물론 농지와 소떼한테 돌아온다는 것을 의미했기 때문이다. 이러한 동학은 오늘날까지 일부 지속되면서 노동자들이 먼 도시와 광산에서 벌어들인 임금의 일부가 가난한 농촌지역에서 순환될 수 있게 한다.

하지만 오늘날 임금노동에 종사하는 식구를 가진 농촌 가족은 점점 줄어들고 있다. 더욱이 많은 지역에서 소규모 자작농 자체가 쇠퇴하고 있다. 특히 남아공에서 실제 경작되지 않는 농지 비율이 증가하고 있으며, 토지 권리를 가진 사람들조차도 경작에 집중적으로 임하지 않는다는 보고가 나오고 있다(예를 들어 Alibar et al., 2005를 볼 것). 농사를 '열심히' 짓는 사람들의 비중은 줄어드는 반면, 남아공 청년들의 꿈과 야망은 소규모 자작농보다는 도시생활과 소비재, 언제나 모호한 '사업'에 꽂혀 있다. 맥스웰 무드하라Maxwell Mudhara(2010)가 언급했듯, 오늘날 농촌의 소규모 자작농들이 "직접적인 농사일로 생계를 유지하는 비중은 극히 미미하다. 농업이 죽어가는 반면 송금, 농지 외 작업, 정부보조금과 같은 비농업 소득이 점차 강화되고 있다."(2010, p. 1) 이렇게 농업을 기준으로 보자면 농촌의 토지는 그다지 생산적이지 않지만 그럼에도 여전히 가치가 있다. 내가 다른 글에서 자세히 주장했듯, 그 이유는 대체로 분배문제와 관련된다(Ferguson, 2013).

남아프리카에서 역사적으로 오랫동안 도시는 일하는 장소로 정의되어 왔고, 농촌 거주지는 이른바 '비생산적'인 사람들(노인, 환자, 장애인, 아동 등등)을 위한 피난처 역할을 해왔다. 하지만 오늘날 바로 이 '비생산적'인 사람들이 국가의 피부양자로서 주요 수입원이 되고 있다. 나이든 부모나 조부모가 머물 수 있는 약간의 토지를 갖는다는 것은 그들의 연금에 대한 권한을 갖는다는 것을 의미한다. 자식들이 돌봄을 받기 위해 농촌으로 보내진다면 아동보호지원금 역시 또 하나의 수입이 된다.

농촌으로 흘러드는 이 같은 분배급여는 오늘날 '비공식화된' 경제하에서 비농업 생계를 꾸려가는 농촌 가구에게 핵심적인 자원이 된다. 뒤 투아와 네베스(2009b)가 보여주었듯, 보따리 소매무역은 쥐꼬리만한 자본으로 전 지역에 분포하는 대형 슈퍼마켓 체인의 가장자리를 맴돌고 있다. 적지만 정기적으로 들어오는 사회보조금이 이 무역을 지속시키는 원동력이다. 예를 들어 사람들은 매달 지급되는 연금으로 대형 슈퍼마켓에 가서 구입한 '생활필수품'을 작은 가방에 담은 뒤 지역으로 돌아와 이웃들에게 시간을 두고 천천히 판매한다. 시장을 위한 새로운 재화와 서비스를 생산하는 게 아니라 소매무역을 통해 물품을 더 많은 가정에 쪼개서 판매한다는 점에서 이 효과는 분배적인 것이다. 이러한 행위는 통상 도시에서 유행한다고 알려져 있으나 그 범위가 농산물과 식재료 장사까지 포함하면서 점점 농촌으로까지 확대되고 있다. 농촌의 소규모 자작농에 대해 우리가 보통 떠올리는 것은 이들이 자기 농산물을 소도시로 가져와서 파는 풍경일 것이다. 하지만 오늘날 상당히 다른 시나리오가 펼쳐지는데, 이 토지보유자는 소도시로의 여행을 위해 농작물이 아니라 돈을 챙기고, 슈퍼마켓이라는 마법을 거쳐 돈을 (자신이 판매할) 식품으로 바꾼다. 여기서 토지보유는 접시 위에다 음식을 담을 수 있게 도와준다고 할 수 있는데, 이는 식량을 직접 생산해서가 아니라 종국에 슈퍼마켓으로의 여행을 가능하게 만드는 비농업적 분배행위를 위한 지지기반을 토지가 제공하기 때문이다. 이 점에서 한 뼘의 작은 땅이라도 갖는다는 것은 임금의 송금액이 줄어드는 상황에서도 분배의 흐름과 관련된 경제활동을 촉진할 수 있다. 오랫동안 '생산요소'로 이해되어온 토지가 오늘날 '분배요소'로서도 똑같이 중요성을 갖는 것이다.

친족과 공유

친족은 항상 분배의 핵심 요소였다. 친족을 기반으로 한 현금과 다른 자원의 분배는 임금노동과 사회적 지급회로에서 배제된 사람들이 살아남을 수 있는 많은 방식 가운데 하나다. 하지만 2장에서 언급했듯 이를 낭만화해서는 안 된다. 아프리카 '확대가족'에 관한 설명에서 등장하는 무한한 관용은 늘 과장되어왔으며, 오늘날 빈자들이 자신의 친지들한테 행사할 수 있는 요구는 과거에 비해 훨씬 제한적이다. 사라 하퍼Sarah Harper와 제레미 시킹스의 최근 케이프타운 연구(2010)에 따르면, 이들이 찾아갈 수 있는 친척의 범위도 좁아졌고 이들의 요구는 물질적 측면에 점점 집중되고 있다. 바레(2007a)가 강조했듯 친족 간 연대는 갈등과 반대된 개념이 아니라 갈등의 한복판에 위치하는 것으로, 이 연대는 "사회적 긴장을 수반하는 작은 결속들"(2007a, p. 52)을 포함한다. 하지만 그러한 '작은 결속들'을 기반으로 한 분배요구는 매일매일의 생존전략, 특히 가장 가난한 사람들의 생존전략에 있어 너무나 중요해졌다.

실제로 친지들 간의 공유는 "빈자들이 생존을 위해 상당히 의존하는 수평적 박애"(du Toit and Neves, 2009b, p. 23)라는 더 폭넓은 현상의 일부로 볼 수 있다. 남아공에서 이루어진 국가 차원의 조사에 따르면(Everatt and Solanki, 2008), 응답자의 상당수가 도움이 필요한 사람들에게 돈이나 물자를 제공한 적이 있다고 말했다. 응답자 중 45퍼센트는 지난달에 가난한 사람에게 돈을 준 적이 있으며, 음식이나 옷 같은 선물을 제공했다고 응답한 사람도 이와 유사한 비율을 차지했다. 심지어 더 많은 사람(55퍼센트)이 지난달에 "자기 집에서 살지 않는 가족들"에게 돈이나 물자를 제공했다고 응답했다. 놀랍게도 이스턴케이프(75퍼센트)와 림포포(73퍼센트)처럼 가난한 사람들이 많이 모여 사는 지역에서 응답자 비율이 더 높았다. 보고서 작성자들은 그러한 '증여giving'가 사회경제적 지위가 낮은 사람들에게서 더 많이 나타났으며, 이는 "전통적 박애 개념과는 상당히 거리"가 있다고 주장했다(2008, p. 64). 사실 극빈 지역에서 살아가는 사람들에게 그러한 발견은 전혀 놀랍지 않다. 수많은 문화기술지 기록은 그러한 지역에서 중요한 분배관행을 보여주는 것으로 읽힐 수 있다.

이는 더 많은 자원을 가진 사람들의 수입과 부에 의존할 수 있는 것, 이들에게 분배주장을 할 수 있을 정도의 사회적 위치를 성취하는 것의 중요성을 시사한다. 혈연으로 맺어진 관계라는 것만으로 자동적으로 분배를 요구할 수 있는 것은 아니며(Seekings, 2008a), 분배를 요구할 수 있는 사회적 위치를 획득하기 위해서는 상당한 노고가 따른다. 이런 종류의 의존은 수동적 상태와 전혀 거리가 멀다. 세심하게 갈고닦은 사회적 지위란 사회적 유대와 호혜적 의무를 구축하는 오랜 과정의 결과다(cf. 5장 참조). 마찬가지로 분배성과의 확보는 저절로 발생하는 게 아니라 분배노동이 일궈낸, 어렵게 얻은 결과라 할 수 있다.

이동과 이주

남아프리카의 정치경제는 오랫동안 높은 수준의 이동성을 그 특징으로 삼았다. 하지만 사람들은 왜 이동하는가? 오래된 이야기는 노동에서 그 실마리를 찾았다. 소위 '이주노동 시스템'이 광산과 같은 산업현장으로 노동자들의 대량이동을 유인 혹은 강제한 반면 이들의 영구 거주는 막았기 때문에 농촌과 도시를 왔다 갔다 하는 끊임없는, 사회적으로 손해일 수밖에 없는 현상이 발생했다는 것이다. 하지만 오늘날 도시 정착의 가능성은 증가한 반면 육체노동 일자리는 대폭 줄어든 상황에서 노동을 기반으로 한 이 같은 이주는 급격히 퇴조하고 있다. 그럼에도 공간적 이동량은 (농촌과 도시 지역을 수시로 오가는 것을 포함해서) 여전히 놀라운 수준인데, 이 중 많은 부분은 내가 논의한 사회적 의존과 분배압력의 맥락에서 이해될 수 있다. 오늘날 이동은 일자리를 얻거나 잃는 것보다는 당신을 보살필 수 있는 사람들이 있는 장소를 찾아가는 것과 더 연관이 많을지 모른다. 적절한 수입이 부족한 사람은 이동을 통해 새로운 일을 찾기보다는 더 적은 비용으로 살아갈 장소나 어느 정도의 수입이 있는 친척 근처로 옮길 기회를 구하려고 할 수도 있다.

인류학자들은 사람들이 집안 안팎을 넘나들면서 '가족'과 같은 정적인 존재를 구별해내려는 시도들을 혼란스럽게 만들고 있다고 설명하면서 가구의 역동적 구성을 오랫동안 논해왔다. 하지만 시킹스(2008a)가 주장했듯이 이 움직임은 제멋대로 이루어지지 않는다. 단순히 '유동성'을 지적하는 것을 넘어 누가 언제, 왜 어떤 가구에서 다른 가구로 이동하는지 정확히 설명할 필요가 있을 것이다. (이와 관련해서 여전히 연구가 많이 진척되지는 못했지만) 시킹스(2008a)는 가족성원의 변화가 자식들과 노인들의 이동에서 비롯되며, 이는 분배요구와 분배흐름을 관리하기 위함이라고 지적한다. "단순히 학교 통학을 편리하게 하려는 목적이 아니라 돌봄과 음식을 제공받기 위해 아이들을 이 가구에서 저 가구로 이동시키는 경향이 있다."(2008a, p. 43)

나이든 가족성원들 또한 음식, 돌봄 혹은 다른 자원들에 접근하기 위해 이동할지도 모른다. 더욱이 사람들은 돌봄을 제공하거나 자원을 어떤 '가정'에 가져가기 위해 이동할 수도 있다. 이는 성인뿐 아니라 자식들에게도 마찬가지다. 예를 들어 자식들은 늙은 조부모를 돌보기 위해, 동시에 그들의 연금수입으로부터 혜택을 얻기 위해 농촌 지역으로 보내질 수도 있다

(Seekings, 2008a, p. 43).

돌봄을 필요로 하는 환자의 이동은 분배흐름 내에서 사람들을 이동시키는 일반적인 과정 중 특별한 경우에 속한다. 이는 물론 수백만에게 고통을 안겨준 에이즈 상황 때문에 특별히 중요해졌다. 이는 진료소와 병원은 물론 환자의 요청과 남겨진 고아들에 대한 보호를 모두 수용해야 하는 토착적인 돌봄 시스템에 더욱 엄청난 부담을 안겼다. 누군가가 아플 때 찾아가는 곳은 살 장소일 뿐 아니라 도움이 필요할 때 돌봄과 사회적 지원을 받을 수 있는 장소이며, 이 점에서 일정한 기여를 했음에도 임금을 제공받지 않는 돌봄, 간호, 지원작업, 그리고 이를 가능케 한 일련의 연대를 인정하는 것은 중요하다(Henderson, 2012). 이는 사회적 결속을 거쳐 '분배되는' 것이 단지 부가 아니라 고통 그 자체임을 상기시킨다. 사회적 관계들이란 분배관행을 강조함과 동시에 질병과 고통의 부담을 분배하는 본질적 작업을 수행하는 것이다.

일과 사업

한 지역에서 고용은 임금보수만 지불하는 것이 아니었다. 고용은 온정주의적인 또는 혈연으로 맺어진 의존과 의무관계라는 이데올로기와 결합되어 종종 다른 종류의 재화와 서비스에 대한 이전을 포함해왔다. 농사일은 가장 잘 알려진 사례라 할 수 있다. 농장주와 일꾼 사이에 맺어진 비공식적인 협정의 경우 일꾼은 매우 낮은 임금을 지불받지만 대신 이를 완충

할 수 있게 농장주는 유사가족적 혹은 '온정주의적' 용어로 포장된 의무 아래 다른 재화와 서비스를 제공해왔다(van Onselen, 1992; du Toit, 1993; Rutherford, 2008). 이 우회적 분배의 흐름이 농가에만 국한되는 것은 아니다. 이러한 흐름은 최근 들어 압박을 받긴 하지만 여전히 널리 퍼져 있으며, 지극히 불평등하고 때로 모욕적이기까지 한 스타일을 취하기는 하나, 또 다른 분배관행의 영역을 만들어내고 있다. 예를 들어 남아프리카 지역에서 옷과 다른 재화를 정기적으로 지급받는 것이 수많은 가사노동자의 작업관행이 되었다. 이러한 재화들은 피고용자의 사회적 네트워크 내에서 분배되면서 심지어 임금보다 더 큰 이익으로 여겨지기도 한다(Cock, 1990; Ally, 2009). 고용주는 심지어 집 바깥에서도 광범위한 도움 요청을 들어줄 것으로 기대된다(노동을 통한 의존관계의 오랜 역사에 관해서는 5장을 보라). 그러한 관행은 앞의 보고서에서 보듯 남아공 인구의 45퍼센트가 지난달 가난한 사람이나 '도움을 요구하는 어떤 사람'에게 음식, 재화, 의복을 제공했다는 조사결과에서도 미루어 짐작할 수 있다(Everatt and Solanki, 2008, p. 60).

유사한 분배압력이 심지어 소규모 소매상 같은 '비즈니스 자영업자'에게서도 발견된다. 그러한 교역행위는 적어도 어떤 자원을 지닌 사람들에게서 그 자원이 부족한 사람들한테로 가치의 미세한 전환을 설계할 수단을 제공하는 한 그 자체로 분배노동의 형태라 할 수 있다('생존주의적' 교역자들이 이웃이나 지나가는 사람에게 간단한 기본 재화를 팔아 간신히 연명하는 경우가 이에 해당한다). 하지만 심지어 더 성공적인 '비공식적' 상인일지라도 단지 '사업 스타일로' 이익만 추구하는 것이 아니라 호혜적인 분배회로에 깊숙이 개입되어 있다. 네베스와 뒤 투아가 관찰한 대로(2012, p. 139) 이 과정에선 가장 필요한 것은 사회적 요구와 공정, 비착취에 대한 기대가 뒤섞인, "곤궁에 빠질지라도 가담해야만 하는" 복잡한 지형 안에서 협상을 계속하는 것이다. 그러한 요구와 기대를 적절히 처리하는 것은 '인색'하거나 사람들의 요구에 무관심한, 혹은 공격적으로 이익만을 좇는 상인에게 가해질수 있는 절도나 폭력을 미연에 방지하기 위해, 그리고 사회적 관계를 형성하고 있는 사람들 사이에서 고객 기반을 안정적으로 유지하기 위해 필요하다. 이 사람들에게 좋은 평판과 사회적 충성심을 확보하는 것은 단순히 유리한 가격을 매기는 것보다 훨씬 중요하다. 실제로 네베스와 뒤 투아는 남아프리카 지역에서 흔히 관찰되는 현상을 조사지에서 목도했는데, 이는 소상인들이 가격을 두고 경쟁하는 것을 거부한다는 점이었다. 이는 물론 교역에 관해 경제교과서에 기록된 것과 거리가 멀지만, 여기서 논의되는 사회적 압력의 측면에서 보자면 충분히 납득할 수 있다. 그 지역의 정교한 분배경제와 협상하는 다른 사람들처럼 상인들 역시 가격과 수익뿐아니라 (네베스와 뒤 투아의 표현대로) "사회적 재분배 주장과 관행을 다루는데"(2012, p. 145) 세심한 주의를 기울일 필요가 있는 것이다.

성과 사랑

남아프리카 지역에서는 정책 문건과 타블로이드 신문 모두 '슈가 대디 sugar daddy'라는 선정적 인물형상에 매료된 것처럼 보인다. '슈가 대디'는 훨씬 젊은 파트너와 성관계를 맺고 싶어하는 돈 많은 중년 남성을 가리킨다. 대중매체에서 이 남성은 대개 영향력 있는 정부관료나 사업가로, 희생

양은 좋아하는 물건을 구입하기 위해 돈이 필요한 젊은 소녀로, 특히 미성년의 '여학생'으로 묘사된다. 언론 보도는 에로틱한 상황에 대한 호색적 탐닉과 더불어 상처 입은 소녀와 전체 사회에 대한 도덕적 분노, 인도주의적이며 의학적인 근심을 불가피하게 섞어버리는 경향이 있다.

'슈가 대디' 현상에 대한 경험적 사례는 문화기술지에서도 심심찮게 등장하는데, 그중 일부는 대중 잡지에서 소개되는 내용만큼이나 혐오스럽다. 하지만 끊임없이 재연되는 '슈가 대디' 형상은 결국 드러나 있는 것만큼 많은 부분을 감추고 있는 캐리커처다. 분명히 병리적인 인물을 정교화하는 작업은 도덕적 위반에 대한 보편적 반감을 불러일으키지만, 동시에 그 인물의 형상을 이루고 있는 뼈대들을 결국에는 정상화하고 승인하는 것이기도 하다. 실제로 불편한 진실은 남성이 여성에게 경제적 지불을 행하는 것을 정상적이고 적절한 성관계로 이해하는 관행이 혐오스러운 '슈가 대디' 관계 속에서만 발생하는 게 아니라는 점이다. 종종 지적되어왔듯이 극빈 지역이나 노동자 거주지에서 '매춘'은 분명한 범주로 이해되지 않는 경우가 많은데, 이는 단기적 혹은 장기적 성관계를 통해 여성에게 현금과 다른 선물이 정기적이고 공공연한 방식으로 전달되고, 이 관계가 정상적이고 심지어 적절한 것으로 여겨지는 경우가 다반사이기 때문이다[8](돈과 성적 친밀성의 관계에 대한 더 자세한 논의는 4장을 보라). 하지만 그것은 단지 섹스를 돈으로 사고판다는 문제가 아니다. 자원이 많은 남자들은 성관계

---

8 이는 잠비아 구리광산에 관한 Ferguson(1999)의 연구와 말라위에 관한 Swidler and Watkins(2007)의 연구에서 길게 논의되었다. 남아공에 초점을 맞춘 인류학 연구로는 Leclerc-Madlala(2004)를 참고하고, 마다가스카르에 관한 Cole(2010)의 연구와 비교하라.

를 갖는 여자들을 돌보고 보호할 적절한 도덕적 의무를 가져야 한다고 여겨진다. 이런 점에서 보자면 성적 친밀성의 맥락에서 깊숙이 진척되어온 물질적 의존이란 마크 헌터Mark Hunter(2010)가 주장하듯 '진정한' 사랑의 관계와 모순되거나 타협하는 게 아니라 (그가 '제공자 사랑'이라 명명한) 어떤 형태의 사랑이 갖는 핵심 특징이라 이해되어야 한다. 유사한 동학이 결혼 관계에서도 종종 작동하는 것으로 관찰되어왔다. 동시에 경제적인 것과 성적인 것의 호혜성은 남아프리카 지역 문화기술지 작업에 소상히 기록되어온 지극히 갈등적인 젠더관계와 관련되어 있다. 잠비아 구리산출지대에 관한 조사에서 나는 남성들이 노동과 주거를 통제하는 심각한 경제적 비대칭성이 남편과 부인, 여자친구 사이에 심각한 갈등을 유발해왔으며, 그 핵심에는 분배문제가 있음을 알게 되었다. 여성들은 경제적 게임의 규칙을 당연시하면서 남성들의 환심을 사고 각종 선물과 돈을 제공받기 위해 지칠 만큼 일해야 할 '의무'가 있다고 생각했다. 반면 경제침체로 예전만큼의 벌이가 힘든 데다 여기저기서 온갖 요구를 받는 남성들은 '불같이 화를 내기 마련'이었다(Ferguson, 1999, p. 194).

오늘날 많은 경우 임금노동이 줄어들고 남성들에게만 국한되지도 않게 되면서, 반대로 여성들이 자율적으로 스스로를 보호할 수 있는 더 많은 가능성이 열리면서 상황은 급속도로 바뀌고 있다. 이 장에서 논의한 임기응변식 생계행위는 광산노동처럼 한때 노동시장을 지배했던 남성 노동 형태보다는 여성들에게 종종 더 많은 기회를 제공하고 있으며, 사회보조금, 특히 아동보호지원금은 수백만의 여성들에게 독립적인 수입원을 가져다주었다. 이렇게 변형된 조건하에서 더 많은 여성들이 남성 '가장'으로부터 독립해서 살아갈 수 있게 되면서 혼인율은 급격히 낮아졌다(Hunter,

2010; Kumchulesi, 2011). 하지만 최근의 문화기술지 연구들은 분배되는 자원의 출처가 바뀌었을지라도 성과 사랑이 여전히 분배흐름과 긴밀한 관련을 맺고 있음을 보여준다(Hunter, 2010; Swider and Watkins, 2007). 그리고 '슈가 대디'에 대한 도덕적 공포가 보여주듯, 오늘날 분배적 고려가 친밀한 관계에 침투하는 정도에 대해서는 광범위한 공적 인식만큼이나 상당한 불안이 자리 잡고 있다.

　마지막으로 한 남성에게서 그의 애인으로 자원이 이동되는 것이 분배 이야기의 끝이 아니라는 점을 기억할 필요가 있다. 연금수령자가 고아가 된 친지를 거두고 백수인 성인 자식을 위해 옷을 구입하듯 사회보조금과 관련한 분배흐름은 통상 이차적 분배행위를 낳는다. 마찬가지로 다양한 형태의 '제공자 사랑'을 받는 여성들은 종종 자신이 받는 자원 중 일부를 자신의 분배 및 사회적 의무의 채널에 편입시킨다. 그렇게 남아프리카 지역에 특징적인 분배경향 때문에 '슈가 대디'는 자신의 여러 애인뿐 아니라 그 여성들에게 의존하는 사람들까지도 보호해야 할지 모른다.

죽음과 장례

죽음은 오랫동안 상속과 장례식을 둘러싼 일련의 관행을 통해 분배문제가 개입하는 핵심적 기회를 제공해왔다. 남아프리카 지역에서 장례식은 특히 중요하다. 역사적 문헌은 심지어 자기 고향에서 수백 마일 떨어진 곳에 사는 이주자들도 (극빈 가족의 경우 상당한 경비를 감수하는데도) '집에서' 묻히고자 한다는 점을 피력해왔다. 힐턴 화이트(2010)는 최근 조상 대대로 내려온, 땅에 묻히는 것을 둘러싸고 벌어지는 지속적인 행위들을 '죽음문화 복합체'라고 묘사했다. 죽음, 매장, 조상을 기리는 의식 등을 둘러싼 관행이 오랫동안 종족과 토지를 연결시키는 데 중요한 역할을 해왔다는 것이다. 헨더슨(2012)이 지적했듯, 질병과 죽음은 농촌 지역의 돌봄과 친척관계에 있어 가장 심오한 헌신을 발휘해야 하는 사건이며, 이 헌신은 감정적인 것만큼이나 강력하게 물질적이다.

오늘날 죽어서 도시에서 묻히는 일은 전보다 더 일반화되고 있다(Lee, 2011). 하지만 장례식은 여전히 너무나 중요한 사회적·경제적 제도로서 인식되며, 일련의 중요한 분배실천들 간 연결점이 되고 있다. 남아프리카 지역을 잘 아는 사람이라면 누구나 알겠지만, 거대한 장례경제는 빈자들, 노동계급 사람들의 경제생활에서 비중 있게 다루어지며, 이 사회적 실재는 에이즈 사태가 낳은 엄청난 죽음으로 새로운 차원의 가시성과 중요성을 획득했다. 아프리카 전역에 걸쳐 관찰자들이 이미 기록했듯, 가장 극빈층에 속한 사람일지라도 장례식을 위해 어마어마한 자원을 동원한다. 에이즈 시대에 장례식이 지역 정치경제에서 차지하는 중요성을 고려할 때 장례가 제기하는 분배문제에 관한 문화기술지 작업이 별로 없다는 게 의아할 정도다.[9] 하지만 케이프타운 이주자들에 관한 에릭 바레의 충실한 연구는 장례를 치르는 상황에서 발생하는 일련의 과정들에 대해 가치 있는 통찰을 제공한다(Bähre, 2007a, 2007b). 그는 장례식 지출이 광대한 사회적 하부구조에 의존하며, 보험과 같은 형태로 자금을 공동 출자하는 결사체들

---

9 이 장에서 나중에 논의하겠지만 바레의 연구는 실제 분배관행에 관한 문화기술지 사례들을 제공한다는 점에서 독보적이다. 이에 대한 풍부한 역사적 서술로는 Lee(2011)도 참조하라.

이 이 구조하에서 중요한 역할을 맡고 있다고 주장한다.[10] 그가 주장하듯 분배와 상호의존의 토착적 관행들은 믿기 힘들 정도로 값비싼 의식을 가능케 만든다. 모두를 이의제기 없이 보살피는 '공동체'에 관한 낭만적 묘사에 반박하면서 바레는 재정적 상호의존의 관행들이 복잡하고 종종 갈등적인 사회성의 장에 언제나 내재되어 있음을 보여준다. 이런 이유로 죽음을 기리는 과정에서 사람들 간의 결속은 나쁜 평판과 관계 악화가 겹치면서 무참히 깨지기도 하는데, 분열은 가난한 지역에서 더 크게 다가올 수밖에 없다. 싸움과 악의가 존경 어린 사랑과 관용만큼이나 사회적 동학의 한 부분인 것이다. 하지만 이러한 결속의 문제만큼이나 양가적인 것은 장례가 상당한 양의 돈을 모으고 재분배하는 데 있어 핵심적 기회를 제공한다는 점이다. 남아공 북부 쿠아줄루 나탈KwaZulu-Natal 주 지역에 관한 최근의 한 연구는 성인 한 명의 장례를 위해 1년치 가정 수입과 맞먹는 비용이 들어가며, 그 엄청난 경비의 약 45퍼센트가 다른 가정이 보내준 선물로 충당된다는 점을 보여주었다(Case et al., 2008, p. 5). 이 장례가 무엇인지, 어떻게 작동하는지 온전한 그림을 갖지 못한다 하더라도 상당히 중요한 분배 동학이 장례과정에서 발생한다는 점은 분명하다.

---

10 이후 바레의 연구(2012)는 상업적 보험회사가 가난한 흑인거주지역의 소비자들한테 장례보험을 파는 데까지 역할을 확장했으며, 이러한 상업회사의 중개인들조차 일련의 사회적 호혜성에 얽매어 있음을 보여준다.

"나는 지원금으로 살고 있다": 사회 상층부의 분배생계

자원에 접근하기 위해 분배수단에 의존하는 것은 비단 빈자들에게만 국한되는 것이 아니다. 이는 포퓰리스트 정치가인 줄리우스 말레마가 자신이 축적한 부를 비난하는 사람들에게 최근에 한 말에서 잘 드러났다. 인터뷰 질문자에게 그는 비평가들이 이해하지 못하는 게 있다고 대꾸하면서 다음과 같이 말했다. (그를 비방하는 사람들이 즉각 뽑아낸 어구로 표현컨대) "나는 주로 지원금으로 연명하고 있습니다."

> 내가 먹을 음식이 없다면 카셀 마탈레Cassel Mathale (림포 주지사)에게 전화해서 말하면 됩니다. "대장, 나를 좀 도와주겠습니까? 여기 아무것도 없네요." 나는 타바 무파마디Thaba Mufamadi한테 전화할 수도, 풀레 마베Pule Mabe (아프리카민족회의 청년동맹ANCYL 회계 담당자)나 음발루아Mbalula한테 전화할 수도 있습니다. 그들은 모두 나를 위해 똑같은 일을 해줍니다. 그것이 우리가 서로 서로 연결된 방식이지요. 우리가 서로를 지켜주기 때문에 당신이 심지어 우리의 가난을 보지 못한 이유이기도 하고요. 우리는 동지로서 항상 서로를 지지하고 보호해왔습니다.[11]

많은 사람은 이를 부패하고 광대 같은 정치가, 공공재산을 약탈하면서

---

11 "줄리우스 말레마: '나는 지원금으로 살아간다'"(2010. 3. 26. 『메일과 가디언』). http://mg.co.za/article/2010.03.26.-julius-malema-i-live-on-handouts. 2013년 7월 4일 검색.

빈자 행세를 하는 '입찰사업가tenderpreneur'[12]의 터무니없는 진술로 받아들일 것이다. 하지만 그의 진술을 좀더 면밀히 들여다보면 중요한 사회학적 진실이 등장하며, 이는 매우 의미심장한 것이기도 하다. 사실 남아공에서 급부상한 신흥 엘리트들은 말레마처럼 정치적 임명을 통해 새로운 경제 지위를 획득했다. 이 임명은 그들에게 상대적으로 높은 수입을 가져다주지만, 새롭게 익힌 라이프스타일 때문에 소비가 많아지고 지출 비용 역시 늘어난다. 돈은 때때로 죄다 빠져나간다. 새로운 환경에 처한 사람들은 요구를 주거니 받거니 해야 살림이 지속된다는 것을 재빨리 알아차린다. "대장, 나를 좀 도와주겠습니까?" 실제로 신흥 부자 엘리트들뿐 아니라 평범한 봉급생활자들 역시 그러한 요구에 포획되어 있다는 게 심심찮게 발견된다. 일전에 나미비아에서 대학교육을 받은 한 운동가가 나한테 말했다. "나는 자식이 셋입니다. 여덟 명한테 학비를 대주고 있고요. 어느 정도의 직업을 가진 나미비아인이라면 당신한테 똑같은 이야기를 할 겁니다."

인류학자들 역시 '부패'와 우정, 충성 같은 것들 사이의 경계가 아슬아슬하다는 점을 오랫동안 알고 있었다(예를 들어 Smith, 2008). 여당과의 정치적 연줄을 통해 (때때로 '흑인들의 경제적 역량강화'를 촉진하는 국가 프로그램을 빙자하여) 용이해진 새로운 형태의 축적은 상호의무와 분배를 조정하는 일련의 네트워크를 통해 작동한다는 점에서 다른 축적형태들과 크게 다를 바가 없다. '입찰사업가' 역시 분배흐름을 좇는 사람인 것이다. 말레마는 그러한 생활이 단순한 사치가 아니라 복잡다단한 '지원금'을 주거나 얻어

---

12 현재 남아공에서 빈번히 쓰이는 이 단어는 정치적 연줄을 갖고 정부 계약이나 입찰을 선점해서 부를 축적하는 사업가를 지칭한다.

내기 위해 상당한 수고와 부담을 감수하는 사회적 행위라고 봤다는 점에서는 아마도 옳았다. 이는 분배적 생계전략이 단지 빈곤과 박탈의 산물이 아니라 모든 사회적 수준에 적용될 만한 뿌리 깊은 사회적 논리에 의존하고 있음을 말하는 것이다.

엘리트와 하위주체subaltern의 토착적 분배관행들 간에 보이는 친연성은 왜 '말레마주의'가 대중에게 호소력을 가졌는지 부분적인 설명을 제공한다. 많은 사람은 빈자들, 실업자들에게 아무것도 제공하지 못하며 단지 흑인 엘리트 집단의 축재만 도와줄 말레마의 정치기획에 왜 흑인거주지에서 살아가는 청년들이 매력을 느끼는지 의아해했다.[13] 말레마의 계급이익과 흑인거주지 청년들의 계급이익은 완전히 갈라지는, 심지어 반대되는 게 아니던가? 6장에서 자세히 살펴겠지만, 말레마는 분배와 관련된 질문들을 가지고 정치적 분석을 시작하며, 이 질문들은 언제나 빈자들의 생활조건과 적나라하게 연결되어 있다. 그는 늘 말한다. 남아공은 부유한 나라다. 그런데 부가 과연 누구에게 속하는가? 그것이 우리 남아공 국민들에게 속한다고 또는 속해야 한다고 말하는 게 이 질문에 대한 올바른 대답이 아니겠는가?[14] 그리고 그 부가 우리에게 속한다면 왜 우리는 어떤 혜택도 보지 못하고 있는가? 현행 시스템에서 혜택은 올바르게 나뉘고 공유되지 않으며, 소수(특히 백인들)가 자기 몫 이상을 가로채고 있다. 그런 점에서 토지

---

13 최근의 한 조사에 따르면 남아공 청년들 중 약 26퍼센트가 말레마가 이끄는 정치정당에 투표하고 ANC와 결별했다. "청년 네 명 중 한 명이 말레마 정당을 지지"(2013. 6. 26. 『메일과 가디언』). http://mg.co.za/article/2013.06.26.-survey-one-in-four-youths-would-support-malema-party. 2013년 7월 4일 검색.

개혁과 주요 산업의 국유화와 같은 익숙한 요청은 국가가 **탈취하는** 게 아니라 그들이 훔친 것을 정당한 소유자들에게 **되돌려주는** 것이다.

　이러한 주장이 갖는 호소력은 그 같은 정책 조치가 실제로 흑인거주지 청년들에게 혜택을 준다는 확실한 증명에서 나오는 것이 아니다. 대신 그 호소력은 소유권과 정당한 몫(6장 참조)이라는 도덕적 언어가 시민 권리, 공정 임금과 같은 언어들이 대변하지 못하는 방식으로 생산 세계에서 배제된 자들을 끌어당기고 있음을 보여준다. 그러한 주장들은 분배적 경제 요구를 내세우기 위해 명백히 보이는 굶주림을 강조하고 그 해결을 제안한다. 이 장에서 분석했듯 그러한 정치적 감수성은 조각 하나, 부스러기 한 쪽, 쥐꼬리만한 몫을 얻어내기 위해 고군분투하는 젊은 실업자들의 실제 생계활동과 잘 부합하는 것이기도 하다. 품위를 따지는 남아공의 정치집단은 말레마의 반동적인 쇼비니즘을 애도하지만, 부당하게 배제된 사람들과 부를 직접 나누자는 약속에서 출발하는 정치의 영향력은 막대하다. 그러한 정치적 전망이 말레마주의가 최악의 경우 약속하는 각종 부패를 뛰어넘을 수 있는지는 6장에서 다룰 사안이다. 여기에서는 분배관행을 토대로 하는 생계가 단순히 사회정책 전문가만을 기다리는 제도 영역이 아니라 부자든 빈자든 오늘날 남아프리카에서 살아가는 수많은 사람에게 이미 일상적이고 단단히 뿌리박힌 실재가 되었음을 강조하는 것으로 충분하다.

---

14 6장에서 논하겠지만 말레마가 말하는 '우리'가 '우리 남아공인들'이라는 국가에 기반을 둔 지칭인지, '우리 아프리카인들'이라는 인종에 기반을 둔 지칭인지 그는 분명히 밝히지 않은 채 얼버무리고 있다. 그는 국부가 '모든 남아공인'에게 속해야 한다며 국가주의적 보편주의를 주장하다가도, 어떤 순간에는 본디 남아공 흑인들이 소유했던 국부를 백인 약탈자들이 불법으로 가로챘다며 인종적 분노를 이끌어내는 정치언어를 구사한다.

분배적 세계에서의 분배정책

이 책의 전반적인 목적에서 보자면, 이 장은 분배가 광범위한 과정이자 일련의 행위들로 이미 구체화된 세계에 분배 관련 국가 프로그램들이 삽입되는 것임을 증명하고자 했다. 즉 분배는 보조금을 받는 사람들에게든 그렇지 않은 사람들에게든 오랫동안 생계를 위한 핵심적인 토대가 되어주었다. 이는 국가로부터 보조금을 받는 사람들과 그렇지 않은 사람들을 '의존'과 '독립'으로 대별하는 문제가 아니다. 가난한 남아프리카 주민들은 오랫동안 분배적 흐름이 사회적 장에 흘러들어가는 수많은 경로에 접근함으로써 생계수단을 확보해왔다. 과거와 마찬가지로 오늘날에도 분배를 통해 일정한 할당을 받은 사람들은 자신의 피부양자들로부터 또다시 분배를 요구받고 있다. 즉 분배의 흐름은 그 자체로 다시 나뉘고 있다. 다음 장에서는 이 점이 국가의 분배 프로그램에 시사하는 바를 논할 것이다. 사회적 보호의 이전과 관련된 분배·의존 양식들이 남아프리카 빈자들의 실제 생계에 너무나 중요한 다른 분배·의존 양식들과 어떻게 연결되는지를 살펴볼 것이다.

4장

현금지급의 사회적 삶

돈, 시장, 빈곤의 상호성

최근 글로벌 남반구에서는 새로운 종류의 복지국가가 출현하고 있다. 『뉴스위크Newsweek』의 최근 기사는 이 경향을 '복지 2.0'이라 표현하기도 했다.[1] 이 경향의 지지자들은 빈자들에게 일정한 현금을 직접 지급하는 새로운 프로그램을 찬미해왔다. 한 인상적인 정책 문서는 그러한 프로그램이 상당한 성취를 거두었음을 입증하고 있는데, 이 문서에 등장하는 대표적인 사례가 브라질의 볼사 파밀리아 프로그램과 여기서 내가 자세히 논의할 남아공의 연금·보조금 제도다. 기세등등한 신자유주의 서사는 사회적 지원 프로그램의 후퇴나 심지어 복지국가의 종말을 예견케 했지만, 기실 새로운 복지 프로그램들이 세계 도처에 넘쳐나고 확장일로에 있으며, 이 중 대부분은 빈자들에게 매월 직접 현금을 지급하는 놀라우리만치 단순한 장치를 토대로 하고 있다. 이 프로그램들은 여전히 많은 측면에서 불명확하다. 하지만 적어도 부분적으로는 임금노동의 세계에서 배제된 사람들의 분배요구에 초점을 두는 새로운 정치와 결속되어 있다는 점은 분명해 보인다.

재분배에 반대하고 국가의 사회부조 프로그램을 경멸하는 정치적 우파들이 "빈자들에게 돈을 그냥 주는" 생각에 왜 적대적인지를 이해하기는

---

1 "전 세계 가난한 사람들을 위한 복지 2.0을 환영한다"(2010. 8. 10. 『뉴스위크』), 2010년 11월 7일 검색, http://www.newsweek.com/welfare-developing-worlds-poor-68857.

쉽다. 하지만 빈자들의 손에 현금을 쥐어주자는 제안은 좌파들에게서도 종종 똑같은 비판과 혐오를 불러일으킨다. 최근 몇 년 동안 나는 현금지급에 대한 나의 입장을 광범위한 청중에게 이야기하는 자리를 만들어왔는데, 학계의 자장에서는 현금지급을 반대하는 목소리가 대부분 좌파 진영으로부터 나온다는 점에 적잖은 충격을 받았다. 예전 시기라면 모든 형태의 '개량주의'에 대한 혁명적 좌파의 오랜 반감을 통해 이러한 반대 입장을 설명할 수 있었을 것이다. 하지만 오늘날 학계 내 좌파 중 여전히 혁명을 기다리는 사람들이 극소수에 불과하다는 점을 고려한다면, 아마도 빈자들이 현금을 받게 된다는 바로 그 아이디어에 대한 혐오가 실제 저항의 밑바닥에 깔려 있는 게 아닌가 생각된다.

그러한 판단은 현금지급 프로그램이 현금을 받는 사람들을 '신자유주의적' 시장교환의 세계로 '끌어들임'으로써 궁극적으로 '상품화'의 계기를 마련하고 결국에는 자본주의의 대의에 복무할 것이라는 우려에서 나온다. 이러한 생각은 사회주의 사상에서 오랜 족보를 갖는 것으로, 시장에 참여하는 행위가 사회적 관계들을 '붕괴시킬' 것이며, 돈을 추구하는 행위는 이기적인 이익 계산에 편승하여 사회적 의미와 도덕적 의무를 토대로 오랫동안 구축되어온 관계들을 종식시킬 것이라는 우려를 기저에 깔고 있다. 그러한 견지에서 보자면 현금은 사회적 접착제를 용해시켜버리는 주범이다. 여기서 '현금관계cash nexus'는 모든 다른 형태의 사회적·도덕적 관계를 침식시키거나 치환시키는 것으로 이해된다.

추정컨대 '현금관계'에 대한 가장 초기의 문헌은 차티즘Chartism(1836~1848년 영국 노동자들이 부르주아지의 이익만을 대변한 선거법 개정과 노동조건 악화에 반발하여 일으킨 전국적 정치운동으로, 런던 노동자협회를 중심으로 인민헌장

People's Charter을 결의하고 그 실현을 위해 투쟁을 전개함—옮긴이)에 관한 토머스 칼라일Thomas Carlyle의 1839년 에세이일 것이다. 이 에세이에서 칼라일은 이전에 오래된 귀족정과 하층계급을 연결시켰던 사회적 결속에 대해 다소 감상적인 풍경을 그려내고는, 자본주의 때문에 (그가 이탤릭체로 강조한바) '현금지불'이 "인간 대對 인간의 관계에서 보편적이고 유일한 연결점"이 되어버렸다며 사회적 결속의 파괴를 한탄했다(1840, p. 58). 잘 알려져 있다시피 『공산당 선언』에서 마르크스와 엥겔스는 이 주장을 확대하면서 봉건주의에서 자본주의로의 이행 이후 부르주아지가 "인간과 그의 '태생적 상급자들'을 묶어두었던 잡다한 봉건적 유대들을 가차 없이 찢어발기고, 민낯의 자기 이익, 냉혹한 '현금지불' 외에는 인간과 인간 사이에 그 어떤 관계도 남겨두지 않았다"고 비난했다(1998, p. 37). 그렇다면 어떤 사회정책이나 실질적인 정치에 있어서든 거의 본능적인 회의주의로 무장한 이 전통의 상속자들의 과녁이 정확히 '현금지불'을 향하고 있다고 봐도 놀랄 것이 없다. 이런 견지에서 보자면 빈민을 위한 현금지급은 이들의 비참한 상황을 일시적으로만 완화시켜줄 것이다. 하지만 장기적인 시각에서 봤을 때 현금지급은 돈과 시장의 유해한 힘이 더 풍요롭고 의미 있는 사회적 연결과 의무의 세계를 파괴시켜버리면서 사람들의 삶의 구석구석까지 침투하게 되는 또 다른 경로에 불과할 것이다. 이런 관점에서 볼 때 현금지급은 일종의 트로이의 목마일 것이다. 추호의 의심도 품지 않고 빈자들은 현금으로 급박한 필요를 해소할 수 있기만을 바라면서 그 지급을 즉각 환영하겠지만, 이들은 실제로는 '현금관계'에 유혹을 당하고 결국에는 자신들의 이익과 배치되는 자본주의적 금전교환 시스템에 연루되고 마는 것이다.

하지만 가난한 사람들이 현금경제에 참여하는 방식에 관한 실제 연구들은 돈과 사회적 관계들이 맺는 상이한 종류의 연결, 즉 돈, 의미, 상호성이 적대적이라기보다는 긴밀히 맞물린 관계의 지형을 드러낸다. 이러한 맞물림을 이해하기 위해 우리는 '현금관계'와 사회적 연결 및 상호성의 다양한 형태들 간의 관계를 재고할 필요가 있다. 이 재고는 현금지급과 시장교환에 대해 전통 좌파가 표명해온 극도의 반감 기저에 자리한 일련의 관습적 이분법(이익 대 의무, 감정 대 계산, 이타주의 대 이기주의 등등)에 도전하는 것을 포함한다.

대체로 남아프리카의 빈자들은 상당히 사회적일 뿐 아니라 현금을 지향하는 경향을 보인다. 여기서 나는 이 주제에 관한 풍부한 문헌들을 검토한 뒤, 사회적 관계들이 어떻게 '의존과 의무의 결속을 존중하는 것'과 '현금획득과 그 현금으로 살 수 있는 재화를 좇는 것'에 동시에 의존하는지에 관해 결론을 이끌어낼 것이다. 이러한 경험적 관찰은 자원들이 (일련의 규칙에 따라) 현금경제에서 축적되고, 도덕경제에서 (또 다른 일련의 규칙에 따라) 분배된다는 입장 아래 시장의 '논리'와 공동연대의 '논리'를 대비시키는 통상적인 경향과 배치된다.

시장markets과 상품화 과정에 대한 좌파의 뿌리 깊은 적개심은 최근 마르크스 이론가인 G. A. 코헨Cohen(2009)이 사회주의의 첫 번째 원리에 대해 설득력 있게 보여준 논의에서 구체적인 설명을 찾을 수 있다. 코헨은 사람들이 캠핑 여행을 조직하는 방식의 사례를 통해 사회주의가 갖는 미덕과 자본주의가 갖는 도덕적 비열함을 설명한다. 캠프 참여자들은 각자가 지닌 재능과 관심도, 가져온 장비나 물품도 다양하지만, 전체 작업은 상호이해와 목표 아래 구조화되며, 이들은 목표를 실현시키기 위해 자발적으로 협동한다. 물품을 공유하고 잡일을 똑같이 분담한다. "수많은 차이가 있지만 우리는 상호이해와 도전정신 아래 어떤 사람도 완강히 반대할 정도의 불평등이 야기되지 않도록 노력한다."(2009, p. 4) 그의 주장에 따르면 평등과 호혜성의 규범들이 그 같은 공동의 기획에 적용되어야 함을 거의 모든 사람이 동의하고 있다. 코헨은 더 나아가 각각의 캠프 참여자들이 여행 중에 출현하는 다양한 재능과 발견들에 대해 이기적인 소유권을 주장하고 나서는 상황을 독자들이 상상하도록 이끈다. 가령 물고기를 잡은 한 참여자('해리')가 캠프로 돌아와 자기가 물고기를 '소유함'을 내세우면서 가장 많은 몫을 요구한다면 어떻게 될까? 또 다른 참여자('실비아')가 사과를 몇 개 구해서 잡일을 적게 하는 대가로 이를 교환한다면? 다른 사람들은 배제와 교환을 통해 수익을 얻으려는 그 같은 이기적 시도에 대해 분개하지 않을까? 다른 캠프 참여자들은 그러한 행위를 탐욕적이고 경멸스러운 것으로 보면서 재빨리 비난할 것이다. 가령 욕심 많은 해리는 '얼간이' 취급을 받고, (철학자가 꿈꾸는 캠핑가에게서나 튀어나올 만한 언어로) "너는 우리만큼 힘들게 일했어. 그래, 낚시를 아주 잘하지. 그렇다고 우리가 네 재능을 시기하는 건 아니야. 너한테 그만큼 만족을 가져다준 재능이잖아. 하지만 그렇다고 우리가 왜 너의 행운에 보상을 해줘야 하지?"(2009, p. 7) 이기적인 이익 추구를 혐오하면서 이 집단은 일과 자원을 동등하게 분배하고, 즐겁게 공동의 경험을 갖자는 공유된 목적 아래 협력할 것을 주장한다.

이때 캠핑 여행은 공유와 협동을 정상적·자연적이며 선한 것으로 인정하는 공동연대를 기반으로 한다. 우리가 소규모 사회적 상호작용의 맥락에서 그러한 가치들을 인정한다면 전체로서의 사회에 대해서도 그 가치의 실현을 위해 노력을 경주해야 한다고 코헨은 강조한다. 그는 규모가

클 경우 사회적 협동과 공유를 조직화하는 것이 캠핑 여행보다 훨씬 어려운 일임을 인정한다. 하지만 실행과정에서 야기되는 장애물들이 이미 캠핑 여행 같은 소규모 기획에서 그 가치를 입증한 공동연대라는 사회주의적 원칙을 포기할 이유는 되지 못한다.

인류학자라면 철학자들이 선호하는 허구보다는 실제 캠핑 여행에 대해 얘기를 꺼낼 것이다. 시장에서의 교환만큼이나 '공동연대'라는 친밀한 관계에서도 불평등이 만연함을 재빨리 알아차릴 테니 말이다. 코헨의 분석은 캠핑 중의 잡일이 종종 젠더에 따라 혹은 세대에 따라 불평등하게 나뉜다는 점에 이상하리만치 침묵하고 있다. 가령 남자는 물고기만 잡을 뿐 이를 손질하는 거추장스러운 작업은 여성에게 일임하며, 부모는 자식들에게 권위를 행사하려 든다. 자식들 중 누군가는 "이런 바보 같은 여행에 안 왔다면 좋았을 텐데"라며 푸념할 것이다. 사실 코헨의 사례에서 캠프 참여자들은 구조화된 사회적 관계들을 전혀 갖지 않은 것처럼 보인다. 친척관계나 직업적 위계와 같은 기존의 관계들이 '해리'와 '실비아'의 관계를 어떻게 형성했는지 알 수가 없다. 이는 실제 캠핑 상황에 거의 들어맞지 않는 시나리오이며, 공동의 협동관계를 위한 모델로는 전혀 그럴듯하지 않다. 그러한 협동관계란 실제 생활에서는 대개 잘 정련된 제도적 환경과 사회적 역할 내에서 작동하기 때문이다.

하지만 코헨이 비시장적 관계들이 전혀 문제적이지 않고 완전히 무해하다고 주장하는 것은 아니며, 단지 그러한 관계들이 금전적 이익 추구에만 전적으로 매달리지는 않는다는 점을 강조하고자 했을 뿐이다. 이는 (그의 설명을 따르자면) 시장관계가 공동의 호혜성과 연대관계와 달리 근본적으로 '현금보상' 추구에 기반을 두기 때문이다(2009, p. 39). 따라서 생산적 활동을 향한 시장의 동기는 "전형적으로 탐욕과 두려움의 혼합물"이다. 사람들이 각자 다른 이유들 때문에 시장활동에 참여할 수는 있지만, "탐욕과 두려움이라는 동기들이야말로 시장을 우위에 두게 하는 것"이다. 코헨은 다음과 같이 말한다.

> [이 동기들이야말로] 우리가 그것들에 얼마나 길들여졌든, 수 세기에 걸친 자본주의 문명의 결과 다른 사람들을 바라보게 된 끔찍한 방식들이다 (물론 자본주의가 탐욕과 두려움을 발명한 것은 아니며, 그것들은 인간 본성에 깊이 내재되어 있다. 하지만 기독교나 다른 종교가 탐욕을 비난할 기품을 지녔던 이전의 봉건 문명과 달리 자본주의는 탐욕을 칭송해 마지않는다). (2009, p. 41)

코헨은 생산성을 끌어올리는 사회경제적 시스템이 이 같은 인간 동기들을 배양하고 이용함으로써 성립될 수 있었다고 생각한다. 하지만 우리는 "탐욕과 두려움이 혐오스러운 동기들에 불과"함을 잊어서는 안 되며, 시장(들)을 사회주의적 동기를 위해 이용할 수 있다고 생각하는 '시장 사회주의자들'은 이 시장형태들이 갖는 본질적으로 비열하며 파괴적인 속성을 기억해야만 한다(2009, pp. 77~78). 어떤 맥락에서 시장은 필요악일 수도 있지만, 코헨은 그것이 실제로, 그리고 필연적으로 악하다고 확신한다. "모든 시장은, 심지어 사회주의적 시장조차도 약탈 시스템에 불과하다."(2009, p. 82)

이 점에서 이른바 약탈 시스템을 파괴하고자 했던 좌파 체제의 오래되고도 불행한 역사를 회고하지 않을 수 없다. 물론 국가사회주의하의 비시장적 체제는 생필품을 끝도 없이 기다려야 하는 관료주의적 배급제를 통해 보듯 도처에 악명을 떨쳤다. 하지만 그러한 정책을 스탈린주의의 왜곡으로만 치부할 수는 없는데, 이는 시장에 대한 사회주의적 반감이 소비에트 스타일의 중앙계획 국가보다 훨씬 깊고 연원이 오래되었기 때문이다. 초기의 많은 사회주의자는 혁명이 시장교환과 화폐 자체의 종식을 가져다줄 것이며, 경제생활은 자발적인 비시장적 협동이나 집중된 계획을 통해 조직화될 것이라고 상상했다.[2] 물론 20세기 후반에조차 사회주의를 공언한 체제와 일련의 운동은 시장이 악이라는 확신 아래서만 설명 가능한 온갖 파괴적인 정책들을 반복해서 추구했다. 아마도 '상인들'에 대한 크메르 루즈의 계획적 학살이나 농촌 시장을 '자본주의적 착취'의 증거라며 폭력적으로 공격한 페루 좌익Shining Path 게릴라들의 정책을 가장 극악무도한 사례로 들 수 있을 것이다. 최근 이보다 다소 덜 극적인 사례로는 폭주하는 인플레이션이 초래한 빵 가격 상승에 대해 짐바브웨의 로버트 무가베Robert Mugabe 정권이 취한 대응을 들 수 있다. 무가베 정권은 감히 시

---

2 마르크스 자신은 혁명 이후의 사회에서 돈이 더는 필요하지 않을 것이라고 상상한 것 같다. 『고타강령비판』 중 충분히 발전시키지 못한 논의에서 그는 '사회'가 노동자들에게 제공할 '증명서certificates'를 언급한다. 자신이 일한 노동시간이 기록된 증명서를 무기로 노동자들은 "동일한 양의 노동에 값하는 만큼, 소비수단의 사회적 저장고에서 얻어낼" 것이다(1977, p. 568, 그는 노동할 수 없는 사람들에게는 분배가 어떻게, 어떤 원칙으로 이루어질지는 설명하지 않는다). 현재 '공통적인 것'을 다루는 주요 이론가 중 한 명인 마시모 드 안젤리스Massimo De Angelis 역시 돈과 시장에 관한 전통 마르크스주의의 의구심을 거두지 않는다. "우리가 욕구를 만족시키고 욕망을 따르기 위해 돈과 시장에 의존할수록 서로의 생계를 궁지로 몰아넣는 의존의 악순환에 점점 더 노출되고 말 것이다."(De Angelis, 2006, p. 151) 심지어 최근에도 (대항문화 코뮌과 자율주의 경향의 불법거주지에서 가장 최근의 점거Occupy 캠프에 이르기까지) 급진적 좌파 다수의 주요 전략은 돈이라는 오염원을 쫓아냄으로써만 '반자본주의' 특성이 안정적으로 상상 가능한 '예시적prefigurative' 사회공간을 만드는 것이었다.

장 가격으로 빵을 판매한 '착취적' 제빵업자들을 비난하면서 가격을 생산비용보다 낮게 책정할 것을 명령하고, 결국에는 이들을 제빵산업에서 몰아내거나 심지어 구속시키기까지 했다(BBC, 2006).

인류학자들은 종종 시장에 대한 전통적 사회주의의 반감을 공유해왔으며, 때때로 도덕적이고 향수를 불러일으키는 이분법을 지지하면서 선물에 관한 마르셀 모스의 유명한 에세이를 거론해왔다. 키스 하트가 지적했듯, 현대 서구 자본주의 사회가 비사회적 '상품경제'를 가진 반면 이와 다른 사회에서는 도덕적인 '선물경제'가 지배적이었다고 보는 견해가 널리 퍼져 있으며, "인류학 개론을 통해 도처에서 재생산되고 있다."(2007, p. 11) 그러한 이분법을 시작점으로 전前자본주의적 전통사회가 증여와 공유, 인간 결속과 같은 선한 것들을 토대로 한 반면, 자본주의와 현금경제는 점점 더 풍요롭고 의미 있는 세계를 냉혹하고 비인간적인 시장의 손에 넘겨버렸다는 익숙한 반反시장 이야기가 전개된다.

하지만 하트가 적절히 지적했듯, 그러한 설명은 "그(모스)의 에세이가 반박하고자 하는 바로 그 이데올로기"를 모스 자신의 탓으로 돌려버린다(2007a, p. 11). 상이한 사회에서 사물의 순환이 사회적 의미나 개인적 이익과 언제나 관계 맺게 되는 방식을 추적하면서 모스는 "인간 제도는 어디서든 개인과 사회의 통합, 자유와 의무, 자기 이익과 타인들에 대한 관심에 기초하고 있다"는 점을 보이고자 했다(Hart, 2007a, p. 9). 트로브리안드 섬의 쿨라링kula ring(뉴기니 트로브리안드 군도에서 이루어지는 원거리 교환체계—옮긴이)이나 콰키우틀 사회의 포틀래치 사례를 통해 모스가 정말로 강조하고 싶었던 것은 '전통적인' 선물증여는 사실 언제나 득실을 따지며, 종종 경쟁적이고 적대적인 동기들을 포함한다는 것이었다. 마찬가지로 그는 서구 사회와 (협동조합, 사회적 보호 프로그램, 고용과 관련한 사회적 규범을 포함해서) 새롭게 출현하는 복지국가제도를 면밀히 고찰하면서 '수당prestation' 및 그와 관련된 영예, 돌봄, 연대에 대한 고려가 복잡한 시장 시스템에서도 계속 중요성을 획득하고 있다고 주장했다.

데이비드 그레이버(2004)가 강조했듯, 선물에 관한 모스의 에세이는 사회주의에 대한 그의 오랜 헌신과 소비에트 혁명 초기 볼셰비키에 대한 그의 비판을 염두에 두면서 독해해야 한다. 모스가 소련 방문을 마친 뒤 선물 에세이를 작성하고 1924년에 이를 출간했음을 기억한다면, 우리는 이 에세이를 소비에트 '실험'에 대한 그의 확장된 평가와 연결 지어 독해할 필요가 있다(Mauss, [1924]1983). 볼셰비키 경험에 대한 모스의 비판은 정확히 시장이 바람직하며 또한 필요하다는 그의 확신을 토대로 하고 있었다. 볼셰비키의 중대한 실수 가운데 하나는 그들이 "경제 자체를 구성하는 본질적인 것, 즉 시장을 파괴시키고자" 시도한 것이었다([1924]1983, p. 353). 이는 시장교환이 없는, 다시 말해 사람들이 "자유롭게 '공급과 수요를 만들면서' 가격을 창출하는 방식을 통해" 재화를 사고팔 권리를 갖는 시스템이 부재한 현대 사회란 '상상할 수 없기' 때문에 기본적인 실수였다([1924]1983, p. 353). "시장의 자유는 경제생활에서 절대적으로 필요한 전제조건"이며, 돈을 아예 없애려고 하는 사회주의적 사고는 대단히 잘못된 것이다([1924]1983, p. 353).[3] "국가주의와 관료주의, 혹은 (한편에서는 생산을 입법화하고 다른 한편에서는 소비를 행정적으로 구획하는) 전체주의적 산업화는 허버트 스펜서Herbert Spencer가 '군사적' 경제라 불렀을 법한 것으로, 현대 인간의 '교환주의적 본성'에 배치"되며, 성공할 리도 없다([1924]1983, p. 354).

당시 모스는 자본주의적 적대자가 아닌, 광범위하게 진행되던 사회주의적 변혁의 지지자로서 이 같은 비판을 펼쳤다. 그는 사회주의가 국가나 개인과 같은 추상적 개념이 아니라 사회 그 자체에 기초해야 한다는 단순한 사실을 볼셰비키가 망각하고 있었다고 비판했다. 사회 자체는 돈과 시장이 만들어내는 다수의 상호성과 자유로운 결사에 의해 조직되는 것이었다. 그가 가장 선진적이며 유망한 사회주의적 변혁의 현현이라 보았던 생산자 협동조합, 전문적 협회, 공제회 등도 이 점에서 예외가 아니었다. 시장은 그 자체로 사회적 연대와 공동목적을 실천하는 데 있어 핵심 역할을 수행하는 사회제도이기 때문에 사회주의는 시장과의 적대를 선언하기보다는 공생의 방식을 모색해야 했다는 것이다. "지금 당장은, 그리고 우리가 예견할 수 있는 시기 동안 사회주의—공산주의—는 시장을 억압할 것이 아니라 조직하는 길을 추구해야 한다."([1924]1983, p. 353)[4]

이러한 사유를 따른다면 우리는 시장교환이 사회성을 부정하는 게 아니라 어느 현대 사회든 사회생활을 조정하는 핵심적인 일부라고 얘기할

---

3 혹자는 모스가 자신의 유대인 가족 배경 때문에 반시장/반금전 정서와 반유대주의가 뒤엉킨 당시 유럽 상황에 예민하게 반응한 것은 아닌지 질문한다(Fournier, 2006, pp. 10~13, 모스의 부친은 직물 세일즈맨이었고, 모친은 소규모 자수업종을 운영한 가축상의 딸이었다). 실제로 남아프리카 자료들은 '시장'에 대한 혐오가 상인에 대한 종족적·인종적 적대와 얼마나 쉽게 뒤엉키는지 말해준다.

4 모스의 국가주의 비판과 시장에 대한 방어는 단순히 '국가'에 대항해 '개인'의 권리를 수호하려는 자유주의적 명령을 지지하기 위한 것이 아니었다. 그에게 국가와 시장이란 결사와 협동이라는 더 위대한 영광을 위해 복종해야 하는 것이었다. "집단적 전유는 반드시 국가나 국가독재에 의한 전유를 의미하는 것은 아니다.' '더 작은 규모의 집단들smaller collectivities' 또한 시장에 참여할 권리를 포함하여 그들 자신의 권리를 갖는다. 이런 이유로 "'자유'와 '집단통제'라는 용어는 서로 모순적이지 않다."([1924]1983, p. 355)

수 있다. 어떤 사회주의든 실제로 존재하는 집합적 생활형태를 파괴하기보다 이를 기반으로 해야만 한다. 정말로 시장, 도덕성, 사회성이 실제 사회생활에서 긴밀히 연동되고 있다는 사실은 페루의 농민들이 왜 자신들의 즐거운 장날을 코헨이 명명한 '약탈 시스템'으로 보지 않고 대신 사회성의 핵심 영역이자 가치 있는 분배기제로 인식했는지를 설명해준다(물론 그들에게 약탈자처럼 등장해서 총구를 겨눈 사람들은 자신이 파는 과일에 대해 합리적 가격을 요구하는 노점상이 아니라 독선적인 게릴라들이었다).

한편 모스가 주장했듯, 비시장적 관계들은 단순히 이타주의나 친족을 중심으로 한 공유에 기초하지 않으며, 이기주의, 타산, 경쟁적 노력, 적대와 같은 강력한 요소들을 포함한다(그가 우리에게 상기시켰듯, 선물gift의 옛 독일어 의미는 '독poison'이다). 코헨이 상상한 캠핑 여행과 달리 실제로 발생하는 '공동연대'란 협동과 이타주의라는 순전히 평등한 관계에 기초하지만은 않으며, 타산적이고 종종 경쟁적이기도 한 교환관계가 개입된다. 전적으로 사심 없는 공유와 순전히 비사회적인 계산이란 사실 판타지에 지나지 않으며, 실제 사회성은 언제나 공유와 사리사욕을 한 행위 안에 결합시킨다. 이러한 상태는 때때로 '호혜성reciprocity'이라 포장되지만, 복잡한 호혜적 의존관계들을 맞대응식 거래로 축소시키는 경제주의적 경향을 피하자면 상호성mutuality이라고 표현하는 게 더 적절할 것이다.[5] 이러한 상호성은 쿨라, 포틀래치, 농민들의 장터에서 발견되듯 현대 회사의 연례회의나 주식시장의 광란에서도 그 모습을 드러낸다.

---

5 '상호성'은 최근 Gudeman(2008)이 정교화한 개념인데, 여기서 나는 다소 다른 방식으로 이 용어를 쓴다.

실제로 모스가 획기적인 논문을 쓴 시점에 인류학자들은 시장 지향적인 경제행위가 갖는 깊은 사회적 속성에 관해 더 분명한 그림을 보여주었다. 이들은 시장이 사회적 제도이며 시장활동은 해리슨 화이트Harrison White가 말했듯 "친족 네트워크나 봉건 군대만큼이나 고도로 사회적"이다(Zelizer, 2005, p. 44). 최근의 많은 문헌이 보여주듯, 시장 참여자들의 동기는 심지어 전문적 사업가들의 경우에서조차 감정, 정동적 합리성, 사회적 기대, 의무 등으로 점철되어 있다.[6]

하지만 이는 명백히 '시장'적인 행위 영역이 사회적·감정적 동기와 애착을 드러내는 것은 물론 돌봄과 사랑, 공유, 애착을 포함하는 친밀성의 관계들이 그 자체로 시장거래와 교환에 깊숙이 침투되어 있음을 의미한다. 비비아나 젤라이저Viviana Zelizer가 '적대적 세계들'이라 부른 이데올로기는 현금교환이 실제 친밀성을 오염시키거나 침식하고 있음을 암시하지만, 우리가 일상적으로 친숙한 사회적 관계들이 어떻게 화폐거래와 결합하는지를 이해하기 위해서는 현대 사회를 조금만 돌아봐도 충분하다. 젤라이저의 관찰에 따른 언급을 보자(2005, p. 27).

부모는 자식을 돌보기 위해 보모나 보육사에게 돈을 지불하고, 입양 부모는 아기를 얻기 위해 돈을 지불하며, 이혼한 배우자는 위자료와 양육비를

---

6 가령 실비아 야나기사코Sylvia Yanagisako(2002)는 자본주의 사회에서 감정이 이익만큼이나 경제행위에 중요하게 작용함을 주장하며, 최근에 라투르와 레페네이Latour and Lépinay(2009)는 경제가 합리적 계산보다는 '열정'에 관한 것이라는 가브리엘 타르드Gabriel Tarde의 오랜 통찰로 되돌아갈 것을 촉구했다. Ho(2009)와 Zaloom(2010)도 참조.

지불하거나 받으며, 부모는 자식에게 용돈을 주고, 대학교육을 보조하며, 첫 번째 담보대출 지불을 도와주고, 죽을 때 유산을 물려준다. 친구들과 친척들은 결혼선물로 축의금을 보내고, 친구들은 서로 돈을 빌린다. 한편 이민자들은 정기적으로 고향의 가족들에게 돈을 부친다.

여기서 현금은 이러한 일련의 관계들을 단순히 상업적으로 만들어버리지도, 그 관계가 돌봄, 애정, 협동, 공유의 장이 되지 못하도록 막지도 않는다. 실제로 사람들이 맨 처음 돈에 가치를 부여하고 그것을 획득하려고 그토록 힘쓰는 주요 이유 중 하나는 고향의 친지에게 송금을 하고 자식의 교육을 위해 저축하는 등 그 돈이 타인을 돌보고 지원하는 행위를 가능케 해주기 때문이다.

하지만 돈이나 시장거래를 일종의 반사회적 사리사욕과 고집스럽게 연결시키려는 경향이 지속되고 있다. 이러한 연결은 우리가 분배나 사회적 지원과 같은 질문을 다룰 때 특히 위험한데, 이는 시장 및 '현금관계'를 이기심, 탐욕 같은 것들과 거칠게 등치시킴으로써 남아프리카 빈자들의 분배정치를 이해하는 데 핵심적인 두 가지 현실을 직시하지 못할 수 있기 때문이다. 첫 번째 현실은 시장이 '약탈'의 장일 뿐 아니라 분배와 조정의 사회적 장이라는 점이다. 시장에 내재한 근본적으로 사회적인 속성을 복구시키는 것은 시장기제가 진보적인 분배의 목적을 위해 작동될 잠재력이 있음을 인정할 수 있게 돕는다. 두 번째로 중요한 현실은 남아프리카 빈자들의 일상에서 현금경제에 참여하는 것과 돌봄, 의존, 의무의 사회적 관계에 참여하는 것이 그 실천을 보자면 모순적인 '논리들'이 아니라 함께 작동하는 관행이라는 점이다. 힘겨운 상황에 맞서 풍요로운 삶을 지탱하게 해주는 실질적 연대와 상호성은 사실상 '현금관계'와 모순되지 않고 오히려 이를 조건으로 하며, 금전적 거래 자체는 종종 (클라라 한Clara Han이 칠레의 맥락에서 주장했듯) "관계들의 정동적 수행, 타인들에 대한 돌봄의 몸짓"으로 보인다(Han, 2011, p. 25). 다음 두 절은 이 두 주제를 차례로 다루며, 마지막 절은 사회적 지원의 맥락에서 '현금지급'이 갖는 의미를 점검하기 위한 결론을 도출할 것이다.

시장과 함께하는 방법

이 장의 첫 부분에서 언급했듯, '현금지급'에 대한 전통적 좌파의 의심은 시장에 대한 일반적 적개심과 중첩되는 경향이 있다. 시장활동이 이기적 계산을 부추기고 상호성과 공동체 관계를 파괴하거나 약화시킨다고 보는 인류학자들도 이런 적개심을 종종 공유해왔다(Hart, 2005, 2007). 하지만 시장이 사회적 통합과 조정, 조직화된 분배의 핵심 기제라는 모스의 생각이 옳았다면, 현재 가장 주변부로 배제된 사람들의 요구를 더 만족시킬 수 있는 방식으로 사회를 재조직할 방법을 찾고 싶은 사람들은 시장이 이 목적에 부합하도록 어떻게 이용될 수 있는지를 질문해야 한다. 이는 시장을 다른 무언가로 대체하는 게 아니라 그 안에서 사회적으로 유용한 것들을 할 수 있도록 시장을 이용하는 것이다.

사회적으로 유용한 것들이란 무엇인가? 우선, 시장은 광범위한 정보를 끌어모으고 이를 활성화시키는데, 여기에는 다른 사람들의 요구를 아는 것처럼 사회주의자들이 반드시 인식해야 하는 정보도 담겨 있다. G. A. 코헨은 시장에 적개심을 가지면서도 이러한 시장의 능력을 확실히 인정하고 있다. 그는 복잡하고 고도로 분화된 경제 시스템 아래서는 "시장의 신호를 받지 않고는 무엇을 생산할지, 어떻게 생산할지 아는 것이 어려우며, 사회주의 경제학자들 역시 이 작동원리를 완전히 벗어날 수 없다"는 점을 인정한다(2009, p. 60). 그에 따르면 가격은 한 번에 두 가지 일을 한다. 가격은 우선 (코헨이 도덕적으로 반대하기는 하지만) 사람들이 거래를 통해 이익을 추구하는 '동기부여 기능motivation function'을 제공한다. 하지만 동시에 가격은 '정보 기능information function'도 제공하는데, 이때 가격은 수요가 어디에 있는지, 얼마나 많은 사람이 무엇에 돈을 지불할 용의가 있는지 신호를 보낸다. 이런 방식으로 가격은 "어떤 재화가 사람들에게 가치가 있는지, 무엇을 생산하는 게 나은지"를 드러낸다(2009, p. 61). 이를 통해 시장은 수많은 소비자의 욕구와 필요에 대해 정보를 집적하고 종합할 수 있다. "얼마나 많은 사람이 주어진 재화와 서비스를 획득하기 위해 기꺼이 희생할 태세가 되어 있는가"(Cohen, 2009, p. 61)를 반영하는 가격은 이런 방식으로 사람들 자신의 선호를 고려하면서 재화가 분배될 수 있게 해준다.

원칙적으로 경제학자들이 지적하기를 좋아하듯, 이러한 시장의 '정보 기능'은 시장이 사회적으로 조정된 할당기제를 제공하는 것을 가능케 하는데, 이 기제는 중앙계획 분배체계가 아무리 선의의 의도를 가지고 시행되더라도 온전히 담아낼 수 없었던 사람들의 요구와 가치를 고려한다. 줄리언 시몬Julian Simon(1994)은 이 기제의 특별한 사례로 비행기 바우처 제도(항공사에서 예약인원이 탑승인원을 초과했을 때 '덜 급한' 사람에게 현금쿠폰을 지급하는 제도)를 든 바 있다.[7] '쫓겨날' 승객들을 자의적으로 골라내는 이전의 시스템은 승객들이 각자 다른 상황에 처해 있다는 점을 고려할 수 없었다. 어떤 승객은 매주 비행기를 타는, 그래서 다음 비행기를 기다려도 좋은 사업가일 것이다. 어떤 승객은 딸의 결혼식에 참석하기 위해 반드시 정해진 시각에 도착해야만 하는 엄마일 것이다. 이 두 승객에게 쫓겨나는 것은 아주 다른 '가치'를 가질 테지만 항공사 직원은 각각의 상황에 대한 지식을 충분히 갖지 못하기 때문에 누가 내릴지에 대해 결국 자의적인 결정을 할 수밖에 없다. 승객을 쫓아내는 것을 막는 식으로 간단히 규정을 변경하는 것은 승객들에게 안전감을 제공해줄 수는 있으나, 빈 좌석이 많은 비행기를 띄우는 데서 생기는 손실을 만회하기 위해 항공사는 모든 소비자를 상대로 티켓 금액을 인상할 수도 있다. 이렇게 하는 대신 항공사는 (200달러짜리 쿠폰처럼) 약간의 금전적 보상을 제공함으로써 자원자를 모집하고, 쫓겨났다가는 더 큰 '비용'을 부담해야 할 승객들을 안전하게 태울 수 있다. 이런 사례에서 의식적으로 구성된 '시장'은 일군의 사람들이 누구의 요구가 가장 절실한지를 파악할 수 있게 하고, 이 요구를 고려하는 식으로 재화를 할당하도록 해준다. 시몬(1994, p. 323)이 강조했듯, "다음 편 비행기를 기다려도 괜찮은 사람들은 정해진 일정에 따라 탑승하는 것보다 다른 이익을 선택하게 된다."

이는 물론 경제학자들이 좋아할 법한 종류의 사례다. 모든 사람이 이익을 얻는 이른바 유명한 '윈윈' 시나리오다. 자의적으로 누군가가 쫓겨나거나 그것이 불법화되는 상황과 비교했을 때 모든 승객이 결국에는 더 나은 방향을 찾는 셈이다. 승객들이 200달러짜리 쿠폰을 선택할지 버릴지

---

7 바우처 사례를 소개해주고, 이것이 내가 다루는 주제와 어떻게 관련되는지 설명해준 로버트 프랭크Robert Frank에게 고마움을 표한다.

자유롭게 선택할 수 있기 때문에 누구도 자기 좌석을 포기하도록 부당하게 강요받지 않는다. 좌석을 얻지 못한 사람들은 기꺼이 그 좌석을 포기한 데서 보듯, 좌석에 대한 요구가 덜 절실한 사람이라고 봐도 무방하다. 그렇다면 우리는 일종의 집단적 의사결정, 심지어 배분이 "자의적이라기보다 공정하게 이뤄진다"(Simon, 1994, p. 323)는 점에서 일종의 정의에 도달한다. 기실 우리는 그러한 시장기제가 어떻게 공유를 가능케 했는지, 어떻게 한정된 재화를 평등하게 배분하는 방식을 만들어냈는지를 보게 된다.

물론 시장은 구매자가 얼마나 그것을 필요로 하는지를 기초로 단순히 재화를 배분하지 않으며, 소비자가 그것을 지불할 능력이 있는지를 또한 따진다. 불평등이 넘쳐나는 세계에서 가장 요구가 절박한 사람들은 돈을 지불할 능력이 가장 부족한 사람들이기 십상이다. 바우처 제도의 사례에서 보자면, 우리는 위의 기술에서 모든 승객이 경제적으로 동등한 것으로 가정하지만, 사실 바우처 한 장이 자신의 1년 수입에 해당될 만큼 너무나 가난한 승객이 있다는 시나리오도 상상해볼 수 있다. 그 승객은 쿠폰의 경제적 가치에 순간 멈칫하고 말 텐데, 이 경우 그다지 만족스럽지 않은 결과가 도출된다. 즉 좌석을 포기하는 사람은 (그렇게 해도) 덜 불편한 사람이 아니라 가장 가난한 사람인 것이다. 그러한 시스템에서는 '자유로운 선택' 기제를 통했다고 할지라도 한 **계급**의 구성원들이 다른 계급 구성원들의 편의를 위해 좌석을 포기하는 경우가 축적될 것이다. 그러한 불평등문제에 비판적인 학자들은 실제 세계의 시장은 종종, 아니 심지어 대개는 그러한 효과를 생산한다는 점, 정보나 정의와 별로 관계가 없고 야만스럽고 단순하기 짝이 없는 배분의 원칙을 만들어낸다는 점을 주장할 것이다. 부자들은 자기들이 원하는 것을 무조건 얻고, 가장 가난한 사람들은 아무것도 얻지 못한다. 가령 기근이라는 극단적 상황에서 모든 음식이 그것을 구입할 능력이 있는 사람에게 주어진다는, 그런 의미에서 높은 가격을 정당화하는 '시장의 신호'는 나머지 사람들을 죄다 죽게 만들 것이다. 이런 이유 때문에 기근 상황에서 정부가 시장을 종종 우회하면서 가격이 아닌 정의의 원칙에 따라 필요한 사람들에게 직접 음식을 나누어준다.

하지만 기근 구호에 대한 새로운 사유는 이러한 논리전개 방식에 이의를 제기하며, 코헨이 인정하는 '정보 기능'과 그가 지지하는 평등주의의 목표를 결합할 수 있는 방식을 제안한다. 내가 다른 글에서 지적했듯이 (Ferguson, 2010), 기근 대책으로 등장한 식량지원 관행에 대한 최근의 비판은 식량을 직접 분배하는 것보다는 위험에 처한 사람들의 구매력을 높이는 방식을 더 지지한다. 현행 국제 식량원조 시스템은 부유한 나라에서 보조금 지원을 통해 생산된 과잉곡물을 거두어들여 기아 위험에 처한 (대개 아프리카) 지역들에 보내는 방식을 활용하고 있다. 아마티야 센Amartya Sen(1983)과 그 지지자들은 이 시스템의 왜곡 효과, 즉 식량원조가 지역 농민들이 생산한 곡물의 가격을 떨어뜨려 결국 지역의 식량생산 경제를 파괴시킨다는 점을 오랫동안 지적해왔다. 일단 식량원조가 이루어지면, 지역의 식량생산은 종종 회복하기 힘든 국면에 빠지며, '일시적' 위기는 영구적인 것이 되고 만다. 이에 대한 대안으로 센의 추종자들은 식량부족에 시달리는 사람들에게 현금을 지급할 것을 제안했다.[8] 센이 지적한 대로 자기 호주머니에 돈이 있는 사람들은 대개 굶지는 않는다. 구매력을 증진시킴

---

8 예를 들어 Peppiatt, Mitchell, and Holzmann(2001); Harvey and Holmes(2007).

으로써 경제적 행위들이 연쇄적으로 발생하게 되면 시장의 작동을 통해 지역의 생산과 분배 역량이 증대되고, 수급자는 식량을 구입하기 위해서 뿐만 아니라 가축과 종자 같은 생산자산을 구입하거나 보존하기 위해 현금을 자유롭게 쓸 것이다(Sen, 1983; Dreze and Sen, 1991). 물론 기근이 극심한 경우 식량을 직접 배분하는 것이 큰 역할을 하겠지만, 이 주장의 요지는 식량부족 상황에서 현금을 제공하는 것이 수급자들이 직접 현금을 받아 자신들의 삶에서 가장 긴요한 부분에 쓰도록 함으로써 (시장에 대항하는 게 아니라) 시장과 함께 작동할 수 있음을 보이는 것이다. 그러한 접근은 시장의 정보 기능이 절박한 빈자들 사이에서도 작동할 수 있도록 해준다.[9]

마찬가지로 용수 공급은 도전을 야기하는 사례다. 사유화에 반대하는 사람들은 물을 상품으로 취급하는 방식이 빈자들이 기본적인 인권에 해당하는 것에 접근할 수 없게 만듦으로써 정치적·윤리적으로 용납할 수 없는 결과를 낳았다고 제대로 비판을 가했다(남아공 사례에 대한 최근의 분석으로는 Schnitzler, 2008, '권리' 구성의 한계에 관해서는 Bond, 2013을 참고하라). 하지만 사유화에 단순히 반대하는 것이 배분문제에 대한 답이 될 수는 없다. 남아공처럼 용수가 절대적으로 부족한 환경에서 모든 사람이 각자가 원하는 대로 물을 확보할 수 있게 해야 할까? 2009년 더반에서 열린 한 회의에서 사유화에 반대하는 한 유명한 활동가는 물을 계량하는 방식이 진보적인 공공정책에서 필요하다는 주장을 효과적으로 개진했다. "우리는 사장님들이 공공의 물을 어떤 비용도 들이지 않고 자기 풀장 안에 쏟아붓기

9　식량부족과 긴급구호 상황에서 그러한 정책을 시행한 일부 프로젝트에 관한 설명은 Ferguson(2010)에 소개되어 있다.

를 원하지 않습니다." 남아공의 수자원 전쟁에서 진보 진영은 빈자들을 위해 무료로, 혹은 '탈상품화된' 방식으로 최소한의 물을 공급할 것을 줄곧 주장해왔지만, 이 정치에서는 가격 역시 중요한 역할을 점하게 된다. 물이 모두가 최소한도로밖에 접근할 수 없는 희소재인 상황을 고려하면, 가난한 사람들을 보조하기 위해 물을 과소비하는 부자들을 흠뻑 젖게 만드는 것 말고 달리 어떤 방법이 가능하겠는가? 이 경우 부자들에게 높은 가격을 책정해서 빈자들을 보조하는 진보적 기제는 '약탈의 도구'가 아닌, 정확히 연대를 위한 도구로서 기능할 수 있다.[10] 다시, 시장은 그 인위적·구성적 본질을 인정하는 사람들이 사회적 목적에 부합하는 방식으로 집단적 사안을 조정하고 자원을 분배하는 잠재적 도구로 제 모습을 드러낸다.

사회주의자들은 종종 현금거래와 시장교환을 자본주의라는, 역사적으로 최근에서야 등장한 체제와 일치시켜왔다. 하지만 시장은 자본주의의 부산물이 아니라 훨씬 오래전부터 일련의 사회적·경제적 체계 아래 존재해왔으며, 미래에도 틀림없이 계속 존재할 것이다. 이러한 사실을 기억할 때 우리는 사회적 제도로서의 시장이 바람직한 사회적 효과들을 만들어내도록 다른 사회적 제도들과 어떻게 접합될 수 있는지 더 잘 인식할 수 있게 될 것이다. 또한 남아공의 현금지급 프로그램에서 보듯, '시장의 억압이 아닌 조직화'(Mauss, [1924]1983, p. 53)에 의존하는 새로운 정치적 이니셔티브의 가치를 주목하는 일이 더 쉬워질 것이다. 이 장의 마지막에서 이 논점으로 다시 돌아갈 것이다.

---

10 토론과정에서 이 점을 제기해준 패트릭 본드에게 감사한다.

돈과 빈곤의 상호성

이 주제에 관한 풍부한 인류학 연구에도 불구하고[11] 키스 하트가 지적했듯, "대부분의 인류학자는 돈을 좋아하지 않는다."(2005, p. 1) 이는 "그들이 좀더 진정성 있는 무언가를 위해 거부한 세계"를 상징하며, "인류학도라면 돈이 상업에 저항하는 문화들의 통합성을 약화시킨다고 모두 알고 있다." 이러한 다소간의 노스탤지어를 갖고, 현재 아프리카 빈곤문제에 참여하는 인류학자들과 다른 분야의 학자들은 여전히 너무나 익숙한 이야기를 들려준다. 그 이야기는 대체로 이렇게 흘러간다. 옛날 옛적에 아프리카인들은 공유된 가치, 도덕적 의무, 친족 간의 유대를 기반으로 유기체적 통합 아래 함께 생활을 영위했다. 하지만 오늘날 자본주의(신자유주의, 현대성, 상품화, 세계체제 등 과녁은 시대마다 바뀌지만)는 이러한 결속을 갈가리 찢어내고 이를 매정한 '시장' 논리로 대체하고 있다. 지겹고 진부하기까지 하지만, 이 친숙한 공동체주의를 노정한 구도는 여전히 남아프리카 빈민문제에 관한 수많은 논의를 지배하고 있다. 여기서 근대화 이론은 재활용되면서 '오직 돈에만 정신이 팔린' '탐욕스러운 젊은이'에 대한 토착적 비판과 공모한다. 모든 세대가 결연히 다음 세대를 비난하는 비극적인 논의에서 관용은 계산, 이기심, 탐욕에 자리를 내주었다(cf. Cole, 2010).

하지만 남아프리카 빈자들의 삶에 관한 최근의 경험적 연구를 통해 볼 때, 시장에 최고 악당 역할을 맡기는 이 도덕화된 논의들은 점점 현실

---

[11] Maurer(2006)가 관련 문헌들을 잘 요약해두었다. Comaroff and Comaroff(1992)와 Guyer(2004)도 참조.

과 동떨어지고 있다. 일련의 연구는 빈자들의 생계가 비시장과 시장, 사회적 의무와 상품화된 교환이라는 이분법을 가로지르는 사회성의 형태들과 긴밀한 관계를 맺고 있음을 보여주고 있다. 이런 이유로 사람들이 참여하고 생존을 위해 기대는 의존과 상호부조의 관계들을 이해하려면 데이비드 네베스와 앙드레 뒤 투아(2012)가 '돈의 사회성'이라 명명한 것을 고려해야만 한다. '현금관계'는 사회성, 상호성의 관계들과 배치되지 않으며, 이 관계들이 실제로 존재하는 데 있어 핵심적이라는 사실이 입증된 것이다. 사람들은 돈에 대한 접근이 만들어낼 수 있는 권력과 잠재력을 전적으로 활용함으로써 자신의 관계를 돌보는 것과 마찬가지로, 상호성의 농밀한 사회적 관계 속에서 돈을 추구하고 교환에 참여한다. 네베스와 뒤 투아가 지적했듯, 그러한 발견들은 "결국 돈과의 관련 속에서 사회적으로 뿌리내리지 못하고 비인간화된 관계들로의 '거대한 전환'이 발생했다는 메타서사에 도전하고 있다."(2012, p. 131)

사회적 관계들과 현금교환이 함께 맞물린 방식을 이해하기 위해 우리는 상호성이 단지 이타주의, 협동 혹은 관용도 아니고, 이기적인 이익 추구로 귀결되는 것만도 아니라는 전통 인류학의 논점으로 돌아가야 한다. 모스가 반복적으로 주장했듯, 상호성은 대개 적대와 관용을 동시에 포함하고 있다. 그러한 사회성의 형태들은 사람들을 의무, 돌봄, 관용, 의무의 도덕적 관계와 다양한 타산적 교환관계에 동시에 참여시키고 있다. 연대와 교환은 서로에게 의존한다는 모스의 논점을 고려해보자면, 이는 한 관계에서 다른 관계로 역사적 이전이 발생함을 의미하는 것이 아니다. 그리고 이러한 관찰은 다른 어떤 사회만큼이나 자본주의 시장사회에서도 똑같이 사실이다.

그러한 상호성은 남아프리카 맥락에서 이루어진 훌륭한 연구들의 중심 주제였다. 여기서 나는 몇 가지 주요한 발견들만 간단히 정리해서 보여주고자 한다.[12] 논의를 간결하게 전달하기 위해 상호성과 현금경제가 서로를 구성해온 친밀한 사회성의 두 주요 영역만을 논의할 것이다.

우선 강조할 것은 친족이 돈, 시장과 분리되어 존재하는 영역이 절대 아니라는 점이다. 친족이란 결국에는 당신이 **가진**have 것이 아니라 **행하는** **do** 것이다. 오늘날 남아프리카에서는 친족을 **행하기** 위해, 적어도 친족관계를 잘 수행하거나 이용하기 위해 현금이 요구된다. 남아프리카 사람들은 오랫동안 결혼을 기념하기 위해 금전적인 현금지급을 이용하는 습관이 있었으며, 신부대bridewealth인 '소'가 두 가지 원천에서 나온다고 인식해왔다. 하나의 원천은 '다리를 가진' 것들이며, 다른 원천은 '다리가 없는' 것, 즉 현금이다(Sansom, 1976; Murray, 1981; Ferguson, 1985; Comaroff and Comaroff, 1991).[13] 현금은 다른 주요 의례에서와 마찬가지로 중요한데, 가령 장례식의 경우 최근의 한 연구에 따르면 가족들이 한 해 수입과 맞먹는 돈을 쓰고 있다(Case et al., 2008). 친족 결속과 오랫동안 결합되어온 상호

---

12 남아공에서의 최근 연구들이 특히 여기서의 내 목적에 부합한다. Bank and Minkley(2005); du Toit and Neves(2007); Seekings(2008a); du Toit and Neves(2009a, 2009b); Neves et al.(2009); Harper and Seekings(2010); Hunter(2010); Ross(2010); Neves and du Toit(2012) 참조.

13 결혼과 관련한 거래행위 이외의 영역에서도 돈은 상품교환과 별도로, 특정 사회성을 표시하는 의미를 부여받는 경우가 있다. 가령 제이콥 들라미니Jacob Dlamini는 자신의 가족사를 소개하면서 가족과 친구 간의 대출로 오고가는 현금봉투는 돈이 아니라 공손함과 에두름의 규칙을 지닌 '묶음'(줄루어로는 impahla)으로 항상 묘사되었다고 서술했다(2009, pp. 98~103).

적 호혜성과 연대는 현금 세계와 배치되기보다 그 세계 안에서 제 모습을 드러낸다. 이는 돈을 가진 사람들이 어떤 요구를 존중해서일 뿐만 아니라 가난한 친척들이 강력한 요구를 제기하기 위해선 일단 돈에 접근할 수 있어야 하기 때문이다. 예를 들어 공간을 가로질러 이동하는 것은 분배요구를 성공적으로 제기하기 위한 핵심인데, 이때 이동을 위해 필수적인 것 또한 돈이다. 장례식에 참석하고 적절한 방식으로 참여하는 것은 둘 다 돈이 드는 일인데, 이 행위는 친족집단 안에서 완전한 성원권을 요구할 수 있는 조건이 된다. 여러 연구가 보여주듯, 아주 미약하더라도 이득을 호혜적으로 교환할 수 있는 능력은 친척들이 자신의 요구를 경청하거나 혹은 무시하는 데 중요한 기준으로 작용한다(Turner, 2005; du Toit and Neves, 2007; Seekings, 2008a; du Toit and Neves, 2009a, 2009b; Harper and Seekings, 2010; Neves and du Toit, 2012).

상호성의 이해를 위해 또한 필요한 것은 성性과 사랑, 돈의 상호성에 관해 축적된 연구를 검토하는 작업이다. 물론 매춘이라는 유령이 이 주제를 언제나 배회하고 있다. 젤라이저가 상품화에 관한 논의에서 말했듯, "매춘부와 단골 사이의 관계는 상업주의가 감정에 대해 거둔 궁극적 승리로 기록된다."(2005, p. 124) 하지만 남아프리카에 관한 괄목할 만한 연구들은 성과 사랑, 돈이 사실상 긴밀히 연결되어 있어서 '진정한 사랑'과 '매춘'을 이분화하는 행위는 오히려 현실을 오도한다고 지적한다. 가난한 노동계급 거주지에서 남녀 간의 성관계는 대부분 경제적 의존관계를 포함한다고 여겨지며, 여성들은 대개 자기 애인이 선물이나 돈, 다른 종류의 물질적 지원을 제공해줄 것을 기대한다(Ferguson, 1999; Leclerc-Madlala, 2004; Swidler and Watkins, 2007; cf. Cole, 2010). 심지어 가장 명백히 상업적으로 보이는 관계라 할지라도 사회적·감정적 내용이 포함되지 않았다고 말할 수 없으며, 명시적으로 낭만적 사랑과 깊은 감정적 애착을 토대로 하는 관계일지라도 대개는 돈 거래가 포함되어 있어 서구 관찰자들을 오랫동안 당황스럽게 만들었다. 마크 헌터(2010)는 최근에 경제적 지원이 낭만적 사랑에 배치되는 게 아니라 이를 종종 확증한다는 점을 강조하기 위해 '제공자 사랑provider love'이라는 유용한 개념을 고안했다. 이 개념화에서 실제 사랑은 물질적 돌봄과 결합하고, 이를 통해 실체를 부여받는다(이는 '제공자 사랑'의 다른 사례인 부모-자식 관계에서도 마찬가지다). 그것은 사랑 대 돈의 문제가 아니며, 돈을 주는 것과 사랑하는 것 모두 실제다(정말로 이러한 돈의 제공이야말로 진정한 사랑을 증명하는 것이 된다). 물질은 감정을 체화하면서 그 의미를 부여받기 때문에, 이러한 경제적 의존관계에 처한 여성이 돈에 의해, 아니면 사랑에 의해 관계를 지속할 동기를 얻는지 양자택일을 강요하는 것은 극히 어리석은 질문이다.

이러한 사례들은 사회이론가들이 수 세대에 걸쳐 가정한 것과 반대로 친밀한 사회적 결속이 돈과 시장 때문에 침식되거나 파괴된 게 아님을 보여준다. 반대로 우리가 발견한 것은 남아프리카 빈민들 사이에서 가장 중요하고 가치 있는 사회성, 호혜성, 연대, 돌봄이 돈을 직접 쓰고 시장에 참여함으로써 가능해졌다는 점이다. 돈을 획득할 수 있는 자들이야말로 지원과 돌봄의 사회적 네트워크를 구축하는 데 가장 성공적인 사람들이며, 돈을 얻기 위해서는 사회성과 상호의존의 연결망에 의존할 수 있어야 한다. 전적으로 고립되고 소외된 사람들은 기실 극빈 때문에 '현금관계'의 외부에 놓이고 만 사람들이며, 나머지 세계에서는 현금이야말로 엘리자베스 파비넬리Elizabeth Povinelli(2006)가 남아프리카 빈자들의 '두터운 삶thick life'이라 불렸을 법한, 세계를 유지하는 수많은 상호성을 가능케 한다.

현금지급의 사회적 삶

이러한 논의는 사회적 지원에 대해 어떤 함의를 갖는가? 이 책의 서론에서 간단히 언급한 대로 현금지급에 관한 최근의 연구는 현금소득이 아주 약간이라도 존재한다면 사회적·경제적 활동을 촉진할 수 있고, 사람들이 자신의 필요를 더 잘 충족시킬 수 있게 해준다는 점을 강조해왔다. 사회정책에 관한 새로운 사유는 정책입안자들이 빈자들이 당면한 문제의 본질이나 그들이 문제를 해결하기 위해 끌어들이는 자원에 대해 잘 알지 못한다는 점을 인정하면서, 저소득층이 자신의 실제 상황에 적합한 방식으로 재화에 접근하고 생계전략에 참여할 수 있도록 현금을 지급할 것을 강조하고 있다. 이전의 사유가 사회적 지원을 임금노동과 같은 '실제' 경제활동에 대한 일종의 대체재로 보았다면, 새로운 연구는 현금이 **비활동**inactivity을 보충해준다기보다 일련의 **활동**activities을 완성하고 가능케 해준다는 점을 강조한다. 예를 들어 앙드레 뒤 투아와 데이비드 네베스는 가난한 남아공 사람들이 사회보조금을 얻게 됨으로써 경제활동에 참여하고, 뒤 투아 (2007, p. 14)가 '관계경제의 춤dance of the relational economy'(부채와 의무, 친밀성의 정치를 상황에 맞게 동원하는 과정—옮긴이)이라고 부른 영역에 가담하게 되는 방식을 생생하게 기술했다(2009b; 2007, 2009a; Neves et al., 2009도 볼 것). 나미비아에서 한 지역의 모든 구성원에게 무조건적으로 일정한 기본소득을 제공하는 실험에 관한 연구는 현금지급이 영양, 보건 등 소비와 직접적으로 관련된 지수를 개선했을 뿐 아니라 새로운 사회적·경제적 활동의 물결을 일으켰다는 점을 발견했다. 보조금 수령자들은 사업을 시작하거나 구직활동을 했고, 새로운 주민조직이나 집단 프로젝트에 참여하기도 했다. 에이즈로 고통받는 다수를 포함해서 병자를 돌보는 더 나은 직업을 택한 경우도 많았다(Haarmann et al., 2009).

　이와 대조적으로 현금이 전적으로 부족해서 불운을 면치 못한 사람들이 겪는 고통을 기술하는 연구들도 많다. 뒤 투아와 네베스가 주장했듯(2007, 2009a, 2009b), 연대성과 상호부조의 관계에서 핵심적인 것은 빈자들이 '관계경제'의 호혜관계에 최소한이나마 참여할 수 있는 능력이다. 호혜적 실천을 할 수 없는 사람들은 또한 적절한 사회성을 발휘할 수 없게 된다. 교통비가 부족해서 장소의 이동이 자유롭지 못한 자는 결국 자신이 의존해야 할 사회적 관계를 활성화시킬 능력을 상실하고 만다. 돈이 부족해서 기본적인 소비재를 구입할 수 없는 사람들은 동시에 자신의 사회적 위치를 일관되게 자리매김할 수 없게 된다. 내가 다른 책에서 주장했듯, '스타일'(사회적 범주들 간 차이를 함축하는 일련의 문화적 관행이 성취적·수행적 성격을 지님을 강조하는 표현—옮긴이)을 갖는 것이 흑인거주지의 삶에서 중요한 자산이라면, 이를 결여한다는 것은 분명한 사회적 장애를 의미하며 인간됨personhood의 약화 또는 쇠퇴를 암시한다(Ferguson, 1999). 빈자들이 고립과 소외 속에서 살아간다면 이는 그들이 현금경제의 시궁창으로 내던져졌기 때문이 아니라 그것을 향유할 실질적 지위나 능력을 상실했기 때문이다.

　이런 측면에서 현금지급이 갖는 효과는 충분히 고려될 필요가 있다. 그러한 지급이 영양학적·신체적 요구뿐 아니라 사회적 요구에 화답할 수 있다는 현금지원 지지자들의 주장은 적절하다. 실제로 사회정책에 대한 새로운 사유를 더 급진적으로 밀고 나가는 사람들은 바로 이런 이유 때문에 모든 이에게 보편적으로 보장되는 소득(혹은 '기본소득')을 지지한다(예를 들어 Standing and Samson, 2003; Haarmann et al., 2009). 이들은 소비와 교환에 참여할 수 있는 최소한의 능력 역시 시민권으로 간주되어야 함을 주장한다. 현대 용수분배 시스템이 가장 가난한 시민들에게 (그들의 지불능력과 상관없이) 최소한의 '생명선'인 물을 제공할 필요를 인정하는 것과 마찬가지로, 기본소득 지지자들은 같은 이유로 모든 시민에게 최소한의 기본소득이 제공되어야 한다고 주장한다. 현금이 물만큼이나 생활에 없어서는 안 되는 세계에서 적어도 기본적인 금액을 모두에게 제공하는 것은 강력한 정치적 요구이자 윤리적 의무가 된다.

위와 같은 주장을 어떤 식으로 개진해나가든 기본소득 지지자들은 현금이 물만큼이나 바람직한 소비재임을 확실히 꿰뚫고 있다. 이 필요는 현대 삶에서 너무나 기본적인 것이어서 어떤 형태의 사회적 행위나 사회적 존재보다 앞서 위치해야 한다. 우리가 이미 보았듯, 자기 호주머니 안의 돈은 결국 생사의 문제이기도 한 사회성·상호성의 기회를 배가시켜줄 너무나 소중한 자원이기 때문이다.

이러한 견해에는 지출이 사회적으로 구성된 활동형태라는 인식이 함축되어 있다. 사회부조에 관한 종래의 개념화는 지출을 단지 일종의 낭비, 기껏해야 '소비'로 규정했다. 이런 견해에서 보자면 돈을 '단지 써버리기만 할' 사람들에게 제공하는 것은 정말로 '소용 없는' 짓이었다. 가난한 사람이 돈을 단지 지출하기만 한다면 이전의 상태로 되돌아가는 것에 불과하며, 상황이 더 나빠지면 아예 '의존적'으로 될 수 있다. 활동적이며 열심히 일하는 노동자들이 진정한 무언가를 만들어내는 반면, 이들 빈민은 '의존성'이라는 해악 때문에 수동적·비도덕적·비활동적인 인간으로 전락할 것이다. 하지만 이 같은 개념화는 지출이 무엇을 의미하는지를 생생히 보여준 문화기술지 작업이 뒷받침하는 새로운 견해에 자리를 내주고 있다. 혁신적인 한 '정책지식인'이 강조했듯, 가난한 사람들을 의존적으로 만드는 것은 복지가 아니다(Meth, 2004). 빈민들은 **항상** 의존적이며, 그들은 더 가난할수록 더 의존적이 될 것이다. 이런 점에서 현금지급이란 이러한 방식에 무지했던 사회적 세계에 '의존성'을 새로이 도입하는 것이 아니다. 그보다는 빈자들의 삶에서 덜 해악적인 의존관계가 뿌리를 내릴 수 있도록 돕는, 일방향적인 의존관계가 상호의존이라는 좀더 평등한 형태로 나아갈 수 있도록 호혜성의 통로를 열어젖히는 창구라고 볼 필요가 있다(cf. du Toit and Neves, 2009b, p. 20). 이런 시각에서 볼 때 빈자들의 지출은 낭비가 아니라 강력한 형태의 **활동**, 즉 수많은 타인을 고무시키고 영향을 미치는 활동에 해당한다.

물론 오늘날 전 지구를 휩쓸고 있는 현금지급을 기반으로 한 사회정책들이 기본소득 개념이 주장하고자 하는 방향에 다가가 있는 것은 아니다. 현행 지급의 규모가 최소한에 불과하다는 점, 그리고 그 지급이 조건부로 이루어진다는 점은 광범위한 사회적 변화를 일으키기에는 한계가 많음을 시사한다. 하지만 이런 정책들은 사람들이 정책입안자들에게 별로 알려지지 않은 방식으로 다양한 생계를 추구한다는 점, 그리고 이러한 생계를 무시하거나 없애버리기보다 북돋아줄 수 있는 통치전략을 구사할 필요가 있음을 인정케 하는 미덕을 가지고 있다.

나는 여기서 그러한 정책들이 사회성이나 상호성을 파괴하거나 침식하지 않는다는 것을 보여주었기를 바란다. 하지만 그렇다면 이런 정책들이 사람들을 자본주의로 끌어들인다는 비난에 대해서는 어찌할 것인가? 우선, 그러한 비난은 마치 사람들이 홀로 남겨지거나 돈 없이 지낼 수만 있다면 자본주의 외부에 남게 될 거라고 보는 식으로 순진하고 시대착오적이다. 그런 견해가 정말로 들어맞음직한 장소가 존재한다면, 확실히 남아프리카는 이에 속하지 않는다. 자본주의와 현금경제 바깥에서 살아갈 수 있는 실제 가능성은 이미 19세기에 종언을 고했다.

하지만 새로운 복지제도가 사람들을 (마치 그 외부가 있는 것처럼 가정하면서) 자본주의로 끌어들이는 게 아니라 하더라도, 현행의 현금지급 프로그램이 자본주의 시스템을 주어진 것으로 가정하고, 자본주의가 생산해낸 극단적 빈곤과 불평등의 조건을 전복하기보다 완화시키는 데 집중한다는 점은 사실이다. 가령 누군가는 말라위에서 옥스팜Oxfam(전 세계 빈민구호 활동을 지원하는 국제 NGO단체로 1942년 영국에서 결성됨—옮긴이)이 새롭게 지원하는 현금지급제도가 가장 가난한 가족들의 삶에 실제로 변화를 만들어내고 있다고 쉽게 주장할 수도 있다. 하지만 매달 고작 일인당 3달러씩 제공되는 현금지급이 식탁 위에 빵 부스러기를 더하는 것 말고 달리 무엇을 할 수 있을지 가늠하기는 어렵다.[14] 현금지급 프로그램은 새로운 분배정치의 시작인가, 아니면 단지 모순을 야기한 현 체제를 건드리지 않은 채 가장 위협적으로 보이는 형태의 박탈만을 관리하려는 값싼 해결책에 불과한가? 이는 이 책의 후반부(6장과 결론)에서 자세히 논의될 주제다. 가

---

14 니콜 존스턴Nicole Johnston, "옥스팜의 쥐꼬리만한 현금조차 말라위에 도움이 된다"(2011. 5.21.『메일과 가디언』).

령 '분배정의' 전통에서 가장 좌파적 입장에 있는 철학자 필립 반 파레이스는 무조건적인 기본소득을 "공산주의로 가는 자본주의의 길"을 성취하기 위한 기제로 옹호했다(van der Veen and van Parijs, 1986; cf. van Parijs, 1993, 1995, 2013). 자율주의 학파의 경우 최근에 가치의 원천을 노동에서보다 사회에서 찾고 있으며, 기본소득을 새로운 사회주의 정치의 핵심 요소로 주장하고 있다(Hardt, 2009). 이 책의 결론에서 간단히 첨언하겠지만 이러한 접근들이 모두 문제가 없는 것은 아니다. 그럼에도 이런 주장들은 프롤레타리아트 정치에 대한 좌파의 노스탤지어를 거두고(Barchiesi, 2011), 임금노동의 세계에서 주변화된 사람들의 필요와 요구에 뿌리를 둔 새로운 종류의 정치를 기꺼이 끌어안고자 한다는 점에서 주목해야 한다(Frassanito Network, 2005; Saul, 2011; Standing, 2011).

다른 저자들은 현금지급이야말로 사람들이 자본주의적 생산관계에서 벗어나기 위해 이미 실행 중인 다양한 경제전략들의 촉매제가 되어줄 수 있다고 지적한 바 있다. J. K. 깁슨 그레엄Gibson-Graham(2006)은 이른바 '경제적 이질성economic heterogeneity'의 중요성을 제기하면서 비자본주의적 관계들이 사실상 우리가 너무나 쉽게 '자본주의적'이라 일축하는 경제구성체에 얼마나 많이 침투하고 있는지를 강조했다. 남아공의 맥락에서 프랑코 바르키에시(2011)는 자본주의적인 일의 세계에서 탈출하고자 시도하는 노동자들에 관한 최근의 풍부한 논의를 제공해주는데, '비공식' 영역의 프로젝트를 추구하는 이들의 모습은 우리에게 '완전고용'을 전제로 한 전통적 좌파정치의 지평을 넘어설 것을 주문하고 있다. 즉 이러한 접근들은 임금노동이 갖고 있는 암묵적 중심성을 대체하면서 분배에 초점을 둔 새로운 정치의 가능성을 제안하고 있다.

결국 사람들이 무엇을 해야 하는지에 대한 이론가들의 생각이 아니라 사람들이 실제로 무엇을 하고 있는지에서 출발하는 급진정치가 잠재적 추동력을 이끌어낼 수 있다. 프롤레타리아트 임금노동의 찬양, '룸펜'계급에 대한 경멸, '현금관계'에 대한 낙인화 등 이론적 연역에서 도출된 기존의 편견은 최근 몇십 년간 좌파정치에 전혀 도움이 되지 못했다. 대신 우리는 귀납적으로 작업함으로써, 세계에서 버림받은 사람들이 실제로 무엇을 하는지 직시하고 무엇을 말하는지 경청함으로써, 이미 작동 중인 협동과 상호원조, 돌봄을 강화할 수 있는 정치전략과 사회정책들을 추구함으로써 더 나은 지평을 열 수도 있다. 모스가 오래전 우리에게 촉구했듯, 실제로 존재하는 상호성을 파괴하거나 폐기시키기보다는 그것을 기반으로 함으로써, 우리는 돈과 시장, 그리고 이것들이 진정으로 사회주의라 불릴 만한 어떤 상황에서 수행하게 될 역할을 새롭게 사유할 수 있을 것이다.

5장

의존의 선언

남아프리카의 노동, 인간성, 복지

심각한 정치적 무질서와 폭력이 난무했던 1820년대 응구니어Nguni를 쓰는 한 무리의 난민들이 오늘날 남아공 쿠아줄루 나탈 주라 불리는 자신들의 고향을 떠나 북쪽으로 이동하는 과정에서 다른 부족민들을 습격했다.[1] 그들은 곧 응구니 국가로 알려진 독립체를 구성했고, 결국 북서쪽으로 계속 뻗어나가 잠비아와 탄자니아에 이르렀다. 익히 알려진 줄루 국가처럼 응구니 국가 역시 불행한 이웃 부족을 공포에 몰아넣고 먹잇감으로 삼는 군사기계였다. 응구니 국가는 북쪽으로 이동하는 과정에서 자신이 접촉하는 모든 집단과 전쟁에 돌입했고, 적을 무참히 죽이고, 포로를 생포하고, 마을을 불태우고, 남은 식량을 파괴하거나 약탈하고, 가축을 빼앗았다.

---

1 이 시기가 어떻게 명명되고 이해되어야 할 것인지에 관해 활발한 토론이 있어왔다. 오래전 논의에서는 이 시기를 '음페카네mfecane'라 명명하면서, 줄루 왕 딩기스와요Dingiswayo와 샤카Shaka가 이끄는 고도로 군사화된 중앙집권국가에 뒤이어 나타난 폭력과 혼란의 시기로 이해했다. 그러나 줄리언 코빙Julian Cobbing의 1988년 논문은 '음페카네 신화'를 공격하면서 이 시기의 충돌이 유럽의 노예무역 때문이라고 주장했다. 이후의 연구는 (특히 델라고아 만 노예무역의 역할에 관한) 코빙의 주장을 대부분 거부하면서도 폭력의 분출에만 초점을 맞췄던 시각에서 벗어나 이 시기를 더 오래되고 덜 줄루 중심적인, 전쟁·습격·이주가 본질적 특성을 지닐 수밖에 없는 국가형성 시기 안에 편입시켰다. Omer-Cooper(1966); Cobbing(1988); Hamilton(1995); Wright(1995); Etherington(2001) 참조. 피터 델리우스 Peter Delius(2010)는 최근 '음페카네 논쟁'에서는 많이 다루어지지 않았으나 이 장 후반부의 주장에 절대적으로 중요한 주제인 포로들의 사회통합에 주목하면서 전체 문헌을 검토했다.

J. D. 오메르 쿠퍼Omer-Cooper(1966, pp. 83~84)는 응구니의 침입을 가는 곳마다 '기근과 황폐'를 남긴, "동부와 중부 아프리카 사람들에겐 끔찍한 재난"이었다고 묘사했다. 실제로 19세기의 관찰자들은 응구니의 잔인한 습격이 "도처에 수백 개 해골이 굴러다니는" 참상을 낳았으며(E. D. Young, Thompson, 1995, p. 17에서 인용), 종종 그 주변의 농촌은 완전히 전소되었다고 기록하고 있다. 더욱이 그러한 피비린내 나는 습격은 일시적인 게 아니라 지속적인 생활방식으로 자리 잡아서, 의사 선교사인 월터 앵거스 엘름슬리Walter Angus Elmslie는 응구니를 "어디에서든…… 전쟁과 잔인함의 대명사"(1899, p. 78)라고 기술했을 정도다. 간신히 응구니의 침입에서 도망친 사람들은 그 공포스러운 집단을 피하기 위해 극단적 조치를 감행했다. 그들은 동굴 속에 숨거나 악취와 질병이 창궐하는 습지로 도망치는 등 자신의 존재를 숨기려고 안간힘을 썼다(Thompson, 1995, 17; Elmslie, 1899, pp. 70~90; Wiese, [1891]1983, pp. 153~155).

따라서 존 반스John Barnes가 이 폭력적이고 약탈적인 조직체에 관해 논하면서 이웃 부족들이 응구니에 자발적으로 항복을 했다고 기록한 일은 전혀 이상하지 않다. 실제로 반스에 따르면 일부 부족은 응구니의 포로가 되겠다는 자발적 목표 하나로 먼 걸음을 했다(Barnes, 1967, p. 27).[2] 나는 잠시 후에 이 기이한 사실로 되돌아갈 것이다.

---

2 와이즈Wiese([1891]1983, p. 58)도 공포스러운 응구니에 대한 자발적 복종을 기록한 바 있다. 그는 '정착지 전체'가 응구니의 '야만성'을 익히 알고 있음에도 복종을 택했으며, '수많은 비참한 사람'이 포르투갈인이 임명한 추장이 부과하는 세금과 폭력을 피하기 위해, "명백히 문명화된 아프리카인들의 노예화보다는 야만상태의 종 신분을 선호하면서" 응구니 추장인 음페제니Mpezeni에게 도망쳤다고 기술했다(p. 239).

일단 좀더 최근의 과거로 빠르게 이동해보기로 하자. 몇 년 전, 내가 아는 한 미국인이 고용주의 지시로 몇 달간 요하네스버그에 머물게 되었다. 그는 아카데미에 있는 학자는 아니었지만 정치적으로 진보 성향을 지녔고, 개인적 관심과 동정으로 남아공에서 아파르트헤이트에 반대하는 투쟁과 반인종 민주주의의 도래를 위한 싸움에 동참했다. 하지만 그가 요하네스버그에서 겪은 경험은 그의 기대와 달랐으며, 오히려 문제적인 것이었다. 가장 힘들었던 것은 일자리를 갖지 못한 남아공 흑인들이 서비스를 제공하겠다면서 떼를 지어 그에게 찾아오는 것이었다. 이들은 대개 문 앞까지 찾아와서는 동의도 없이 부엌이나 정원에서 일을 하기 시작했고, 그를 깍듯이 (주인이나 보스를 칭하는) '바스bass'라고 불렀다. 한 구직자가 "그저 당신이 원하는 대로 주면 됩니다"라고 말한 데서 보듯, 고용조건 자체는 정말로 중요하지 않았다. 그가 슈퍼마켓에라도 가면 한 무리의 청년 남성들이 나타나 식료품을 차 안까지 옮겨주고 약간의 팁을 요구했다. 대개 다 이런 식이었다. 매 순간 가난한 흑인 남아공인들이 자칭 평등주의를 지향하는 외국인 백인에게 기대하는 것은 "당신을 모시고 싶습니다. 나의 보스여! 나를 맘껏 부리세요!"라는 식이었다. 내 친구는 당황하며 물었다. 이것이 '새로운 남아공'인가?

그의 반응은 개인적 자율성과 자립에 가치를 두는 미국인의 전형을 보여주며, 보편적인 것과는 거리가 멀다. 하지만 개인주의 지향의 미국인의 문제에 국한되지 않은, 정말로 불편한 것은 이 사례가 아이러니를 보여준다는 점에 있다. 이 아이러니란, 이미 해방된 자들이 종종 당황스러우리만치 간절하고 비참한 언어로 자발적 복종과 섬김을 선택했다는 데 있다.

이 두 이야기는 공통적으로 우리가 해방적 자유의 정신이라 부를 만한 것을 혼란스럽게 만든다. 우리가 존엄, 자유와 곧잘 연결하는 자치나 독립을 강조하기보다, 두 이야기에서 등장하는 사람들은 종속적·의존적 지위를 공개적으로 추구하고 있다. 해방적 자유의 정신을 가진 자라면 당연히 염원하는 식으로 위계적 종속화에서 벗어나거나 맞서 싸우기보다 그 종속상태를 온 힘을 다해 추구하는 것이다. 이렇게 종속을 추구하는 것, 내가 여기서 명명한바 '의존의 선언declarations of dependence'을 어떻게 이해해야 하는가?

스스로 종속과 의존을 택한 사람들의 스펙터클이 왜 그토록 우리를 불편하게 하는지를 설명해주는 역사적 증거들은 많다. 오래되고 숭고한 반反노예제, 반식민해방투쟁의 역사 때문에 우리는 아마도 너무나 쉽게 인간 존엄 및 가치를 자치, 독립과 등치시키고 있다. 그런 관점에서 의존의 의지를 표명하는 것은 슬프고, 심지어 수치스럽게 보이기까지 한다. 이런 시각에서 의존은 일종의 속박, 굴레의 삶이며, 자유와는 완전히 상반된다.[3] 독립independence의 선언이 해방적 자유의 상상 속에 그토록 넘쳐나는 것은 우연이 아니다. 자랑스러운 선언은 정치적 독립을 개인의 자유, 평등과 연결시킨 미국의 독립헌장에서 보듯 계몽주의적 모티프들을 함축하고 있

---

3 루시 알레가 최근 지적한 대로 계몽주의 사상가인 칸트는 정확히 "구걸하는 가난한 인간/남성은…… **자신의 존재를 다른 사람들에게 의존하도록 만들기**" 때문에 걸인의 스펙터클에 번민을 느꼈고, 국가가 그러한 관행을 제한해야 한다고 느꼈다. 그의 주장에 따르면 "인간/남성은 타인들과의 관계에서 자유롭고 독립적인 존재로 남기 위해 있는 힘껏 분투해야 할 의무를 갖는데, 걸인의 경우 타인의 변덕에 휘둘리면서 자신의 자립을 희생하고 만다." 수치심 없이 의존을 드러내 보임으로써 걸인은 자신의 위신을 구기고 "자신의 인격을 격하시키고 만다." 기실 걸인은 정말로 "자기 자신에 대해 최고조의 경멸"을 전시하고 있는 것이다(Allais, 2012, p. 2).

다. 또한 이 선언은 한때 아프리카의 독립을 아프리카의 자유와 등치시켰던 데서 보듯, 20세기 포스트 식민주의적 해방의 이상 및 (경제적 '종속'에 맞선 투쟁이라는 점에서) 발전과 긴밀히 연결되어 있다. 실제로 아마티야 센(1999)의 영향력 있는 개념화 작업에서 보았듯, 발전은 개인적 자유의 증가로 정의되며, 의존과 구속은 발전이라는 과정과 완전히 배치된다. 그러한 세계관에서 의존을 선언하고 그것을 바라고 추구하는 것은 자신의 가치 절하, 심지어 비인간화를 염원하는 것과 다를 바 없다.

의존에 대한 우리의 불편함을 이해하기 위해, 더 중요하게는 이를 극복하기 위해 지역사를 되돌아보려고 한다. 내가 여기서 제시할 경험적 역사 연구들은 이미 상당히 잘 알려져 있다. 하지만 나는 남아프리카의 노동과 자본주의에 대한, 아마도 **너무나 친숙한** 역사를 끄집어내기 위해 익숙한 사실들을 다시금 이야기하면서 다소 다르게 서사화시키고 싶다.

먼저 19세기 초 응구니 독립국가로 되돌아가 보자. 왜 누군가는 그토록 폭력적이고 소름끼치는 적에게 기꺼이 복종하고 싶어하는가? 응구니를 피해 달아난 사람들의 동기는 쉽게 이해할 수 있다. 하지만 멀찍이 도망가는 게 아니라 이 살아 움직이는 파괴의 화신을 찾아서 일부러 수백 마일의 여행을 감행하는 사람들은 어찌 이해해야 할 것인가?

우리가 응구니 팽창의 사회적 논리를 이해하게 된다면 그러한 선택은 덜 신비롭게 받아들여질 수 있다. 응구니 독립국가는 적들을 섬멸하기보다 대개는 통합해내는 방식으로 세력을 키웠다. 여자와 아이들, 그리고 종종 남자들까지 포로가 되었고, 이후 응구니 사회체계의 일원이 되었다. 이 과정은 종종 물리적·심리적으로 너무나 섬뜩했다(Delius, 2010; cf. M. Wright, 1993). 하지만 그 보상은 때때로 완전한 형태의 사회성원권이었다. 초기에 포로들은 사회체계에서 분명 열등한 지위에 배속되었다. 하지만 그들은 특정 친족 역할을 토대로 뚜렷한 사회적 인간으로 편입되었다. 포로가 된 여자들은 부인이 되었고, 포로가 된 남자와 아이들은 응구니 군사지도자들의 자식이 되었다. 새로운 사회적 영역segments은 종족 모델을 기반으로 형성되었고, 이 체계가 급속히 확산되는 국면에서 새로운 성원들이 새 전투에 편입되면서 놀라운 속도로 (지도자가 되는 새로운 기회와 더불어) 새 영역이 만들어졌다. 그 같은 체계에서 포로가 된 남자들은 피부양자로서 서열 맨 밑에 위치했지만, 새로운 포로들이 계속해서 그 체계로 들어오면서 재빨리 자신의 새 영역을 만들고, 전투 중 생포한 자들을 포함해 유사-피부양자로 구성된 거대한 추종세력을 형성함으로써 사회적·정치적 영향력을 행사했다. 영향력 있는 남자들은 많은 부인을 거느렸고, 이 부인들은 반스(1967)가 '무리들bevies'이라 부른 집단으로 나뉘었다. 각 '무리'의 연장자 부인은 아들들과 그 무리에 속한 여자들의 포로로 구성된 영역 내에서 권위를 누렸다.[4]

그 결과 반스가 '눈덩이snowball 국가'라 부른, 각성상태amphetamines

---

[4] 반스의 논의는 다소 오래된 것이나 최근의 학자들은 그가 기술했던 사회통합의 본질적 역동성을 입증해주었다. 가령 고든(2009, p. 929)은 응구니 포로들과 그 자식들이 응구니 혈통 안에 편입되었고 심지어 추장이 되기도 했음을 보여주었다. 파이리Phiri(1988, p. 21)는 포로들이 누렸던 사회적 이동성과 완전한 사회참여를 언급했다. 와이즈([1895]1983, p. 155)는 응구니가 전쟁에서는 끔찍하리만치 잔인하다는 점을 강조하면서도 일단 노예들이 마을로 돌려보내지면 '인간적으로' 취급받았다는 점을 기술했고, 부와 영향력을 거머쥔 포로 출신들을 알고 있다고까지 상세히 서술했다. 델리우스(2010)는 이 시기 포로들의 사회통합에 관한 지역 맥락의 개관은 물론, 이 주제가 학자들의 연구에서 상대적으로 무시되었던 이유에 관해 뛰어난 고찰을 제공한다.

가 된 고전적인 분절적 정치체계가 만들어졌다. 그의 말을 직접 들어보자 (1967, p. 60).

대개 종족체계에서 분할은 기본적으로 인간이 성인이 되고 재생산을 하는 불변의 과정 때문에 일어난다. 한 남성의 자식들이 성인이 될 때까지 그의 부계 집단segment은 분할될 수 없다. 응구니는 이미 많은 성원을 그들이 성인이 되었을 때 모집함으로써 엄청난 속도로 인구를 증가시킬 수 있다. 응구니 군대의 규모가 워낙 커서 더 많은 사람을 생포할 수 있었기 때문에 인구가 나선형 팽창을 거듭했다고도 말할 수 있다. 응구니 국가는 장소를 이동할 때 눈덩이처럼 그 규모가 팽창하지만 여전히 일관된 형태를 유지하고 있다.

반스의 설명은 전 식민지 시기 남아프리카 사회의 정치논리를 상당히 과장한 것이기도 하다. 유럽에서 정치적 분쟁이 주로 토지를 지배하는 것과 관련된 반면, 아프리카 사회 대부분의 경우에 토지는 풍부했고, 수전 마이어스Suzanne Miers와 이고르 코피토프Igor Kopytoff(1977)가 지적한 대로 '사람들에게서 나오는 부'를 통제하는 것이 정치권력의 핵심이었다. 그러한 체계에서 정치지도자들은 추종자들을 가능한 한 많이 끌어모아 조직을 건설함으로써 세력을 확대할 수 있었다. 반스의 설명대로(1967, p. 30) "권력을 측정하는 주된 기준은 한 성인 남성이 거느린 피부양자들의 수였다. 정치투쟁은 부를 지배하기 위해서가 아니라 추종자들의 지지를 확보하기 위해 이루어졌다."[5]

하지만 추종자들이 다른 경쟁자에게 달라붙거나 자기 자신의 정치조직을 형성하게 되면 이 지도자들은 곧바로 권력을 잃게 될 위험에 처했다. 종종 알려진 바대로 추종자를 유지할 필요성은 추장과 왕의 권력을 제지하는 데 작용하기도 했다. 이러한 사회는 확실히 민주정은 아니었지만 고도의 이동성을 가졌고, 추종자들의 욕구와 바람을 무시하는 지도자들을 신속히 처벌할 수 있는 출구전략도 많았다.

그러한 세계에서 의존은 해방적 자유의 정신이 가정하는 식으로 단순히 구속이나 부자유를 뜻하지 않았다. 반대로 추종자들을 끌어모으기 위해 경쟁해야 하는 사회체계에서 의존이란 가장 중요한 형태의 자유선택을 **창출하는** 위계적 결연의 가능성에 다름 아니었다. 결연 가능성이 존재하는 어디에서든 간에 피부양자들은 상당한 수준의 행위자성agency을 구사할 수 있었고, 의존 그 자체는 바야트(2000, p. 218)가 표현한 대로 '행위양식mode of action'이 되었다. 그러한 세계에서 존재하는 자유란 독립으로부

---

5 '음페카네'에 관한 최근의 일부 재해석에 따르면 '사람들에게서 나오는 부'의 축적을 견인한 주요 동인은 포로들을 노예로 판매하는 데 따른 이익이었다(예를 들어 Cobbing, 1988). 물론 포로들은 때때로 판매대상이 되었고, 응구니는 아랍 노예상인들과 거래를 하기도 했다. 하지만 와이즈([1891]1983, p. 155)에 관한 편집자 논평에서 랭워시Langworthy가 주장한 바, 유럽인들은 혈기왕성한 포로들에 대한 응구니의 집착이 외부의 노동시장 공급문제와 직결되어 있었다고 종종 가정했지만, 사실 "팔린 포로들의 수는 상대적으로 봤을 때 극히 적었고", "대부분의 포로가 응구니 국가에 남아 있었다." 와이즈 자신도 "(응구니 추장인) 음페제니는 사람들을 살 뿐 그들을 절대 팔지 않는다"고 기술했다([1891]1983, p. 191). 델리우스(2010, p. 11)가 지적한 대로 포로의 사회적 통합이 가졌던 중요한 역할은 응구니 인구의 놀랍도록 급속한 증가만으로도 입증된다. 그에 따르면 은데벨레Ndebele족의 경우 음질리카지Mzilikazi가 약 300명을 데리고 북부 나탈 주를 떠났는데 10년 뒤 그의 추종자들은 적어도 2만이 넘었다. 반스(1967)는 1820년대 초반 고작 1,000여 명에 불과했던 응구니는 3세대가 지난 뒤 50만의 '응구니족'이 되었고, 그들 대부분은 처음 북부로의 이주를 감행했던 추장 Zwangendaba의 유사 부계혈통으로 간주될 수 있다고 분석한다(1967, p. 61).

터가 아닌 의존을 위한 기회의 다수성에서 나오는 것이었다(나는 곧 이 논점으로 돌아갈 것이다).

이것이 사회를 구조화할 뿐 아니라 사람들을 구성해내는 방식임을 주목할 필요가 있다. 인류학자들이 오랫동안 인식해왔듯, 초기 식민 남아프리카의 사람 중심 사회체계에서 사람들은 원자화된 개인들이 아니라 관계들의 체계를 구성하는 마디nodes로 이해되어왔다. 현대 자유주의에서는 종종 이데올로기적으로 고안된 자유주의적 개인을 보편화하면서, 사회가 그러한 개인들 간의 거래행위로 구성된다는 상식을 유포하지만, 아프리카를 연구하는 인류학자들은 오랫동안 관계적 인간이 의존관계들에 선행하는 게 아니라 그 관계들을 통해 구성된다는 점을 주장해왔다.[6]

응구니 시스템은 사회가 자유로운 개인들 간의 교환관계가 아닌 관계적 인간들 사이의 의존과 존경의 관계를 토대로 했다는 점에서 앞서 서술한 논리에 따라 작동했다. 여기에서 위계와 의무의 관계들은 완전한 인간됨의 획득을 속박하거나 감소시키기보다는 그것을 오히려 구성하고 가능케 만들었다. 지역 전체에 걸쳐 위계적 의존은 문제나 쇠약이 아니라 반대로 사회적 인간됨을 성취하기 위한 중요한 기제였다. 의존의 네트워크가 없다면 당신은 (아마도 마녀를 제외하고) 아무 존재도 아니었다. 이 네트워크가 있어야만 중요한 사람이 될 수 있었다. 반스가 강조했듯, "모든 남자는 잠재적 통치자였고, 모든 통치자는 최고 권력을 가진 추장을 제외하고는

---

6 예를 들어 Radcliffe-Brown(1965); Fortes(1987); LaFontaine(1985); Piot(1991); Englund(1996) 참조. 남아프리카 시각에서 인간성이라는 주제를 분석한 탁월한 연구로는 Comaroff and Comaroff(2001) 참조.

모두 위계가 더 높은 다른 통치자에게 의존했다."(Barnes, 1967, p. 10) 여기에서 한 가지를 더 덧붙이자면, 모든 여성은 새로운 무리의 잠재적 수장이었고, 그녀가 깊숙이 개입하는 친족과 유사 친족 의존의 망이 바로 사회적 인간됨을 구성했다. 이런 점에서 볼 때 응구니 포로들은 단순히 종속된 자들이 아니었다. 그들은 자신들이 가치 있는 사회적 위치를 인정받고, 그 위치를 향상하거나 강화할 중요한 기회가 존재하는 사회체계에 **통합된** 것이었다. 이제 우리는 그러한 사회체계에서 성원권을 획득하는 것이 왜 중요한지, 특히 불안정과 위험이 만연한 시기에 왜 진정으로 추구할 만한 가치를 갖게 되었는지 이해할 수 있을 것이다.

식민통치 이후의 변화와 연속성

식민지배와 뒤이은 자본주의의 부상은 일반적으로 여기서 묘사된 세계와의 단절로 여겨져왔다. 친숙한 서사에 따르면 이전의 제도들은 완전히 폐기되거나 새로운 산업자본주의에 종속되는 방식으로 유지되었고, 친족과 '사람들에게서 나오는 부'를 기반으로 했던 사회체계들은 완전히 새로운 논리들, 즉 완전한 지배라는 정치적 논리와 자본주의, 상품생산, 임금노동이라는 경제적 논리에 자리를 내주었다.[7] 가령 추장제와 소 지키기cattle-keeping처럼 '전통적'인 제도들이 지속되었을 수는 있지만, 대개의 연구는 추장들이 실제로는 식민지 관료가 되었고, 소는 프롤레타리아트 임금노동자를 위한 일종의 투자이자 저축의 형태가 되었다고 분석한다.

처음에는 식민지 정복을 통해, 뒤에는 자본주의 산업화를 통해 도입된 단절은 명백히 압도적이었기 때문에 여기서 그 영향을 축소시키고 싶은 생각은 없다. 하지만 그렇게 역사적인 사회적·경제적 변화에서조차 연속성이 엿보인다는 점은 놀랍다. 자본주의가 오래된 사회체계들을 산산조각 내고 전 대륙을 임금노동과 상품화의 세계로 몰아넣었을 때조차 **사람들**을 얻기 위한 싸움은 지속되었다. 종종 관찰된바, 남아공에서 엄청난 광물자원이 발견되던 시기에 전 지역은 노동부족 경제에 시달렸다(van Onselen, 1986; Seekings and Nattrass, 2005). 흑인 소작농을 끌어내서 저임금노동에 몰아넣기 위해 국가적 강압이 행사된 데서 보듯, 남아공 자본주의의 많은 가혹한 측면이 이 상황에 뿌리를 두고 있다. 하지만 그 모든 가혹함과 잔인함 이면에 자리 잡은 것은 사람들에게 목마른 사회체계였다. 사람들은 때로 강압에 못 이겨 끌려나왔지만, 한편에서는 수많은 사람이 폭력과 압

---

7 내가 언급하는 문헌들은 대부분 마르크스주의의 영향을 받았지만 그렇다고 해서 이론적 모델의 층위나 경험적 발견의 층위에서 결코 단일하다고 볼 수 없다. 실제로 남아프리카의 산업자본주의 발흥에 관한 설명은 상당히 다양하다. 사회변동이 어떻게 이해될 수 있을 것인가(산업혁명? 내부식민주의? 인종식민주의? 생산양식의 접합? 불균등발전?), 또한 정통 마르크스주의의 딱 떨어지는 시대구분에서 사회역사가들이 보여주는 어수선하고 다양한 풍경에 이르기까지, 위와 같은 것들이 어떻게 역사적으로 진행되었는지를 두고 다양한 입장이 등장했다. 이 문헌들은 여기서 검토하기에는 너무나 복잡하고 방대하다. 조야한 개관을 통해 어쨌든 내가 말하고 싶은 것은 이 방대한 이야기들이 상당한 차이를 드러냄에도 전前자본주의에서 자본주의 사회질서와 프롤레타리아트 등장으로의 이행이라는 한결같은 주제를 말하고 있다는 점이다. 물론 그러한 이행은 의심할 바 없이 남아프리카 역사의 중요 특징이며, 그 과정과 해석을 둘러싼 수십 년간의 논쟁이야말로 이 지역을 연구해온 학자들이 남긴 뛰어난 유산이다. 나의 논점은 이들의 초점이 잘못되었다는 게 아니라 산업자본주의라는 주제가 너무나 지배적이었던 나머지 (사람들을 차지하려는 경쟁이 지녔던 사회적 역동성처럼) '시대들'을 관통하는 어떤 연속성이나 (인구가 부족한people-scarce 사회질서에서 인구과잉people-surplus 사회질서로의 전환처럼) 다른 시기구분을 요구하는 결절점들을 포착하기 어려웠다는 점이다.

제로 악명 높은 새 사회경제적 체계에 스스로 편입되기 위해 자발적으로 수백 마일을 걸어왔다는 점 또한 사실이다.

이는 사람들을 정치적 추종자가 아닌 노동자의 형태로 더 큰 위계적 체계에 편입시킨다는 점에서 다른 종류의 눈덩이 국가라 볼 수 있다. 인종 배제란 그 체계에 들어간 사람들이 더는 응구니 국가와 같은 시스템이 제공했던 이동의 기회를 갖지 못한다는 점, 다시 말해 '모든 남성이 잠재적 통치자'가 될 수 없다는 점을 의미했다. 하지만 남아공의 식민지 인종차별 자본주의는 의심할 바 없이 (이제는 노동의 형태로) '사람들에게서 나오는 부'를 게걸스럽게 먹어치우며 소비했다. 그리고 응구니 경우에서 보듯, 사람들이 그토록 야만적인 시스템에 자발적으로 종속되기 위해 먼 걸음을 했다는 이야기를 접할 때 우리는 당혹스럽게 머리를 긁적일 수밖에 없다.

사람들을 차지하기 위한 지속된 경쟁은 인간성(인간됨)personhood에 대한 토착적 개념화를 위해 중요한 함의를 갖는다. 많은 문화기술지가 보여주듯, 임금노동은 20세기 남성/인간성의 중요한 토대가 되었다. 연장자 남성과 후배 남성 간의 관계는 젊은 청년들이 임금노동에 진입하면서 완전한 사회적 인간성을 획득함에 따라 급격한 변화를 경험했다. 졸라니 응웨인Zolani Ngwane(2004)이 지적했듯, 교육을 통한 사회적 지위의 요구 역시 마찬가지로 큰 변화를 일으켰다. 결혼은 신부대라는 변형된 제도를 통해 임금을 벌어들이는 능력과 긴밀히 연계되었고, 여성들의 종속에 대해서는 새로운 기제와 이를 정당화하는 작업이 도입되었다. 농촌과 도시의 사회 성원권 사이에 중요한 구분이 등장했고, 도시성원권은 (흑인들에게는 그나마 이 또한 상당히 축소된 형태였으나) 임금노동과 불가분의 관계가 되었다.

하지만 의존관계들을 통해 인간됨이 성취된다는 논리는 종종 계속해서 작동했다.[8] 식민지 아파르트헤이트 남아프리카의 여러 영역에서 **누군가임**being someone은 **누군가에 속한다**belonging to someone는 점을 계속 암시했다. (찰스 반 온셀렌Charles van Onselen[1992, p. 130]이 지적한 대로 상당히 위축되고 절단된 형태이기는 했지만) 온정주의 이데올로기와 그 실천이 갖는 중요성은 물론 20세기 농촌생활에서 더 두드러졌고, 블레어 러더퍼드Blair Rutherford(2008)가 '가정통치domestic government'라 부른 시스템을 통해 사회적 위계와 가치 있는 통합형태가 구축되었다(이는 오늘날 그 지역에서 토지를 둘러싼 갈등이 왜 첨예할 수밖에 없는지 설명해준다). 하지만 그러한 의존관계는 도시의 산업환경에 놓인 노동자들의 정체성에도 마찬가지로 중요했다. 가령 도널드 던햄(2011), 던바 무디(1994) 같은 저자들이 생생히 묘사한 것처럼 광산에서의 작업장 문화는 농장만큼이나 온정주의적·인격적 경향이 강했다.[9] 이것을 ("우리는 흑인들을 가족처럼 다룬다"는 식의 악명 높은 문구에서 보듯) 위선적인 백인들의 합리화라고 간단히 축약해버릴 수는 없다. 너무나 야만적이었던 작업조건에도 불구하고 아프리카 노동자들은 관리자의

---

8 줄리 리빙스턴Julie Livingstone은 최근 보츠와나의 신체장애를 연구하면서 그러한 논리의 지속적인 중요성을 주목했다. 서구 문화가 (그녀의 용어에 따르면) '독립을 물신화하는' 반면, 보츠와나 사람들은 자치를 높이 평가하면서도 "동시에 인간됨을 유지시켜주는 관계들, 달리 말하면 **의존관계들**을 강조한다"는 것이다(2006, p. 121).

9 사회적 관계가 어떠한지에 따라 후원자-수혜자 동맹의 어법과 관행이 달랐던 것처럼 확실히 온정주의적·후견주의적 애착은 상이한 산업부문에서 상이한 형태를 띠었다. 백인 농부가 무토지 노동자와 후원자-보호자 관계를 맺는 것은 흑인 십장이 동료 광산노동자에 대해 그 관계를 갖는 것과는 양상이 매우 달랐을 것이다. 여기서 나는 그러한 차이들을 부정하려는 것이 아니라 사회적·제도적 장의 다양성에도 불구하고 그 기저에 공통성이 자리 잡고 있음을 보여주려는 것이다. 그 공통성이란 의존을 통한 사회적 애착의 논리가 사회정치적으로 만연해 있다는 점이다.

권위를 가족적·유사 친족적 용어들로 종종 이해했기 때문이다.[10]

　이 경우 사회적으로 묶여 있고, 친족 용어들로 채색된 '전근대적' 노동 형태가 자본주의의 이상적 모델이 암시하는 순수하게 상품화된 노동력 구입으로 점차 대체되었다는 식의 '전환 스토리'를 꺼내는 경향도 등장했다. 하지만 우리는 20세기 남아공의 자본주의가 한 세기 동안 '현대화'를 거치면서도 고용자와 피고용자 사이의 인격적·의존적 관계를 없애지 않았다는 점을 알고 있다. 앙드레 뒤 투아가 보여주었듯, 심지어 가장 '현대적'이며 자본주의적인 농업 지역이었던 남아프리카 희망봉의 과수원과 와인 농장에서조차 과거와 깊은 연속성을 가진 채로 온정주의적 권위로 점철된 관계들에 의존했다(1993, p. 315). 조아생 에베르트Joachim Ewert와 함께 쓴 최근의 논문에서 뒤 투아는 노동관계 '현대화'의 가장 최근의 국면에서조차, 심지어 가장 '진보적'이라 불린 농장들에서도 온정주의적 가치가 중요하게 남아 있음을 보여준다(Du Toit and Ewert, 2002, pp. 91~92). 광산노동 역시 유사한 이야기를 전한다. 도널드 던햄(2011)이 보여주었듯, 전근대적이라 가정된 온정주의적 권위관계들은 일부 광산에서는 1990년대 내내 노동권을 관리하는 데 주요하게 작용했다.[11]

---

10 예컨대 던햄은 흑인 광산노동자들에게 들은 이야기를 연결시킨다. 백인 광산관리들은 신비한 뱀에게 제물을 바치면서, 그들 자신의 역할을 조상들에게 제물을 바치는 친척의 역할로 유추적으로 전이했다(2011, pp. 70~71). 1990년대 온정주의적 연대가 경멸의 대상으로 폐기되던 무렵, 던햄은 (니하우스Niehaus의 논지를 따라) "조상들에게 제물을 바치는 인자한 아버지 형상에서 무시무시한 착취자"로 경영을 변화시키며 제물 시나리오가 전도되고 있었다고 주장한다.

11 실비아 야나기사코는 기실 유럽에서도 가족주의적·온정주의적 권위형태가 자본주의 생산의 주요 특징이었다고 서술했다(Yanagisako, 2002, 2012).

20세기에 인간의 부를 짜내야 했던 자본가, 농장주, 감독관들은 수 세기 전부터 왕과 추장들이 동원했던 것과 동일한 종류의, 인격적이고 유사 친족을 기반으로 한 사회적 포섭을 이루어내는 장치들을 이용했다. 심지어 강제로 동원된 사람들일지라도 오래된 사회체계에서와 마찬가지로 빠져나갈 방법들을 어느 정도 갖고 있었다. 추장들이 추종자를 얻기 위해 경쟁했듯, 고용주들이 노동력을 얻기 위해 경쟁했기 때문에 평범한 사람들은 지배에 제한을 가할 수 있는 약간의 여지가 있었다. 물론 그러한 선택 이후에는 끔찍할 정도로 야만적인 억압이 뒤따르곤 했다. 하지만 당시 노동자들의 이동성과 탄력성이 상당했다는 점은 그 같은 억압적 시도가 부분적으로만 성공했음을 의미했다. 전 식민지 시기에서처럼 출구를 찾고 움직일 수 있는 능력은 독재적인 권력남용에 대해서는 제한을 가하고, 가장 주변부로 내몰린 사람들을 위해서는 고통을 경감시킬 잠재적 힘을 제공했다. 내가 강조하는 것은 노동력 부족이 일반화된 당시의 상황을 전제로 했을 때 결과적으로 선택 가능한 출구가 존재했다는 것이다.

노동력 부족 현상이 전 식민지 시기와 식민지 시대의 사회체계 간 연속성을 낳았다는 점을 지금까지 논했다. 이제 식민지 시기, 아파르트헤이트 시기 남아공에서, 그리고 덜 극단적이기는 하지만 남아프리카의 정착민settler 식민지 사회에서 어떻게 사회성원권이 형성되었는지 짧막하게 살펴보기로 하자.

이 시기의 경우 인종성원권이 성원권과 관련하여 가장 많이 논의되고 분석되었다. 남아공에서 정착민을 '원주민'과 분리하는 식민지 인종차별 color bar은 과장되고 물신화된 범주체계에 따라 성원권을 정교하게 등급화했고, 이는 20세기까지 국제적 자유주의 여론을 들끓게 만들었다. 물론 인종성원권은 언제나 복잡성을 지녔고, 어느 정도는 계급성원권과 교차했기 때문에 이른바 가난한 백인의 문제나 교육받은 도시 흑인과 그렇지 못한 흑인 간의 차이와 같은 친숙한 현상을 낳았다.

하지만 이렇게 친숙한 성원권과 더불어 '노동성원권work membership'이라 불릴 만한 별도의 체계가 작동하고 있었다. 특히 도시 사회는 인종과 계급에 따른 특권, 처벌에 의해서뿐만 아니라 인정된 임금고용하에 생활하는 도시 '소속자들belongers'과 그렇지 못한 채 '어슬렁거리는 사람들hangers-on' 간의 법적·사회적 구분을 따라 구조화되었다. 도시성원권을 일과 연계하는 관행은 많은 임금노동 형태에서 법적·문화적으로 차단된 여성들을 불안정한 위치로 내몰았다. 하지만 이는 도시에서 살아가는 많은 남성에게도 마찬가지여서 공식적 임금고용 상태에 있지 않은 남성들은 '노동자'로 인정된 사람들이 누리는 법적·사회적 권리를 부여받지 못했다. 이는 현대 중국에서도 마찬가지인데, 도시에서 살아가는 사람들은 공식적으로 인정된 노동집단의 성원권을 기반으로 하여 상이한 종류의 권리들을 낳은 법적 기제들을 따라 분리되었다(Zhang, 2002). 흑인에게 신분증 소지를 의무화한 악명 높은 통행법뿐만 아니라 주택정책 등 여러 수단을 통해 도시성원권을 내세울 수 없는 사람들은 체계적으로 불리한 위치를 점했고, 그렇다고 도시 환경에서 완전히 제거되지도 않았다.

인종체계와 노동성원권 체계를 분석적으로는 나누긴 했으나 기실 양자는 동일한 역사적 시간에 근본적인 화두가 되었다. 백인과 흑인을 법적으로 분리시켰던 남아공의 악명 높은 아파르트헤이트 인종법이 붕괴되던 시기에 통행법 및 노동성원권을 가진 흑인과 그렇지 못한 흑인을 분리했던 주택제한정책 역시 와해되었다. 이러한 우연의 일치는 노동성원권 체계의 쇠퇴가 공식적인 인종성원권이 전복되었다는 좀더 가시적이고 낙관적인 이야기에 다소간 묻혀버렸음을 의미했다. 하지만 노동성원권의 오랜 체계가 무너진 것이야말로 남아프리카 정치와 사회정책이 현재 당면한 곤경을 이해하는 데 중요하다는 점을 인식해야 한다.

노동과잉의 시대: 비의존의 시대?

최근 수십 년을 돌아볼 때 남아프리카 경제는 노동력 부족이라는 종래의 특징에서 한참 떨어져 있다. 오랫동안 고용주들이 서로 차지하기 위해 경쟁했던 육체노동자들은 이제 시장에서 일자리를 얻기 위해 발버둥치는 상황이 되었다. 경제이론과 경제사에서 대량실업은 통상 경제적 쇠퇴와 연결된다. 하지만 남아공 사례는 심지어 경제학자들이 '건전한' 경제라 부른 상황조차 종종 노동시장에서 사람들을 내쫓는 방식으로 이루어지고 있음을 보여준다. 시킹스와 나트라스의 연구(2005)에서 보듯, 아파르트헤이트 후반기부터 현재까지 남아공의 경제성장은 실업자 증대와 병행했으며, 이 실업자 중 다수가 일시적이라기보다 영구적으로 노동시장 밖으로 밀려나버렸다. 이는 경제적 쇠퇴에 기인한 것이 아니다. 현재 드러나는 풍경은 '거꾸로 가는 눈덩이 국가snowball state in reverse'라 부를 만한, 사람들을 끌어모으는 게 아니라 오히려 내던져버리는 방식으로 잘 굴러가는 모습이다.

인구 대부분이 노동인력에서 밀려나는 현상은 남아시아와 동남아시아 맥락에서 타냐 리(2010)가 '잉여인구' 논의를 제기한 데서 보듯, 남아프리카에만 국한된다고 할 수 없다. 더구나 이는 적어도 수 세기 동안 진척된 것으로, 순전히 최근의 사태로만 바라볼 수도 없다. 실제로 아파르트헤이트 시기의 반투스탄 실험(2장 설명 참조—옮긴이)은 관리들이 '잉여인들'로 파악한 집단을 다스리기 위한 방식이라 분석되었으며(Platzky and Walker, 1985), 시킹스와 나트라스는 대량실업이 1970년대 중반에 이미 존재했음을 강력히 주장하고 있다(2005, pp. 166~177). 그럼에도 엄청난 변화가 너무나 분명하게 드러난 것은 지난 20년 동안의 일이다. 수 세기 동안 사람들은 처음에는 부의 원천으로, 나중에는 노동력으로서 희소하고 긴요하게 추구된 대상이었으나, 이 오래된 흐름이 지난 몇십 년 만에 와해되고만 것이다. 우리는 산업화와 자본주의의 성장을 유일하게 거대한 역사적 단절점으로 보는 데 익숙해 있어서 인력부족 시스템에서 인력과잉 시스템으로의 전환이 얼마나 급진적인 변화인지 제대로 파악하지 못하는 측면이 있다.

이러한 전환이 사회적 인간성에 가져오는 의미는 무엇인가? 다소간 갑작스럽게, 한때는 부의 원천으로, 노동력으로 누구나 획득하고자 했지만 이제 더는 필요로 하지 않는 사람들이 동시에 상품가치마저 사라져버리고, 인간됨을 위한 관계성으로부터 완전히 독립해버린 것이다. 여성과 아이들은 이 곤경이 야기한 남성들의 분노를 직격탄으로 맞고 있다. 동시에 전체 경제 시스템이 확대된 노동인구를 더는 필요로 하지 않기 때문에 노동인구를 위한 사회적·생물학적 재생산의 임무를 부여받았던 여성들의 오랜 역할 또한 가치가 절하되고 있다. 하지만 여성들은 남성들에게 종종 부족한 의존성의 관계들을 바탕으로 인간성을 어느 정도 유지할 수도 있다. 여기서 나는 어머니나 할머니와 같은 가족 역할뿐 아니라 (특히 아동보호지원금 같은) 보조금 수혜자의 사회적 역할을 염두에 두고 있다(잠시 후에 사회보조금에 대한 논의로 돌아갈 것이다).

남아프리카 이주노동 시스템을 분석하는 사람들은 인종적 자본주의 시스템이 싸구려 임금노동의 제단에 가족을 제물로 바치게 되면서 한때 는 응집력이 단단했던 흑인 가정을 해체시켜버렸다고 한탄한다. 하지만 오늘날 우리가 보고 있는 것은 젊은 남성 세대를 임금노동의 요구에서 '해 방시킨' 것이 가족을 결속시키기보다 파편화시키는 것으로 보인다는 점이 다. 이는 남성 가장을 중심으로 한 전형적 가구 개념을 구식으로 만드는데, 힐턴 화이트(2004)의 연구에서 보듯 많은 남성(과 일부 여성들)은 심지어 아 파르트헤이트 이주노동이 가졌던 끔찍한 과거에 대해 아이러니하게도 노 스탤지어를 불러내고 있다(cf. Dubbeld, 2013). 젊은 남성들을 임금노동의 '의존'에서 해방시킴으로써 결혼제도가 급격히 쇠퇴한 반면(Kumchulesi, 2011), 여성과 아이들은 노령연금과 아동보호지원금을 중심으로 하는 새 로운 의존체계에 편입됨으로써 새로운 '어머니 중심의', 심지어 '할머니 중 심의' 가족구조 형태가 등장하고 있다.

한때는 사람들을 남아프리카 산업자본주의의 '눈덩이'로 끌어 붙였던 고리들이 해체된 결과, 소외계층은 오래전 응구니 국가에서 경험한 고통 스럽고 불안한 나날들만큼이나 오늘날에도 의존을 갈망하고 있다(이 장의 첫머리에서 언급했듯, 새롭고 자유로운 남아공의 시민들을 만나고 싶었던 외국인 방 문객이 자신을 보스라 부르며 섬기겠다고 간청하는 사람들에게 아연실색했던 상황을 다시 떠올려봐도 좋을 것이다[12]). 극도로 불안정하고 연결이 끊어져버린 사람 들은 응구니 국가 시절처럼 오늘날에도 성원권과 복종을 기꺼이 맞교환 할 것이다. 하지만 오늘날 그들의 문제는 단지 종속적으로 되어가고 있다는 데에 국한되지 않는다. 상황은 훨씬 심각하다. 진짜 문제는 그들이 사회적 눈덩이에서 내쳐졌고, 종속될 **가치**가 없게 되어버렸다는 것이다. 버려진 사람들에게 **종속**은 단지 한 단계 위의 상태인 것처럼 보일 수 있다.

그렇다면 임금노동 시스템에서 '독립된' 사람들은 독립상태에 자족하기보다는 새로운 의존체계를 구축하고자 할 것이다. 이는 물론 남아공을 방문한 나의 미국 동료가 관찰했던 바이기도 하다. 하지만 중산층에 속하는 사람이 문을 두드리거나, 거리에서 구걸하거나, 슈퍼마켓 앞에서 동전 몇 푼이라도 받기를 원하는 사람들을 관찰하면서 파악한 것은 빙산의 일각에 지나지 않는데, 이는 가난한 사람들이 대부분 또 다른 가난한 사람들에게 도움과 구호를 요청하기 때문이다. 남아공에서 이루어지는 증여행위에 관한 최근의 조사들은 "증여가 부자들보다 가난한 자들 사이에서 더 빈번"하며, "빈민 지역 내에서 증여란 생존과 직결되는 문제"이기 때문에 빈곤이 증여를 억제하는 게 아님을 보여준다(Habib and Maharaj, 2008, p. 26, p. 38). 더 일반적으로, 문화기술지는 빈민 지역에서 분배가 핵심 역할을 하고 있음을 보여준다. 실제로 3장에서 주장했듯이, '비공식 경제'라 잘못 명명된 행위들 대부분은 재화와 서비스를 생산하는 것보다는 내가 '분배노동'이라 명명한 기회를 찾는 작업을 가리킨다. 그러한 활동들은 실업자의

---

12 중요한 것은 고용뿐 아니라 이에 결부되어 있다고 오랫동안 이해되어온 사회적 결속과 상호 책임이라는 점은 내가 만난 한 진보적인 남아공 백인의 경험에서 잘 드러난다. 이 백인은 자신의 정원에 고용된 흑인을 사업상 평등한 거래관계를 맺은 전문인으로 격조를 갖추어 대하려고 했다. 그러나 경악스럽게도 이 흑인은 "봉건적으로 계속 내 앞에서 굽실거렸다." 이는 비즈니스적 교환이 이루어지는 계약관계를 불평등한 의존과 돌봄이 내재된, 굉장히 인격적이고 친밀한 유대관계로 바꾸어내는 것이었다.

입장에서 보자면 매일매일의 생존을 용이하게 하는 것이지만, 실제 실업자들은 한 가닥 실에 대롱대롱 매달린 것('의존하다'라는 단어가 문자 그대로 암시하듯)과 다름없이 극히 불안정한 상태에 있다.

하지만 그러한 의존이 가장 최악의 결과인 것은 아니다. 누군가에게 의존한다는 것은 적어도 그 사람에게 제한적이나마 모종의 요구를 제기할 수 있음을 뜻한다. 다른 사람들과 더불어 의존 네트워크에 속해 있는 빈자는 적어도 자신이 요청할 수 있는 누군가를 갖고 있다. 독립이나 자치는 그러한 요청을 극복할 바람직한 대안이라 할 수 없다. 오히려 타인에 대한 의존을 극복할 현실적인 대안은 더 큰 역량을 지닌 행위자의 피부양자가 될 수 있는, 그래서 요구를 제기할 수 있는 능력이다. 이 행위자는 개인, 회사, NGO 혹은 정치정당이나 국가도 될 수 있다.

이는 남아프리카 지역 정치에 관한 최근의 문화기술지를 관통하는 주제다. 여러 연구는 자유주의적이고 해방적인 동원 모델이 사람들을 위계적 의존 아래 묶어내는 비자유주의적 방식보다 종종 성공적이지 못했음을 보여준다. 가령 남아공 노숙자운동에 관한 스티븐 로빈스의 주목할 만한 연구는 이 조직에 자금을 지원하는 국제 NGO들이 민주적·비위계적 시민권의 이상을 설파한 반면, 이 조직의 지도부 및 일반회원들은 그러한 의제에 '항상 헌신적이지는 않았음'을 보여준다(2003, p. 262). 자금제공자들과 좌파지식인들은 신뢰와 권한강화를 기반으로 한 수평적·평등주의적 관계들을 추구했지만, '풀뿌리' 노숙자연맹Homeless People's Federation, HPF은 "주택제공 및 후원과 의존을 중심으로 한 수직적 관계들을 구축하는 데 더 관심이 있는 것처럼 보였다."(2003, p. 263) 실제로 "우리는 돈을 모으는 게 아니라 사람들을 모은다"(2003, p. 245)라는 HPF의 슬로건은 (메트로폴리탄

지도자들이 해석하듯) 의식화와 해방의 과정을 지칭할 수도 있으나, 그보다 는 주택분배 같은 호의를 베풀 수 있는 정치적 후원자들이 자신의 추종자 들을 계속 불려나가는 과정이라고 보는 게 더 적절할 것이다.

　이와 유사하게 키 고든Kea Gorden의 박사논문 연구(2008)는 쿠아줄루 나탈 주에서 민주적 시민권의 규범들을 만드는 프로젝트가 그 의도는 좋 았지만, 위계적 리더십에 대한 지역의 기대, 추장의 인격적·비민주적 권위 에 대한 고집스러운 애착과 충돌하는 방식으로 엉클어져버렸음을 보여주 었다(James, 2007의 8장도 참고할 것). 존 프리드먼John Friedman(2011)은 식 민지 나미비아 국가의 운영에 있어 온정주의적 권위관계의 중요성을 기 술했는데, 그의 주장에 따르면 사람들은 개인적 권리를 주장하기보다 추 장과 다른 정치적 후원자들로부터의 보호를 추구함으로써 자신의 목적을 실현코자 했다. 프리드먼에 따르면 오늘날 과거의 보호관계에 대한 기층 의 노스탤지어가 만연하며, 현대 국가가 사람들에게 그러한 관계를 제공 해주지 못한다는, 그의 말을 인용하자면 "아버지로부터의 보호라는 교섭 을 와해시킨" 데 대한 비판이 팽배해 있다. 프리드먼은 이를 '비의존에 대한 비판'(2011, p. 247)이라고 결론 내린다. 의존과 위계관계들에 대한 명백한 선호와 맹렬한 추구야말로 이런 논의에서 두드러진다. 현대 세계를 살아 가는 많은 사람들만큼이나 가난한 남아프리카인들에게 정말로 끔찍한 것 은 의존이 아닌 부재, 즉 실타래에서 풀려나와 사회적 진공의 나락으로 떨 어지는 것이다.[13]

　이는 의존이 실제로 좋은 것임을 의미하는가? 그러한 주장은 우리를 불편하게 한다. 의존에 가치를 매기거나 심지어 의존을 인정하는 것이야 말로 불평등을 인정하거나 정당화하는 게 되리라는 두려움이 앞선다. 하지만 이러한 두려움은 부적절한 것일 수 있다. 우리가 의존을 인정하든 인정하지 않든, 불평등은 실질적 정치의 문제이자 (아마티야 센[1997]이 주장했듯) 이론적 작업이 필요한 사안이 되었다. 남아프리카 사회가 직면한 소득, 부, 교육, 토지보유와 관련된 거대한 불평등을 줄이고자 하는 노력은 정말로 중요하다. 하지만 동시에, 아마도 우리 진보 진영의 학자들은 정보제공자들의 세계를 단순히 애도하는 것이 아니라 그들이 사회 시스템을 바꿔내기 위해 실질적으로 하고 있는 일들을 좀더 다루는 편이 온당할 것이다. 이 현실을 단지 비통해하기보다 정면에서 다루려면 다양한 **불평등**이 어떻게 사회적으로 제도화되는지, 그러한 제도화된 형태들이 다른 이들에게 정치적으로, 윤리적으로 이득이 되는지 질문하면서 평등을 경건하게 염원하는 것을 넘어설 필요가 있다.

우리는 '사회적 불평등'이라는 문구를 그것이 단순히 '불평등'의 동의어인 양 너무나 쉽게 내뱉는다. 하지만 여기서 '사회적'이라는 말이 특별히

---

13 지면상의 부족과 학술적 전문성의 미비함 때문에 여기서 제대로 다룰 수는 없지만, 이런 종류의 동학이 오늘날 남아프리카와 세계 도처에서 복음주의 기독교가 갖는 영향력을 설명해주는 것은 아닌지 고려해볼 만하다. 위에서 인용한 NGO와 마찬가지로 날로 확장하는 이 집단성의 형태는 '사람들을 모으며', 그들의 노동이 아닌 그들 자신에 대해 가치를 부여한다. 천국은 옛날 응구니 국가처럼 어떤 사람이든 끌어안을 수 있는 가능성을 가지며, 가장 하층의 사람들에게도 견실한 성원권을 제공한다. 누구나 주께 복종하는 것만으로 사회적 소속감과 적절한 위치를 획득할 수 있다. 이런 의미에서 신에 대한 복종이야말로 궁극적인 '의존의 선언'으로 볼 수도 있을 것이다. 종교적 경험을 사회적 '기능'이나 징후로 축소시키는 것은 물론 현명하지 않지만, 소속의 원천으로 기독교가 갖는 매력이 어떻게 사회적 의존관계가 역사적으로 쇠락하는 데 대한 반응으로 이해되는지를 고찰할 필요는 있다고 본다. 그러나 문제는 간단하지 않다. 노먼 롱Norman Long(1968)이 약 반세기 전에 지적했듯, 기독교는 일종의 소속을 부여할 뿐 아니라 (친척 간의) 소속과 상호의존을 통한 다른 결속을 거부하거나 회피하는 길을 제공하기도 한다.

의미하는 바는 무엇인가? 사회적 불평등이라는 용어는 '사회' 안에서의 공통 성원권, 성원들 간의 불평등한 관계를 암시한다. 하지만 오늘날 우리는 세계 도처에서 '비사회적 불평등'이라 부를 만한 것으로의 전환, 즉 삶의 조건과 기회에서의 엄청난 불평등이 경험상의 사회적 불평등 관계들로부터 점점 더 이탈하는 현상을 목격하고 있다.

여기서 나는 '비사회적'이라는 표현으로 좀더 특수한 측면을 상정하고 있다. 물론 부자들의 세계와 빈자들의 세계 사이에는 여전히 인식 가능하고 중요한 연계가 있다. 우리가 다른 사회과학자들과 마찬가지로 모든 인간관계를 그 정의상 사회적 관계라고 주장한다면 여기서 내가 염두에 두는 종류의 불평등 역시 명백히 '사회적'인 것이다. 하지만 우리가 다른 종류의 질문을 던진다면, 즉 다양한 불평등이 19세기 발명품으로서의 '사회'가 갖는 상상적 지평 내에서 현존하고 경험되는지, 불평등이 도덕적으로 결속된 집단성원들 사이의 관계로 구상되는지를 묻는다면 그 대답은 점점 '아니다'에 가깝다(cf. Rose, 1999, p. 101; cf. 2장 참조).

이런 점에서 볼 때 내가 명명한바, **비사회적** 불평등으로부터 고통받는 사람들이 실제로 추구하는 것은 **사회적** 불평등이다. 사실 상당히 많은 빈자의 노동은 비사회적 불평등을 사회적 차원으로 변화시키고자 하는 노력이다. 빈자들이 자신들보다 부유한 사람들과 사회적·인격적 관계를 맺고자 노력하고, 그러한 관계를 주장하는 광경을 마주하는 순간, 이 점은 (적어도 요하네스버그의 내 친구처럼 상대적 특권을 지닌 사람들에게는) 분명히 드러날 것이다.

비사회적 지원?

지금까지 노동과 인간성에 관해 논의했으니 이제 이 장의 제목에 세 번째로 등장하는 용어인 복지로 넘어가보자. 불평등이 점점 더 '비사회적'이 되어가고, 노동이 우리가 한때는 '사회적인 것'이라 불렸던 영역의 초석을 제공하지 못하는 상태에서 사회적 지원의 미래는 어떠한가?

이는 심각한 지적·정치적 도전을 요구하는 문제다. 2장에서 논했듯이 20세기의 전통적인 사회복지 개념들은 임금노동이 사회적으로 일반화되고, 우리가 '사회적인 것'으로 이해해온 영역이 건장한 남성 노동자를 토대로 구성되는 경제 세계를 당연한 것으로 취급했다. 실제로 (노약자와 아동, 장애인, 가임 여성과 같이) '사회적' 개입을 필요로 하는 사람들의 목록은 임금을 벌어들이는 남성의 반대상으로 구성되어왔다. 사회적으로 규범적인 남성 노동자의 대량실업 사태란 따라서 사회민주적 세계관에 엄청난 도전을 제기하는 것이다.

이런 맥락에서 최근 남아프리카 지역, 특히 남아공과 나미비아에서 활발한 기본소득BIG 캠페인은 오래된 주제를 새롭게 사고할 수 있는 매력적인 사례를 제공한다. 기본소득이란 가장 짧막하게 풀이하자면 국가가 **모든** 시민에게 매달 약간의 현금을 조건 없이 제공함으로써 지속적인 빈곤의 위기에 대응하는 것이다(전반적인 개요에 대해서는 Standing and Samson, 2003과 이 책의 6장을 참고할 것). 오래된 '복지' 지원형태와 달리 기본소득 주장은 전통적인 복지국가의 감시와 온정주의를 강요하지 않으면서 빈자들이 자기 자신의 문제를 해결할 능력이 있음을 전제로 보조금을 제공하는 것이다. 이 제도 아래서 사회복지국가의 '사회적인 것'은 대체로 폐기된다.

지원은 가족주의에 대한 가정들 및 보험합리성과 별개로 취급된다. 국가는 (모든 시민을 위한 일종의 직접 제공자로서) 보편적으로 관여하며, (수혜자들이 자기 자신의 필요를 국가보다 더 잘 알고 있다는 가정 아래 이들의 행위를 일일이 규제하려 들지 않는다는 점에서) 완전히 분리된다.

오늘날 국가의 사회적 지원을 강화하려는 많은 시도는 오래전에 획득했으나 최근 신자유주의적 가지치기 때문에 위협받는 혜택들을 '방어하고' '보존한다'는 식의 퇴영적인, 심지어 노스탤지어적인 감정을 불러낸다. 그리고 이러한 시도들은 노동이 사회적 질서의 토대이며, 사회적 지원은 산재에서 사업주기상 침체에 이르기까지 예측 가능한 종류의 개인적·구조적 위험으로부터 보험을 제공하는 한에서만 필요하다는 사회민주적 세계관과 결합된 채로 남아 있다.

사회적 지원에 대한 기본소득 캠페인의 주장은 상당히 다른 근거들을 기반으로 한다. 불편한 경제적 진실들을 마주한 가운데, 기본소득 지지자들은 대량실업이 어느 시점에 이르면 사라지는 게 아니며, 임금노동이 더는 사회성원권의 주요 토대가 되지 못한다는 점을 인정하고 있다. 다른 진보 진영에서 제기하는 노스탤지어적인 노동자주의 대신, 기본소득 지지자들은 심지어 가장 낙관적인 시나리오에서조차 대다수 노동연령대 사람들이 공식 부문에 편입되지 못할 것이라는 사실을 심각한 도전으로 받아들이고 있다. 찰스 메스가 노골적으로 얘기하듯, "선동주의자들을 제외한다면 경제성장이 빈자들을 구제하리라 낙관하는 사람들은 드물며, 경제가 단시일 내 급속히 성장하리라는 전망도 가당치 않다."(2004, p. 9) 당초 기본소득을 제안했던 남아공국가위원회(테일러위원회)는 심지어 완전고용의 세계가 남아공과 같은 나라에 **절대** 찾아오지 않을 것이라고 추측했다. "안정적인 전일제 임금노동 부문이 단 한 번도 일상적이지 않았던 개발도상국에서 그것이 앞으로 규범이 되리라는 전망은 점점 더 불투명해지고 있다."(DSD, 2002, p. 38)

더욱이 기본소득 지지자들은 임금노동에 대한 물신화와 도덕화는 물론, 이른바 거저 주는 행위와 의존성에 대한 과장된 두려움을 과감히 일소해버린다.[14] 기본소득이 '의존성'을 촉진할 것인가? 메스는 이것이 잘못된 질문이라고 주장한다. 국가의 지원이 있든 말든 빈자는 의존적이라는 게 그의 주장이다. 어느 정도 괜찮은 수입을 가진 사람들에게조차 유일하게 실질적인 대안은 독립이 아니라 상호의존이다. 따라서 이는 평화로운 정원에 의존성이라는 뱀을 풀어놓는 문제가 아니다. 메스가 주장한 대로 의존은 오히려 '경험적 사안'이며, 사회정책을 둘러싼 논쟁에서 제기되어야 할 실질적 질문은 사람들이 의존적인가 아닌가, 혹은 의존적이어야 하는가 아닌가가 아니라 어떤 형태의 의존이 장려되거나 제지되어야 하는가이다(2004, p. 23).

새로운 형태의 사회경제적 성원권이 필요함을 강조하는 것 역시 기본소득 캠페인이 지닌 훌륭한 미덕 중 하나다. 기본소득 지지자들은 '노동성원권'의 죽음을 인정하면서 노동과 연계되지 않는 방식으로 사회적 인정과 경제적 지원을 제공할 필요성을 강조하고 있다. 특히 이들은 기본소득이 단지 '보조금'이 아니라 '시민소득'임을 주장하면서 투표와 같은 (종종 공허한) 정치적 권리를 넘어 생존과 소비의 권리를 포함한 일종의 전 국가

---

14 프레이저와 고든(1994)은 미국 복지정치의 맥락에서 '의존성'의 이데올로기적 활용에 주목하면서 그 개념의 계보를 연구했다.

적 성원됨과 연대를 인정하는 게 중요하다는 점을 제기한다.

　기본소득 논의는 또한 가장 가난한 시민들이라도 관료제적 장애물이나 잠재적 부패, 온정주의적 분배제도의 남용에 구속되지 않고 접근할 수 있는 경제적 권리들을 만들어내고자 한다. 지지자들은 국가 금고와 빈자들의 필요 사이의 경로를 단축시킬 수 있는 기술적 장치들에 큰 기대를 걸고 있다. 가령 어떤 시민이든 자동 현금지급기로 기본소득에 쉽게 접근할 수 있을 것이다. 2장에서 논했듯, 생체인식방식은 현금이 엉뚱한 곳으로 가지 않고 해당 시민에게 투명하게 지급될 수 있도록 하는 데 기여할 것이다. 물론 나 역시 대부분의 인류학자처럼 정치적·사회적 문제들을 기술-논리적 장치들로 해결하려는 시도에 회의적이다. 하지만 잠비아의 연금 생활자들이 부패와 관리부실로 악명 높은 국가준비기금National Provident Fund을 받기 위해 수년간 절망적인 노력을 기울였음을 되돌아볼 때, 사회적 지원이 현금지급기에서 인출하는 방식으로 쉽고 효율적으로 이루어질 수 있다는 전망은 내게는 충분히 호소력을 갖는다.

　기본소득 캠페인은 이렇듯 여러 측면에서 호소력을 가졌지만 초반에 한바탕 흥미를 끈 뒤 정치적으로 멈춰버렸다(남아공에서 특히 이 현상이 심했고, 나미비아의 경우는 좀더 복잡하다). 기본소득이 갖는 의의와 효과가 매력적으로 다가왔음에도 정치적 견인력을 발휘하지 못한 원인은 무엇인가? 이 책의 서론에서 얘기했듯, 남아공이 GDP의 3.5퍼센트를 각종 보조금 예산으로 쓰고, 남아공 국민들 중 30퍼센트나 되는 사람들이 노령연금이나 아동보호지원금 등 각종 수당을 제공받고 있음을 감안한다면 이 원인을 사회보조금에 대한 일반적 적개심으로 돌리는 것은 온당치 않다. 하지만 지배관료들이나 가난한 대중이 기본소득 실현을 위해 발 벗고 나서는 모습을 보기는 힘들다.[15] 여기에는 물론 많은 이유가 있을 것이다(남아공 사례에 대한 최근의 분석으로는 Seekings and Matisonn, 2010을 참조할 것). 하지만 혹자는 사회적 지급이 사회적·도덕적 필요를 그다지 다루지 않으면서 가난한 시민들의 물질적 요구에 직접 부응하는 방식으로 이루어지고 있다는 점이 이 캠페인의 근본적인 취약성과 관련된 게 아닌지 질문해볼 수도 있다. 사회적 위치가 너무나 오랫동안 노동과 성원권의 교환 여부에 달려 있었던 세계에서 무조건적 현금'지급'이란 물질적 측면에서 보자면 최악의 사태를 막는 것이기는 하지만, 어떤 종류로든 의미 있는 인간성이나 사회적 소속감을 부여하지 않는다는 점에서 위험스러우리만치 공허하게 보일 수 있다.

이 문제는 사회성원권과 성인 남성성을 고도로 가치화된 임금노동 능력과 연계시켜온 남성들의 경우에 더 두드러지게 나타난다. 앞서 여러 장에서 지적했듯, (단지 제안으로만 남아 있는) 기본소득과 달리 여성, 아동, 장애인을 위한 보조금은 남아공과 나미비아에서 오랜 역사를 가져왔다. 이러한 보조금은 인기도 많을 뿐 아니라 공감대 또한 널리 형성하고 있다. 하지만 그 대상자는 합법적 의존자라고 관습적으로 인정된, 국가가 이 경우 남편/아버지로서의 은유적 역할을 맡는다고 상상되는 특수한 사회적 범주에 국한되어 있다. 하지만 전성기에 있다고 상정되는 건장한 성인 남

---

15 이 관찰은 스티븐 데버루Stephen Devereux와 프랜시 룬드(2010, pp. 168~169)가 "복지 권리를 위한 대중동원과 참여와 관련해서 아프리카 대부분 지역에서 발견되는 시민사회의 곤혹스러운 휴면상태"라 명명한 것의 맥락 속에서 논의되어야 한다. 여기서의 논의는 그러한 휴면상태를 좀더 납득 가능한 것으로 만들고자 하는 작업이다. 이런 주장은 사회적 지급이 포괄적인 분배정치과 연결될 경우 도전받을 수도 있음을 6장에서 논할 것이다.

성들에게 보조금 수령이란 여전히 부적절한 것으로 여겨지며, 아무리 환상에 불과하다 해도 여전히 구직활동이 장려된다.

그렇다면 이는 남성들이 의존의 치욕을 거부하고 자치적인 독립을 주장해야 할 사안인가? 결코 그렇지 않다. 이미 지적한 대로 오늘날 노스탤지어로 남아 있는 남아공 흑인 남성들의 고용은 단 한 번도 독립을 위한 장치로 기능한 적이 없다. 반대로 고용은 정확히 의존형태를 구축했는데, 이 의존은 상당한 가치를 부여받으면서 내가 '노동성원권'이라 부른 불평등한 통합을 가져왔다. 고용에 대한 남성들의 열망은 자치를 염원한다기보다는 반대로 애착, 즉 상당히 불평등하고 종종 위험하며 굴욕적인 용어로 표현하자면 사회적 신체로의 통합에 대한 열망, 쉽게 말해 사회 내에서의 성원권 획득에 대한 열망을 가리킨다.

사정이 이러하다면 기본소득이 갖는 실제 문제는 그것이 '의존성을 낳을' 것이라는 신자유주의적 비판에서 통상 제기하는 우려와는 하등 상관이 없다. 오히려 위험은 기본소득이 사회적으로 풍부한 의존이 아니라 단지 피상적이고 비인격적인 종류의 의존만을 제공할 것이라는 점에 있다. 다시 말해 그러한 보조금이 실현된다 해도 고용이나 다른 형태의 '두터운' 통합을 가져다주는 충분한 사회적 지위를 제공할 수 없다는 점에서 문제가 제기되는 것이다. 오랜 기간 직업과 연계되어왔던 사회적 인간성과 성원권 대신, 현금지급은 개념상의 국가성원권 및 기술관료적 국가와의 냉정하고 비인격적인 관계만을 제공하는 것처럼 보인다.

사회성원권은 정치이론가들이 '인정recognition'이라 부른 것을 암시하지만 인정은 여러 다른 형태로 다가올 수 있다. 현재 남아프리카에서 출현하는 두 종류의 인정을 비교해보자. 첫 번째로, 한 사람이 지역의 전통적 권위로부터 '인정받음'으로써 사회 서비스 지급을 승인받는 상황에서의 인정을 생각해보자. 여기서 수혜자가 맞는지 확인하는 기술적 인정작업은 추장이 자신의 수하를 인정하는 정치적 **인정행위**와 결합하며, 또한 오랜 가족사와 지인관계를 통해 축적된 사회적 친숙함을 수반한다. 이를 기본소득 지지자들이 구상한 대로 사람들이 기본소득을 받으러 자동 현금지급기를 방문하는 상황과 대조해보라. 여기에서도 일종의 '인정'형태가 작동한다. 기계가 보조금 수령자의 동공과 지문을 스캔하고, 그(녀)가 정당한 수령자임을 '인정한' 뒤 돈을 지급한다. 하지만 이러한 인정은 기술적·사회적으로 가장 최소한의 의미만 갖는다. 이러한 기술관료적 유토피아에서의 기능적 '인정'이란 역사적으로 수반되어온 사람들 간의 사회적 관계들을 말소한 채 등장한다.

이런 방식이 갖는 매력이 없는 것은 아니다. 기본소득 지지자들은 오래된 기부관행에 얽힌 부패와 후원관계에서 벗어날 뿐 아니라 가난한 사람들이 지역관료나 자잘한 폭군한테 굽실거리지 않고 정당한 지분을 받는 것을 목표로 한다. 하지만 누군가는 이러한 기술적 이득이 더 친숙한 종류의 '사회적' 매력에 비하면 하찮다고 생각할 것이다. 많은 사람은 지역의 당-국가가 돌봄을 제공하는 데서 오는 사회적으로 '두터운' 인정을 동공 스캔과 같이 끔찍하리만치 '얕은' 인정보다 선호한다는 것이다. 이 '두터운' 인정이 기술관료적·비사회적이기보다 인간적·사회적이며, 국가와 시민 간의 활발한 정동적 결속을 시사하는 한에서 말이다(cf. White, 2012).

이는 결국 이 시대 사회적 지원 담론의 골칫거리이자 포스트 식민체제의 남아프리카 전 지역에 걸쳐 진보적 상상을 괴롭히는 유령이라 할 수 있는 '온정주의'라는 난제를 소환한다. 많은 연구에서 드러나듯, 친족 용어로 포장된 아프리카 국가들의 온정주의 정치는 상당한 위험과 역기능을 지니고 있으며(예를 들어 Berman, 1998; Bayart, 1993), 그러한 정치행태가 국가의 역량과 민주적 규범들을 침해할 공산이 크다는 우려 역시 전혀 근거 없는 것은 아니다. 하지만 '노동성원권'이 더는 인구 대다수에게 이용 가능하지 않은 세계에서 인격적 의존을 통해 소속을 갖고자 하는 요구가 절박하다면, 단순히 진보적 해방을 향한 자유민주주의 목적론만 부르짖는 것은 그다지 '진보적'이지 않을 공산이 크다.

몇 년 전에 한 주요 매체의 정치 여론조사가 진보적 정치학자들과 올바른 신념을 강조하는 사람들에게 큰 실망을 준 적이 있다. 이 조사에 따르면 남아공 사람들 대다수는 당황스럽게도 "대중은 아이들과 같아서 정부는 이들을 부모처럼 돌봐야 한다"는 진술에 동의했다는 것이다(Afro-barometer, 2009, p. 4).[16] 권리에 기반을 둔 문화를 주조하려는 사람들에게는 부권에 대한 명백한 열망이 식민주의와 아파르트헤이트라는 옛 시절의 고약한 논리로 위험스럽게 복귀하는 것처럼 비칠 수 있다. 이들은 남아공인들이 부모의 보호에 기대는 의존적인 아이들이 아니라 자랑스럽게 제 권리를 주장하는 평등한 시민들이어야 한다고 생각할 것이다. 하지만 대중을 '아이들'로 묘사하는 이 진술은 단지 불평등의 문제가 아니라 국가와 시민을 묶어내는 사회적 의무를 강하게 주장하는 것으로 읽힐 수도 있다. 실제로 이런 종류의 감정은 너무나 근본적이어서 어떤 종류의 권리에도 선행하는 의무를 기반으로 한 강력한 정치적 주장의 토대를 제공할 수

---

16 응답자들은 "정부는 피고용인과 같으며, 국민은 정부를 통제하는 보스가 되어야 한다"는 다른 진술 대신 이 문항을 선택했다.

있다(Englund, 2008). 결국 친족관계가 모든 사회 분배구조의 핵심임을 인류학자들이 늘 알고 있었던 것처럼, 응구니 시절뿐 아니라 더 오래전부터 남아프리카인들은 친족관계야말로 정확히 **정치적** 관계라는 점을 항상 알고 있었던 셈이다.

시민권은 종종 응구니같이 위계적이고 후견주의적인 농촌의 '전통적 권위' 관계들과 대조적인 평등과 권리의 영역으로 상상되어왔다. 마무드 맘다니(1996)는 이를 '시민citizen'과 '주체subject'로 대비시킨 바 있다. 하지만 국가-시민 관계 아래 사회적 지원이 넘쳐나는 상황에서 국가란 시민에게 평등한 권리의 보호자가 아니라 물질적 제공자, 심지어 후원자로 등장하는 반면, 시민권 내용 자체는 점점 국가에 대한 정당하고 가치 있는 의존 여부에 달린 것처럼 보인다. 그러한 관계에서는 정치적으로든 분석적으로든 부모-자식 은유가 강력한 힘을 발휘하게 된다. 이를 민주적 시민권의 지체 또는 미발전 상태로 규정하려는 유혹 대신 우리가 해야 할 일은 극단적 불평등이 만연한 상태에서 시민권을 기반으로 한 형식적 평등이 갖는 실제 한계를 고민하고, 현 상태에서는 사회적 포섭과 보호의 요구들이 개인적 권리에 관한 추상적 평등의 요구보다 오히려 더 긴요할 수 있다는 가능성을 탐색하는 것이다. 사람들이 자신들의 '뒤처진' 생각을 포기하기를 기다리는 식으로 진화론적 논리를 내세우기보다, 우리는 해방적·자유주의적 권리들에 착안한 논의와 다른 방식으로 어떻게 돌봄과 도덕적 연결성, 책임 있는 의무에 대한 요구를 이야기할지 진지하게 고민해야 한다(cf. Englund, 2008, 2006).

의존을 선언하는 것은 자유주의 상식에 대한 도전이다. 사바 마무드

Saba Mahmood(2005)가 이집트에서 분석한 이슬람의 신앙심처럼 의존의 선언들이 보여주듯이, 스스로 복종을 추구하는 행위자성은 이론적·정치적 도전을 야기한다. 이러한 선언들의 존재야말로 자유, 자치, 존엄이라는 자유주의 이상에 대한 도전을 의미하는 것이다. 하지만 이러한 상황이 우리를 아무리 불편하게 할지라도 현재의 정치적 도전들에 대해 문화기술지가 제대로 화답하기 위해서는 그러한 행위자성을 심각하게 고려할 필요가 있다. 의존에 대한 열망은 단지 식민지 온정주의가 만연했던 옛 시절의 당황스러운 유물이 아니다. 반대로 그것은 현재의 급진적 특수성에 절박하고도 설득력 있게 호소하고 있다. 의존의 선언들은 우리가 들을 수만 있다면 오늘날 가난한 남아프리카인들이 정말로 무엇을 필요로 하는지, 장차 그 요구를 어떻게 채워나갈지에 관해 많은 부분을 설명해줄 수 있다.

한 세기 이상 남아프리카에서 노동은 (특히 도시적·현대적이라 명명된 영역에서) 하위주체의 사회성원권을 위한 가장 강력한 기반을 제공해왔다. 일이 점점 중심에서 벗어나고 불완전고용이 대세가 된 오늘날, 우리는 사회성원권과 일이 갖는 의미의 근거들을 재고해야만 한다.

사회성원권과 관련하여 우리는 노동성원권과 인종성원권의 의미가 쇠퇴하고 있음을 받아들여야 한다. 물론 그렇다고 당장의 대안들을 무조건 받아들여야 한다는 것은 아니다. 특히 최근 아프리카 대륙에서 만연한 외국인 혐오와 폭력은 국가적 시민권을 과거의 성원권 시스템에 대한 대안으로 무조건 수용하는 태도 역시 위험하다는 점을 상기시켜준다. 이 책의 결론에서 논의하겠지만, 가령 '시민소득'의 제안이 빈곤에 처한 비非시민의 문제를 제대로 다룰 수 있는지 고민할 필요가 있다.

일 중심의 문화와 관련해서는 노동시장에서 제외된 사람들을 낙인찍는 도덕주의적 태도에 대한 기본소득 지지자들의 비판을 수용할 필요가 있다. 임금노동은 사회에 기여하는 유일한 방식이 아니며, 돌봄의 주고받음을 포함한 다양한 의존형태들 역시 건강한 사회의 초석을 다지는 데 필요한 것으로 인정해야 한다.

특히 사회정책은 '의존'을 질병으로 취급해서는 안 된다. 정책은 의존을 제거하는 것이 아니라 바람직한 의존형태들을 구성해내는 작업이어야 한다. 물론 우리는 그런 형태들이 어떤 것인지 여전히 알지 못한다. 하지만 정책의 목표가 의존을 끝장내는 게 아니라 이로운 의존형태들을 다양하게 접할 기회를 늘리는 것이어야 함은 분명하다. '온정주의'에 대한 과장된 두려움, 그리고 종종 이와 관련된 것으로 남아공이라는 국가의 '아프리카화'에 대한 인종주의적 공포가 그 같은 목적의 추구를 방해할 수도 있다. 온정주의를 기반으로 한 국가 시스템이 갖는 위험은 각종 부패와 비효율성을 감안할 때 충분히 현실적이며, 가볍게 취급되어서는 안 된다. 하지만 '돈을 모으는 게' 아니라 '사람들을 모으는' 정치적 동원 양태는 소속과 애착, 돌봄의 새로운 틀거리를 제공할 수도 있다. 물질적 불평등이 충격적이리만치 심해지고, 있는 자와 없는 자를 묶어내는 사회적 의무들이 급속히 찢겨나가는 상황에서 자원을 가진 사람들이 그렇지 못한 사람들에 대해 후원자 역할을 하는 것을 지나치게 염려하는 일 또한 잘못일 수 있다. 그들이 후원자 역할을 하지 못하는 것이 더 큰 위험을 초래할 수도 있기 때문이다.

독립과 자치를 극대화하고 의존과 후원을 최소화하는 것을 궁극적 목적으로 삼는 사회정책과 정치는 여기서 내가 주장한, 아프리카 지역이 현재 처한 곤경의 핵심이라고 할 수 있는 인간성의 위기에 제대로 대처할 수 없을 것이다. 하지만 사회정책 영역에서 현재 출몰하고 있는 새로운 사유는 우리가 좀더 보람 있는 방식으로, 해방적 자유주의로 풀리지 않는 사회적 관계에 대한 토착적 열망을 존중하는 방향으로 의존의 문제에 접근하는 길을 찾을 수도 있다는 희망을 선보인다. 이 어려운 시대에 적합한 지적 도구와 정치적 전략을 개발하려면 아직도 해야 할 일들이 너무나 많다. 하지만 기층에 귀를 기울이고 그곳에서 들은 바를 심각하게 고려할 수만 있다면 우리는 아직도 새로운 방식으로 생각하고 행동하는 법을 배울 수 있다. 우리가 그렇게 할 수만 있다면 언젠가 단지 노동의 가치가 아니라 사람들이 갖는 가치를 회복하고, 가장 귀중한 부의 형태라고 진정으로 이해할 만한 새로운 나눔을 만들고자 희망하는 것이 지나치게 낙관적인 일만은 아닐 것이다.

6장

정당한 몫

선물과 시장을 넘어선 분배

인민은 나라의 부를 공유한다:
남아프리카공화국 자유헌장

남아프리카 전 지역에 걸쳐 반식민해방투쟁을 이끈 그 모든 약속 가운데 남아공 자유헌장의 네 번째 선언만큼 모호한 것도 없을 것이다.[1] 그 강력한 선언은 해방이 새로운 정치적 권리뿐 아니라 새로운 자원분배도 포함해야 함을 명확히 주장했기 때문에 세대를 막론하고 많은 사람을 고무시켰다. 하지만 그 결과가 어떻게 획득될 수 있는지에 대한 답은 불투명한 채로 남아 있다. '인민'이 '나라의 부를 공유'한다는 선언은 정확히 무엇을 의미하는가?

물론 이는 이 책의 핵심 질문이자 이 책이 남아프리카 지역과 다른 세계에서 이루어진 일련의 발전과정을 분석하면서 이해하고자 하는, 새롭게 출현 중인 '분배정치'의 주제이기도 하다. 이 장은 전통적 좌파정치가 이 질문에 접근해온 방식의 한계를 논의하고, 부의 공유에 관해 상이한, 정치

---

1 자유헌장은 아파르트헤이트에 대항한 ANC의 오랜 투쟁을 이끈 핵심 원칙들을 담고 있는 성명이다. 1955년 (ANC를 포함한 연합체였던) 남아프리카동맹회의South African Congress Alliance가 최초로 이를 선언했고, 현재는 귀중한 역사적 문서이자 정치적 시금석으로 남아 있다.

적으로 좀더 많은 변화를 약속하는 접근이 내가 그 지역의 새로운 복지국가라 명명한 분배실천을 통해 등장하고 있음을 보이고자 한다. 확대일로에 있는 새로운 현금지급 프로그램들이 국가 자원의 공유를 주장하는 강력한 대중적 요구들과 충돌하면서 맞물리는 상황을 볼 때, 정치적 동원과 주장에 관한 새로운 씨앗을 심을 수 있다는 가능성을 제안하고자 한다.

당시 '인민'이 '그 나라의 부를 공유'한다는 자유헌장의 요구는 통상 국유화를 의미했다. 그 선언에 뒤이어 등장하는 단락은 '국가의 부'가 '지하의 광물자원'을 포함해서 '전 인민의 소유로 이전되어야' 함을 서술하고 있다. 이 표현은 통상 광산업이 지배적 위치를 점해온[2] 경제의 '전략 부문'이나 '기간산업'에 대한 국가 소유를 요구하는 것으로 해석되어왔다. 국유 광산회사는 자연자원을 추출하는 방식 중 그나마 바람직한 모델로 평가받지만,[3] 남아공의 역사는 그러한 국유화가 일반 인민이 '그 나라의 부를 공유'하도록 저절로 귀결되지는 않았음을 명확히 보여주었으며, 오늘날 ANC는 광산과 같은 주요 산업을 국유화할 야심이 없다고 주장하고 있다.[4] 그러나 남아공이야말로 분배정치가 활발히 전개되는 지역이며, '인민'이 '국가의 부를 공유'하리라는 오래된 해방의 꿈은 여전히 시들지 않고 있다.

최근 남아공 광산업에서 발생한 일련의 파업과 폭력적인 억압은 자본

---

2 전통적인 국가주의 독해의 최근 경향은 ANCYL(2011) 참조.

3 가령 책임 있는 자원추출 모델로 곧잘 인용되는 노르웨이 석유산업은 단 한 곳의 국유회사 Statoil이 운영하며, 칠레는 신자유주의의 전형으로 알려진 피노체트 집권기 동안에도 수익성이 큰 구리광산에 대한 국유화 조치를 보존했다. 전 세계적 국유 모델에 대한 개관으로는 World Bank(2011) 참조.

4 망가웅Mangaung에서 열린 ANC의 2012년 당 대회는 반反국유화 노선을 다시금 천명했다.

과 노동 간 생산 파이를 나누는 문제를 둘러싸고 치열한 투쟁이 전개되고 있음을 상기시킨다. 이렇게 분배를 둘러싼 극적인 충돌은 주로 생산의 측면에서 미디어의 주목을 받고 있지만, 그 같은 행위가 전 '인민'이 '나라의 부'를 공유할 수 있게 하리라는 전망은 한계가 분명한 것처럼 보인다. 인건비가 상승하는 과정에서 고용주들은 노동자들을 더 적게 고용하는 방식으로 화답함으로써 분배효과에 제동을 걸었다. 그러한 분배요구를 제기할 위치에 있는 사람들의 규모가 급격히 줄어들었음을 염두에 둔다면, 공식 부문에 속한 노동자들의 임금을 인상하는 것은 기껏해야 극도로 제한된 규모의 '인민'이 '나라의 부를 공유'하게 되었음을 의미할 뿐이다(Seekings and Nattrass, 2005).

하지만 임금노동을 둘러싼 투쟁은 남아공의 분배정치의 가능성을 소진시키지는 않았다. 실제로 임금의 세계에서 제외된 사람들은 자신들을 국가 자원의 정당한 수혜자로 만들 특정 역사, 정체성, 경험과 같은 기준들을 근거로 점점 목소리를 높이고 있다. 가령 우리는 많은 아프리카 국가들(특히 짐바브웨와 나미비아)이 반식민해방투쟁에 참여한 '베테랑'들의 강력한 요구를 정기적인 현금지급 방식을 통해 존중하고 있음을 보아왔다.[5] 토지와 그 분배를 포함하는 주장이 아마도 정치적으로 더 분명하게 보였을 것이다. 여기서 핵심 동학은 정치적으로 역량강화의 대상이며 경제적으로는 주변화된 다수의 이름으로 행해진 대중주의적 경제요구들을 포함해왔다. 종종 토지를 갖지 못한 사람들은 단순히 정치적 다수가 아니라 그

---

5   대화과정에서 이 문제가 나미비아 맥락에서 갖는 중요성을 지적해준 존 프리드먼에게 감사한다.

나라 본래의, 그리고 진정한 **소유자**로서 암묵적인 재산권을 주장하고 있다 (이 주장은 반식민무장투쟁을 상기시킬 뿐 아니라 이후 논의할 줄리우스 말레마의 경우에서 보듯 때때로 '외국인' 또는 '정착자'에 대한 인종주의적, 외국인 혐오적 반감을 내재하고 있다).

그러한 토지요구는 조직화된 노동이 전 지역에서 쇠퇴하고 있는 시점에도 (많은 논의를 불러일으킨 짐바브웨 경우를 제외하고는) 구체적 결과라 할 만한 것을 내놓지 못했다(Pitcher, 2007; 남아공의 경우에는 Barchiesi, 2011 참조).[6] 하지만 동시에 분배투쟁과 관련한 보상 부문이 '서비스 전달service delivery'이라 불리는 영역에서 등장했음을 주목할 필요가 있다. '서비스 전달'은 주택, 전기, 위생, 물, 사회적 지원 같은 재화와 서비스의 조합으로서, 이 문구는 자격 있는 시민에 대한 국가의 책임이라는 의미로 점점 더 확산되고 있다. 이 서비스에 대한 요구는 대개 노동이 아니라 시민권, 주거, 정체성, 정치적 충성과 같은 요소들을 기반으로 하고 있다. 실제로 이런 종류의 논의에서 직업은 종종 국가가 '전달'해야 하는 일종의 재화로 이해되는 것처럼 보인다.

이런 종류의 서비스를 획득하는 능력은 일관되지 않으며, 성공만큼 실패 또한 비일비재하다. 특히 남아공은 수백만 채의 집을 국가가 직접 '전달'해왔지만, 여전히 수백만 이상의 사람이 판잣집에서 생활하고 있으며,

---

6 짐바브웨의 대대적인 토지개혁 사례에 관한 검토는 Matondi(2012) 참조. 짐바브웨 전 지역의 토지 상황에 관한 개관은 Chigara(2012) 참조. 남아공 토지개혁 프로그램과 그 한계 및 좌절에 관해서는 Deborah James(2007); Cherryl Walker(2008); O'Laughlin et al.(2013); 그리고 웨스턴케이프 대학 빈곤·토지·농업연구센터PLAAS에서 출간된 뛰어난 문헌을 참조하라(http://plaas.org.za).

서비스 전달 실패를 둘러싸고 시위가 끊이지 않고 있다(Alexander, 2010). 하지만 누구나 인정하는바, 30퍼센트의 남아공인들에게 직접적인 현금보조로 사회적 지원을 제공하는 프로그램들은 이렇듯 갈등이 첨예한 상황에서도 확실한 분배효과를 갖고 있으며, 다른 남아프리카 나라들에서도 빈자들의 생계에서 점점 더 중요한 부분이 되고 있다.

얼핏 보자면 토지와 산업을 국가가 전유해야 한다는 공격적인 정치적 요구들은 사회정책과 현금지급이라는 차분한 행정의 세계와는 그다지 연관이 없는 것처럼 보인다. 다음 절에서 논하겠지만 인종적 소유권에 얽힌 광신적 애국주의는 사회적 안전장치라는 따분한 기술관료적 책략과는 전혀 닮아 있지 않다. 분석적인 측면에서는 누구나 생산수단의 소유권 시스템에 대한 급진적인 도전이 사회적 지원과 연계되어 단순히 상황을 개선할 뿐인 종류의 정치와는 근본적으로 다르다는 점을 강조하고 싶을 것이다. 하지만 내가 주장하고 싶은 바는 이 두 형태의 정치가 보기와는 달리 분리되어 있지 않으며, 이 둘을 연결시킴으로써 흥미로운 정치적 가능성을 제기할 수 있다는 것이다. 특히 국부의 소유권에 대한 강력한 정치적 요구가 직접 분배라는 고도로 정교하고 효과적인 장치와 병치되었을 때 우리는 다른 종류의 분배정치를 상상할 수 있게 될 것이다. 이 분배정치란 내가 '정당한 몫'이라 부르는 것으로서, 인류학자들에게 친숙한 사회적 배분원리 및 최근 일부 철학자와 사회이론가들이 제기하는 도전적인 사유와 친화성을 지니고 있다.

우선, 나는 최근 (특히 남아공의) 자원민족주의 논의에서 어떻게 몫에 관한 생각들이 등장했는지를 서술하고, 그러한 정치의 한계를 점검할 것이다. 둘째, 새로운 사회적 지원 프로그램들이 가져온 성취를 평가하고, 그러한 프로그램들이 어떻게 사회적 지급의 본성과 목적에 관련된 근본적이고 뿌리 깊은 견해들에 영향받는지를 논할 것이다. 마지막으로 사회적 지급의 형태를 다시 상상해볼 수 있는 사례로서 나미비아의 기본소득 캠페인을 살펴볼 것이다. '정당한 몫'이라는 생각을 자원 국유화라는 전통적 논의에서와 다른 중요성을 갖도록 하는 데 있어 이 캠페인이 어떤 시사점을 제공하는지를 논할 것이다.

자원민족주의와 그 한계들

최근 남아프리카 정치에서는 자연자원을 둘러싼 토론이 물밀 듯이 터져 나오고 있다. '인민이 그 나라의 부를 공유할' 권리, 심지어 '인민이' 문자 그대로 그 부를 **소유할** 권리에 관해 강력한 주장들이 제기되어왔다. 나는 이런 종류의 대중주의적 주장들을 남아공 정치가인 줄리우스 말레마의 최근 발언을 중심으로 살펴볼 것이다. 말레마는 수많은 비방꾼을 거느리고 있는데, 이들은 말레마가 좋게 말해야 광대나 하찮은 범법자일 뿐이며 (즉 ANC 친구들 덕택에 부를 축적한 '입찰사업가'), 최악의 경우에는 반자유주의 선동가라 비난했다. 말레마의 버릇없고 윤리적으로 의심을 살 만한 행동이 심각한 개인적·정치적 후퇴를 초래했음은 의심할 수 없는 사실이다. 그는 ANC 청년동맹 의장직에서 물러났을 뿐 아니라 심각한 범죄로 기소되었고 유죄판정을 받을 가능성이 높다. 하지만 최근 말레마와 그의 새로운 정치정당('경제해방투사Economic Freedom Fighters, EFF')의 열렬한 추종자들이 빈민 지역, 노동계급 밀집 지역에서 등장했다는 점, 이 현상이 재산

을 가진 자들에게는 공포와 근심을 유발하고 있다는 점은 말레마의 돌발
행동이 단순히 어릿광대짓이거나 범법행위에 국한되지만은 않음을 시사
한다. 나는 여기서 말레마 현상이 재산, 소유, 정의에 관한 토착적 사유를
들여다볼 수 있는 창구 역할을 한다는 점을 주장하고 싶다. 이제 정치스타
말레마의 생명이 다했든 말든, 정제되지 않은 그의 목소리는 여전히 경종
을 울리는 것처럼 보인다.

　　말레마에 관한 언론 보도는 (10년 후에는 백인이 우리의 시중을 들 것이라고
말하자 '열광적인 박수갈채'를 받았다는 식으로) 그가 인종적 적개심과 보복의
감정을 활용한다는 점에 초점을 맞추었다. 언론 보도는 또한 (〈보어인을 죽
여라Kill the Boer〉라는 옛 투쟁가를 일부러 활용하는 데서 보듯) 백인 지주에 대
한 무책임한 폭력 위협이야말로 그의 나약함을 증명하는 것이라고 비난
했다.[7] 조악하고 선동적인 인종정치는 전문가들과 주류 정치가들이 그를
경멸하는 주된 이유이면서, 그의 대중주의적 호소의 핵심이다. 하지만 말
레마가 전하는 호소에 부정적인 분노로만 화답하고 그 긍정적인 열망을
읽지 못하는 것 역시 불완전하다. 그 열망이란 단순히 민주주의나 정치적
평등을 향하지 않으며, 좀더 폭발적이고 실현이 어려운 작업을 대변한다.
이른바 소유에 대한 열망 말이다. 그는 이렇게 묻는다. "우리 대다수가 아
무것도 소유한 게 없는데 어떻게 남아공이 우리 모두의 것일 수 있는가?"[8]

7　"경제정의? 주주Juju는 식은 죽 먹기라 말해"(2012. 1. 6. 『메일과 가디언』), "말레마는 말한
　　다, 토지를 위해 목숨을 바쳐라"(2012. 10. 16. 『메일과 가디언』), "말레마는 말한다, 시위가
　　존엄을 회복시킬 것이다"(2012. 10. 19. 『메일과 가디언』) 참조.
8　"미래는 어떤 모습일까: 보충인가, 변화인가"(2011. 6. 24. 『메일과 가디언』).

그 지역에서 수 세대에 걸쳐 논의되었듯 소유의 가장 강력한 상징은 토지다. 장소와 혈통과 뗄 수 없는 토지야말로 소유의 '원조' 격이라 할 수 있다. 말레마는 당신들이 유럽에서 올 때 토지를 얼마나 가져왔는지 물으면서 백인들을 놀리길 좋아한다.[9] 짐바브웨 토지반환운동과 맥을 같이하는 토지가 없는 사람들의 운동The Landless People's Movement은 간단히 "도둑질당한 토지를 돌려받아야 한다! 이제 우리 토지를 내놔라"라고 말하면서 유사한 주장을 펼친다. 말레마는 솔직하고도 강력한 언어로 이 감정을 고조시킨다. "이것은 무력에 의해 빼앗긴 우리 조상들의 토지다. 우리는 토지를 돌려받기를 원한다. 전 국토와 소유 자산의 90퍼센트가…… 이에 해당된다."[10] "우리가 1,000헥타르의 토지를 갖는다면 그중 800헥타르만을 원한다. 우리는 따로 지불할 돈은 없다."[11] "그들은 우리 토지를 훔쳤다. 그들은 분명히 범법자이며 그렇게 취급받아야 한다. 우리는 토지를 무상으로 돌려받기를 원한다."[12]

　말레마가 단지 토지만을 요구하는 게 아니다. 정착민들은 토지는 물론 국가에 당연히 귀속되어야 할 광물자원도 가져오지 않았다.[13] 그는 루스텐버그 백금광산 지역의 한 경기장에서 열화와 같은 반응을 보이는 청중에게 말했다. "이 광산들은 죄다 우리 것이며, 우리 것으로부터 혜택을 얻을

9　"말레마는 말한다, 토지를 위해 목숨을 바쳐라", "말레마, 광물자원 분배에 확고한 입장"(2011. 10. 23. 『메일과 가디언』).

10　"줄리우스는 말한다, 그들은 정말 우리를 쫓아내려 한다"(2011. 10. 25. 『메일과 가디언』).

11　"말레마, 광물자원 분배에 확고한 입장".

12　"말레마의 최근 '경제전쟁'이 JSE를 겨누다"(2011. 9. 10. 『메일과 가디언』).

13　"말레마, 광물자원 분배에 확고한 입장".

때까지 싸워야 한다."[14] 전 인민이 고통을 겪는 동안 '식민 통치자'는 계속 광물자원을 착취하고 있으며, 국유화만이 이에 대한 해결책이라는 것이다.[15]

하지만 말레마의 주장은 '우리와 그들'을 나눠 역사적 우위와 원 소유를 요구하는 것 이상의 의미가 있다. 말레마가 "**모든** 사람이 남아공의 부를 누릴 권리가 있다"[16]는 강력한 보편주의 언어를 쓰고 있음을 주목해야 한다. '경제적 자유'라 말할 때 그는 백인들을 배제하지 않는다. "우리는 그들이 바다에 던져져야 한다고 말하지 않았다. 우리는 단지 케이크를 나눠 먹기를 원한다."[17] 남아공의 부는 모든 남아공인에게 귀속되어야 한다는, 즉 **모두**가 소유자이며, **모두**가 몫을 나눠 가져야 함을 주장하는 것이다. 여기서 평등이란 단지 정치적 평등이 아니라 경제적 평등, 즉 소유물을 평등하게 나눠 갖는 것을 의미한다.[18] 루스텐버그에 운집한 군중에게 그는 "평등한 몫을 요구하는 것에 대해 사과하지 말라"[19]고 주문했다.

하지만 말레마는 다수 소유자 간의 보편주의적 공유를 요구하는 진단에서 단지 한 소유자, 즉 국가를 내세우는 해법으로 재빨리 이동해버린다. 이런 사고방식에서는 국유화가 명백하고 자명한 해결책처럼 보인다. '인

---

14 "'그가 신경 쓰기 때문에': 말레마, 자신의 철광석에 집착"(2012. 2. 29. 『메일과 가디언』).

15 "말레마는 말한다, 국유화가 SA를 단합시킬 것이다"(2011. 8. 5. 『메일과 가디언』).

16 "장관들이 국유화에 맞서 싸우다"(2011. 8. 7. 『메일과 가디언』).

17 "말레마, 망가웅에서 이목을 독차지하다"(2012. 1. 6. 『메일과 가디언』).

18 "미래는 어떤 모습일까: 보충인가, 변화인가", "'그가 신경 쓰기 때문에': 말레마, 자신의 철광석에 집착".

19 "'그가 신경 쓰기 때문에': 말레마, 자신의 철광석에 집착".

민'이 자원에 대한 정당한 요구를 제기하려면 '국민nation 전체'가 국가state 의 형태로 그 자원을 소유해야 한다는 것이다. 역사는 이 미끄러짐이 어떤 희생을 낳았는지 충분히 보여주었다. 아프리카나 다른 지역에서 사회주의 문하생들에게 너무나 친숙한 대로, 인민정신의 초월적 체현이 아니라 실수 가능성이 큰 소수 인물들이 통제하는 평범한 관료제도가 '국민'의 도덕적 요구를 전유해버린다. 아프리카 정치경제의 평범한 관찰자라도 눈치 채겠지만, '국가'는 너무나 쉽게 국가기구를 통제하는 권력층의 사적 이익을 위해 복무할 수 있다. 이런 식으로 '인민'의 정당한 소유요구는 재빨리 국가와 그 기구를 통제하는 사람들의 재산권 요구로 귀착되고 만다. 경험적 '인민'은 모든 것의 명목적 소유자의 위치에 있으나, 실제로는 거의 아무것도 소유하지 못한다. 말레마를 비판하는 사람들에게는 국유화에서 약탈로의 전환, 즉 패거리들이 한데 뭉쳐 국가 자산을 약탈하는 방식으로 경로가 바뀌는 게 너무 뻔히 보이는 것이다.[20]

물론 국가 소유가 그러한 결과를 필연적으로 낳는다는 것은 아니다. 종종 사회적 책임을 다하는 광산 채굴 모델로 인용되는 노르웨이처럼 국

---

20 그러한 우려는 정치적 우익 측에서만 발견되는 것이 아니라는 점에 주목할 필요가 있다. 남아공노동조합총연맹COSATU 토론 문서에서도 부패한 국가 엘리트들이 뇌물을 요구할 뿐 아니라 "자신들의 영향력을 체계적으로 발휘해서 경제를 주무름"으로써 남아공이 "궁극적으로 전체 사회를 갉아먹는" 일명 '약탈국가'로 치달을 위험을 경고했다 (COSATU, 2010, p. 2, p. 11). 한편 남아공공산당의 경우에도 유사한 이유로 국유화의 강력한 반대자가 되었는데, 이는 최근 남아공인들에게 친숙해져버린 일종의 정치적 아이러니라 할 수 있다("공산주의자들이 남아공 광산 국유화 요구를 내치다", 2011. 6. 29. 로이터 Reuters, http://www.reuters.com/article/2011/06/28/ozatp-safrica-nationalisation-idAFJOE75R07A20110628. 2013년 3월 12일 검색).

가가 전적으로 혹은 부분적으로 소유한 회사들이 국가 산업을 성공적으로 운영하는 사례도 있으며, 국가 소유의 상이한 모델들이 전 세계, 심지어 남아프리카에서도 발견되고 있다(World Bank, 2011). 국유화 경험들은 상이한 분배결과를 내놓고 있으며, 남아공은 국가 소유 광산산업의 운영이 참극을 빚으면서 국유화 주장을 종식시켜버린 다른 아프리카 나라들보다 훨씬 더 강력한 정부제도를 구축하고 있다. 하지만 남아공이 콩고가 아니듯, 노르웨이와도 혼동되어서는 안 될 것이다. 실제로 모든 가능한 결과는 광산과 같은 산업을 국유화한다고 해서 평범한 인민에게 **어떤** 식으로든 분배가 이루어지는 것은 아님을 암시한다. 국가 소유를 명시하는 것은 그 자체로는 배분에 관한 핵심 문제에 대해 **아무것도** 말해주지 않는다. 다시 말해 어떤 가치의 물줄기가 여기서 생산된다 할 때 그것은 결국 어디로 흐를 것인가? 아프리카 광산 채굴의 오랜 역사적 맥락에서 보자면, 이 가치의 소유자는 부유하고 강력한 소수의 백인 국외자 집단에서 부유하고 강력한 소수의 흑인 내국인 집단으로 대체되거나 (더 빈번하게는) 보충되어왔을 뿐이다—프란츠 파농Franz Fanon([1961]2005)은 오래전에 이를 예견했다. 특별히 앙골라는 분명한 사례를 보여준다. 국유 기업이 권리를 위임받은 석유자원을 극히 소수의 엘리트가 다국적 기업들과 야합해서 이익을 나눠 갖고, 인구 대다수는 극빈에 허덕이는 상황에서조차 이 나라는 석유자원이 '인민'에 속한다고 자랑스럽게 선언하고 있다(cf. Ferguson, 2006, pp. 194~210). 누군가는 이를 '흑인 경제 권한강화'로 생각하고 싶겠지만, 실제로 권한이 강화되는 사람들은 극소수이며, 인구 대다수에게는 기념할 만한 일이라고는 전혀 없을 것이다.

국유화를 포장하는 수사적 요구가 인민소유만큼 매력적이라 할지라도 국유화는 그 자체로는 진정한 분배문제를 제기하지 못한다. 공동으로 소유되는 부라고 주장되는 것이 이데올로기적 선언을 넘어 어떻게 실제로 공동의 몫이 될 수 있는가? 그러한 '국부'에 의해 생산되는 어마어마한 가치가 실제로 누구에게, 어떤 메커니즘으로 분배될 수 있을 것인가? 말레마와 같은 인물이 제기한 강력한 분배요구들은 국가자본주의와 엘리트 부의 축적이라는 앙골라 스타일의 막다른 골목으로 치닫지 않으려면 어떤 길을 밟아야 하는가? 이 질문들에 답하기 위해서는 또 다른 종류의 분배정치를 자세히 고찰해야 한다.

개량적 복지와 그 한계

이 책의 서론에서 논했듯, 남아프리카의 새로운 사회적 지원 프로그램들은 개발과 빈곤 정책 측면에서 봤을 때 보기 드문 성공 사례를 남겼다. 여러 주요 조사에서 직접적 현금지급 프로그램들(특히 노령연금과 아동보호지원금)이 실질적이고 충분히 긍정적인 효과를 창출했음이 증명되었다. 한때는 남아프리카 지역의 노동계급과 빈민거주지를 지탱해온 저숙련 직업들이 거시적 경제 구조조정의 결과 위축되고 만 상황에서 사회보조금은 아이들에게 영양을 제공하고, 은퇴자들이 노쇠한 상태에서도 존엄을 지키게 하고, 극빈상태를 줄이는 데 중요한 역할을 담당했다. 실패한 개발과 반反빈곤 기획들로 수십 년간 방치된 지역에서(Ferguson, 1990) 새롭고 확대일로에 있는 현금지급 시스템의 성공은 정말로 인상적이다.

하지만 남아공 포스트 아파르트헤이트 국가의 광범위한 사회 프로그램들을 비판하면서 앙드레 뒤 투아가 지적했듯이, 빈곤에 대항하기 위해 만들어진 일련의 개입들은 "빈민을 주변화하는 구조적·시스템적 속박들과 정면으로 맞서기를 피하는" 경향이 있었다(2012, p. 8). 대신 그가 명명한 '반빈곤 컨센서스'가 빈곤의 탈정치화된 이해, 즉 관계들의 체계로 이해되어야 할 사회적 구조의 측면보다는 개인과 가족이 경험하는 단순한 결핍으로 빈곤을 바라보는 경향을 낳았다. 그 결과 빈곤 프레임은 빈곤의 생산은 물론 "빈곤을 비정치화하고 그것을 사회적 갈등·불평등·적대 문제들과 분리시키는 과정"(p. 7)에 핵심적인 사회적 충돌과 기득권 문제를 회피하게 되었다.

아킬 굽타는 인도의 반빈곤 프로그램에 관한 분석에서 이러한 빈곤 프로그램의 위험을 지적한 바 있다. 제한된 재분배 프로그램들이 광범위한 정치적 동원과 경제적 변화과정들과 유리된다면, 그 프로그램들이 등장하게 된 뿌리 깊은 불평등에 근본적으로 도전하지 않은 채 단지 "지배체제의 정당성을 떠받치는 데" 기여할 뿐이라는 것이다. 실제로 그는 빈자들에게 가장 최악일 수 있는 결과를 방지하는 프로그램들이 "그들의 죽음이 스캔들이 되는 정치적 가능성을 예방접종하는" 것은 아닌지 묻는다(2012, p. 278).

탈정치화의 위험에 더해서 남아프리카 지역의 현행 현금지급에는 또 다른 문제가 있다. 서론과 2장에서 지적했듯, 사회적 지원을 통해 빈곤을 다스리는 남아프리카 프로그램들은 '사회적인 것'이라는, 거의 보편적인 임금고용을 '정상'상태로 전제하는 전통적 유럽 사회민주주의 개념을 기반으로 하고 있다. 이런 이유로 그러한 프로그램들은 고용 세계에서 영구적으로 배제된 수백만의 노동연령대 남성들을 언급하기를 꺼려왔다. 사회보조금 지급은 결국 대부분 아동 돌봄을 제공하는 여성들과 은퇴한 노인들에게 제한적·간접적인 방식의 지원만을 시행할 뿐이다. 공공근로와 지역을 기반으로 한 고용 프로그램들이 최근 들어 저임금노동을 제공하긴했지만,[21] 사회적 지급은 대체로 아동을 돌보는 사람들(대개는 어머니나 할머니), 노인들, 장애인들에게 집중된 채로 남아 있다. '건강한 남성들'은 시대착오적임에도 여전히 '노동자'로 가정된 채, 사회적 보호란 어떤 의미에서는 능력이 감퇴된 사람들에게 제공되는 일종의 친절로 포장되며, 무능력과 자비, 무기력한 자들을 위한 도움을 암시하는 프레임을 지속시킨다. 사회적 지급과 오랫동안 연계된 의미들은 그 시스템의 탈정치적 성격에 기여하며, 임금노동을 인간성의 토대로 삼아온 성인 남성들에게 '보조금' 수령이란 수치감과 인격적 가치의 위축으로 간주될 수 있다.

이런 형태의 사회적 지원이 지속된다면 현행의 사회 프로그램들이 자원 국유화만큼이나 정말로 제한적일 뿐이라는 결론을 피하기는 어려울 것이다. 진보 진영에 속한 대부분의 사람은 이러한 재분배 사회 프로그램들이 아무리 결함이 많다 해도 아무것도 주지 않는 것보다는 낫다는 데 동의할 것이다. 하지만 이들 대부분은 그러한 프로그램이 진정으로 급진적이고 변혁적인 정치를 가져다줄 것이라고 생각하지는 않을 것이다.

그러나 앙드레 뒤 투아가 인정하듯, 이렇게 광범위하고 모순적인 분배 시스템에는 우리가 미처 인식하지 못한 더 많은 가능성이 존재할 수 있다. 그가 지적한 대로 사회적 정의와 연대 담론은 "탈정치적이거나 제한적이

---

21 남아공 공공근로제도에 관한 엇갈리는 기록은 McCord(2003, 2012); Seekings(2006); Meth(2011); Philip(2013) 참조.

지 않은 방식으로 빈곤을 이해하고 취급하기 위한 프레임을 고안하는 데 중요한 역할을 할 수 있으며", 이 지역에서 증여와 관련된 뿌리 깊은 전통은 "중요함에도 아직 충분히 다루어지지 못했을 뿐 상당한 정치적 잠재력을 가질 수 있다."(du Toit, 2012, p. 10)

그러한 잠재성이 어떻게 실현될 것인가? 극빈자들에게 현금지급을 제공하는 데 탁월한 효과가 있다고 입증된 사회적 장치는 빈곤을 완화하고 가난한 사람들을 돕기 위한 탈정치적 장치와는 다른, 좀더 변혁적인 목적을 위해 활용될 수 있을까? 적어도 이 질문에 대한 중요한 답변 중 일부는 그러한 지급이 갖는 의미를 재고함으로써, 특히 사회적 지급이 원조, 지원, 선물이나 자선이 아니라 일종의 몫으로 이해될 수 있다는 생각을 통해 이루어질 수 있을 것이다. 다음 절에서 이 개념을 다룰 것이며, 그다음 절에서는 '정당한 몫'이라는 개념이 특수한 경험적 맥락에서 어떻게 쓰이는지 보여줌으로써 가설을 넘어선 주장을 개진하고자 한다.

선물과 시장을 넘어: 몫의 전망

남아공 헌법에서 사회적 지원은 권리로 명명된다. 하지만 그것은 실제로 일종의 관대함에서 추동된 것으로 이해된다. 이런 의미에서 지원은 종종 일방적인unreciprocated 선물, 즉 친절과 연민과 같은 것들에 의해 채색되는, 불운하고 가난한 사람들에게 '허락되는' '지원'이나 '도움'이라는 모양새를 띤다. 사회적 지급이 관대한 선물로 이해될 때 비대칭적 선물교환에서와 마찬가지로 실패한 호혜성이나 의존에 대한 질문이 등장하게 된다.

사회적 지급의 수혜자는 '교환의 측면에서' 사회에 무엇을 빚지고 있는가? 의존적인 것, '공짜로 무언가를' 얻는 것, '지원금'을 받는 것은 건전한가? 당당한 일인가? 여기서 '선물'이라는 유사 인류학적 패러다임에 대한 신뢰는 설명되지 않은 채 남아 있지만, 영국 복지국가의 초석을 닦은 사상가 중 한 명인 리처드 티트머스Richard Titmuss에게는 명백한 주제였다. 헌혈에 관한 티트머스의 영향력 있는 연구([1970]1997)는 이타적 증여를 기반으로 한 시스템과 현금보상을 기반으로 한 '시장' 시스템을 대조하면서 '선물'을 기반으로 한 헌혈제도야말로 (그가 생각하기에) 복지국가의 핵심이라 할 수 있는 비시장, 이타적 도덕성을 위한 패러다임이라고 제안했다. 그의 책은 시장과 사회정책 간 광범위한 토론의 시금석이 되었다(토론에 관해서는 Wilding, 1976과 Busby, 2004를 참조할 것). 실제로 얼마 전 한 논객은 그 책을 "지난 50년 동안의 유일한 사회주의 고전"이라고 평했다(McLean, 2010).

티트머스는 분명 선물교환에 관한 문화기술지 연구를 기초로 헌혈 논의를 시작했지만, 의무와 호혜에 관한 인류학자들의 선물 분석을 탈피하여, 증여를 '도움을 주어야 할 생물학적 필요'([1970]1997, p. 279)의 징표로 보는 도덕적 가치화로 재빨리 이동했다. 이 점에서 그는 이 논쟁에 개입한 소수 인류학자들이 지적한 대로(Douglas, 1971; Leach, 1971; Busby, 2004) 자신이 영감을 받았다고 주장한 인류학 문헌을 오독했다. 하지만 그가 결정적으로 오류를 범한 것은 '선물'을 비시장 사회성의 전 영역을 포괄하는 범주로, 소규모 사회에서의 친족을 기반으로 한 호혜성 시스템과 타인들, 국가 복지, 사회 서비스 제도에 대한 호의가 '사회적인 것'이라는 징후 아래 전부 통합될 수 있는 것으로 보았다는 점이다. "교환이나 쌍방향 지원이 경제적인 것의 표시인 것처럼 선물의 제공이나 일방향 지원은…… (정책과 행정에 있어) 사회적인 것의 표시다."(Paul Wilding, 1976, p. 147에서 인용) 물론 인류학자들이나 적어도 그들의 분석틀에 관심 있는 많은 연구자는 선물을 완전히 교환과 반대되는 것으로 여긴 적도, 비시장 사회성의 전적인 표시로 받아들인 적도 없었다. 하지만 그렇다고 해서 '선물'이라는 이미지가 빈자가 사회적 지급을 받을 때 무엇이 발생하는지 이해하기 위한 상상의 참조점을 제공하는 것을 막을 수는 없었다.

인류학은 좀더 적합한 개념을 갖추도록 하는 데 기여할 수도 있다. 브로니슬라프 말리노프스키부터 엘리너 오스트롬Elinor Ostrom에 이르기까지 비시장 분배 시스템을 공부하는 사람들은 전체 집단성이 (접근, 사용 혹은 소비의) 권리를 갖는 것으로 이해되는 자원이나 가치 자산을 배분하기 위한 복합 시스템이 존재함을 증명해왔다. 복잡한 사회적 규칙들에 지배되는 이러한 시스템들은 흔히 상상되듯 '공통적인 것'을 구속 없이 자유롭게 이용할 수 있는 사안이 아니며, 선물교환에 근거해 충분히 개념화될 수 있는 것도 아니다. 오히려 그러한 시스템들은 시장이나 선물교환과는 거의 관련이 없지만 각자에게 적절하거나 정당한 몫을 허락하는 원칙에 따라 누가 무엇을 얻는지에 관한 분배 질문에 답하는 방식을 제공한다. 추장이 목초지 이용을 관리하기 위한 규칙을 부과할 때, 혹은 사냥꾼이 먹잇감을 갖고 돌아와 다른 사람들에게 고기를 배분할 때 핵심이 되는 동학은 선물도, 보답도 아니다. 여기서 중요한 것은 모두가 자기 몫을 주장할 수 있는 전체를 어떻게 적절하고 정당하게 나눌 것인가 하는 문제다.

소규모 집단을 연구해온 인류학자들은 오랫동안 공유를 인간 사회성의 핵심 특징으로 규정해왔다. 가령 마셜 살린스Marshall Sahlins의 '일반적 호혜성'(1974)처럼 한때는 공유관행들을 호혜성 프레임 안에 수렴시켰으나, 최근의 연구들은 제임스 우드번James Woodburn(1998)의 표현을 그대로 쓰자면 "공유가 교환형태가 아님"을 강하게 주장하고 있다. 특히 니콜라스 피터슨Nicolas Peterson(1993)이 '공유요구demand sharing'라고 명명한 개념에 주목함으로써 우리는 배분과정을 선물증여와 구분해야 하며, 공유를 관대함의 형태로 보는 서구 사상들과 실제로 다른 논리에 따라 작동하는 관행들 간의 차이를 주목할 필요가 있음을 알게 된다.

우드번(1988)은 수렵채집사회에서의 공유를 개괄적으로 설명하면서[22] 그간 많은 논의가 이루어진 이 사회의 고기를 공유하는 관행이 선물이나 교환이 아니라 몫을 받는 사람들의 공격적인 요구에 따라 조직된다고 주장한다. "우리는 공유를 관대함에서 추동되는 것으로 종종 생각한다. 이 사회에서 강조되는 것은 상당히 다르다. 몫은 요청되는, 심지어 요구되는 것이다"(1998, p. 49). 우리가 '기부'라 생각하는 것이 사실은 의무적이며, 수혜자들은 자신이 당연히 가져야 할 고기를 받았다고 느낀다는 것이다. 거기에는 어떤 호혜성에 대한 기대도 없다(사냥을 하지 않는 남성들 또한 고기를 받는데, 이는 그들의 자격 요건에 조금도 영향을 끼치지 않는다). 고기를 나눠 갖는 사냥꾼은 그 때문에 치하를 받는 것도, 고맙게 여겨지는 것도 아니며, 사실 캠프 안에서 누가 어떤 식으로 고기를 받을지 선택할 수도 없다. 토머스 위드록Thomas Widlok은 최근 이 논의를 확대해서 "문화기술지 기록은 공유가 결핍상태에서만 발생하는 게 아니며, 관대함을 표방한 선물증여보다는 대개는 공유요구의 형태를 띤다는 점을 보여준다"고 언급한다. 선물교환

---

22 우드번은 특히 자신이 명명한 '수렵채집자 간 공유과정에서의 즉각적인 보답immediate-return hunter-gatherer sharing'이라는 개념에 초점을 맞춘다.

과 달리 공유는 "대개 의식과 무관하며", "고마움을 느끼기보다는 ('잡아온 고기를 모욕'하거나 '사냥꾼을 비난'하는 식으로) 비판적일" 수혜자들에 의해 착수된다(2012, p. 189).

오늘날 콩고민주공화국으로 알려진 지역에서 수렵채집과 농업의 상호작용을 연구한 리처드 그린커Richard Grinker(1994) 또한 교환 모델을 공유과정에 부과하는 오류를 지적했다. 에페Efe 사냥꾼들이 고기와 다른 재화를 갖고 농촌 마을에 올 때 그들은 이 중 일부를 레세Lese 농부들에게 전달한다. 농부들은 이런 방식으로 고기와 삼림의 다른 가치재를 얻고, 사냥꾼은 곡식과 다른 농작물을 가져간다. 서구 관찰자들이 통상 명백한 교환 혹은 '물물교환' 상황이라 본 것을 참여자들은 상당히 다르게 기술한다. 한 '집'에서의 공유된 성원권을 통해 각 사냥꾼은 농부 가족과 연결되며, 밭과 숲의 재화들은 그 집 전체에 속해 있다고 이해된다. 따라서 그 재화들은 성원들 사이에 나뉘어야 한다. 그 과정은 교환이 **아니라** 주로 공유나 분할 division을 지시하는 동사를 활용하여 묘사되며, 재화의 재배치는 공동으로 소유된 전체를 몫들로 나누거나 분배하는 것으로 이해된다. 그린커에 따르면 "유통되는 재화들은 **이미 그것들에 대한 권리를 갖고 있는** 사람들 사이에서 이전된다. (……) 레세-에페 관계는 교환이나 구매가 아니라 공유된 공동재화들의 분배를 토대로 한다."(1994, pp. 133~134).

한 집단이 정당하게 소유한 자원을 적절한 몫으로 나누는 것은 수렵채집사회에만 존재하는 독특한 과정이 아니다. 1장에서 논했듯 정당한 몫은 현재 자본주의 사회에서도 매우 친숙한 부분이며, 기업자본주의는 사실상 (종종 이데올로기적으로 주장되는바) '사적 재산권'이 아니라 회사라는 한 성원집단이 공동으로 보유한, 주식으로 세분화되는 재산을 기반으로 한다.

실제로 현대 기업자본주의에서 '몫'이 갖는 문화적·법적 형태의 중요성을 고려할 때 우리 사회가 대면하는 질문은 우리가 그 집단의 성원으로서 협력하고 공유할 것인가, 아니면 개인으로서 서로 경쟁할 것인가의 문제가 아니다. 그보다는 누가 몫을 가질 것인가, 누가 어떤 법인집단의 성원이 될 것인가, 주식과 배당금이 어떻게 나뉘어야 하는가의 문제다.[23]

이 모든 논점을 고려할 때 선물 패러다임은 사회적 지원에 대한 사유에 있어 잘못된 출발점일 수 있다. 빈자가 (임금)노동에 대한 호혜적 교환이나 선한 행동 때문이 아니라 또한 지원, 자선, 도움의 손길 같은 일방적 선물로서가 아니라 몫으로, 정당한 소유자이기 때문에 받는 정당한 배분의 차원에서 분배적 지급을 받을 수 있다면 어떤 일이 벌어질까?[24] 사회적 분배를 둘러싼 문제들, 즉 낙인과 모욕, 수치, '거저 받는다'는 비난 때문에 생기는 자존감의 결여 등 골치 아픈 수많은 문제가 일거에 사라질 것이다.[25] 사실 현금지급이 정당한 몫으로, 정당한 소유자이기 때문에 응당 배분받아야 하는 것으로 이해될 수만 있다면 보답의 기대도, 빚도, 수치심도

---

23 회사라는 형태가 자본주의와 본질적인 정체성을 공유하지는 않는다는 점을 기억할 필요가 있다. 존 뢰머John Roemer와 같은 '시장 사회주의자들'은 주식을 정확히 사회주의('쿠폰 사회주의')로 가는 길로 이해한다(더 심도 있는 논의는 Roemer, 1996 참조). 이는 분명 남아프리카에 적용될 만한 방향은 아니지만 공유가 비록 특수하고 배타적인 형태일지라도 어떻게 우리 사회의 경제조직에 주요하게 자리 잡게 되었는지에 관해 우리의 시야를 확장시켜준다.

24 물론 혹자는 재분배라는 인류학의 언어를 써서 사회적 지급을 기술할 것이고(Polanyi, [1944]2001; Sahlins, 1974), 이러한 작업은 일정 부분 진척되어왔다. 하지만 공유, 특히 공유요구에 관한 문화기술지적 유추작업은 (재분배 경우와 같은) 비호혜적 배분뿐 아니라 '요구'의 담지자, 즉 정당한 몫의 수혜자로서의 적극적 역할을 포함하기 때문에 사안들을 더 정교한 방식으로 제기한다.

사라질 것이다. 어느 누구도 다른 누군가에게 무언가를 주는 게 아니다No one is giving anyone anything. 우리는 우리 자신이 소유한 재산의 몫을 받을 뿐이다. 사회적 지급과 관련해 이 같은 재개념화가 진행 중이라는 증거가 있는가? 이제 남아프리카의 사례들, 특히 나미비아의 기본소득운동을 살펴보기로 하자.

공유사회? 소유자 몫으로서의 사회적 지급

이 논의에서는 용어상의 주의가 필요하다. 현금지급을 '원조aid', '보조금grants' 등으로 표현하는 것은 재산권이 매우 특별한 방식으로 이해되는 모델을 강요하는 것이다. 이런 맥락에서 전 세계 사회정책 전문가들이 '사회적 지급social payment'이나 '현금지급'과 같이 좀더 중립적인 용어들을 선호하면서 '원조'나 '지원assistance' 같은 언어를 기피하기 시작했다는 점은

---

25 우드번은 이것이 사회적 지급을 다루는 현행 시스템 속에서 이미 발견된 현상이라고 주장한다. 공유요구에서와 마찬가지로 이 시스템에 자금을 대는 사람들은 과세의 형태로 강제적 요구에 직면하는 반면, "혜택을 받는 사람들은 노력해서 얻어야 한다거나 감사해야 한다는 필요성을 느끼지 않은 채, 스스로가 이를 당연히 받을 자격이 있다고 간주한다."(1998, p. 63) 이 주장은 (남아공 같은 남반구 지역이든 미국 같은 북반구 지역이든) 정부로부터의 지급이 관대함, 자비, 공과功過 같은 생각들과 너무나 자주 연계된다는 점을 고려할 때 지나치게 낙관적인 것처럼 보인다. 하지만 그 서술은 불운한 자들에 대한 너그러움이나 동정에서 비롯된 '원조'와 '지원'이라는 전통적 사고를 강력한 '공유요구' 주장이 대체할 수도 있다는 기대를 품게 한다. 공유요구에 관한 토착 오스트레일리아 시스템이 어떻게 현대 사회복지체제와 접합되는지에 관해서는 Peterson(2013) 참조.

흥미롭다. 우리는 그러한 용어 사용의 변화를 진중하게 고려할 필요가 있다. 사회적인 것에 관한 새로운 언어들에 있어 중요한 미니멀리즘이 작동하기 때문이다. 관대한 선물에 담긴 풍부한 특수성과 인격성에 반대하면서 우리는 일정 금액을 한 계좌에서 다른 계좌로 '이전하는' 것을 이야기하고 있다. 이는 비대칭적 지원도, 대칭적 교환도 암시하지 않는다. 위드록이 논한 공유 시스템에서와 마찬가지로 새로운 현금지급 세계에서도 "주는 자와 받는 자 모두 각자의 위치를 강조하지 않는다."(Widlock, 2012, p. 189)

사실 오늘날 사회적 '지급transfer'이 정말로 어떠한지는 모든 가능성이 열려 있는 문제인 것처럼 보인다. 물론 많은 실질적 조치에 있어서는 자선이나 불운한 자에 대한 동정을 지속적으로 함축하면서 여전히 '사회적 지원'을 의미하는 것으로 나타난다. 여기서 '지급'이라는 새로운 언어는 '보조금'이라는, 여전히 강력한 힘을 발휘하는 지역 언어와 경쟁하고 있다(보조금grants이라는 언어는 관대한 공여자grantor의 작업을 수반한다). 하지만 대안적 개념들 역시 작동하고 있다. 몫을 선물과 구분 짓기 위한 고전적 인류학 진단은 몫에 대한 반응이 고마움보다는 비판적으로 나타날 수 있으며(Widlok, 2012, p. 189), '고기를 모욕하는' 것처럼 불평이나 조롱의 관행을 포함한다는 것이다. 연금과 보조금을 받는 사회적 관행에서도 이런 측면이 있을 수 있다. 적어도 내가 수집한 일화를 통해 보자면 분배가 이루어지는, 즉 연금과 보조금이 정부급여 등급에 따라 지불되는 구체적인 순간에 어떤 감사의 표시나 자비로운 국가에 대한 시적인 상찬도 특별히 등장하지 않는다. 대신 지급액이 쥐꼬리만큼이다, 정부가 인색하다, 행정이 까다롭다, 줄이 너무 길다 등의 불평이 난무한다. '고기'는 모욕의 대상일 뿐 칭찬받지 않는다. 여기서 우리는 사회적 지급이 적어도 일부 사람들에게는 감사를 느껴야 할 선물이 아니라 마땅히 가져야 할 몫이 전달되는 것으로 여겨진다는 점을 감지할 수 있다.[26]

　나미비아는 사회적 지급을 정당한 몫으로 바라보는 관점이 가장 성숙한 지역 중 하나다. 토지와 광산자원의 국유화 논쟁에서 우리가 본 소유에 관한 강력한 언어가 적어도 일부에서 사회적 지급을 요구하는 주장으로 등장하기 시작한 것이다. 최근 기본소득 실현을 위한 강력한 캠페인이 펼쳐졌는데, 이는 국가가 전 나미비아인들에게 특별한 조건이나 자격요건 없이 매달 100나미비아달러씩 지급하는 것을 골자로 한다.[27] 이 책 1장과 다른 글(Ferguson, 2007, 2010)에서 자세히 논한 대로, 이 캠페인은 많은 측면에서 상당히 혁신적이며 흥미롭다. 여기서 내가 특히 관심을 갖는 것은 기본소득에 대한 주장이 국가의 입장에서 보자면 공유의 의무를 발동시켰고, 일반 나미비아 국민들이 '그 나라의 부를 공유'할 상당히 구체적인 종류의 권리를 갖고 있다는 확신을 불어넣었다는 점이다. 매우 다른 맥락에서이기는 하지만 줄리우스 말레마처럼 기본소득 지지자들 역시 시민이 소유자가 되어야 함을 역설한다. 이런 이유에서 기본소득과 같은 사회적 지급은 원조나 자선, '안전망', '사회적 임금'이 아니라 정당한 몫, 즉 권리상 이미 모든 나미비아인에게 귀속되어 있는 '그 나라의 부'에 대한 몫으로

26　이스턴케이프 주 보고서(Mainstry and Vasi, 2010)에 수록된 언론 기사들은 보조금 수령자들이 전달체계의 결함에 대해 불평하거나 항의했다는 사례들을 소개하고 있다. 이 사례들은 수령자들이 현금지급에 대해 단순히 감사하게 여기는 것이 아니라 어떤 면에서는 정당한 기대를 하고 있음을 시사한다.

27　처음 제안 당시 이 금액은 16달러에 상당했다. 오늘날 환율변동 때문에 이 금액은 약 10달러 수준이다.

이해되어야 한다.

좀더 직설적으로 표현하자면 한 기본소득 활동가가 말하듯, "국가는 부자들에게서 (일부를) 떼어내어 빈자들을 지원해야 한다. 그것이 우리가 제안하는 공유 모델이다." "전 세계에서 가장 불평등하다고 알려진 나라에서 국가가 공유사회를 만들기 위해 적극 개입하는 것이야말로 우리가 나아갈 길이다." 하지만 이 주장은 단지 관용에 대한 모호한 호소라고 치부할 수 없다. 대신 그것은 특정한 도덕적·정치적 주장들을 토대로 한 특정 분배요구와 연결되어 있다. 나미비아에서 빈곤, 불평등, 사회정책과 관련해 이루어지는 토론들을 분석해보면 공유를 위한 상이한 모델들이 작동 중임을 알 수 있다.

한 가지 모델은 국가를 일종의 가족으로, 국민을 보살피는 국가의 의무를 자식을 돌보는 부모의 의무와 동일하게 취급하는 친숙한 사고다. 가령 나미비아 기본소득 캠페인 지도자들은 빈민과 실업자들을 보살필 의무가 (다른 고아들과 마찬가지로 무시되어서는 안 될) '경제적 고아들'을 돌볼 의무라고 설명했다. 그들은 또한 이러한 돌봄 모델을 특별히 '아프리카' 스타일이라 규정하면서 '아프리카 확대가족'에 대한 초기 '아프리카 사회주의' 주장들을 현대 사회주의적 연대를 위한 토대로 환기시키고, **우분투**ubuntu(인간애)라는 아프리카의 이상을 불러냈다(Nyerere, 1968).[28]

공유의 두 번째 모델은 기독교적인 것이다. 기본소득 지도자들은 국가적 차원의 공유 필요성을 설명하기 위해 종종 그리스도 교리에 주목하곤 한다. 이는 특히 기본소득 활동가들이 나미비아에서 기본소득 캠페인을 위한 제도적 지원을 처음부터 제공해온 복음주의 루터교 소속이었기 때문이다. 가령 이 교회의 오래된 지도자인 제파니아 카미타Zephania

Kameeta 주교는 모두를 배불리 먹인 '기적'은 단순히 말하자면 공유행위였다고 이야기하면서 기본소득 강연에서 '물고기 두 마리와 보리떡 다섯 개'에 관한 성경 구절을 종종 이야기한다. 국가와 국가를 이끄는 자들은 그리스도를 본받아 국가적 '물고기와 보리떡'을 곤궁한 사람들과 나눌 수 있어야 한다는 것이다. 가족-국가의 호소와 마찬가지로 이러한 주장은 많은 북반구 복지국가에서 핵심적인 연대 원칙과 유사성을 갖고 있다. 특히 에스핑-앤더슨(1990)이 지적한 '기독교 민주주의'(기독교의 이상과 원칙에 근거를 둔 민주주의 논의로, 19세기 네덜란드와 독일에서 처음 등장함—옮긴이) 전통을 상기해도 좋을 것이다. 하지만 나미비아에서 등장하는 연대란 사회민주적 전통 아래서 일하는 남성이 갖는 수평적·동지적 연대와는 거리가 멀다(2장 참조). 대신 명백히 기독교적인 기본소득 주장에서 구상되는 연대란 분배적·회복적인 것으로 그려지며, 부자가 빈자에게 가져야 할 비대칭적 책임을 불러낸다. 나미비아 기본소득운동을 선전하기 위해 제작된 포스터와 스티커에서는 100나미비아달러 지폐를 손에 쥐고 있는 한 흑인 나미비

---

28 하지만 국민을 가족으로, 나라를 국민 공동의 '집'으로 유사하게 호출하는 방식은 오랫동안 유럽 복지국가의 정당성을 떠받치는 논리였으며(Esping-Andersen, 1990), 타인들에 대한 폭넓은 의무를 강조하기 위해 친족에 호소하는 모델은 '서구'에서도 충분히 발견된다. (조국 fatherlands과 모국motherlands에 대한 호소와 연대 원리로서의 '동포애fraternity' 등에서 보듯) 이 모델은 국가 내에서뿐 아니라 (프레더릭 쿠퍼[2013]가 최근에 상기시킨바, "나는 남자도 형제도 아닙니까?"라는 질문으로 아프리카 노예를 형상화했던 19세기 노예폐지론자들의 메달에서 보듯) 때로 국경을 넘어서 광범위한 파급력을 행사했다. 그러나 물론 가족주의적 연대를 기반으로 한 위계화의 가능성 역시 아프리카에서 명백하다는 점은 간과할 수 없다. 아프리카의 많은 지역에서 국가 우두머리는 아버지라는 상징적·정동적 특징을 부여받고 있다(남아공 대통령 제이컵 주마Jacob Zuma의 사례를 통해 '사랑'이 어떻게 지도자와 추종자를 묶어내는지를 고찰한 연구로 White, 2012를 참조하라).

아 어린이를 묘사하고 있다. 그 사진 밑에는 "당신은 공유할 준비가 되어 있습니까?"라는 문구가 새겨져 있다. 확실히 이 질문은 어떤 공유의 이상에 호소하는 것이지만, 더 중요한 것은 이 호소가 보조금을 받게 될 사람들이 아니라("당신은 당신의 몫을 받을 준비가 되어 있습니까?") 그 돈을 지불하도록 요구받는 사람들을 향한다는("당신은 공유할 준비가 되어 있습니까?") 사실이다. 여기서 핵심 주제는 의무는 권리에 선행하며, 공유가 의무이자 미덕으로 이해되어야 한다는 것이다.[29]

하지만 여기서 다른 모델이 하나 더 작동하고 있다는 점을 주목해야 한다. 이 모델은 아마도 처음 두 모델보다 덜 친숙하겠지만 이 책의 목적을 고려할 때 가장 흥미로운 것이다. 그것은 소유를, 더 정확히는 몫에 대한 소유를 기반으로 한 모델이다. 여기서 광산자원과 이 자원이 생산하는 부의 정당한 분배에 관한 질문은 단연코 핵심을 관통한다. 가령 최근의 인터뷰에서 한 활동가는 투쟁이란 늘 "모든 나미비아인이 품위 있는decent 삶을 누리기 위한" 투쟁을 의미하기 때문에 나미비아 민족해방투쟁이 아직 끝난 게 아니라고 주장했다. 더구나 이 나라는 "우리가 물려받았고 계속 만들어온 자연자원 덕택에 모든 나미비아인에게 괜찮은 삶을 제공할 여력이 있다." 따라서 기본소득의 한 형태로서의 사회적 지원이란 일차적으로는 국가 내 생득권birthright을 **공유하는** 사안이다. 그가 주장하기를, 이는 동정의 문제도, 심지어 좋은 정책의 문제도 아니며 권리의 사안이다. "우리는 그것이 단지 사람들이 받아야 할 혜택이 아니라 **이 나라의 시민으**

---

29 인류학적 맥락에서 위드록(2012, p. 188)은 공유라는 주제를 호혜에 대한 기대에 의해 추동되는 선물보다는 덕으로 접근했다.

로서 누려야 할 **권리**라고 주장한다."

이러한 주장들은 나미비아 공적 영역에서 기본소득을 두고 벌어지는 열띤 토론에서 꾸준히 등장하고 있다. 가령 주요 일간지에 게재된 서신들은 사회적 지급과 광물자원에 대한 정당한 몫, 상속 혹은 생득권이라는 주제를 연결시키고 있다. 가령 정부에서 발간하는 일간신문 편집자에게 기고한 한 서한은 나미비아의 풍부한 자원이 '시민들 모두에게 품위 있는 생활'을 제공해야 한다고 주장했다. 그 이유에서 "이 나라의 자원으로부터 수혜를 받는 것은 모든 나미비아인의 기본 권리이며, 동시에 기본소득은 모든 시민의 기본 권리다."[30] 또 다른 사람은 기본소득이 부자들에게 과도한 부를 포기하게끔 요구하는 일련의 정책 세트라고 주장했다. 부자들은 존경이나 부러움의 대상이 아니며, "부자들에게 고마움을 느낄 이유가 전혀 없다. 사실 그들은 그러한 위치에 있다는 것만으로 수치심에 고개를 숙여야 한다."[31] 세 번째 필자는 "문제는 모두에게 돌아갈 적당한 자원이 없다는 것이 아니다. 이 지구상에는 모두가 충분한 삶을 살아갈 만큼 많은 자원이 있다. 진짜 문제는 자원이 공정하게 분배되지 않는다는 점이다. 그것이 바로 중심 이슈다. 그것은 죄다 분배문제다!"라고 주장했다.[32] 또 다른 편지는 "역사적 상황은 자본주의 경제가 단지 극소수의 완전고용 인력만을 요구하기" 때문에 기본소득이 모든 사람에게 주어져야 한다고 주

---

30 페트루스 카리제브Petrus Kariseb가 편집자에게 보내는 편지(2011. 5. 13. 『나미비안*Nami-bian*』).

31 K. W. 심와페니Shimwafeni가 편집자에게 보내는 편지(2011. 3. 25. 『나미비안』).

32 T. 이템부Itembu가 편집자에게 보내는 편지(2011. 4. 1. 나미비안).

장한다. "호모 사피엔스라는 단순한 사실만으로도 좋고, 당신이 원한다면 나미비아 시민이라 불러도 좋고, 어쨌든 누구나 충분한 자격을 누려야 한다." 이 서한을 보낸 필자들은 일하지 않는 자에게 돈을 주는 것에 반대하는 사람들은 주위를 둘러보고 제대로 관찰할 필요가 있다고 주장한다. "나미비아 부자의 자손들은…… 분명 생계를 위해 일하지 않는다. 그들은 부를 물려받고, 손가락 하나 까딱할 필요도 없다. 오늘날 부의 대부분은 상속을 통해 이전된다. 이것이야말로 일을 강조하는 이데올로기가 왜 오류투성이인지 입증하는 것이다."[33]

아마도 기본소득 지지자로 가장 명성이 높을 카미타 주교는 기본소득이라는 생각과 시민권 개념을 직접 연결시키는데, 이때 시민권이란 '집'이라는 도덕적 모델과 국부를 나눠 가질 정당한 자격 둘 다를 토대로 한 것이다. 한 인터뷰에서 주교는 나미비아라는 나라 자체는 풍부한 광산자원 덕택에 부유하다고 말했다. "우리는 맨션에, 빌라에 살고 있지요!" 하지만 국가가 집이라면 시민권은 '그 집의 일부'가 됨을 의미한다. "그 집에서 사는 자식들 중 극히 일부만 음식을 먹고 나머지는 굶주린다면 이는 정말 공정치 못하다고 생각합니다!"

"시민권이 무엇을 의미합니까?" 주교는 반문하고 있다. "그것은 당신이 신분증을 갖고 있음을 자랑스럽게 여겨야 한다는 것을 의미합니까? 하지만 그것은 당신이 어디 있는지 경찰이 추적하는 데 용이할 뿐이죠!" 대신에, "시민권이 공식 서류가 아니라 **자원의 공유**에서 **출발**할 수 있게 합시

---

33 D. 알루테니Aluteni와 T. 이템부가 편집자에게 보내는 편지(2014.4.4. 『나미비안』).

다. (⋯⋯) 시민권은 내가 나라의 부에 참여하고 있음을 의미해야 합니다!"

여기서 일종의 수렴지점이 드러난다. 우리가 줄리우스 말레마와 같은 스타일에서 본 강력한 소유주장이 새로운 현금지급 장치들 덕택에 실행 가능해진 구체적이고 보편주의적인 분배요구들과 만나게 된 것이다. 여기서 나는 나미비아의 기본소득 캠페인이라는 특정한 사례를 집중적으로 고찰하면서 논리를 발전시켰지만, 보편주의적 현금지급이 집단적으로 소유한 자원에 대한 몫으로 재개념화될 수 있다는 생각은 나미비아에 국한되지 않는다. 실제로 최근에 시작한 한 캠페인은 기본소득을 위한 재원이 남아프리카개발공동체Southern African Development Community, SADC 전 지역에 걸쳐 광산 채굴에 세금을 부과하는 방식으로 조달되어야 한다고 주장한다. 그 캠페인은 "인도와 브라질 같은 나라들에서 공통적으로 빈곤과 광물자원의 부가 병존하고 있다"는 지역적 사실을 언급하면서 정확히 정당한 몫이라는 기치 아래 보편적 기본소득을 위한 지지를 이끌어낼 것을 주장하고 있다(캠페인 로고에 찍힌 슬로건은 "우리의 권리-우리의 부-우리의 몫Our Right-Our Wealth-Our Share"이다[34]).

---

34 빈곤과불평등위원회(요하네스버그), "남아프리카개발공동체 기본소득", http://takuspii. wordpress.com/projects/ser-programme-2/sadc-big. 2014년 2월 23일 검색. 빈곤과 불평등위원회 및 남아프리카 오픈 소사이어티 이니셔티브, "남아프리카개발공동체 기본소득: 캠페인 전략 워크숍 보고서(2013. 11. 18-19)", 2014년 2월 23일 검색, http://spii.org. za/wp-content/uploads/2014/02/SADC-WIDE-BIG-REPORT.pdf도 참조. 이 연합은 남아프리카 전 지역의 NGO들로 구성되며, 남아프리카 오픈 소사이어티 이니셔티브로부터 부분적 재정지원을 받는다. 남아프리카개발공동체에 속한 국가는 남아공, 레소토, 스와질랜드, 보츠와나, 나미비아, 앙골라, 모잠비크, 짐바브웨, 잠비아, 말라위, 콩고민주공화국이다.

결론: 정당한 몫의 정치를 향하여

이 모든 논의는 아마도 새롭게 출현하는 정치를 발견케 할 것이다. 그러한 정치는 일에 대한 보상도, '도움'을 구하는 호소도 아닌, 노동이나 어떤 종류의 장애, 무능력과 상관없이 소득에 대해 정당한 자격을 갖는다는 주장을 기반으로 한다. 앞서 논의된 토지에 대한 권리요구와 마찬가지로, 그러한 주장은 좁게 이해되는 법적 권리보다는 강력한 정의감에 뿌리를 두고 있다. 1장에서 논했듯, 이 정의감은 개인들이 권리를 '보유하고' 있다는 자유주의적 생각보다는 물질적 분배가 적절함, 올바름, '정당함'에 답해야 한다는 법적 차원 이상의 원칙을 토대로 한다. 가장 근본적인 수준에서 그러한 분배주장은 결코 (시장이든 선물이든) 교환형태를 띠지 않으며, 그 대신 공유요구같은 것, 즉 성원권 또는 나아가 단순히 존재 자체만으로 마땅히 받아야 할 몫에 대해 당연하게 권리를 주장하는 것이다(cf. Wildlok, 2012; 나는 이 책의 결론에서 '존재presence'라는 주제로 돌아갈 것이다). 내가 정당한 몫의 정치라 명명한 것은 바로 이렇게 새로운 형태로 등장했고 지금은 단지 부분적으로만 실현된 정치이며, 나의 주장은 많은 사회, 특히 임금노동이 한때 가졌던 정치적·경제적 중심성을 잃어버린 사회에서 이러한 형태의 정치가 점점 더 중요한 정치적 열망을 추동해내리라는 것이다.

정당한 몫의 정치가 갖는 잠재력을 어떻게 평가해야 할까? 정당한 몫에 대한 요구가 어디에서, 그리고 어째서 정치적 힘을 발휘하고 견인력을 얻는지 고려하는 작업부터 시작해보자. 1장에서 논했듯, 몫을 주장하는 논리적 근거는 광물자원을 거론할 때 가장 설득력 있게 받아들여지는 것처럼 보인다.[35] 왜 그런가? 한 소농이 조그만 땅에서 변변찮지만 열심히 농작물을 심을 때 우리는 그렇게 해서 생산된 농작물이 우리 모두가 아닌 그 농부에게 속한다는 생각을 쉽게 받아들인다. 하지만 같은 농부가 이번에는 그 땅에서 석유를 발견했고, 펌프를 몇 개 설치해서 갑자기 떼돈을 벌게 된다면 우리는 적어도 그 부의 일부는 공유해야 한다고 쉽게 결론 내린다. 왜 그런가? 내 생각에는 그 가치가 들인 노력에 비해 과도하기 때문이다. 어떤 의미에서 우리는 그 가치가 '이미 거기에' 있었다고, 즉 농부가 만든 게 아니라 우연히 발견한 것일 뿐이라고 인식한다.[36] 여기서 엄청난 가치는 노동에서 나온 것이 아니다. 그것은 마치 마법처럼 어느 곳에서도 오지 않았다.[37]

하지만 광물 채취가 얻은 부에 비해 들인 노력이 전무한 것처럼 보이는 유일한 지점은 아니다. 부의 축적이 일, 노력, 지속기간 같은 것들과 분리되는 현상은 현 시대 '카지노 자본주의'의 특징으로 논의되어왔다 (Strange, 1997; Comaroff and Comaroff, 2000). 사실 별 노력 없이 얻은 석유 노다지가 함축하는 도덕성은 오늘날 헤지 펀드나 통화 투기, 경영자 보상 협정으로 막대한 돈을 뿌려대는 다른 '분유정'들과 쉽게 구분되지 않는

---

35 석유수익 분배(알래스카영구기금)가 소유지분ownership share으로 이해되는 보편적 현금지급제 가운데 가장 발달된 사례라는 점은 우연이 아니다. 여기서 논의한 나미비아 기본소득제도와 결론에서 다룰 이란의 새로운 현금보조금제도 역시 국가의 광물자원을 분배해야 한다는 생각과 긴밀히 연계되어 있다.

36 Nash(1979); Taussig(1980); Coronil(1997) 참조.

37 마르크스주의 철학자 슬라보예 지젝Slavoj Žižek이 최근에 인정했듯, 노동가치론은 광물자원 문제에 대해 만족할 만한 설명을 제공해주지 못한다. "마르크스의 노동가치론이든, 자연자원 수탈을 통해 개발도상국을 착취한다는 논리든 양자택일을 해야 한다. 둘 다 가질 수는 없다."(2010, p. 242)

다. 하지만 1장에서 논의했다시피 적어도 가장 최신의 자본집약적인 목적에서 보자면 동일한 비판이 심지어 제조업 같은 '실물경제'에도 적용된다. 오늘날 하이테크 공장은 단지 약간의 감독노동만으로 상상할 수 없는 양의 가치재를 분출시키는 거대한 자본 투자라는 점에서 석유 시추시설과 별반 다르지 않다. 광물자원을 놓고 봤을 때 그럴듯한 분배주장은 점점 더 다른 형태의 부에도 통용되는 논리가 된다. 어떤 형태의 부든 이제 점점 마법처럼, 어느 곳에서도 오지 않은 것처럼 보이기 때문이다.

노동이나 불운보다는 성원권을 토대로 한 종류의 분배주장들은 남아프리카에서, 그리고 전 세계적으로, 새로운 사회정책 영역에서 점점 더 분명해지고 있다. 그러한 주장들의 합법성은 현대의 급진적 사회사상에 있어, 특히 사회주의라는 오래된 주제에 대한 최근의 재사유 과정에서 주요 화두로 등장한 '공통적인 것'을 논함에 있어 중요한 주제다. 물론 데이비드 하비David Harvey는 '시초 축적primitive accumulation'이라는 마르크스의 오래된 논의를 다시 불러와서 공동으로 보유한 자산을 전유함으로써 자본을 축적하는 방식이 자본주의 태동기에 발생한 '원죄'가 아니라 현재까지도, 특히 최근의 '신자유주의적' 자본주의 구조조정을 따라 끊임없이 지속되는 과정임을 상기시켰다(Harvey, 2005). 하지만 이 책의 목적을 염두에 둘 때 더 흥미로운 것은 하비의 전통적이고 생산 중심적인 마르크스주의 바깥에 자리 잡은, 분배에 더 큰 지위를 부여하는 대안적 사회주의 흐름에서 출현하는 일련의 사고들이다. 가령 1장에서 논했듯, 무정부주의 공산주의자 피터 크로포트킨은 자본주의 비판의 기초를 노동과 생산에 관한 주장이 아니라 근본적으로 분배적인 요구, 즉 사회의 부가 모두에게 속해야 한다는 주장에 두었다. 그에 따르면 현대 산업사회의 모든 성원은 "자신에 앞선 사람들이 축적한 막대한 자본"의 수혜자다([1892]1995, p. 11). 부를 생산해온 전임자들 중에서도 크로포트킨은 특히 빈민, 노동자와 그들의 고통에 초점을 맞추었다. "비참하게 살다 죽은, 주인의 억압과 학대에 시달리고 고된 노동에 지칠 대로 지친 그들 세대가 이 막대한 상속을 남긴 것이다."([1892]1995, p. 14) 하지만 이런 끔찍한 희생을 치른 자들의 자손들은 부의 상속자로 대우받기는커녕 어떠한 재산권도 부정당하고 있다. 가령 현대 철도를 건설함으로써 생긴 엄청난 부에도 불구하고 "철도 터널을 뚫다 죽은 수많은 노동자의 자식들이 어느 날 굶주림을 견디다 못해 일제히 운집하여 주주들에게 빵이라도 요구했다가는 곧바로 총검과 산탄에 짓밟힐 것이다."([1892]1995, p. 17)[38]

　중요한 것은 크로포트킨이 어떤 자가 어느 정도 일을 했기 때문에 부의 몫을 받을 자격이 있다고 말하지 않는다는 점이다. 반대로 전체 생산조직이 단일한 공동유산으로 다루어져야 한다. 나는 노동을 해서가 아니라 상속을 통해 전체 생산조직의 한 몫을 소유하기 때문에 생산의 일부를 누릴 자격이 있는 것이다. 확실히 크로포트킨은 노동에 호소하지만, 현재의 노동을 주목하는 것은 아니다. 우리 모두가 상속받은 것은 생산조직의 원천인 과거의 노동이며, 따라서 노동의 유산은 그 현재 조건만큼이나 중요하다. 더욱이 크로포트킨은 공동유산에 대한 권리를 장구한 일의 역사뿐 아니라 발명이나 고통, 핍박, 유혈 같은 다른 역사적 축적에 대해서도 동일하게 찾고 있다(cf. Moore, 2005). 전 인류의 전 역사를 아우르는 이렇게 광

---

[38] 크로포트킨이 말하는 또 다른 사례는 120~121쪽의 인용문을 참조하라.

활한 파노라마에서 누가 얼마나 많이 생산했는지, 누구의 고통이 더 큰지를 설명하기란 불가능할 것이다. 유일하게 윤리적이고 현실적인 결론은 그가 강조한 대로 "만물은 모두의 소유다All belongs to all"([1892]1995, p. 19)라는 것이다.

좀더 최근에 자율주의자들은 '공통적인 것'에 관한 오래된 이론적 작업을 부활시켰다. 파올로 비르노Paolo Virno(2004)의 작업을 토대로 마이클 하트Michael Hardt(2000)는 가치가 좁은 의미의 노동에 의해 생산되는 게 아니라 사회 전체에 의해 생산되는 것임을 주장했다. 가령 한 광고 캠페인이 힙합 스타일의 노래를 활용해 돈을 번다면 그 가치는 어디에서 나오는가? 그의 주장에 따르면 가치의 원천은 어젯밤 클럽에서 들은 갖가지 음악들을 섞어버린 광고회사 직원의 노동도, 클럽에서 공연한 (다른 아티스트들의 이전 작업에서 영감을 받고 샘플링을 했을) 힙합 아티스트의 노동도 아니다. 그 가치를 생산한 것은 사회 전체이며, 이 사회가 그 생산의 열매를 전유할 권리를 갖는 것이다(2000, p. 27, 안토니오 네그리Antonio Negri는 오늘날 가치를 생산하는 사회적 창조성의 중요성을 고려할 때, 메트로폴리스야말로 마르크스가 투쟁의 진원지라 보았던 공장을 대체할 것이라고 최근에 주장한 바 있다[Negri, 2008, pp. 211~230]). 여기서 권리주장은 임금노동자들이 아닌 경제적 가치의 진정한 창시자라 할 수 있는 사회성원들의 몫이다. 집단적으로 부를 생산하는 것은 사회 전체, 즉 우리가 사회생활을 경험하는 전 과정을 통해서다.[39] 크로포트킨의 경우에서와 마찬가지로, 가치의 뿌리를 전체 사회과정에 두는 주장들은 정당한 분배가 노동에 대한 교환으로 이해될 수 없으며, 단지 '사회 전체'의 규모를 상정해야만 설명할 수 있다는 점을 시사한다 ("집단적으로 부를 생산하는 전 지구적 사회 전체"[2000, p. 27]라는 표현에서 보듯 하트는 글로벌 차원을 고려하고 있다). 나미비아 기본소득 캠페인에서와 마찬가지로, 부의 사회적 토대와 기원에 대한 주목은 특별히 노동과 분리된 보장소득을 주장하는 것으로 이어진다(Hardt, 2000). '공통적인 것'에 대한 권리주장은 최근 남아공에서 비판적인 논쟁을 이끌었는데, 이 논쟁에서 서비스 제공, 노동, 자연자원을 둘러싼 투쟁들은 기본소득의 필요성에 대한 주장과 연계되었다(Tribe of Moles, 2011; Barchiesi, 2012; Bond, 2012, 2013; Sharife and Bond, 2013).

여기에서도 우리는 지대rent라는 오래된 관행이 근본적인 분배형태로서 담당하는 새로운 역할을 관찰할 수 있을지 모른다. 18세기 말에 이미 토머스 페인은 전체 지구가 '인간의 공동재산'(1830, pp. 402~403)이기 때문에 보편적인 현금지급이야말로 소유자가 지불해야 하는 '기초지대ground-rent'라고 보았다. 이러한 생각은 오늘날 노동이 분배주장의 토대로 신뢰를 상실해가고 있는 상황에서 국유화에 대한 민중의 감정은 종종 모호하기는 하지만 점차 고조되어왔음을 볼 때 여전히 설득력이 있다. 가령 브라

---

39 기실 하트가 생산주의 논리에 대해 거리를 두려는 시도는 불완전한 것일 뿐이다. 그는 여전히 "시민권은 국민을 위한 생산을 토대로 한다"는 것을 받아들이며, 그러한 생산이 집합적·보편적이라는 말로 급진적 비틀기를 덧붙일 뿐이다(2000, p. 29). 1장에서 주장했듯, 상속에 대한 크로포트킨의 관심은 생산주의적 편견을 모두 일소하고 전체 생산장치를 공동상속으로 설계한다는 점에서 더 급진적이었다. 한편 '비물질노동'이라는 개념(Hardt and Negri, 2001)은 빈자들의 생활방식을 구성하는 생산적·분배적 관행이 갖는 심오한 물질성을 무시한다는 점에서 심각한 결함을 갖는다. 또한 이 문제는 그러한 생활방식을 고임금 소프트웨어 컨설턴트 같은 종류의 (사회학적으로는 완전히 구분되는) 사람들에게서 보이는 생활방식과 분석적으로 결합해서 사고하는 경우에도 마찬가지다(이와 관련해서 '프롤레타리아트'를 대신해 '프레카리아트precariat'라는 집합적 주체를 고안하는 시도의 오류는 이 책의 결론부에서 짤막하게 논의할 것이다).

질의 기본소득 캠페인은 실제로 '기초지대renta basica'에 대한 요구를 명시하고 있는데, 이 용어는 슬라보예 지젝(2010, p. 233)이 최근에 주장했듯 진지하게 검토되어야 한다. 고전 정치경제학에서 데이비드 리카도David Ricardo는 부가 '공동체 안의 세 계급', 즉 노동자, 자본가, 지주 사이에서 어떻게 분할되는지 규명할 것을 제안한 바 있다. 일부 학자들은 노동자 역할에서 밀려난 사람들을 소자본가들micro-capitalists로 재명명하면서 이들의 경제적 역할을 복구시키고자 하지만(예를 들어 De Soto, 2003), 기초지대의 요구는 심지어 노동과 자본의 회로에서 주변화된 사람들을 **지주**라는 용어로 다시 개념화함으로써 더 강력한 대안을 제안하고 있다. 이들은 나라 전체의 진정한 소유자들이며, 그 소유를 토대로 지대를 받아야 한다고 주장하는 것이다. 물론 그러한 선언은 줄리우스 말레마가 남아공 백인들에게 유럽에서 얼마나 많은 토지를 가져왔느냐고 따져 묻고, 짐바브웨 스타일의 토지점유 직접 행동이 사적 토지보유의 뇌관을 흔드는 등 토지소유를 둘러싼 남아프리카의 논쟁적인 정치와 어느 정도 공명한다고 볼 수 있다.

나의 목적은 이 논쟁들을 평가하거나 중재하려는 것이 아니다. 오히려 나의 의도는 그 같은 논쟁들이 존재한다는 사실을 지적하는 것, 더 나아가 새로운 복지국가와 분배에 관한 새로운 사유가 교차함으로써 위험과 동시에 가능성이 충만한 강력한 접합의 순간이 발생했음을 이야기하고자 하는 것이다.

새로운 기획들에 주목하면서 이러한 변화가 전적으로 훌륭하고 모든 문제를 당장에 해결해줄 것이라고 주장할 생각은 전혀 없다. 다만 이러한 변화가 새로운 정치를 위한 가능성을 열어줄 수도 있다는 점을 주장하는 것이다. 특히 글로벌 남반구의 새로운 복지국가들과 그곳에서 제기되는 새로운 정치적 권리에 대한 주장은 두 가지 서로 연결된 측면의 잠재력을 갖고 있다. 한 가지 가능성은 줄리우스 말레마 노선의 자원민족주의가 불러일으킨 상당한 정치적 에너지가 새로운 복지국가체제에서 과거의 국유화 요구보다 더 효과적인 분출구를 찾을 수 있으리라는 점이다. 두 번째 가능성은 현금지급 프로그램들이 계속 확대되면서 현행 제도를 유지하기 위한 개량적·비정치적 목적에 봉사하는 대신 새로운 분배정치를 발전시키기 위한 장을 열어젖힐 수 있으리라는 점이다.

이런 변화가 얼마나 많은 차이를 만들어낼 것인가? 어쩌면 아주 많을 것이다. '지원'을 받는 것과 (내가 여기서 '정당한 몫'이라 부른 대로) 소유의 몫을 받는 것 사이의 차이를 생각해보라. 과연 무엇이 변하는가? 우선, 누가 지급을 받을 '가치가 있는지'를 가려내기 위한 오래된 전제들을 벗어던지고, 노동과 소득 간 연결을 완전히 끊어냄으로써 사회적 지급은 건장한 성인까지 포함해서 훨씬 더 많은 수령자 집단을 대상으로 하게 될 것이다. 이미 수령자 대상인 사람들 또한 상당히 다른 사회적 중요성을 띤 변화를 체감할 것이다. 지급을 정당한 몫으로 간주하는 프레임이 만들어지면서 이들은 단지 약간의 물질적 자원뿐 아니라 소유자라는 새롭고 강력한 사회적 정체성을 획득할 것이다.

"인민은 나라의 부를 공유한다!" 여기서 답해지지 않은 질문은 항상 어떻게, 즉 어떤 부가 어떻게 의미 있게 공유될 수 있느냐는 것이다. 말레마 스타일의 국유화를 지지하는 사람들도, 마르크스주의나 무정부주의 계열의 사회주의 이론가들도 이 질문에 적절한 대답을 제공해주지 못했다.[40] 하지만 정당한 몫에 대한 요구와 직접 지불을 위한 관료적 장치가 서로 교차하면서 이제 막 시작되는, 우리의 탐색을 기다리는 새롭고 구체적인 가능성을 드러내고 있다. 새로운 복지국가는 새로운 정치, 아마도 새로운 사회주의를 상상하기 위한 가능성을 열어젖힌 것인지도 모른다.

결국 분배주장은 상당히 강력한 윤리적·정치적 근거들에 기대고 있지만, 효과적이고 보편적인 분배장치가 존재할 때라야 실제적인 결과를 이끌어낼 수 있다. 그러한 장치가 없다면 국유화처럼 공동소유를 내세우는 가장 적극적인 움직임조차 진정한 분배의 성과를 갖지 못할 것이다. 나미비아나 남아공 같은 새로운 복지국가들은 그러한 분배기구들을 만들어내고 있으며, (내 생각에는 무의식적으로) 다른 종류의 자원정치를 위한, 전통적 국유화와는 매우 다른 의미로 사회주의적일 수 있는 정치의 전제조건을 구축해나가고 있다. 그 과정은 이미 확증된 결과가 있는 것도 아니고, 정말 새로운 결과를 만들어낼지 알 수도 없다. 하지만 흥미로운 가능성임에는 분명하며, 아마도 새로운 형태의 진보적 정치실천이 주목해야 할 희망의 자리가 될 것이다.

---

40 혁명 이후의 사회에서 분배가 어떻게 조직될 것인지에 관해 크로포트킨이 펼치는 상당히 비현실적인 생각들은 이 책 결론부에서 짧게 논의될 것이다.

결론

분배정치 이후?

지금까지 나는 노동을 기반으로 하지 않는 분배가 구조적 대량실업 사태에 빠진 남아프리카에서 점점 그 역할을 확대해가는 방식을 고찰했다. 이는 단지 남아프리카만의 문제는 아니다. 전 세계적으로 진행 중인 개발은 심지어 저숙련 육체노동에 대한 요구가 급격히 쇠퇴한 상황에서도 새로운 도시화 물결을 낳았다. 세계지도 위에 존재하는 수많은 상이한 현장에서 농업 부문을 떠난 사람들은 이제 더는 산업세계의 직업을 구하지 못하고 있으며, 노동을 통해 생계를 조달했던 기존 지역들조차 마이클 데닝Michael Denning(2010)이 "임금 없는 생활"이라 표현한 방식을 배워야 할 처지가 되었다. 가이 스탠딩Guy Standing은 자신이 "노동하는 인간이 주축이 된 세기의 종말"이라 표현한 것이 다소 과장되었다고 자책할지 모르겠지만, 글로벌 정치경제의 관찰자라면 누구나 그가 어느 정도 현실을 말하고 있음을 인정할 것이다.

농촌의 가난한 사람들이 생계형 농업을 벗어나면 곧 임금노동이 규범적 형태의 분배를 제공하는 새로운 세계로 진입하리라는 것은 마르크스레닌주의든 근대화 이론이든 상이한 시각들이 다 같이 공유하는 근본 가정이었다. 노동자들이 받는 임금이 새로운 '산업형 인간'을 위한 생계를 제공하고 동시에 새로운 형태의 소비를 가능케 하리라는 것이었다. 자신이 생산한 차를 구입할 수 있을 만큼 충분한 임금을 받는 노동자/소비자로서의 전형적인 '포드주의' 이미지는 이러한 가정 아래 구축되었다. 물론 20세기 유럽에서조차 임금고용은 이상화된 논의와 달리 보편적이지 않았지만, 임금노동에 대한 기대는 사라지지 않았다. 노동이야말로 현대적 도시생활방식이라 상상되는 것을 실현하기 위한 '규범적'인 분배양식이 된 것이다. 하지만 토지와 정규직 고용 둘 다 접근 불가능한 새로운 사회적 집단들이 즉흥적 생계방식으로 "근근이 살아가는" 데서 보듯, 이러한 비전은 최근 들어 확신을 잃어가고 있다. 남아프리카에서는 농업으로부터의 지속적인 이탈이 '산업혁명'이라 상상된 변화(cf. Ferguson, 1999)를 수반하지 않은 채 진행됨으로써 이 문제가 가속화되었다. 대신 이 지역에서 우리가 관찰한 것은 앙드레 뒤 투아와 데이비드 네베스(2007, p. I)가 강조한 대로 "현금화, 탈농업화, 탈산업화의 동시성"이었다. 그러한 상황에서 임금노동은 점점 생산과 소비, 자본과 '대중'을 연결하는 보편적인 전달수단으로 기능할 수 없는 것처럼 보인다. 대신 전 세계의 정권들은 도시든 농촌이든 자신의 생계가 농업과 임금노동 둘 다로부터 완전히 유리된 새로운 인구를 끌어안아야 하는 상황에 처했다.

이제껏 논해왔듯 그러한 과정들은 아프리카에만 국한되지 않지만,[1] 이 지역이 선도적으로 움직여나가는 측면을 볼 수 있는 것 역시 사실이다. 오랫동안 아프리카는 다른 지역을 '따라잡아야 할' 개발 지체 지역으로 상상

---

1 관련 주제를 아시아의 맥락에서 다룬 논의는 타냐 리(2010) 참조.

되어왔으나, 진 코마로프와 존 코마로프(2011)가 최근에 주장했듯 분명히 어떤 영역에 있어서는 선도적 위치를 점하고 있다. 특정 나라가 아닌 아프리카 전 지역에 걸쳐 농업이나 임금노동을 기반으로 하지 않는 새로운 생계형태가 출현하고 있다. 특히 남아프리카의 경우 우리는 국가의 직접 분배 프로그램들이 점점 위상을 확대하고 있음을 보아왔다. 여기서 나는 아프리카에서든 다른 곳에서든 임금노동이 이제 중요성을 잃거나 한물갔다고 주장하려는 것이 아니다. 그러한 노동이 빈번히 상상되어온 만큼 비중 있는 분배의 역할을 점점 수행하지 못하고 있으며, 장래에도 세계 도처의 인구 대다수에게 분배적 재화를 조달할 수 없으리라는 점을 주장하는 것이다.[2]

임금과 다른 종류의 노동의 시장교환이 아니라면 도대체 어떤 분배양식이 존재하는가? 여기서 나는 이른바 비공식 경제의 '분배노동'이라 명명한 것뿐만 아니라 연금·보조금과 연계된 국가적 지원들을 강조했다. 하지만 이 책을 마무리하면서 나는 남아프리카 분배정치를 새롭게 등장하는 분배요구와 관련지어 시각을 확장하고자 한다. 직접적인 비시장 분배 프로그램들을 고안하고, 적용하고, 정당화하는 혁신적·실험적인 방식들을

---

2 이런 맥락에서 '일자리'에 관한 수심 가득한 논의들이 생산에서가 아닌 분배에서 노동이 갖는 역할을 논하고 있다는 점은 주목할 만하다. 이는 글로벌 남반구뿐 아니라 북반구에서도 벌어지는 현상이다. 현재 미국 정치인들의 이야기를 귀담아 들어보면 이들이 자본주의 기업의 주요 '산출output'을 가치재나 서비스가 아니라 일자리로 생각하고 있음을 쉽게 발견할 수 있다(따라서 기업 CEO는 '상품생산자'가 아니라 '직업창출자'로 각광받는다). 이런 논리로 따지자면 핀을 생산하는 공장의 소유주는 (애덤 스미스가 논했듯) 유용한 재화(핀)를 생산해서가 아니라 더 귀중한 것, 즉 일자리를 창출했기 때문에 가치를 부여받는다고 볼 수 있다. 여기서 정말로 부족한 것은 경제적 재화(핀)가 아니라 분배자격(일자리)이다.

아주 간략하게나마 검토할 것이다. 이들 중 일부는 이미 존재하며, 일부는 상상되거나 제안되고 있을 뿐이다. 하지만 이 모든 프로그램은 비공식적 상호성을 바탕으로 한 현행 제도들과 아동, 노인, 장애인, 임시실업자와 같은 전형적인 '피부양자' 집단에 대한 국가 주도하의 사회적 지원을 뛰어넘어 작동하고 있다.

이미 자세히 논의한 바와 같이 첫 번째 사례는 기본소득 캠페인이다. 사실 기본소득은 새로운 생각이 아니며, 6장에서 간략히 설명했듯[3] 놀랍도록 오래되고 흥미로운 역사를 갖고 있다. 실제로 아프리카에서 공론화되기 전에 진지한 정치적 캠페인이 (특히 유럽에서) 이루어졌다.[4] 하지만 최근 기본소득에 대한 열띤 관심이 글로벌 북반구의 '풍요로운 사회'가 아니라 남반구의 대량빈곤과 실업의 맥락에서 출현했음에 주목해야 한다. 최근 한 저서(Murray and Pateman, 2012)는 주요 기본소득 캠페인을 검토하고 기본소득에 대한 전 세계적 관심을 조명한 바 있으며, 『기본소득연구Basic Income Studies』라는 학술저널이 이 주제를 집중적으로 다루고 있다. 최근 나미비아와 인도에서 시행된 기본소득 시범 프로젝트는 우호적인 평가를 받았고(Haarmann et al., 2009; Standing, 2013), 이후 간략히 다루겠지만 브라질, 이란처럼 상이한 나라들에서도 전 국가적 프로그램을 수립하는 데 상당한 진전이 있었다. 앞서 논했듯 남아프리카 전 지역에 걸쳐 기본소득

---

3 기본소득 개념의 오랜 역사에 관한 검토는 반 파레이스(1995) 참조. 최근 위더퀴스트 외 Widerquist et al.(2013)는 다양한 시각을 가진 기본소득 저작들을 모은 선집을 출간했다.

4 네덜란드의 경우 기본소득을 둘러싼 진지한 정치적 논쟁이 이미 1970년대에 등장했고, 덴마크는 크리스텐센Christensen(2008)이 분석했듯이 1990년대 초반에 일련의 정책 논의가 이루어졌다.

캠페인이 시작되었고, 스위스가 기본소득 지급을 2015년 국민투표로 결정하기로 한 것은(2013년 13만 명의 청원으로 '헌법 개정 국민투표 발의'를 했고, 2015년 스위스 연방정부와 연방의회에서 반대 의견을 공표한 후 2016년 6월에 국민투표를 실시했으나 부결됨―옮긴이) 기본소득이 북반구에서도 지속적인 관심을 끌고 있음을 시사한다. 현행 좌파정치 지지자들은 오늘날 다양한 버전의 기본소득 또는 '시민'소득이 급진정치 논의에서 갖는 역할을 이미 알아차렸을 것이다(슬라보예 지젝은 최근 기본소득을 "지난 몇십 년간 좌파의 유일하게 독창적인 경제사상"[2010, p. 233]이라 표현했다).

하지만 우리가 기본소득에만 초점을 맞춘다면 새롭게 출현하는 분배정치의 범위는 너무나 협소해질 것이다. 수많은 저자가 현대 세계에서 인도주의적 개입이 갖는 확대된 역할에 주목해왔다(예를 들어 Feldman and Ticktin, 2010; Bornstein and Redfield, 2011; Barnett, 2013). 부분적으로 이는 돌봄과 물질적 제공 양자를 포괄하는 분배 기저에 깔린 근거들이 변했음을 의미했다. 디디에 파신Didier Fassin(2011)이 논했듯, 인도적 돌봄의 맥락에서 분배란 종종 국민국가 시민으로서의 권리가 아니라 고통받는 사람들, 특히 그 고통이 가시적이거나 '가치 있다'고 여겨지는 사람들에게 느끼는 연민에 기초해서 이루어진다. 연민에 기초한 분배가 공적 요구들을 포함한다면, 그 요구들은 "사회적 시민권의 확실성보다는 영고성쇠를 거듭하는 강렬한 감정에 의존할" 공산이 크다(Muehlebach, 2012, p. 134). 내가 다른 글에서 논했듯(Ferguson, 2010), 식량부족과 긴급구호 상황에서 진행되는 프로그램들은 온정주의적 현물지급 대신, 수혜자가 자신의 상황에 맞게 익숙한 지식을 동원하여 필요를 충족시킬 수 있도록 현금을 제공하는 혁신적인 방법들을 개발해왔다. 내가 지금껏 분석한 다른 사회보호

제도들에서도 현금지급으로의 전환은 노동과 분리된, 필요를 기반으로 한 소득을 제공하겠다는 의지와 '빈자들'이 스스로 지출을 결정할 때 자신의 이익을 가장 잘 도모할 수 있다는 인정을 함축하고 있다.

유사한 변화가 인도적 기부의 세계에서도 발견된다. 무조건적 현금지급이 최근 '새로운 거대한 사유' 중 하나로 출현한 것이다. 가령 최근에 등장한 '직접 제공하라Give Directly'라는 조직은 무조건적 현금지급이야말로 가장 효과적이고 심지어 가장 '민주적인' 인도주의적 지원이라고 주장한다. 이 조직의 프로그램들은 장래 조력자들과 특정 빈곤 가구들을 연결하고, 이 가구들이 적지만 매달 꾸준히, 아무 조건 없이 수입을 제공받을 수 있도록 하고 있다.[5] 그러한 프로그램들은 임의적인 임상실험의 형태로 보자면 상당히 효과적임을 입증하고 있으며, 일련의 개입이 측정 가능하리만치 실제적인 변화를 가져왔다는 '강력한 증거'를 찾는 기부자들에게 좀 더 투명하고 신뢰할 만한 방식으로 화답하고 있다. 대개의 경우 이는 배분의 근거에 관한 사안이라기보다는 다른 방식의 '기부'가 갖는 기술적 적절성과 프로그램의 효과성과 관련한 문제다. 여기서 무조건적 현금지급은 구체적이고 측정 가능한 반反빈곤 결과를 성취하기 위한 가장 효과적이고 경제적인 수단인 것으로 보인다. 하지만 다른 영역에서 우리는 빈자들에게 직접 '기부'하는 것과 관련해서 놀라우리만치 새로운 주장들을 보

---

5 "'직접 제공'을 표방하는 획기적인 '공짜 돈' 프로그램, 효율성 입증하면서 성장일로"(2014. 2. 10. 『포브스Forbes』), 2014년 2월 12일 검색, http://www.forbes.com/sites/hollieslade/ 2014/02/10/give-directlys-breakthrough-free-money-model-grows-as-evidence-mounts/?ss=social-impact/.

아왔다. 예를 들어 프란치스코 교황은 최근 기독교 윤리의 언어로 부자들이 '아낌없는 연대'를 통해 "반드시 빈자들을 돕고 존경해야 한다"고 주장했는데, 이 연대란 재산권의 인정과 같은 층위의 무엇으로 이해될 수 있다. 그의 논의에서 부자들이 아낌없이 주기로 한 결정은 단순히 말하자면 "빈자들이 원래 가진 것을 돌려주는 결정"이다. 이 주장을 뒷받침하기 위해 교황은 초기 기독교 교부敎父인 성 요하네스 크리소스토무스Johannes Chrisostomus의 말씀을 인용한다. "자신의 부를 빈자들과 나누지 않는 것은 도둑질이며, 그들에게서 생계수단을 앗아가는 것이다."[6] 6장에서 분석한 대로 나미비아 기본소득 지지자들은 빈자들에게 기본소득을 지급하는 것이야말로 정당하며, 진정한 소유상태와 부합하는 것이라 주장한다("우리가 보유한 것은 우리 자신의 재화가 아니라 그들의 것이다"). 구걸에 관한 이마누엘 칸트의 논평을 분석하면서 루시 알레(2012)는 비슷한 입장을 드러낸다. 그녀는 부당한 권력 분배로 난처한 지경에 처한 뒤 돈을 받게 된 사람들은 단지 마땅히 그들에게 속한 것, "실제 가진 권리 중에서 작은 일부만"을 돌려받을 뿐이라는 식으로 자선에 관한 대안적 개념화를 제안한다. 아마도 "'돌려줌returning'이 '기부giving'보다 더 적합한 단어일 것"이라고 그녀는 결론짓는다(2012, pp. 6~7).

급속히 확산되는 의료 영역에서 분배를 뒷받침하는 또 다른 종류의 '근거'가 등장한다. 최근 라마 매케이(2010)는 모잠비크에서 일종의 '포스트 사회복지'를 구성하는 복잡한 개입들을 분석한 바 있다. 이 개입들은 좁

---

[6] 프란치스코 교황 1세, 사도적 권고 「복음이 전하는 기쁨Evangelii Gaudium」, 교황청 바티칸 출판국Libreria Editrice Vaticana, 2013.

은 의미의 보건 프로그램뿐 아니라 최소한의 식량을 얻을 자격을 부여하는 것도 포함한다. 하지만 이러한 프로그램은 영양공급이라는 의료적 개입을 가장하여, 국민국가뿐 아니라 NGO와 (게이츠 재단Gates Foundation과 같이) 초국가적 단체에 제도적 수단의 상당 부분을 의존하고 있다. 여기서 우리는 임금노동에 참여하는 것과 관계없는, 어떤 점에서는 전통적인 '사회부조'처럼 보이는 분배형태들을 관찰할 수도 있다. 하지만 토비아스 리즈(2014)가 지적하듯, 현재 남아프리카와 다른 지역들에서 강력한 초국가적 단체의 지원을 등에 업고 이루어지는 기획들은 사회성원들을 대상으로 하기보다는, 돌봄의 '사회적' 책임을 전통적으로 정의해온 국민국가의 구획과 그다지 상관없는 '인간humanity' 종species을 보호하고자 노력한다. 여기서 돌봄과 물질적 분배형태들에 관한 새로운 합리성과 근거를 간파하는 것은 어렵지 않다.

또 다른 분배원칙은 자연자원과 이른바 자원 저주를 둘러싼 정책 토론에서 등장하고 있다(간략하게는 '자원 저주'는 가난한 나라에서 자연자원[특히 광산자원]의 착취에서 생겨나는 부를 정부 엘리트들이 가로채고, 대다수 시민의 삶은 향상되지 못하는 측면을 일컫는다). 최근 워싱턴 D.C.의 싱크탱크인 글로벌 개발센터에서는 대담한 정책 제안을 발표한 바 있다. 이 제안은 광산 채굴에서 얻는 주요 수입을 현금지급의 형태로 시민들에게 직접 전달해야 한다고 주장한다. 그들은 묻는다. "자원에서 얻는 부를 진정한 소유자인 시민들에게 직접 분배하는 것"이 가능한 마당에 왜 정부가 광산 임대에서 얻는 수익을 독차지하는가? 그들의 제안에 따르면 많은 나라에서 임대수익이 ("비효율적인 고용제도와 보조금을 통해 적절치 못한 방식으로") 이미 전 인구에게 분배되고 있음을 감안하면 이는 신념의 문제라고 보기 어렵다(Moss,

2012, p. 2). 그들은 "정치가들이 자원수익에 대한 통제를 쉽게 포기하지 않는다"는 점을 지적하면서 강력한 정치적 장애물이 작동하고 있음을 인정한다. 하지만 그들은 현금지급을 광산수입과 직접 연결하는 프로그램이 (몽골의 아동보호지원금, 볼리비아의 노령연금, 미국의 알래스카영구기금에서 보듯) 일부 지역에서 이미 존재하고 있음을 보여주었다(Moss, 2012, p. 3; 알래스카의 경우는 Widerquist and Howard, 2012). 세계은행에서 일하는 경제학자들은 최근 이러한 생각을 더 구체화시켰다(Devarajan and Giugale, 2013).[7]

유사한 제안이 기후변화 및 탄소배출과 관련해서도 등장하고 있다. 대개 경제학자들은 탄소세를 탄소배출을 줄이기 위한 기제라 생각하지만, 형평성과 사회정의에 관심 있는 사람들은 단순히 과세로 문제를 해결하는 것은 빈자들의 부담만 가중시킬 뿐이며, 부자들이 제멋대로 환경을 오염시키는 것을 허락해주는 꼴이라고 비판한다. 이에 대해 지구온난화 방지에 앞장서는 대표적 활동가인 제임스 한센James Hansen은 이른바 '수수료와 배당금'이라는 제도를 제안했다.[8] 이는 탄소배출에 대해 엄격하게 세금을 부과하되 이를 통해 벌어들인 세입을 모두 시민들에게 동등한 현금지급의 형태로 송금하는 것이다. 이 경우 수입이 적은 사람들은 새로운 수입원을 갖게 되고, 온실가스를 대량으로 배출하는 사람들을 처벌하고 적게 배출하는 사람들에게는 보상을 제공하는 강력한 추진력을 얻게 된다.

---

7 Gillies(2010); Moss and Majerowicz(2013)도 참조.

8 "배출권 거래제 시행, 오염이 점차 완화되다"(Cap and Fade, 2009. 12. 6. 『뉴욕타임스』), 2014년 2월 8일 검색, http://www.nytimes.com/2009/12/07/opinion/07hansen.html?_r=0. http://citizensclimatelobby.org/carbon-tax도 참조.

남아공 활동가들은 "유엔의 산림황폐화 및 산림전용 방지를 통한 온실가스 감축체제Reducing Emissions from Deforestation and Forest Degradation, REDD 아래 이루어진 환경세를 각 나라에 기본소득을 제공하는 데 활용할 것"을 제안했다(Sharife and Bond, 2013). 이 지급은 '기후정의' 원칙에 근거하는 것으로 이해되며, 분배의 정당성은 노동이 아닌 국가적 또는 생태적 성원권을 토대로 한다.

극히 간략한 검토이긴 하나 이러한 사실들은 분배의 근거나 합리성과 관련해서 무언가가, 더 정확히 말하자면 많은 것이 아직 미정상태임을 시사한다. 이는 현재 국면이 드러내는 가능성을 보여주는 것이기도 하다. 향수 섞인 시선으로 회상되는 '괜찮은 직업'의 세계에서 배제된 자들이 제기하는 분배요구가 어떻게 직접 분배로 실제 실현될 수 있는지에 답하기 위해 많은 사람이 새로운 방식을 고민하기 시작했다. '복지'와 '지원금'은 상황을 묵묵히 수용하고 심지어 동원을 저지하는 역할만을 할 뿐이므로 결국 보수정치로 귀결될 수밖에 없다는 가정은 오랫동안 지배력을 행사했다. 하지만 우리는 여기서 '사회적 지원'과 흔히 연계되어온 것과는 근본적으로 다른 종류의 정치를 감지할 수 있는 새로운 분배요구들을 다양하게 만날 수 있다. 이러한 분배요구들은 결국 어느 지점을 향하는가? 그러한 정치적 주장들이 현재 질서에 얼마나 급진적인 도전을 제기할 것인가?

급진정치?

좌파 진영의 사상가들은 실직이 증가하며, 공식 부문 고용이 갖는 중심성이 쇠퇴하고 있음을 여러 측면에서 주목해왔다. 하지만 노동을 기반으로 하지 않는 분배형태에 분석적·정치적 지위를 부여하는 대신, 이들은 '불안정성precarity'[9]을 새롭게 주목하면서 노동 자체가 갖는 성격 변화를 주로 고찰해왔다. 생산과 노동('비물질노동'이라 부르면서도)에 대한 강조점을 여전히 유지하고, 궁극적으로는 생산에 대한 기여를 토대로 분배요구를 해석하지만, 이들 역시 근본적 변화가 발생하고 있음을 인정한 것이다.[10] 고전 마르크스주의의 오래된 노동, 생산 중심의 개념 장치를 보존하면서도 새로운 시대로의 획기적 전환을 상정해볼 수 있는 것이다. 실제로 새로운 정치적 주역('프레카리아트'나 '다중multitude')을 상상하는 작업에 있어서 모종의 새로운 계급(또는 계급과 같은 실체)이 과거의 전위적 프롤레타리아트를 대체하기를 바라는 노스탤지어적 열망은 쉽게 감지된다.[11] 하지만 좀 더 구체적인 분배과정들로 초점을 옮긴다면 우리는 임금노동에서 배제된 사람들, '분배생계'(3장)를 추구하는 사람들이 그러한 '새로운 계급'과 별로 닮지 않았음을 알아차리게 된다. 이들의 위치를 구성하는 사회적 관계

---

9 불안정성과 프레카리아트라는 개념은 이탈리아의 자율주의적 마르크스주의에서 등장했으며, 영미권에는 파올로 비르노(2004), 안토니오 네그리(예를 들어 2008), 마이클 하트와 네그리(2001, 2009)의 저작을 통해 널리 알려졌다. 최근에 프레카리아트라는 개념은 기본소득 지지자인 가이 스탠딩(2011)의 작업에서 주요하게 다루어진 바 있다.

10 가령 하트는 보편적 기본소득에 관해 감탄할 만한 주장을 펼치지만, 기본소득 지급을 생산에 대한 보상으로 정당화한다. "노동은 집합적이고 사회적"이며 "전체로서의 글로벌 사회가 부를 집단적으로 생산하기" 때문에 모든 사람이 기본소득을 받아야 한다는 식으로 말이다.

11 같은 견지에서 남아공의 활발한 좌파 정기간행물 『파워Amandla!』는 프레카리아트를 단순히 조직화를 기다리는 계급으로 규정했다. 실업자들과 '비정규직·비공식화된 자들'이 일단 조직화된다면, 남는 과제는 그들과 조직화된 노동운동 간의 동맹을 맺는 작업일 뿐이라는 것이다("적을 필요로 하는 친구들과 함께?", 『파워』 25호[2012년 7월], pp. 2~3).

들이 안정적으로 공유될 수 있는 사회적·정치적 입장을 만드는 대신 가장 친숙한 방식으로 직업과 수입을 가진 자와 그렇지 못한 자를 연결해내기 때문이다.[12] 오늘날 노동조건의 변화를 경험적으로 이해하는 작업은 의심할 바 없이 중요한 의제다. 하지만 내가 전개한 관점을 놓고 보건대 좀더 중요한 도전은 어떤 새로운 ('불안정한') 노동조건이 아닌(노동조건의 불안정성은 세계 도처에서 언제나 존재하지 않았던가?) 노동과는 다른 원칙들에 입각한 분배형태에 뿌리를 둔 급진정치, 다시 말해 급진적 **분배**정치를 발전시키는 것이다.

어떤 측면에서 이는 상당히 논리적인 귀결로 보일 수 있다. 분배이득은 가까운 과거의 급진적 운동, 사회주의 운동을 실제 평가하는 과정에서 언제나 중요한 주제였다. 생산보다는 사회주의적으로 고무된 형태의 분배야말로 오늘날의 사회운동을 추동할 것으로 보인다(우리 대부분이 사회주의 전통에서 배우기를 원하는 것은 복지국가와 노조이지 억압적인 노동수용소나 농업 집단화가 아니다). 하지만 20세기에 급진적 사회사상으로 가장 강력한 영향력을 행사해온 마르크스주의는 생산의 수위首位를 제1원칙으로, 프롤레타리아트를 역사의 주인공으로 가정하기 때문에 급진적인 분배정치를 사고하는 데 적절치 못했다. 내가 주장한 대로 분배의 가치를 폄하하고 소위 '룸펜'과 같은 사람들의 비생산적 생계를 경멸하는 마르크스주의의 경향

---

12 사회적 계급이 그것을 구속하고 재생산하는 사회적 관계들로 특징지어지는 반면, 마르크스가 소시지를 주는 사람에게 누구든 빌붙어도 행복할 것이라는 식으로 '룸펜'을 묘사한 대로 분배생계는 정치적 경계들을 가로지르고 사회적 통일성을 파편화시키는 방식으로 작동한다. 3장의 토론 참조.

은 우리가 직면한 개념적·이론적 과업에 장애가 될 수 있다.

보편적 분배의 정당성을 옹호하는 피터 크로포트킨의 과감한 주장 (6장)에서 보듯, 다른 계열의 급진적 사상이 때로 더 나은 대안을 보여줄 수 있다. 하지만 이와 같은 무정부주의적 선언들은 "만물이 모두에게 속한 다"는 급진적 주장을 펼치면서 동시에 분배효과를 실질적으로 창출하는 데 있어 유일하게 현실 가능한 기제들에 대해 원칙적인 적개심을 표명해 왔다. 세금을 거두고 현금지급을 분배할 능력을 가진 국가기구에 대한 적 대는 무정부주의적 선언의 기저에 깊게 깔려 있다. 나는 서론과 6장에서 크로포트킨의 저작 『빵의 정복The Conquest of Bread』([1892]1995)의 일부 를 인용한 바 있다. 하지만 이 저작이 분배가 '혁명 후' 어떻게 조직될 것인 지에 대해 당황스러우리만치 순진한 논의를 하고 있다는 점을 주목해야 한다. 크로포트킨은 곤궁한 자들에게 재화를 배분하는 고도로 정교한 시 스템이 혁명 대중의 자발적 의지로부터 나올 것이므로 국가나 어떤 종류 의 관료조직도 필요하지 않다면서 희망사항에 불과한 상상을 펼쳤다.[13]

결국 우리는 생산과 노동에 우호적이면서 분배의 가치를 절하하는 마

---

13 크로포트킨의 이 개연성 낮은 논의에서 ('자원자 집단'의 형태를 띤) '인민people'은 모든 창 고, 상점, 시장을 자발적으로 몰수할 것이며, 이렇게 (그가 상상하기에) 행복한 결과, 상품에 값을 매기고 분배하는 정교한 절차를 위시한 보편적 공급조달 시스템이 "인민이 본래 갖고 있던 놀랄 만한 조직정신 아래" "자발적으로 등장할" 것이다([1892]1995, pp. 60~61). 여기 서 크로포트킨이 논하는 실제 정치는 협동과정이야말로 생물진화의 속성이라는, 자신의 논 문 「상호지원Mutual Aid」([1902]2008)에서 정교화시킨 확신에 따른 것으로 보인다. 경쟁이 라는 다윈의 주제를 전도시킨 결과는 '적자생존'이라는 사회적 다윈주의에 대한 반박보다는 그 이미지의 반영을 낳았고, 이는 결국 협동적 인간 본성이라는 본질적 관념에 뿌리를 둔 정 치로 귀결되었다.

르크스주의와 자발성과 지역적인 것에 우호적이면서 국가와 관료제를 평가 절하하는 무정부주의 사이의 틈바구니에 끼어 있는 셈이다. 이 중 어떤 선택도 (단순히 생산체계의 파생물이나 반사작용이 아니라) 분배 자체의 중심성을 인정하고, 분배에 필요한 (관료제 국가가 필수 조건으로 남아 있는) 정치사회학을 인정하는 정치로 나아갈 수 없다. 노동을 기반으로 하지 않는 분배 형태에 중요성을 부여하고, 국가의 행정능력을 이 일을 추진하기에 적합하도록 바꾸어나갈 수만 있다면 현대의 급진정치는 어떤 모습이 될까?

나는 현재 국면이 이러한 질문을 제기하기에 특별히 적절한 시기일 수 있음을 주장해왔다. 이 책에서 살폈듯, 오늘날 남아프리카의 정치는 노동과 분리된 정당한 몫에 대한 대중적 요구, 그리고 시민들에게 직접 수입을 제공하는 효율적인 '사회적' 프로그램들을 특징으로 하고 있다. 이 논의들은 대개 지금까지 분리된 채 남아 있었지만 양자가 일시적으로 공존하는 현 상황은 새로운 분배정치의 가능성을 열어젖힐 수 있다. 이런 상황에서 볼 때, 자원국유화와 산업의 국가 소유와 같은 식으로 진행되어온 분배요구들이 새롭고 좀더 전망 있는 형태를 낳는 것은 한계가 커 보인다.

앞서 주장한 대로 다양한 기본소득 캠페인이 현재 분배 가능성을 가장 야심차게 표명하고 있다. 하지만 남아프리카의 기본소득 캠페인이 실제 목적을 성취할 정치적 견인력을 갖고 있는지는 확실치 않다. 전 국가적 기본소득 캠페인은 (6장에서 살폈듯 나미비아에서는 여전히 활발하고 최근 광범위한 캠페인으로 새 생명을 부여받았지만) 남아공에서 교착상태에 빠졌는데,[14] 대

---

[14] Seekings and Matisonn (2010); cf. Meth (2008).

중적 호응의 제약은 아마도 5장에서 언급했듯 상대적으로 '얇은' 종류의 사회성원권과도 관련이 있을 것이다. 혹자는 향수 짙은 생산주의적 비전이 지속적인 정치적 영향력을 갖고 있다는 점을 지적한다. 프랑코 바르키에시(2011)가 '노동의 멜랑콜리'라 분석한바, 노련한 정치가들이 '진짜 남자'를 위한 '진짜 직업'을 되돌려주겠다는 약속을 마법처럼 불러내는 것이다. 심지어 시범적인 기본소득 프로젝트가 대단한 성공을 거둔 나미비아에서조차 국가적 차원의 확대는 이루어지지 못했고, 간소하게 진행된 시범 프로젝트의 지속성마저 의문시되고 있다. 국가적 지원이 부족한 상태에서 NGO 세계의 불확실하고 일관성 없는 재정적·제도적 지원만으로 프로젝트의 지속성을 확신할 수 없다는 것이다.

그렇다면 이는 좀더 급진적인 분배정치의 전망이 극히 불투명하다는 점을 의미하는가? 당장에 결론을 내리는 것은 성급하고 무모해 보인다. 기본소득 요구만큼이나 흥미로운 것은 분배정치의 양식 중 오직 이 한 가지에만 과도한 관심이 집중된다는 점인데, 이는 미래의 기획이 아닌 지금 우리 눈앞에 등장해 있는 다른 새로운 분배형태들이 갖는 영향력과 잠재성을 무시해버릴 수 있는 위험을 갖는다. 많은 이가 남아공과 같은 나라에서 시행 중인 보조금 관련 프로그램들이 구직을 통한 '진정한' 개선이 이루어질 때까지(찰스 메스[2004, p. 24]의 표현을 따르면 "의사가 올 때까지") 행해지는 일시적·개량적 미봉책에 불과하다고 보았다. 그러나 현행 프로그램의 규모나 이 프로그램과 관련해 등장하는 새로운 사유방식들은 여전히 흥미로운 무엇인가가 진행 중임을 시사한다.

이 책의 서론에서 나는 남아공의 정치문화 평론가인 조니 스타인버그의 신문 칼럼을 길게 인용했다. 스타인버그는 빈곤을 구제할 유일한 '진짜 해결책'이 일자리 창출이라고 가정하는 것은 판타지에 지나지 않으며, 완전고용이라는 조건은 남아공 같은 나라들에서는 실현될 수 없다고 대담하게 주장했다. 이러한 상황에서 사회보조금을 새로운 분배양식으로 인정하고, 그 대상 범위를 아동, 연금수령자, 장애인뿐 아니라 남성을 포함한 노동연령대의 성인들까지 확대시켜 보편화할 것을 제안했다. '거저 주는 것'과 '의존성'에 반대하는 독자들로부터 비판이 제기되고 나서 스타인버그는 몇 주 뒤 두 번째 칼럼에서 자신의 견해를 좀더 정교하게 드러냈다. 자신의 칼럼에 반대하는 많은 이가 "사람들이 온전한 인간으로 남기 위해 일할 필요가 있다"고 확신하는 듯 보였지만, 이들은 ("한편에서는 [사회를] 번영케 하는 노동자들이, 다른 한편에서는 [사회를] 썩게 만드는 복지 수혜자들이 공존한다는 식의") 시대에 뒤떨어진 세계관을 갖고 있으며, 이런 관점은 아마도 "완전고용이 생생한 기억이자 살아 있는 이상으로 남았던" 1970년대 영국 사회에서는 의미가 있었을지 몰라도 "지금 여기에서는 가당치 않다"는 것이다. 대신 스타인버그는 사회보조금 형태의 '복지'가 '의존이 아닌 해방'을 고무시켰으며, 사실상 가난한 지역에 '나태가 아닌 생명'을 가져다주었다고 강력히 주장한다. 2000년대 초반 사회적 지원이 급속히 확대된 시기에 폰도랜드(남아공 이스턴케이프 주 인도양 연안의 지역—옮긴이)에 머물면서 상황을 관찰했던 그는 지원금이 가난한 농촌 마을의 구매력을 끌어올리면서 새로운 사업을 일으키고, 교육을 향상시키고, 심지어 구직활동을 증가시켰다고 서술했다. 온갖 비방의 대상인 복지급여가 사실상 비참한 지역에 생기를 불어넣고, 사람들을 "주류 사회에, 삶 자체에 더 가까이 가도록" 한 것이다. 그에 따르면 "연금이 지불되는 날은 수치스럽게 받아들여지지 않는다. 오히려 이날은 축제처럼 웃음이 넘치고 유쾌한 기운이 감돈다. 소비할 돈이 있을 때 사람들은 **가장 인간적임을 느낀다.**"[15]

　학자이자 운동가인 스티븐 프리드먼Steven Friedman은 이 주장을 더욱 확장시켰다. 그는 스타인버그의 원래 칼럼을 비판한 사람들 중에는 일반적 우익('우리의' 세금을 훔쳐서 '게으른' 사람들에게 주는 것을 반대하는 사람들)뿐 아니라 국가의 야심찬 반反빈곤 프로그램을 열렬히 지지하는 사람들도 있었다고 언급했다. 이 진보적 비평가들이 보기에 국가의 개입은 훌륭하지만 단순히 '돈을 직접 줄' 경우 빈곤의 '근본 원인'을 해결할 수는 없다는 것이었다. 이들의 주장에 따르면 진정으로 필요한 것은 더 많은 현금지급이 아니라 지역(커뮤니티)을 기반으로 한 정부지원 고용 프로그램, 그리고 지역의 역량을 강화하고, '저숙련' 문제를 해결하며, 고용을 통해 자존감을 향상시킬 수 있는 프로젝트였다. 하지만 프리드먼은 상당히 표준적인 자유주의적/진보적 주장들을 강하게 반박했다.

　내막을 들여다보면 경제적 역동성, 수많은 기술, 빈자들 간의 '커뮤니티 역량'이 수없이 작동하고 있음을 알게 된다. 이런 것들이 없다면 가난한 사람들은 생존할 수 없을 것이다. 하지만 이들 요소는 에어컨이 가동 중인 사무실에서는 작동하지 않기 때문에, 빈자들의 경제활동은 자산이라기보다 문제로 비친다. 지원금 사용 현황에 관한 연구들은 빈자들이 정부 고용제도 입안가들이나 각종 정책 프로그램 설계자들보다 돈의 사용에 훨씬 정통하다는 것을 보여준다. 또한 빈민과 그들 지역의 '역량'을 변화시키기 위

---

15 "보조금은 의존이 아닌 해방을 장려한다"(2013. 8. 23. 『비즈니스 데이』), 저자 강조.

해 국가 프로그램이 필요하다는 주장은 '그들'이 우리와 다르며, 따라서 그들을 우리로 변화시켜야 한다는 편견을 드러낸 것이다. 이 같은 태도와 빈자들을 경멸하면서 이들이 구빈원으로 보내져 스스로 탈바꿈하기를 원했던 고상한 빅토리아인들의 태도는 사실 별 차이가 없다.

프리드먼은 현금지원을 통한 분배가 "실제로 제대로 작동하는 유일한 반反빈곤 조치"라고 썼는데, 이는 "현금지원이야말로 빈자들이 무엇을 원하는지 안다고 믿는 정책결정자들보다 빈자들 자신의 결정에 의존하는 유일한 조치"이기 때문이다. 이런 이유 때문에 정치 진영의 차이를 막론하고 "빈자들이 어떻게 살지 스스로 결정할 수 있다는 생각을 따를 수 없는" 엘리트들은 보조금을 경멸할 수밖에 없다. 하지만 사회보조금은 정확히 "빈자들을 바꾸어내려고 시도하기보다 그들이 직접 선택할 수 있는 지렛대를 제공하기 때문에" '성공적'이다. 새로운 정책 조치들은 "그들을 우리와 같은 사람들로 바꾸어내는 대신 그들에게 자신의 일을 더 잘할 수단을 제공"한다면, 사람들을 돕고 경제성장을 이끄는 데 훨씬 효과적일 것이다.[16]

사실 스타인버그나 프리드먼 중 어느 누구도 남아공의 현행 분배체제가 충분히 제대로 작동한다고 생각하지 않으며, 고용을 증대시킬 방법을 찾는 것을 포기하고 싶어하지도 않는다. 하지만 주류 신문에서 표명된 그들의 시각은 상당히 놀랍고 고무적이다. 여기서 직접 분배는 자선이 아니라 해방으로 해석되며, '실업상태'에 있고 보조금을 수령하는 빈자들의 일

---

16 스티븐 프리드먼, "빈민에게 선택 기회를 주자"(2013. 9. 4. 『비즈니스 데이』).

상은 게으름, 부족, 무능력을 비통하게 증명하는 것이 아니라 깊은 지식을 보여줄 뿐 아니라 때로 유쾌하고 사회적·경제적으로 가치 있는 활동 영역으로 묘사된다. 자신의 세금으로 복지국가를 지탱하는 바로 그 자산계급의 성원들이 수 세대에 걸친 개발과 반빈곤 프로그램의 목적론("그들을 우리와 같은 사람들로 변화시키는 것")을 명시적으로 부정하면서 동료 시민에 대한 책임을 인정하는 것이 어쩌면 더 고무적이다.

남아프리카의 보조금과 연금 관련 이야기는 때로 실제 작동되는 측면보다 더 흥미롭기도 하지만 여전히 끝나지 않았으며 진행 중이라는 점을 중시해야 한다. 실제로 아파르트헤이트가 끝날 무렵 사회정책의 인종적 성격을 걷어내는 시기부터 지금까지 이 지역의 사회적 보호는 규모로 보나 범위로 보나 계속 확대되어왔다. 가령 남아공에서 대다수 빈자에게 제공되는 보조금은 원래는 노인과 장애인을 지원하는 목적에 한정되어 있었다. 지배체제 이행기에 어린이를 위한 국가적 지원이 도입되었는데, 시간이 지나면서 자격 대상은 7세부터 18세까지로 확대되었다. 동시에 노령연금 지급 액수도 대폭 인상되었고, 연금을 받는 남성 노인 연령도 여성과 동등하게 60세로 낮아졌다. 이러한 변화는 보조금 지급을 받는 사람들의 숫자로 보나 이들에게 지급되는 돈의 액수로 보나 사회적 지원 시스템의 실질적인 확대를 의미하지만, 그럼에도 전통적인 '사회적 안보' 패러다임의 지평 내에 머물러 있었다(이 패러다임에서는 여전히 '피부양자'인 노인, 여성, 아동만이 국가로부터의 지원을 기대할 수 있으며, 남성들은 임금을 버는 '생계부양자'로 가정된다).

하지만 남아공 사회보호 시스템을 정비하는 사람들은 훨씬 더 포괄적인 개념을 갖고 있다. 인터뷰에 응한 사회개발과의 한 직원은 사회적 지원 프로그램을 조용히, 하지만 단호하게 좀더 보편주의적인 기반 위에 위치 짓고 있었다. 한 공식 청문회가 2002년 처음 기본소득을 제안한 이래 (DSD, 2002), 이 과의 직원들은 사회보조금에서 자격조건을 없애고 더 많은 수혜자를 포괄하고자 하는 목표를 광범위하게 지지해왔다. 인터뷰를 하던 당시 직원들은 아동지원과 연금 같은 기존 프로그램에서 자산조사를 없애는 작업을 진행하느라 바빴다. 더욱이 그들은 이른바 노동연령대 남성들을 어떤 보호도 없이 방치하는 '커다란 간극'을 해결하기 위한 목적으로 새로운 사회보조금을 만드는 데도 적극적이었다. 가령 이들은 가까운 장래에 18~24세 실업 '청년들'에게 현금지급을 제공하는 '구직자 보조금'을 도입하고 싶어한다.[17] '구직'이라는 발상은 젊은 남성들이 무엇을 해야만 하는지에 관한 지배적인 사회적 통념과 부합하지만, 한 직원은 '구직'이 실제 많은 새로운 직업을 만들지는 않을 것이며, "90퍼센트에게 이 지원은 수입 보조의 성격을 가질 것"임을 인정했다. 당시 튀어나온 또 다른 아이디어는 45~59세 (노령연금 대상이 되기 전까지) 실업자 성인을 위한 '은퇴 전 보조금'이었는데, 한 직원은 결국 반문했다. "누가 대체 그들을 고용하겠는가?" 이런 조치들이 전부 실행된다면 고용상태에 있지 않거나 양육자 역할을 하지 않는 25~44세의 비장애 성인만이 유일한 잔여 범주로서 소득 없이 남아 있게 된다. 이들은 결국 실업보험을 적용받지 못한 성인

---

17 이는 2012년 ANC 정책회의에서 간략히 제안되었으나 결국에는 논쟁적인 청년고용 장려금 제도에 자리를 내주고 말았다("주마Zuma의 일자리 장려금은 미미한 자선일 뿐", 2012. 7. 6. 『메일과 가디언』). 그러나 새롭게 조직된 경제해방투사정당EFF으로부터의 선거압력, 그리고 '청년'에 관한 근심스러운 담론을 염두에 둔다면, 구직자 보조금이 우리에게 전연 낯선 제도는 아니다.

실업자를 대상으로 한 또 다른 보조금을 받게 될 것이다(2008년 사회개발과의 토론에서 등장한 일부 아이디어는 이미 정식으로 제안되었다[DSD, 2008]).

사회보조금과 관련하여 소득지원을 보편적인 사회적 자격으로 바라보는 개념이 관료제 내부에서 등장했음을 주목해야 한다. 2008년 토론 문서에 따르면 그 목표는 "이유에 상관없이" "소득 불충분" 요인을 제거하는 것이다(2008, p. 9). DSD 최고 행정관에 따르면 남아공은 이미 주택, 전기, 수도 등에 대해 보편적 최소 기준을 맞추는 데 전념하고 있다. "소득에 대해서도 이와 같은 방식을 적용하려는 것인데 왜 저항하는가?" 약자와 고통받는 사람들만이 사회적 지원을 필요로 한다는 전통적인 '사회적' 발상을 점차적으로 약화시키는 가운데, 사회보조금을 다루는 관료제 기구의 제도적 야심은 보편주의적이며 시민권을 기반으로 한 자격을 논하는 방식으로 옮겨가고 있는데, 이는 결국 기본소득이 의도한 많은 목표에 근접하는 과정이 될 것이다. 확실히 상이한 보조금 프로그램이 '난립한alphabet soup' 남아공의 상황은 기본소득이 표방한 단순함과 우아함에서 멀찍이 떨어져 있다. 그러나 분배라는 '그릇bowels' 안에서 일하면서 그 시스템을 가장 잘 알고 있는 사람들은 정치적 영역의 구속을 인식하는 가운데 보편적 소득지원이라는, 기실 기본소득과 유사한 결과를 우회적으로 성취하려는 영리한 전략을 개발해왔다.[18]

그렇다면 기본소득운동의 진행 상황에 대한 단순한 평가보다는 좀더

---

18 가이 스탠딩(2008)은 (자신이 오랫동안 그 한계를 비판해온) 조건적 현금지급 프로그램조차 궁극적으로는 기본소득을 촉진할 것이며, 그 방향으로 정책을 움직이도록 도울 것이라고 강력히 주장했다.

낙관적인 근거들이 현장에서 등장하고 있다고 봐야 할 것이다. 다른 국가의 사례들도 유사한 이야기를 전한다. 가령 브라질에서 분배와 관련된 현행 프로그램들은 대부분 여성과 아동을 대상으로 한 볼사 파밀리아처럼 전통적 가족주의 색채가 강하다. 하지만 2004년의 법안은 모든 브라질 시민 또는 5년 이상 거주한 외국인에게 국가가 '무조건적 기본소득'을 제공할 것을 정하고 있다. 일단 극빈자들에게 먼저 기본소득을 제공하는 식으로 단계적으로 실행될 전망이지만, 이 법은 진정으로 보편적인 제도를 실현할 것을 궁극적으로 요구하고 있다(Coêlho, 2012; Lo Vuolo, 2013). 이란의 경우에는 다른 경로를 보여준다. 가솔린을 포함한 석유 생산물에 대한 공공보조금 제도가 비용이 많이 들고 상당히 비효율적이었기 때문에 이를 대체하기 위해 특별한 목적의 현금지급 프로그램이 도입된 것이다. 마찬가지로 '뒷문'을 거쳐 사실상의 국가적 기본소득제도가 수립된 것이다(Guillaume, Zytek, and Farzin, 2011; Tabatabai, 2011).

　여기서 강조하고자 하는 것은 단지 현금지급을 포함한 프로그램들이 확산되었다는 점뿐만 아니라 부의 사회적 기원에 관한 주장들에 종종 뿌리를 둔바, 이러한 지급이 일종의 '정당한 몫'으로서 보증된다는 점을 주장하는 새로운 사고가 급성장했다는 것이다. 6장에서 나는 기후정의나 경제적 책무와 같은 원칙들을 토대로 제안된 환경급여뿐 아니라 국가 소유권에 대한 광물 '배당' 주장을 근거로 한 새로운 기획들을 살폈다. 동시에 주목할 것은 (특히 아동, 노인, 병약자에 대한) 돌봄관행을 사회성원권의 중심 성격이자 시민들이 사실상 사회에 기여하는 가장 중요한 방식들 가운데 하나로 보는 페미니스트 연구다. 여성들이 압도적인 비중으로 수행해온 이러한 기여는 단지 임금노동에만 주목하는 시각에서는 종종 뒷전으로 밀려나 있었다. 확대되고 탈가족화된 사회적 지원 프로그램들은 이런 견지에서 보자면 돌봄작업의 가치와 보편적인 사회적 중요성을 인정하고, 가족보다 시민권 영역 안에 돌봄을 위치시키는 방식으로 간주될 수 있다.[19] 그 외의 정의에 관한 철학적 논의에서 사회적 약자에게 이루어지는 물질적 분배와 그 윤리적 근거는 최근에 특히 존 롤스John Rawls식의 '분배정의' 전통에서 핵심적인 논제로 부상했다.

심지어 분배에 대한 접근을 자주 무시해온 마르크스주의에서조차 임금노동 요구와는 다른 것들에 초점을 맞추는 분배요구가 새로운 지적 화두로 등장하는 것을 볼 수 있다. 가령 마이클 하트(2000)는 '노동'보다는 '사회'가 경제적 가치의 실제 원천이라는, 따라서 단순히 '노동자들'보다는 전체 사회성원들이 그 가치의 몫을 주장해야 한다는 크로포트킨식의 전제를 기초로 보편적 기본소득 지급을 지지했다.[20] 이와 상이한 마르크스주의 전통에서 에릭 올린 라이트Erik Olin Wright는 노동자들에게 더 많은 선택과 영향력을 준다는 점에서 노동의 계급적 위치를 강화할 뿐 아니라 돌봄, 예술활동, 정치, 커뮤니티 서비스 등 다른 종류의 가치 있으며 "시장에 경도되지 않는 생산적 활동"을 가능케 한다는 점에서 기본소득을 지지한다(Wright, 2006, p. 95). 케이시 윅스(2011)는 마르크스 페미니스트 전통을

---

19 '돌봄의 윤리'라는 개념은 Sevenhuijsen(1998) 참조. 그 개념을 남아공 사회보호 프로그램에 적용한 연구로는 Sevenhuijsen et al.(2003) 참조. 돌봄의 윤리가 인류학에서 갖는 의미에 대해서는 Spiegel(2005) 참조.

20 하지만 내가 앞서 지적했듯이, 하트의 서술에는 여전히 생산주의의 잔영이 남아 있다. 그의 논의에서 전적으로 '사회'는 부지런히 '생산하는' '노동자들'로 (그들이 '비물질' 작업을 하거나 전통적 의미에서 고용되어 있지 않을 때에도) 구성된다.

지속적으로 관통하는 '생산주의적' 경향을 비판하고, 이 비판을 국가가 제공하는 기본소득이 핵심 화두가 될 '포스트워크 사회postwork society'에 대한 야심찬 의제와 연결시킴으로써 임금노동에 대한 페미니스트 비평을 부활시키고자 했다. 마르크스의 계승자들 사이에 분배문제가 새로운 화두가 되었음을 입증하는 가장 좋은 지표는 아마도 아이티 후손이자 쿠바 출신인 카를 마르크스의 사위 폴 라파르그Paul Lafargue의 연구에 대한 최근의 엄청난 관심을 들 수 있을 것이다. 그가 1880년에 쓴 프롤레타리아트 노동윤리에 대한 거침없는 비판('게으를 권리')은 최근 재출간되었는데, 이 흥미로운 이단적 텍스트는 '모두를 위한 직업'을 요구하는 것이야말로 '진보'정치라는, 여전히 헤게모니를 획득하고 있는 인식을 뒤집는 가장 급진적인 도전 중 하나로 남아 있다(Lafargue, 2011).

물론 전통적 좌파 다수는 이런 모든 문제제기를 급진적이라 생각하지 않는다. 그들은 여기서 등장한 흐름들을 '진정한' 혹은 '구조적인' 변화로 보지 않으며, 기본소득을 위한 가장 광범위한 기획조차 '자본주의 안에 남는 것'(Žižek, 2010, p. 236)이라고 불평한다.[21] 그들은 내가 여기에서 논의한 새로운 분배기획들을 단지 기껏해야 자본주의가 감당해야 할 엄청난 사회적 비용을 완화시키는 방식에 불과하다고 지적한다. 최악의 경우 그들은 패트릭 본드(2014)가 주장하듯, 연금이나 보조금과 같은 '사회적' 지원은 단순히 자본주의를 현재 그대로 정당화하는 '명목적' 제스처에 불과하

---

21 지젝은 여기서 스스로 모순된 발언을 하고 있다. 바로 이전 페이지에서 그는 필립 반 파레이스의 보편적 기본소득 제안이 "자본주의와 사회주의를 넘어선 '제3의 길'을 제공한다"고 주장했다(2010, p. 235).

며, 앙드레 뒤 투아(2009b)가 강조하듯 사회적 보호는 단지 "빈곤이 가져올 최악의 영향을 완화하고 기존 질서의 정당성에 대한 정치적 도전을 막음으로써 일종의 '지속가능한 빈곤'을 제공하는 것"으로 끝난다며 우려한다.

하지만 기본소득과 같은 포괄적 분배형태를 지지하는 사람들은 이 주장들에 반박한다. 임금노동의 세계에서 배제된 사람들에게 주목하면서, 그들은 직접 분배 프로그램들이야말로 마르크스주의가 악명 높은 '룸펜' 명명 외에 달리 무엇을 해줘야 할지 몰랐던 사람들을 정확히 끌어안는 것이라고 주장한다. 국가와의 능동적인 관계를 그들에게 부여하고, 정당한 요구를 제기하게끔 하는 것이야말로 새로운 동원의 근거를 제공하고, 새로운 정치의 포문을 여는 것이라고 주장하는 것이다. 그들은 다음과 같은 질문을 던진다. 이것이 "정치적 도전을 막는다"는 증거가 대체 어디에 있는가? 남아공의 경우만 봐도 '서비스 전달'에 대한 기대는 정치적 도전들을 막기는커녕 오히려 이를 확산시키고 있다(Alexander, 2010). 인도와 브라질에서도 새롭게 전개되는 광범위한 '사회적' 프로그램들은 정치적 논쟁의 장을 형성했고, (브라질의 기본소득 캠페인과 인도의 '식량권' 법 제정 촉구와 관련해서) 새로운 동원을 위한 토대를 제공했다. 이 프로그램들은 수많은 문제와 오류를 갖고 있지만, 결코 그 영향은 탈정치적이지 않았다.[22] 오히려 지금 우리가 목격하고 있는 것은 잠재적으로 상당히 급진적인 (분배) 정치의 시작이지 않은가?

사실 우리는 이 모든 것이 어디로 향할지 알지 못한다. 이 책의 서론에

---

22 브라질의 경우 Gledhill and Hita(2009); Coelho(2012) 참조. 인도의 경우 Corbridge et al.(2005); Li(2010) 참조. Ballard(2013)도 참조.

서 주장한 대로 우리는 확실성이 아닌 가능성의 시간에, 결론이 아닌 실험의 순간에 머물러 있다. 하지만 6장에서 보듯, 노동과 다른 것들에 뿌리를 둔 분배요구가 직접 분배를 관장하는 국가기구와 결합함으로써 적어도 우리는 다음과 같은 질문들에 대해 새롭게 상상해볼 수 있다. 더 급진적이고 보편주의적인 요구들이 현재의 직접 분배 제도 아래서 어떤 식으로 등장할 것인가? (4장에서 보듯) 이런 프로그램들을 통해 새로운 사회주의 개념을 뒷받침하는 요소들을 찾는 게 가능할 수도 있지 않을까? 이 상상을 진척시키는 작업은 사회주의의 부흥은 아닐 것이다. 이 작업은 임금노동의 중심성 또는 보편성을 토대로 이루어지지 않을 것이다. '프레카리아트'든 '다중'이든 혹 다른 주체든, 좌파 이미지에서 프롤레타리아트가 맡아온 신화적인 주인공 역할을 이어받은 새로운 전위계급이 임무를 주도하지도 않을 것이다. 하지만 그렇다고 이 작업이 생계부양자와 피부양자, 안전망과 보험기제와 같은 종래의 낡은 '복지'와 결탁하는 것도 아니다. 이 작업이 어떤 형태가 될 것인지에 대한 해답과 가능성은 완전히 열려 있다. 하지만 이 책에서 훑은 궤적을 통해 보건대, 이 작업이 수많은 비판에 직면했던 '아프리카 사회주의'의 근본 이념, 즉 오래전 줄리우스 니에레레 (1968, p. 3)가 분명히 표현한바, "사회주의는 본질적으로 분배적이다"[23]라는 원칙의 중요성을 복구하는 것은 가능해 보인다.

---

23 "씨 뿌린 사람이 뿌린 만큼의 몫을 수확해야 한다"고 말한 데서 보듯, 확실히 니에레레는 20세기의 다른 사회주의자들과 마찬가지로 정당한 분배가 노동을 튼실한 기반으로 한다고 굳게 믿었다. 하지만 그는 또한 (과거와 미래 모두) 아프리카 사회주의의 기본 원리는 모든 사회성원이 "자신이 성원으로 속한 지역이 소유한 부에 의존할 수 있는 것"이라고 주장했다 (1968, pp. 2~4).

분배정치의 한계: 국민국가와 또 다른 지평들

사회적 지원에 대한 자격 주장에서 국가의 공동 부에 대한 시민들의 소유를 요구하는 것에 이르기까지, 여기서 내가 펼친 주장들은 국민국가라는 특수한 종류의 '상상의 공동체'와 대부분 연결되어 있다는 점에서 공통적이다. 이는 두 가지 문제를 제기한다.

첫째, 국가는 그 경계 안에 속한 성원들에게는 놀랄 만한 연대의 기초를 제공해주지만(Calhoun, 2007), 서비스를 제공하는 현대 국가가 외국인 혐오나 다른 외국인 문제와 끊임없이 전투를 치르는 데서 보듯, 그 경계 바깥에 자리 잡은 사람들에 대해서는 어떤 식으로든 배제를 행사한다. 피터 게쉬레Peter Geschiere(2009)가 최근에 지적했듯, 아프리카와 유럽은 이 경험을 공유하고 있다. 최근 외국인에 대한 추악한 폭력이 난무한 남아프리카 지역은 아마도 이 지점에서 특별히 문제적일 것이다(2008년 남아공 여기저기서 터진 외국인 혐오 폭동이 수십 명의 사망자를 낳았지만, 폭력과 괴롭힘은 단지 작은 에피소드로만 회자되고 있다).[24] 세계 다른 지역들이 '외국인'의 정치적·사회적 배제가 갖는 위험을 심지어 더 날카롭게 보여줄지도 모른다.[25]

---

[24] 남아프리카 지역의 외국인 혐오와 폭력에 관해서는 Nyamnjoh(2006); Sichone(2008); Landau(2012) 참조. 논의를 좀더 일반화하여, 존 코마로프와 진 코마로프(2009)는 새로운 재산형태의 확산이 (종족을 중심으로 한 집단을 포함해서) 재산보유 기업집단이 확산되는 것과 궤를 같이한다고 보았다.

[25] 가령 페르시아 만 산유부국의 경우 '복지' 제공이 국적을 소유한 시민에 한정되어 있고 인구 다수를 차지하는 '이주자'들은 배제된다는 점에서 신중히 다루어져야 할 것이다. 두바이에 관한 아메드 카나Ahmed Kanna(2011)의 연구 참조.

두 번째 문제는 국가 수준에서 작동하는 어떤 분배정치든 국민국가의 제도적·재정적 능력을 고려하지 않을 수 없다는 것인데, 아프리카 대부분 지역을 포함해 세계 최빈국들에서 이 문제는 심각하다. 실제로 충분한 세입이 확보되지 않거나 신뢰할 만한 사회 서비스를 제공하지 못하는 상태에서, 또는 지배자들이 통치를 공언한 인구집단에 대해 여전히 공공연한 약탈을 자행하는 상태에서 남아공식의 직접 분배 시스템이 정착되리라 상상하기는 어렵다. 분명 가장 강력한 분배요구들조차 행정적으로 유능한 국가체제와 민주정치제도를 갖춘 '중진국' 나라들에서 지속적인 제도적 프로그램을 통해 제기되어온 것이 사실이다. 하지만 그 나머지 국가들은 어떠한가? 더욱이 우리가 남아공, 브라질과 같은 중진국이 아니라 대신 최빈국에 대해 말한다면 국가적 시민권은 분배적 해결책으로 적절한 프레임을 제공해줄 수 없을 것이다. 분배과정에서 우리가 제기하고 싶어하는 수많은 불평등은 기실 국가적 수준이 아니라 전 지구적 문제이기 때문이다.

이 문제들에 대한 한 가지 답변은 사회적 ('복지') 혜택들을 제공하는 모든 국가가 자국의 성원집단을 정의하고 구획하는 데 있어 실질적인 문제들에 직면해 있다는 점을 단순히 언급하는 것이다. 복지국가가 불가피하게 그러한 문제들에 봉착한다는 사실이 복지국가를 반대하기 위한 주장의 근거로 거의 쓰이지 않기 때문이다. 비슷한 방식으로 혹자는 두 번째 문제에 답할 수 있을 것이다. 기본소득과 같은 목표가 현재 중앙아프리카공화국에서 두드러지지 않는다고 해서 나미비아나 인도에서 기본소득을 위해 싸우지 말란 법은 없다고 말이다.

하지만 다른 답변들은 이보다 좀더 깊이 들어갈 수 있을 것이다. 오늘날 많은 사상가가 국민국가를 넘어 국제적·지구적 혹은 초국가적으로 다양하게 개념화된 수준에서 사회적 책임과 사회적 분배제도를 구상하는 도전을 지속하고 있다. 프레더릭 쿠퍼가 최근 우리에게 일깨워준바, '사회적' 권리들 또는 '사회적' 연대의 중심지가 국민국가여야 한다는 생각은 매우 최근의 상식일 뿐이며, "아직 영구적인 것이 아니다." 탈식민 시대에 "주권의 문제와 사회적 정의의 문제는 지역과 특정한 정치적 배열을 넘어서는 용어들로 논의되어"왔으며, "사회적인 것과 주권의 관계"는 현재 국민국가 중심의 시각에서 도출되는 것보다 훨씬 확장 가능하다는 점이 드러났다(Cooper, 2013, pp. 476~477). 아마도 우리는 그러한 순간에 진입한 것인지도 모른다. 정의, 불평등, 책임 등에 관한 현재 철학적 논의들이 이 주제들을 공동체나 사회와 같은, 국가를 상회하거나 가로지르는 개념들에 빈번히 적용하고자 시도하는 것은 이런 측면에서 의미심장하다.

가령 토머스 포기Thomas Pogge는 정의가 철학에서 전형적으로 다루어지는 것보다 역사학적으로 좀더 오래되고, 지리학적으로 좀더 포괄적인 견해를 필요로 한다고 주장했다. 포기에 따르면 오직 그러한 견해라야만 오늘날 우리가 주어진 것처럼 받아들이는 전 지구적 불평등을 실제 구성하는 역학관계들을 파악할 수 있다. 그가 보기에 가장 부유한 나라들이 세계에서 점유하는 가장 유리한 위치는 노예무역과 식민주의, 심지어 종족학살을 포함한 장구하고 폭력적인 역사의 산물이다. 이를 출발점으로 그는 상속의 개념을 크로포트킨의 주장을 상기시키는 방식으로 적용하고자 한다. "부자들은 자신들이 조상의 죗값까지 치를 수는 없다고 서둘러 대꾸한다. 맞는 말이다. 하지만 그렇다면 어떻게 이들이 죄악의 열매를 따먹을 자격을 갖는가? 어떻게 전 세계 나머지 인간들에 대한 권력과 부의 우위를 상속할 자격을 갖는가?"[26] 실질적인 해결책으로 포기(2008)가 제안하는 것은 일련의 평등화 조치들인데, '글로벌 자원 배당'을 전 지구적으로 시행하는 것 역시 이에 포함된다. 비슷하게 롤스식 작업을 한 필립 반 파레이스는 '국제적 분배정의'(2007)라는 다른 결의 주장을 펼치지만, 그 역시 글로벌 기본소득이라는 분배정책 제안으로 결론을 맺는다. 아엘레트 샤카르Ayelet Shachar(2009)는 부유한 국민국가의 출생 시민권이 일종의 재산 상속으로 간주될 수 있으며, 복권과도 같고 명백히 자의적인 최초의 배분이야말로 재분배 조치의 정당성을 뒷받침한다고 주장했다. 로빈 블랙번 Robin Blackburn(2011)은 세계경제의 글로벌화란 사회적 보호가 국가적 수준보다 전 지구적 차원에서 재再제도화되는 것을 의미한다고 주장하면서 보편적이고 자산조사를 행하지 않는 글로벌 노령연금을 구체적으로 제안했다.

이런 논의에서 글로벌 분배제도를 위한 기금은 다양한 원천에서 나온다. 구체적 제안에서는 광물 채굴에 대한 과세, 화폐주조세를 걷을 수 있는 글로벌 화폐 개발, 선진국 정부들이 걷을 수 있는 '출생 특권 부담금', 단기성 외환거래에 부과하는 '토빈세Tobin Tax' 등이 제기되었다. 하지만 여기서 이론가들의 역할은 구체적인 정책 제안을 개발하는 것보다는 글로벌 정의를 향한 분배요구를 충족시키기 위해 다양한 방식으로 전 지구적 규모의 세입을 확보하려는 작업이 인간의 창의성 없이는 이루어질 수 없다는 주장을 펼치는 것이다.

---

26 "윤리의 중요성: 토머스 포기와의 대화", 카네기 국제문제윤리위원회(뉴욕), 2014년 2월 14일 검색, http://www.carnegiecouncil.org/calendar/data/0304.html.

그러한 제안들은 반대에 부딪힐 것이고 가까운 장래에 정치적으로 즉각 실현되리라는 전망도 없다. 하지만 이 야심찬 프로그램들이 암시하는 초국가적 분배제도를 정치적으로 실현할 가능성이 현재 희박하다는 점을 인정한다 할지라도, 국민국가 시스템 자체에서 더 조용한 방식의 글로벌 분배주의가 출현할지도 모른다. 최근 국제노동기구ILO는 유엔UN의 지지 아래 '사회적 보호 최저선Social Protection Floor, SPF'이라는 국제적 캠페인을 벌였다. 2011년 보고서에 따르면 SPF의 핵심 아이디어는 "누구도 일정한 소득 기준 이하로 생활해서는 안 되며, 모든 사람은 적어도 기본적인 사회 서비스에 접근할 수 있어야 한다"는 것이다(ILO, 2012, p. 10). 중요한 것은 SPF가 '해당' 대상을 위한 '사회적' 돌봄이라는 보험을 기반으로 한 낡은 이미지인 '안전망'이 아니라 '바닥floor'이라는, 모두에게 최소한의 설 자리를 제공하는 보편적 권리로서의 시민권을 제안했다는 것이다. ILO는 최근 브라질과 남아공 같은 중진국에서 사회보호제도가 거둔 성공이 확대되고 보편화될 수 있으며, 또 그래야 한다고 주장한다. 그들은 대부분의 경우 비용은 주된 장애물이 아니라고 주장한다. 최소한의 소득을 보장하는 조치를 확대하는 것이 최빈국들에서조차 '감당할 수 있는affordable' 수준임을 입증하는 많은 연구를 인용할 뿐 아니라 (전 인구의 26퍼센트를 포괄하는) 브라질의 볼사 파밀리아 프로그램처럼 강력한 영향력을 가진 제도를 "GDP의 0.5퍼센트도 안 되는 비용으로" 시작할 수 있다고 주장한다(2011, p. 47). 더불어 최빈국들이 받은 해외원조 역시 중요한 역할을 할 수 있다고 덧붙인다.

우리가 일정 소득을 보장해주는 것을 최빈국조차 제공해야 할 핵심 서비스로 생각하는 데 익숙하지 않기 때문에 그러한 제안은 '그림의 떡' 같은 비현실적 공상처럼 들리기 쉽다. 하지만 ILO의 시각에서 보자면 사회적 보호에 관한 글로벌 규범을 수립하는 것은 이들이 일찍이 추진했던 기획, 가령 모든 국가가 노예제와 아동노동을 근절해야 한다거나 모든 국민에게 의무교육을 제공해야 한다는 캠페인과 그다지 다르지 않다. 오늘날 우리는 전 세계적 기준에 맞춘 앞선 프로그램들의 성공을 당연한 것으로 여긴다. 마찬가지로 현대 국가가 보장하는 최소 소득이 국가가 제공하는 무상 초등교육처럼 전 지구적인 규범이 되었다고 생각할 수는 없을까? 이런 식의 제도화란 실현 불가능한 유토피아라기보다는 모든 에너지를 현실적으로 투입해야 할 실용주의적·개혁적 목표다. 서론에서 지적했듯 우리는 이미 일종의 시범효과를 보고 있다. 남아공, 나미비아, 보츠와나와 같은 나라들의 사회보호제도들은 레소토처럼 자원이 많지 않은 이웃 나라들에서도 '모방' 프로그램들을 만들도록 이끌었고, 국가의 사회보호 역사를 거의 갖지 못한 다른 아프리카 나라들에서도 새로운 시스템이 등장하고 있다.[27] 노예제와 인도주의와 관련한 전 세계적 캠페인에 대해 프레더릭 쿠퍼(2013)가 주장했듯, 그리고 교육과 다른 표준화된 사회정책과 관련해서 '글로벌 사회'를 연구하는 사회학자 존 메이어John Meyer가 강조했듯, 사실 더 장기적인 역사적 관점으로 보자면 글로벌 규범의 힘은 놀라우리만치

---

[27] 6장에서 나는 광산자원을 기반으로 한 보편적 현금지급 시스템을 남아프리카개발공동체 SADC의 테두리 안에서 제도화하려는 기본소득 캠페인이 최근에 등장했음을 설명했다. 하지만 2006년에 이미 아프리카 13개국 대표들이 잠비아 리빙스톤에서 만나 (사회적 지급을 포함한) 사회적 보호 프로그램을 확대하는 이른바 '리빙스톤 행동 촉구The Livingston Call to Action' 협정에 서명했다는 점 역시 주목해야 한다. 이후 아프리카연합African Union은 아프리카의 사회적 보호에 관한 정기 국제회의를 후원해왔다.

강력한 방식으로 공공정책을 만들어갈 수 있다(Krücken and Drori, 2009).

국가성원권은 시민권과 외국인 신분을 사회적 분배 프로그램이 맞닥 뜨린 문제로 상정하는 제한된 지평을 제시하지만, 이 역시 유동적인 상태 다. 전통적으로 복지국가는 그 수혜의 토대를 국가시민권에서 찾았고, 국 가주의적 연대(그 뒷면으로 보자면 외국인 혐오와 배제)에 의존했다. 하지만 서 비스 자격을 반드시 어떤 특정 방식으로 정의해야 한다는 당위는 없으며, 다수가 국가 경계를 가로지르며 살아가는 상황에서 시민권과 소속됨의 관계를 새롭게 사유하는 방식들이 등장하고 있다. 유럽과 미국에서는 불 법체류 이주자들에게 아동교육, 운전면허, 의료보험 등의 사안을 두고 어 떤 서비스를 제공할 것인지, 보류할 것인지에 관해 활발한 논쟁이 진행 중 이며, 일부는 단순히 '시민citizens'이 아니라 '거주민denizens' 권리를 확대 하는 것이 우선이라고 주장한다(Standing, 2011). 남아공에서 내가 사회개 발과의 현안에 대해 얘기를 나누었던 직원들은 놀랍게도 국가시민권이 갖는 복잡성을 죄다 없애버리길 원했고, 보조금 지급을 포함한 일련의 서 비스 제공을 단순히 거주와 연결 짓고 싶어했다. 시민과 비시민을 나누는 작업이 엄청난 두통거리였을 뿐 아니라 외국인 혐오로 만신창이가 된 가 난한 지역들에서 이미 존재하는 사회적 분리를 부채질하고 싶지 않았기 때문이다. 그들의 견해에 따르면 서비스 조달을 거주와 연결하는 시도의 진짜 장애물은 실제적인 것이 아니라 정치적인 것이다. 아마도 이는 국적 을 지닌 시민들보다는 실제 주민들을 사회적 지급 대상으로 하는 것이 유 토피아나 비실용적 움직임이 아님을 시사한다. 순전히 기술적 측면에서 보건대 거주민들에게 서비스를 제공하는 것이 누가 어디에 '속하는지' 가 려내는 작업보다 종종 **더** 실용적이라고도 할 수 있다.

그러나 이제까지 검토한 실험들과 새로운 전개들은 아직은 그뿐이다. 아무리 실마리를 모아봤자 우리는 실제적인 분배정치가 글로벌 차원에서 어떤 모습을 띠게 될지 여전히 상상하기 힘들다. 그래도 최소한 노력을 시작했다는 점만은 분명히 해두자. 급변하는 시대에 이미 과거에 속한 '현실적인 것'의 경계에 묶여 있을 수는 없다. 다른 글에서 내가 주장했듯이 (Ferguson, 2010), 진보 진영은 혁신적인 프로그램을 **반대만** 할 것이 아니라 **지지하고 밀고 나가는** 데 초점을 맞춤으로써 '반대의 정치'를 극복할 필요가 있다.

분배를 사고하는 데 있어 우리가 정말로 국민국가의 지평을 넘어서고자 한다면 새로운 사유와 추론방식이 필요할 것이다. 이는 어디에서 오게 될 것인가? 마침내 이 강의가 기념하고자 했던 루이스 헨리 모건을 등장시킬 시점이 된 것 같다. 모건은 인류학이라는 학문의 창시자 중 한 명일 뿐 아니라 비자본주의 사회형태에서 정치적으로 고무될 만한 구체적 형태들을 가장 앞서 발견했던 인류학자이기도 하다. 그는 인간 종의 장구한 역사를 통해 보건대 국가와 사유재산을 필두로 한 현대 세계의 지평은 통과하는 것 정도로만 이해될 수 있다고 주장했다. "재산이라는 하찮은 길은 인류의 마지막 운명이 아니다."(1877, p. 552) 그는 19세기 스타일의 비자본주의적 사회구성체들을 과거에('고대에') 속하는 것으로 이해했지만, 또한 그 형태들이 '자유, 평등, 동지애'를 끌어안으면서 미래를 가리킬 수도 있다고 주장했다.

이와 유사한 방식으로 우리는 6장에서 전개한 주장으로 되돌아올 수 있다. 어떤 맥락에서는 직접 분배가 시장교환이나 선물이 아니라 몫으로 이해될 수 있을 것이다. 수렵채집 군단이나 다른 집단에 대한 인류학 연구는 분배가 선물이나 교환이 아니라 정당하게 몫을 받는 위치에 있다고 간주되는 사람들의 강력한 요구를 중심으로 조직되는 '공유요구'의 중요성을 강조해왔다. 그러한 공유는 시민권이나 추상적인 성원권을 토대로 하지 않는다. 대신 그것은 위드록(2012)이 '존재presence'라 명명한 것을 기반으로 한다. 사냥꾼이 사냥한 동물을 가지고 캠프에 돌아왔을 때 누가 몫을 받을 자격을 갖는가? 공유요구의 원칙이 그 답을 제공한다. 즉 거기에 있는 사람 누구나 몫을 갖는다. 이 도덕률은 직설적이고 강력하다. 배고픈 다른 사람을 두고 자신이 잡아온 것을 혼자 먹는 것은 받아들여질 수 없다. 이러한 맥락에서 '요구'란 존재 자체가 분배자격을 부여한다는 비협상 원칙에서 나온다. 여기 있는 우리 모두는 먹어야 하며, 따라서 정당하게 몫을 요구할 수 있다. 그렇지 않다면 수치스러운 일이 될 것이다.

내가 만난 남아공 사회개발과 직원들은 이민자들의 사회적 보호요구에 대해 곰곰이 생각하던 중 유사한 감정을 토로했다. 법적 타당성을 일단 제쳐놓고 "단순히 사회 서비스의 관점에서만 보자면" 누가 서비스를 받아야 하는가? 한 직원이 그녀 자신의 질문에 답했다. "뻔하지 않나요? 그냥 여기 있는 사람들이죠! 도움을 필요로 하는 사람들!" 만약 엄격한 시민권 논리에 따라 '외국인'의 요구를 평가한다면 이 말들이 비중 있게 다루어지지는 못할 것이다. 하지만 이 직원에게 있어 서비스 제공을 보증하는 것이란 시민권도 적법성도 아니고 그냥 여기 있다는 것이었다. 최근 앤 마리아 마쿨루Anne-Maria Markhulu(2012) 역시 남아공 토지점유자들과 다른 이들이 "비공식적 주택 건축, 토지점거…… '잠시 머무는' 행위 등 일상의 수많은 관행"(2012, p. 795)을 통해 자신들을 옹호하고자 했을 때 존재를 기반으로 한 권리주장의 중요성을 강조했다. 나는 국민국가 시스템의 공간적 위반을 통해 새로운 경제적 기회를 찾을 뿐 아니라 (상상된) 현대 글로벌 세계에서의 새로운 성원권과 인정을 추구하는 아프리카인들의 불법이주를 다루면서 유사한 존재정치(아프리카인들이 과거 식민모국의 지배에 대한 정당한 보상을 청구하는 대신 도움과 동정, 인정을 갈구하는 방식을 통해 글로벌 지형 안에서 도덕적·정치적 연결성을 강조하고 책임 원칙에 호소하는 정치—옮긴이)가 작동함을 주장한 바 있다(Ferguson, 2006). 아세프 바야트Asef Bayat(2009)는 자신이 '존재기술art of presence'이라 부른 것을 통해 전개되는 '비운동non-movement' 정치형태에 대해 비슷한 주장을 펼쳤다.

지급 대상인 사람들을 노동자나 소비자가 아니라 단순히 인구집단의 성원으로 다루는 새로운 분배형태는 때때로 '생정치biopolitics'(근대 이후의 정치권력에 대한 미셸 푸코의 개념으로, 인구의 생명을 [죽도록 내버려두는 게 아니라] 관리하고 조절하는 지식과 전략, 테크놀로지의 조합을 통칭함—옮긴이)라는 형상을 불러냈다. 타냐 리는 새로운 복지형태를 일종의 푸코적 의미에서의 '살게 하기making live'로 이해하면서, 경제적 기여나 정치적 지위가 아닌 '삶의 본질적 가치'(2010, p. 68)를 근거로 최소한의 지원을 '잉여인구'에게 제공할 것을 제안했다. 하지만 내가 위에서 논의한 개념화에서 두드러지는 것은 ('벌거벗은 삶bare life' 등의) 생물학적 개념이 아니라 **존재**라는 더 특수한 조건, 즉 살아 있을 뿐 아니라 암묵적으로는 적어도 최소한의 인정과 의무를 요구하는 방식으로 여기, 우리 안에 있다는 구체적이고 사회적인 사실이다.

결국 여기서는 국민국가의 추상적 성원권, 시민권, 사회계약이 아니라 구체적이고 체화된 존재와 이 존재가 암시하는 의무라는 식으로 '사회적인 것'의 다른 형상이 드러난다. 이 의무란 자비로운 기부도, 심지어 교환도 아닌 공유, 즉 (사실상 비자발적인) 자유결사로 형성되는 것이 아니며, '함께 존재함'이라는 것이 정치적 선택이 아니라 단지 가장 기초적인 사회적 사실일 뿐인 책임의 공동체 안에서의 공유다.

이는 확실히 해답보다는 더 많은 질문을 야기한다. 분명 공유요구에 관한 고전 인류학 논의들에서 등장하는 신체적·면대면 관계들이 국가적·초국가적 규모의 의무관계들을 개념화하는 데 문자 그대로 적용될 수는 없을 것이다. 현실에서 적용 가능한 존재형태를 만들려면 상당한 개념적·정치적 발명이 뒤따라야 할 것이다. 동시에 시민권에 대한 국민국가의 이상을 단순히 '글로벌 수준'으로 확장하는 것은, 다시 말해 마치 모든 범주를 그대로 둔 채 '사회'를 충분히 크게 만들기만 하면 된다고 생각하는 것은 진정한 해결책이 될 수 없다. 구체적인 인정형태와 실질적 분배 메커니즘을 제공하기 위해서는 글로벌 휴머니티라는 추상을 넘어 포섭과 의무의 체계들을 만들어나가는 가운데 성원권을 새롭게 모색할 필요가 있다.

지금까지 많은 얘기를 했지만 아직 발명되지 못한 정치를 불러낸 것뿐이다. 하지만 루이스 헨리 모건은 그 같은 제안에 전혀 위축되지 않았을 것이다. 인간 역사 속에서 무한한 독창성의 기록을 찾아내는 가운데, 그는 "인간 지성이 사유재산에 대해 지배력을 행사할" 미래를 확신했다. 분배정치와 그 실험적 가능성에 관한 내 논의도 단지 이 주제의 겉만 핥았을 따름이니 모건의 다음 말을 인용하면서 끝내는 것이 적절할 것 같다. "그 주제가 적절치 않게 다루어진 감은 있지만, 적어도 그 중요성은 보였다."(1877, p.552)

참고문헌

Afrobarometer. 2009. *Are Democratic Citizens Emerging in Africa? Evidence from the Afrobarometer.* Afrobarometer Briefing Paper 70, Institute for Democracy in South Africa, Pretoria.

Alexander, Peter. 2010. "Rebellion of the Poor: South Africa's Service Delivery Protests— A Preliminary Analysis." *Review of African Political Economy* 37 (123): 123 – 40.

Aliber, Michael, Cobus de Swardt, Andries du Toit, Themba Mbhele, and Themba Mthethwa. 2005. *Trends and Policy Challenges in the Rural Economy: Four Provincial Case Studies.* Cape Town: Human Sciences Research Council (HSRC) Press.

Allais, Lucy. 2012. "Kant on Giving to Beggars." Paper presented to the wiser Seminar, Wits Institute for Social and Economic Research, University of the Witwatersrand, South Africa, May 2012.

Ally, Shireen. 2009. *From Servants to Workers: South African Domestic Workers and the Democratic State.* Ithaca, NY: Cornell University Press.

ANCYL(African National Congress Youth League). 2011. "ANC Youth League and contralesa Joint Media Statement after a Bi-Lateral Meeting," October 20.

Anderson, Perry. 2011. "Lula's Brazil." *London Review of Books* 33 (7): 3 – 12.

Bähre, Erik. 2007a. "Reluctant Solidarity: Death, Urban Poverty, and Neighbourly Assistance in South Africa." *Ethnography* 8 (1): 33 – 59.

———. 2007b. *Money and Violence: Financial Self-Help Groups in a South African Township.* Leiden: Brill.

———. 2012. "The Janus Face of Insurance in South Africa: From Costs to Risk, from Networks to Bureaucracies." *Africa* 82 (1): 150 – 67.

Balibar, Etienne. 2009. "What Is Political Philosophy? Contextual Notes." In *Ranciére: History, Politics*, Aesthetics, ed. Gabriel Rockhill and Philip Watts. Durham, NC: Duke University Press.

Ballard, Richard. 2013. "Geographies of Development II: Cash Transfers and the

Reinvention of Development for the Poor." *Progress in Human Geography* 37 (6): 811 – 21.

Bank, Leslie, and Gary Minkley. 2005. "Going Nowhere Slowly? Land, Livelihoods and Rural Development in the Eastern Cape." *Social Dynamics* 31 (1): 1 – 38.

Barchiesi, Franco. 2011. *Precarious Liberation: Workers, the State, and Contested Social Citizenship in Postapartheid South Africa.* Albany: State University of New York Press.

———. 2012. "Liberation of, through, or from Work? Postcolonial Africa and the Problem with 'Job Creation' in the Global Crisis." *Interface: A Journal for and about Social Movements* 4 (2): 230 – 53.

Barnes, J. A. 1967. *Politics in a Changing Society: A Political History of the Fort Jameson Ngoni.* Manchester, UK: Manchester University Press.

Barnett, Michael. 2013. *Empire of Humanity: A History of Humanitarianism.* Ithaca, NY: Cornell University Press.

Bayart, Jean-Francois. 1993. *The State in Africa: The Politics of the Belly.* London: Longman.

———. 2000. "Africa in the World: A History of Extraversion." *African Affairs* 99:217 – 67.

Bayat, Asef. 2009. *Life as Politics: How Ordinary People Change the Middle East.* Palo Alto, CA: Stanford University Press.

BBC (British Broadcasting Corporation). 2006. "Zimbabwe Jail over Bread Prices." *BBC News*, December 1.

Beinart, William, Peter Delius, and Stanley Trapido, eds. 1986. *Putting a Plough to the Ground: Accumulation and Dispossession in Rural South Africa, 1850 – 1930.* Johannesburg: Ravan Press.

Berman, Bruce. 1998. "Ethnicity, Patronage, and the African State: The Politics of Uncivil Nationalism." *African Affairs* 97:305 – 41.

Beveridge, William Henry. 1942. *Social Insurance and Allied Services: Report by Sir William Beveridge.* New York: Macmillan.

Biko, Steve. 1979. *I Write What I Like: A Selection of His Writings.* London: Heinemann.

Blackburn, Robin. 2011. "The Case for a Global Pension and Youth Grant." *Basic Income Studies* 6 (1): 1 – 12.

Bond, Patrick. 2000. *Elite Transition: From Apartheid to Neoliberalism in South Africa.* London: Pluto.

———. 2005. "South Africa's Left Critiques." *Africa Review of Books* 1 (20): 6 – 8.

———. 2012. "South Africa's 'Rights Culture' of Water Consumption." In *Water, Cultural*

Diversity and Global Environmental Change: Emerging Trends, Sustainable Futures? ed. Barbara Johnston, Lisa Hiwasaki, Irene Klaver, A. Ramos Castillo, and Vernonica Strong. Paris: UNESCO.

————. 2013. "Water Rights, Commons, and Advocacy Narratives." *South African Journal on Human Rights* 29 (1): 125 –43.

————. 2014. "'Talk Left, Walk Right,' in South African Social Policy: Tokenistic Extension of State Welfare, or Bottom-up Commoning of Services." Paper presented to the seminar on social policy at the School of Development Studies, University of KwaZulu-Natal, February 19, 2014. Accessed March 30, 2014. http://ccs.ukzn.ac.za/files/Bond%20SA's%20tokenistic%20social%20 policy.pdf.

Bornstein, Erica, and Peter Redfield, eds. 2011. *Forces of Compassion: Humanitarianism between Ethics and Politics.* Santa Fe, NM: School for Advanced Research Press.

Bourgois, Philipe, and Jeffery Schonberg. 2009. *Righteous Dopefiend.* Berkeley: University of California Press.

Breckenridge, Keith. 2005. "The Biometric State: The Promise and Peril of Digital Government in the New South Africa." *Journal of Southern African Studies* 31 (2): 267 –82.

————. 2010. "The World's First Biometric Money: Ghana's E-Zwich and the Contemporary Influence of South African Biometrics." *Africa* 80 (4): 642 –62.

Brokensha, David. 2007. *Brokie's Way: An Anthropologist's Story.* Fish Hoek, South Africa: Amani Press.

Busby, Helen. 2004. "Reassessing the 'Gift Relationship': The Meaning and Ethics of Blood Donation for Genetic Research in the UK." PhD dissertation, School of Sociology and Social Policy, University of Nottingham.

Calhoun, Craig. 2007. *Nations Matter: Culture, History and the Cosmopolitan Dream.* New York: Routledge.

Carlyle, Thomas. 1840. *Chartism.* London: James Fraser.

Case, Anne, Anu Garrib, Alicia Menendez, and Analia Olgiati. 2008. "Paying the Piper: The High Cost of Funerals in South Africa." Working Paper 14456, National Bureau of Economic Research, Washington, DC.

Chesterton, Gilbert K. 1912. *What's Wrong with the World.* New York: Dodd, Mead, and Company.

Chigara, Ben, ed. 2012. *Southern African Development Community Land Issues.* Vol. I, *Towards a New Sustainable Land Relations Policy.* London: Routledge.

Christensen, Erik. 2008. *The Heretical Political Discourse: A Discourse Analysis of the*

Danish Debate on Basic Income. Aalborg, Denmark: Aalborg University Press.

Clarke, John. 2007. "What Is 'The Social' in Social Justice?" Paper presented at the annual meetings of the American Anthropological Association, Washington, DC, November 28 – December 2.

Cobbing, Julian. 1988. "The Mfecane as Alibi: Thoughts on Dthakong and Mbolompo." *Journal of African History* 29 (3): 487 – 519.

Cock, Jacklyn. 1990. *Maids and Madams: Domestic Workers under Apartheid*. London: Women's Press.

Coêlho, Denilson Bandeira. 2012. "Brazil: Basic Income—New Model of Innovation Diffusion." In *Basic Income Worldwide: Horizons of Reform*, ed. Matthew C. Murray and Carole Pateman, 59 – 80. New York: Palgrave Macmillan.

Cohen, G. A. 2009. *Why Not Socialism?* Princeton, NJ: Princeton University Press.

Cohen, Lawrence. Forthcoming. "Biometrics against the Social: De-duplication, Abject Matter, and the Future Government of the Indian Poor." Article manuscript.

Cole, Jennifer. 2010. *Sex and Salvation: Imagining the Future in Madagascar*. Chicago: University of Chicago Press.

Collier, Stephen J. 2011. *Post-Soviet Social: Neoliberalism, Social Modernity, Biopolitics*. Princeton, NJ: Princeton University Press.

————. 2012. "Neoliberalism as Big Leviathan, or ...? A Response to Wacquant and Hilgers." *Social Anthropology* 20 (2): 186 – 95.

Collins, Daryl, Jonathan Morduch, Stuart Rutherford, and Orlanda Ruthven. 2009. *Portfolios of the Poor: How the World's Poor Live on $2 a Day*. Princeton, NJ: Princeton University Press.

Comaroff, Jean, and John L. Comaroff. 2000. "Millennial Capitalism: First Thoughts on a Second Coming." *Public Culture* 12 (2): 291 – 343.

————. 2011. *Theory from the South: Or, How Euro-America is Evolving toward Africa*. Boulder, CO: Paradigm Publishers.

Comaroff, John L., and Jean Comaroff. 1992. *Ethnography and the Historical Imagination*. Boulder, CO: Westview Press.

————. 2001. "On Personhood: An Anthropological Perspective from Africa." *Social Identities: Journal for the Study of Race, Nation and Culture* 7 (2): 267 – 83.

————. 2009. *Ethnicity, Inc.* Chicago: University of Chicago Press.

Cooper, Frederick. 1996. *Decolonization and African Society: The Labor Question in French and British Africa*. New York: Cambridge University Press.

————. 2013. "Afterword: Social Rights and Human Rights in the Time of Decolonization." *Humanity* 3 (3): 473 – 92.

Corbridge, Stuart, Glyn Williams, Manoj Srivastava, and René Véron. 2005. *Seeing the State: Governance and Governmentality in India*. New York: Cambridge University Press.

Coronil, Fernando. 1997. *The Magical State: Nature, Money, and Modernity in Venezuela*. Chicago: University of Chicago Press.

COSATU. 2010. *COSATU CEC Political Discussion Paper: The Alliance at a Crossroads: The Battle against a Predatory Elite and Political Paralysis*. September 2010. Johannesburg: Congress of South African Trade Unions.

Crush, Jonathan, and Charles Ambler, eds. 1992. *Liquor and Labor in Southern Africa*. Athens: Ohio University Press.

Dagger, Richard. 1989. "Rights." In *Political Innovation and Conceptual Change*, ed. Terence Ball, James Farr, and Russell L. Hanson. New York: Cambridge University Press.

Dahl, Bianca. 2009. "The 'Failures of Culture': Christianity, Kinship, and Moral

Discourses about Orphans during Botswana's aids Crisis." *Africa Today* 56 (1): 23 – 43.

Davie, Grace. 2005. "Poverty Knowledge in South Africa: The Everyday Life of Social Science Expertise in the Twentieth Century." PhD thesis, Department of History, University of Michigan.

Davis, Mike. 2006. *Planet of Slums*. New York: Verso.

Dean, Mitchell. 1992. "A Genealogy of the Government of Poverty." *Economy and Society* 21 (3): 215 – 51.

De Angelis, Massimo. 2006. *The Beginning of History: Value Struggles and Global Capital*. London: Pluto.

Defert, Daniel. 1991. "'Popular Life' and Insurance Technology." In *The Foucault Effect: Studies in Governmentality*, ed. Graham Burchell, Colin Gordon, and Peter Miller. Chicago: University of Chicago Press.

Delius, Peter. 2010. "Recapturing Captives and Conversations with 'Cannibals': In Pursuit of a Neglected Stratum in South African History." *Journal of Southern African Studies* 36 (1): 7 – 23.

Denning, Michael. 2010. "Wageless Life." *New Left Review* 66:79 – 97.

Desai, Ashwin. 2002. *We Are the Poors: Community Struggles in Post-Apartheid South Africa*. New York: Monthly Review Press.

De Soto, Hernando. 2003. *The Mystery of Capital: Why Capitalism Triumphs in the West and Fails Everywhere Else*. New York: Basic Books.

Devarajan, Shanta, and Marcelo Giugale. 2013. *The Case for Direct Transfers of Resource Revenues in Africa*. Working Paper 333, Center for Global Development,

Washington, DC, July.

Devereux, Stephen. 2001. *Social Pensions in Namibia and South Africa*. Discussion Paper 379, Institute of Development Studies, Sussex.

———. 2007. "Social Pensions in Southern Africa in the Twentieth Century." *Journal of Southern African Studies* 33 (3): 539–60.

Devereux, Stephen, and Francie Lund. 2010. "Democratising Social Welfare in Africa." In *The Political Economy of Africa*, ed. Vishun Padayachee. New York: Routledge.

DFID (Department for International Development). 2011. *Cash Transfers: Literature Review*. Policy Division, UK Department for International Development, April 2011.

Dlamini, Jacob. 2009. *Native Nostalgia*. Auckland Park, South Africa: Jacana Media.

Dodson, Lisa. 2011. *The Moral Underground: How Ordinary Americans Subvert an Unfair Economy*. New York: The New Press.

Donham, Donald. 2011. *Violence in a Time of Liberation: Murder and Ethnicity at a South African Gold Mine, 1994*. Durham, NC: Duke University Press.

Donzelot, Jacques. 1979. *The Policing of Families*. New York: Pantheon Books.

———. 1984. *L'invention du social*. Paris: Vrin.

Douglas, Mary. 1971. "Review of Richard M. Titmuss, *The Gift Relationship: From Human Blood to Social Policy*." *Man* (n.s.) 6 (3): 499–500.

Drèze, Jean, and Amartya Sen. 1991. *Hunger and Public Action*. New York: Oxford University Press.

DSD (Department of Social Development). 2002. *Transforming the Present—Protecting the Future: Report of the Committee of Inquiry into a Comprehensive System of Social Security for South Africa*. Pretoria: Government Printer.

———. 2008. *Creating Our Future: Strategic Considerations for a Comprehensive System of Social Security*. Pretoria: Department of Social Development.

DSD (Department of Social Development), SASSA (South Africa Social Security Agency), and UNICEF (United Nations Children's Fund). 2012. *The South African Child Support Grant Impact Assessment: Evidence from a Survey of Children, Adolescents and Their Households*. Pretoria: unicef South Africa.

Dubbeld, Bernard. 2013. "How Social Security Becomes Social Insecurity: Fluid Households, Crisis Talk and the Value of Grants in a KwaZulu-Natal Village." Seminar Paper, Wits Institute for Social and Economic Research, Johannesburg, University of the Witwatersrand, September 9.

Du Toit, Andries. 1993. "The Micro-politics of Paternalism: The Discourses of Management and Resistance on South African Fruit and Wine Farms." *Journal* of Southern African Studies 19 (2): 314 –36.

———. 2007. "Poverty Measurement Blues: Some Reflections on the Space for Understanding 'Chronic' and 'Structural' Poverty in South Africa." Paper presented at the conference Workshop on Concepts and Methods for Analysing Poverty Dynamics and Chronic Poverty, Manchester.

———. 2012. The Trouble with Poverty: Reflections on South Africa's Post-apartheid Anti-poverty Consensus. Working Paper 22, Institute for Poverty, Land and Agrarian Studies (PLAAS), Bellville, University of the Western Cape.

Du Toit, Andries, and Joachim Ewert. 2002. "Myths of Globalization: Private Regulation and Farm Worker Livelihoods on Western Cape Farms." Transformation 50:77 – 104.

Du Toit, Andries, and David Neves. 2007. In Search of South Africa's 'Second Economy': Chronic Poverty, Economic Marginalisation and Adverse Incorporation in Mt Frere and Khayelitsha. Working Paper 1, Programme for Land and Agrarian Studies (PLAAS), University of the Western Cape, South Africa.

———. 2009a. Informal Social Protection in Post-apartheid Migrant Networks. Working Paper 2, Programme for Land and Agrarian Studies (PLAAS), University of the Western Cape, South Africa.

———. 2009b. Trading on a Grant: Integrating Formal and Informal Social Protection in Post-apartheid Migrant Networks. Working Paper 3, Programme for Land and Agrarian Studies (PLAAS), University of the Western Cape, South Africa.

Ellis, Frank, Stephen Devereux, and Philip White. 2009. Social Protection in Africa. Northampton, Massachusetts: Edward Elgar.

Elmslie, Walter Angus. 1899. Among the Wild Ngoni: Being Some Chapters in the History of the Livingstonia Mission in British Central Africa. New York: Fleming H. Revell Company.

Engels, Friedrich. (1870) 1968. "Preface to the Peasant War in Germany." In Marx and Engels: Selected Works, 224 –36. London: Lawrence and Wishart.

Englund, Harri. 1996. "Witchcraft, Modernity and the Person: The Morality of Accumulation in Central Malawi." Critique of Anthropology 16:257 –79.

———. 2006. Prisoners of Freedom: Human Rights and the African Poor. Berkeley: University of California Press.

———. 2008. "Extreme Poverty and Existential Obligations: Beyond Morality in the Anthropology of Africa?" Social Analysis 52:3, 33 –50.

———. 2011. Human Rights and African Airwaves: Mediating Equality on the Chichewa Radio. Bloomington: Indiana University Press.

Esping-Andersen, Gøsta. 1990. *The Three Worlds of Welfare Capitalism.* Princeton: Princeton University Press.

Etherington, Norman. 2001. *The Great Treks: The Transformation of Southern Africa, 1815-1854.* London: Longman.

Evans, Peter. 2008. "Is an Alternative Globalization Possible?" *Politics and Society* 36 (2): 271-305.

Everatt, David, and Geetesh Solanki. 2008. "A Nation of Givers? Results from a National Survey of Social Giving." In *Giving and Solidarity: Resource Flows for Poverty Alleviation and Development in South Africa*, ed. Adam Habib and Brij Maharaj. Pretoria: Human Sciences Research Council (hsrc) Press.

Ewald, Francois. 1986. *L'Etat providence.* Paris: Grasset.

Fanon, Franz. (1961) 2005. *The Wretched of the Earth.* New York: Grove Press.

FAO (Food and Agricultural Organization of the United Nations). 2010. *The State of World Fisheries and Aquaculture 2010.* Rome: Food and Agriculture Organization of the United Nations, Fisheries and Aquaculture Department.

————. 2012. *The State of World Fisheries and Aquaculture 2012.* Rome: Food and Agriculture Organization of the United Nations, Fisheries and Aquaculture Department.

Fassin, Didier. 2011. *Humanitarian Reason: A Moral History of the Present.* Berkeley: University of California Press.

Feldman, Ilana, and Miriam Ticktin, eds. 2010. *In the Name of Humanity: The Government of Threat and Care.* Durham, NC: Duke University Press.

Ferguson, James. 1985. "The Bovine Mystique: Power, Property and Livestock in Rural Lesotho." *Man* (n.s.) 20 (4): 647-74.

————. 1990. *The Anti-Politics Machine: "Development," Depoliticization, and Bureaucratic Power in Lesotho.* New York: Cambridge University Press.

————. 1999. *Expectations of Modernity: Myths and Meanings of Urban Life on the Zambian Copperbelt.* Berkeley: University of California Press.

————. 2006. *Global Shadows: Africa in the Neoliberal World Order.* Durham: Duke University Press.

————. 2007. "Formalities of Poverty: Thinking about Social Assistance in Neoliberal South Africa." *African Studies Review* 50 (2): 71-86.

————. 2010. "The Uses of Neoliberalism." *Antipode* 41 (s1): 166-84.

————. 2013. "Invisible Humanism: An African 1968 and Its Aftermaths." In *The Long 1968: Revisions and New Perspectives*, ed. Jasmine Alinder, Aneesh Aneesh, Daniel J. Sherman, and Ruud van Dijk. Bloomington: Indiana University Press.

Fine, Ben. 2000. *Social Capital versus Social Theory: Political Economy and Social Science at the Turn of the Millennium*. New York: Routledge.

Fortes, Meyer. 1987. "The Concept of the Person." In *Religion, Morality and the Person: Essays on Tallensi Religion*, 247–86. New York: Cambridge University Press.

Foucault, Michel. 1988. *Politics, Philosophy, Culture: Interviews and Other Writings, 1977–1984*. New York: Routledge.

―――. 2003. *"Society Must Be Defended": Lectures at the College de France, 1975–1976*. New York: Picador.

―――. 2008. *The Birth of Biopolitics: Lectures at the Collège de France, 1978–1979*. Translated by Graham Burchell. New York: Palgrave MacMillan.

Fourcade, Marion, and Kieran Healy. 2007. "Moral Views of Market Society." *Annual Review of Sociology* 33:285–311.

Fournier, Marcel. 2006. *Marcel Mauss: A Biography*. Princeton: Princeton University Press.

Fraser, Nancy. 2013. *Fortunes of Feminism: From State-Managed Capitalism to Neoliberal Crisis*. New York: Verso.

Fraser, Nancy, and Linda Gordon. 1994. "A Genealogy of Dependency: Tracing a Keyword of the U.S. Welfare State." *Signs* 19 (2): 309–36.

Frassanito Network. 2005. "Precarious, Precarization, Precariat?" *Understanding Precarity* (blog). Accessed August 10, 2011. http://precariousunderstanding. blogsome.com/2007/01/05/precarious-precarization-precariat/.

Friedman, John. 2011. *Imagining the Post-apartheid State: An Ethnographic Account of Namibia*. London: Berghahn Books.

Garcia, Marito, and Charity M. T. Moore. 2012. *The Cash Dividend: The Rise of Cash Transfer Programs in Sub-Saharan Africa*. Washington, DC: The World Bank.

Gelb, Alan, and Caroline Decker. 2011. *Cash at Your Fingertips: Biometric Technology for Transfers in Resource-Rich Countries*. Working Paper 253, Center for Global Development, Washington, DC.

Geschiere, Peter. 2009. *The Perils of Belonging: Autochthony, Citizenship, and Exclusion in Africa and Europe*. Chicago: University of Chicago Press.

Gibson-Graham, J. K. 2006. *The End of Capitalism (As We Knew It): A Feminist Critique of Political Economy*. Minneapolis: University of Minnesota Press.

Gillies, Alexandra. 2010. *Giving Money Away? The Politics of Direct Distribution in Resource-Rich States*. Working Paper 231, Center for Global Development, Washington, DC.

Gledhill, John, and Maria Gabriela Hita. 2009. *New Actors, New Political Spaces, Same*

Divided City? Reflections on Poverty and the Politics of Urban Development in Salvador, Bahia. Working Paper 102, Brooks World Poverty Institute, University of Manchester.

Gorden, Kea. 2008. "Conjuring Power: The Politics of Culture and Democratization in Post-apartheid South Africa." PhD dissertation, Department of Politics, University of California, Santa Cruz.

Gordon, David M. 2009. "The Abolition of the Slave Trade and the Transformation of the South-Central African Interior during the Nineteenth Century." *William and Mary Quarterly* Third Series 66 (4): 915 – 38.

Gough, Ian, Geof Wood, Armando Barrientos, Philippa Bevan, Peter Davis, and Graham Room. 2008. *Insecurity and Welfare Regimes in Asia, Africa and Latin America: Social Policy in Development Contexts*. New York: Cambridge University Press.

Graeber, David. 2004. *Fragments of an Anarchist Anthropology*. Chicago: Prickly Paradigm Press.

Grinker, Roy Richard. 1994. *Houses in the Rainforest: Ethnicity and Inequality among Farmers and Foragers in Central Africa*. Berkeley: University of California Press.

Gudeman, Stephen. 2008. *Economy's Tension: The Dialectics of Community and Market*. New York: Berghahn Books.

Guillaume, Dominique, Roman Zytek, and Mohammed Reza Farzin. 2011. *Iran—The Chronicles of the Subsidy Reform*. Working Paper wp/11/167, International Monetary Fund, Washington, DC.

Gupta, Akhil. 2012. *Red Tape: Bureaucracy, Structural Violence, and Poverty in India*. Durham, NC: Duke University Press.

Guyer, Jane L. 1993. "Wealth in People and Self-Realization in Equatorial Africa." *Man* (n.s.) 28 (2): 243 – 65.

————. 2004. *Marginal Gains: Monetary Transactions in Atlantic Africa*. Chicago: University of Chicago Press.

Haarmann, Claudia, Dirk Haarmann, Herbert Jauch, Hilma Shindondola-Mote, Nicoli Nattrass, Ingrid van Niekirk, and Michael Sampson. 2009. *Making the Difference! The big in Namibia, Basic Income Grant Pilot Project Assessment Report*. Windhoek: big (Basic Income Grant) Coalition.

Habib, Adam, and Brij Maharaj. 2008. *Giving and Solidarity: Resource Flows for Poverty Alleviation and Development in South Africa*. Pretoria: Human Sciences Research Council (HSRC) Press.

Hacking, Ian. 1990. *The Taming of Chance*. New York: Cambridge University Press.

Haggard, Stephan, and Robert R. Kaufman. 2008. *Development, Democracy, and*

Welfare States: Latin America, East Asia, and Eastern Europe. Princeton, NJ: Princeton University Press.

Hamilton, Carolyn, ed. 1995. *The Mfecane Aftermath: Reconstructive Debates in Southern African History.* Johannesburg: Witwatersrand University Press.

Han, Clara. 2011. "Symptoms of Another Life: Time, Possibility, and Domestic Relations in Chile's Credit Economy." *Cultural Anthropology* 26 (1): 7 – 32.

Hanlon, Joseph, Armando Barrientos, and David Hulme. 2010. *Just Give Money to the Poor: The Development Revolution from the Global South.* Sterling: Kumarian Press.

Hansen, Karen Tranberg, and Mariken Vaa, eds. 2004. *Reconsidering Informality: Perspectives from Urban Africa.* Uppsala: Nordic Africa Institute.

Hardt, Michael. 2000. "Guaranteed Income: Or, the Separation of Labor from Income." *Hybrid* 5:21 – 31.

———. 2009. "The Politics of the Common." Z-Net document. Accessed August 10, 2011. http://www.zcommunications.org/politics-of-the-common-by-michael-hardt. Hardt, Michael, and Antonio Negri. 2001. Empire. Cambridge, MA: Harvard University Press.

———. 2009. *Commonwealth.* Cambridge, MA: Belknap Press of Harvard University Press.

Harper, Sarah, and Jeremy Seekings. 2010. *Claims on and Obligations to Kin in Cape Town, South Africa.* Working Paper 272, Center for Social Science Research, University of Cape Town.

Hart, Gillian. 2008. "The Provocations of Neoliberalism: Contesting the Nation and Liberation after Apartheid." *Antipode* 40 (4): 678 – 704.

Hart, Keith. 2005. "Notes toward an Anthropology of Money." *Kritikos* 2 (June).

———. 2007a. "Marcel Mauss: In Pursuit of the Whole. A Review Essay." *Comparative Studies in Society and History* 49 (2): 473 – 85.

———. 2007b. "Bureaucratic Form and the Informal Economy." In *Linking the Formal and Informal Economy: Concepts and Policies*, ed. Basudeb Guha-Khasnobis, Ravi Kanbur, and Elinor Ostrom. New York: Oxford University Press.

Hart, Keith, Jean-Louis Laville, and Antonio David Cattani. 2010. *The Human Economy: A Citizen's Guide.* Cambridge: Polity Press.

Harvey, David. 2005. *The New Imperialism.* New York: Oxford University Press.

———. 2007. *A Brief History of Neoliberalism.* New York: Oxford University Press.

Harvey, Paul, and Rebecca Holmes. 2007. *The Potential for Joint Programmes for Long-Term Cash Transfers in Unstable Situations: A Report Commissioned by the*

Fragile States Team and the Equity and Rights Team of the UK Department for International Development. London: Humanitarian Policy Group, Overseas Development Institute.

Henderson, Ian. 1972. "White Populism in Southern Rhodesia." *Comparative Studies in Society and History* 14 (4): 387–99.

Henderson, Patricia C. 2012. *AIDS, Intimacy and Care in Rural KwaZulu-Natal: A Kinship of Bones.* Amsterdam: Amsterdam University Press.

Hersoug, Bjørn. 2002. *Fishing in a Sea of Sharks: Reconstruction and Development in the South African Fishing Industry.* Delft: Eburon.

Higginson, John. 1989. *A Working Class in the Making: Belgian Colonial Labor Policy, Private Enterprise, and the African Mineworker, 1907–1951.* Madison: University of Wisconsin Press.

Ho, Karen. 2009. *Liquidated: An Ethnography of Wall Street.* Durham, NC: Duke University Press.

Horn, David G. 1994. *Social Bodies: Science, Reproduction, and Italian Modernity.* Princeton, NJ: Princeton University Press.

Hull, Elizabeth, and Deborah James. 2012. "Introduction: Popular Economies in South Africa." *Africa* 82 (1): 1–19.

Hunt, Nancy Rose. 1999. *A Colonial Lexicon: Of Birth Ritual, Medicalization, and Mobility in the Congo.* Durham, NC: Duke University Press.

Hunter, Mark. 2010. *Love in the Time of aids: Inequality, Gender, and Rights in South Africa.* Bloomington: Indiana University Press.

Iliffe, John. 1987. *The African Poor: A History.* New York: Cambridge University Press.

ILO (International Labour Organization). 2011. *Social Protection Floor for a Fair and Inclusive Globalization.* Report of the Advisory Group chaired by Michelle Bachelet, convened by the ilo with the collaboration of the who. Geneva: International Labour Office.

―――. 2012. *Social Protection Floors for Social Justice and a Fair Globalization.* Report IV (2B). International Labour Conference, 101st Session, 2012. Geneva: International Labour Office.

James, Deborah. 2007. *Gaining Ground? Rights and Property in South African Land Reform.* London: Routledge-Cavendish.

―――. 2012. "Money-Go-Round: Personal Economies of Wealth, Aspiration, and Indebtedness." *Africa* 82 (1): 20–40.

Kanna, Ahmed. 2011. *Dubai: The City as Corporation.* Minneapolis: University of Minnesota Press.

Kaseke, Edwin. 2002. "Zimbabwe." In *The State of Social Welfare: The Twentieth Century in Cross-national Review*, ed. John Dixon and Robert P. Scheurell. Westport, CT: Praeger.

Kepe, Thembela, Ruth Hall, and Ben Cousins. 2008. "Land." In *New South African Keywords*, ed. Nick Shepherd and Steven Robins. Athens: Ohio University Press.

King, Martin Luther, Jr. 1967. *Where Do We Go From Here: Chaos or Community?* New York: Harper and Row.

Klein, Naomi. 2008. *The Shock Doctrine: The Rise of Disaster Capitalism.* New York: Picador.

Koopman, Colin, and Tomas Matza. 2013. "Putting Foucault to Work." Critical Inquiry 39 (4): 817–40.

Kropotkin, Peter. (1892) 1995. *The Conquest of Bread and Other Writings.* Ed. Marshall S. Shatz. New York: Cambridge University Press.

———. (1902) 2008. *Mutual Aid: A Factor of Evolution.* Charleston, SC: Forgotten Books.

Krucken, Georg, and Gili S. Drori, eds. 2009. *World Society: The Writings of John W. Meyer.* New York: Oxford University Press.

Kumchulesi, Grace. 2011. "Determinants of Women's Marriage Decisions in South Africa." Paper presented at the annual meeting of the Population Association of America (PAA), Washington, DC.

Lafargue, Paul. 2011. *The Right to Be Lazy: Essays by Paul Lafargue.* Ed. Bernard Marszalek. Oakland, California: AK Press.

LaFontaine, Joan. 1985. "Person and Individual: Some Anthropological Reflections." In *The Category of the Person*, ed. Michael Carrithers, Steven Collins, and Steven Lukes, 123–41. New York: Cambridge University Press.

Lakshmi, Rama. 2010. "Biometric Identity Project in India Aims to Provide for Poor, End Corruption." *Washington Post*, March 28.

Landau, Loren B., ed. 2012. *Exorcising the Demons Within: Xenophobia, Violence and Statecraft in Contemporary South Africa.* Tokyo: United Nations University Press.

Landless People's Movement. 2001. "The Landless People's Charter." Durban, South Africa: Landless People's Movement.

Latour, Bruno, and Vincent Antonin Lepinay. 2009. *The Science of Passionate Interests: An Introduction to Gabriel Tarde's Economic Anthropology.* Chicago: Prickly Paradigm Press.

Leach, Edmund. 1971. "The Heart of the Matter." *New Society* 21 (January).

Leclerc-Madlala, Suzanne. 2004. *Transactional Sex and the Pursuit of Modernity.* Working Paper 68, Centre for Social Science Research, University of Cape Town.

Lee, Rebekah. 2011. "Death 'on the Move': Funerals, Entrepreneurs and the Rural-Urban Nexus in South Africa." *Africa: The Journal of the International African Institute* 81 (2): 226–47.

Lenin, V. I. 1968. *Lenin on Politics and Revolution: Selected Writings.* Ed. James E. Connor. New York: Pegasus.

Levine, Sebastian, Servaas van der Berg, and Derek Yu. 2009. *Measuring the Impact of Social Cash Transfers on Poverty and Inequality in Namibia.* Economic Working Papers 25/09, Department of Economics and the Bureau for Economic Research, University of Stellenbosch.

Lévi-Strauss, Claude. 1976. "Race and History." In *Structural Anthropology*, vol. 2. Chicago: University of Chicago Press.

Li, Tania. 2010. "To Make Live or Let Die? Rural Dispossession and the Protection of Surplus Populations." *Antipode* 41 (supplement s1): 66–93.

Livingston, Julia. 2006. "Insights from an African History of Disability." *Radical History Review* 94:111–26.

Lo Vuolo, Rubén M. 2013. *Citizen's Income and Welfare Regimes in Latin America: From Cash Transfers to Rights.* New York: Palgrave Macmillan.

Long, Norman. 1968. *Social Change and the Individual: A Study of the Social and Religious Responses to Innovation in a Zambian Rural Community.* Manchester: Manchester University Press.

Lund, Francie. 2008. *Changing Social Policy: The Child Support Grant in South Africa.* Cape Town: Human Sciences Research Council (hsrc) Press.

Macleod, Catriona, and Tiffany Tracey. 2009. *Review of South African Research and Interventions in the Development of a Policy Strategy on Teen-Aged Pregnancy.* Grahamstown, South Africa: Rhodes University (for Department of Health, Republic of South Africa, and the World Health Organization).

Macpherson, C. B. (1962) 2011. *The Political Theory of Possessive Individualism: Hobbes to Locke.* New York: Oxford University Press.

Mahmood, Saba. 2005. *Politics of Piety: The Islamic Revival and the Feminist Subject.* Princeton, NJ: Princeton University Press.

Maistry, Margie, and Shirlee Vasi. 2010. "Social Development, including Social Grants." The Eastern Cape Basic Services Delivery and Socio-economic Trends Series,

Number 12. Fort Hare, South Africa: Fort Hare Institute of Social and Economic Research.

Makhulu, Anne-Maria. 2012. "The Conditions for After Work: Financialization and Informalization in Posttransition South Africa." pmla 127 (4): 782 – 99.

Malinowski, Bronislaw. (1922) 1984. *Argonauts of the Western Pacific: An Account of Native Enterprise and Adventure in the Archipelagoes of Melanisian New Guinea*. Long Grove, IL: Waveland Press.

Malkki, Liisa H. 2015. *The Need to Help: The Domestic Arts of International Humanitarianism*. Durham, NC: Duke University Press.

Mamdani, Mahmood. 2002. "Amnesty or Impunity? A Preliminary Critique of the Report of the Truth and Reconciliation Commission of South Africa (trc)." *Diacritics* 32 (3 – 4): 33 – 59.

Marais, Hein. 2001. *South Africa: Limits to Change*. London: Zed.

_____ . 2011. *South Africa Pushed to the Limit: The Political Economy of Change*. London: Zed.

Marshall, T. H. (1949) 1987. "Citizenship and Social Class." In *Citizenship and Social Class*, ed. Trevor Marshall and Tom Bottomore. London: Pluto Press.

Marx, Karl. (1850) 1964. *Class Struggles in France*. New York: International Publishers.

_____ . (1852) 1978. *The Eighteenth Brumaire of Louis Bonaparte*. Peking: Foreign Languages Press.

_____ . (1857) 1973. *Grundrisse: Foundations of the Critique of Political Economy*. Trans. Martin Nicolaus. New York: Vintage.

_____ . 1977. *Karl Marx: Selected Writings*. Ed. David McLellan. Oxford: Oxford University Press.

Marx, Karl, and Frederick Engels. (1848) 1998. *The Communist Manifesto: A Modern Edition*. New York: Verso.

Matondi, Prosper B. 2012. *Zimbabwe's Fast Track Land Reform*. London: Zed.

Maurer, Bill. 2006. "The Anthropology of Money." *Annual Review of Anthropology* 35:15 – 36.

Mauss, Marcel. (1924) 1983. "A Sociological Assessment of Bolshevism (1924 – 25)." Trans. Ben Brewster. *Economy and Society* 13 (3): 331 – 74.

_____ . (1924) 2000. *The Gift: The Form and Reason for Exchange in Archaic Societies*. Trans. W. D. Halls. New York: W. W. Norton.

McCloskey, Deirdre N. 2006. *The Bourgeois Virtues: Ethics for an Age of Commerce*. Chicago: University of Chicago Press.

McCord, Anna Gabriele. 2003. *An Overview of the Performance and Potential of Public*

Works Programmes in South Africa. Working Paper 49, Centre for Social Science Research, University of Cape Town.

———. 2012. *Public Works and Social Protection in Sub-Saharan Africa: Do Public Works Work for the Poor?* Tokyo: United Nations University Press.

McIntosh, Mary. 2006. "Feminism and Social Policy." In *The Welfare State Reader*, ed. Christopher Pierson and Francis G. Castles. Malden, MA: Polity Press.

McKay, Ramah. 2010. "Post-social Prescriptions: Medical Welfare in Mozambique." PhD dissertation, Department of Anthropology, Stanford University.

———. 2012. "Afterlives: Humanitarian Histories and Critical Subjects in Mozambique." *Cultural Anthropology* 27:286–309.

McLean, Iain. 2010. "The Gift Relationship." The Policy Network. Accessed June 2, 2011. http://www.policy-network.net/articles_detail.aspx?ID=3872.

Meagher, Kate. 2010. *Identity Economics: Social Networks and the Informal Economy in Nigeria.* London: James Currey.

Meskell, Lynn. 2011. *The Nature of Heritage: The New South Africa.* Malden, MA: Wiley-Blackwell.

Meth, Charles. 2004. "Ideology and Social Policy: 'Handouts' and the Spectre of 'Dependency.'" *Transformation* 56:1–30.

———. 2008. *Basic Income Grant: There Is No Alternative! (BIG TINA!).* Working Paper 54, School of Development Studies, University of KwaZulu-Natal, October.

———. 2011. *Employer of Last Resort? South Africa's Expanded Public Works Programme (EPWP).* Working Paper 58, South African Labour and Development Research Unit, University of Cape Town.

Miers, Suzanne, and Igor Kopytoff, eds. 1977. *Slavery in Africa: Historical and Anthropological Perspectives.* Madison: University of Wisconsin Press.

Miller, Peter, and Nikolas Rose. 2008. *Governing the Present: Administering Economic, Social and Personal Life.* Cambridge: Polity Press.

Molyneux, Maxine. 2007a. *Change and Continuity in Social Protection: Mothers at the Service of the State?* Gender and Development Program Paper 1, United Nations Research Institute for Social Development. Accessed October 1, 2013. http://www.unrisd.org/80256B3C005BCCF9/%28httpAuxPages%29/BF80E0A8 4BE41896C12573240033C541/$file/Molyneux-paper.pdf.

———. 2007b. "Two Cheers for ccts." *IDS Bulletin* 38 (3): 69–74.

Moodie, T. Dunbar, with Vivian Ndatshe. 1994. *Going for Gold: Men, Mines, and Migration.* Berkeley: University of California Press.

Moore, Donald. 2005. *Suffering for Territory: Race, Place, and Power in Zimbabwe.* Durham, NC: Duke University Press.

Moore, Henrietta L., and Megan Vaughan. 1994. *Cutting Down Trees: Gender, Nutrition, and Agricultural Change in the Northern Province of Zambia, 1890 – 1990.* London: Heinemann.

Morgan, Kimberly J. 2013. "America's Misguided Approach to Social Welfare: How the Country Could Get More for Less." *Foreign Affairs* 92 (1): 153 – 64.

Morgan, Lewis Henry. 1877. *Ancient Society: Or, Researches in the Lines of Human Progress from Savagery, Through Barbarism to Civilization.* New York: Henry Holt.

Morrell, Robert. 1992. *White but Poor: Essays on the History of Poor Whites in Southern Africa, 1880 – 1940.* Pretoria: University of South Africa.

Moss, Todd. 2012. "How to Turn Citizens into Owners of National Wealth." Center for Global Development, Washington, DC. Accessed February 13, 2014. http://www.cgdev.org/blog/how-turn-citizens-owners-national-wealth.

Moss, Todd, and Stephanie Majerowicz. 2013. *Oil-to-Cash Won't Work Here! Ten Common Objections.* Policy Paper 024, Center for Global Development, Washington, DC.

Mudhara, Maxwell. 2010. "Agrarian Transformation in Smallholder Agriculture in South Africa: A Diagnosis of Bottlenecks and Public Policy Options." Paper presented at the conference Overcoming Inequality and Structural Poverty in South Africa: Towards Inclusive Growth and Development, September 2010. Accessed July 6, 2012. http://www.plaas.org.za/sites/default/files/publications-pdf/Mudhara.pdf.

Muehlebach, Andrea. 2012. *The Moral Neoliberal: Welfare and Citizenship in Italy.* Chicago: University of Chicago Press.

Murray, Colin. 1981. *Families Divided: The Impact of Migrant Labour in Lesotho.* New York: Cambridge University Press.

Murray, Matthew C., and Carole Pateman, eds. 2012. *Basic Income Worldwide: Horizons of Reform.* New York: Palgrave Macmillan.

Nash, June. 1979. *We Eat the Mines and the Mines Eat Us: Dependency and Exploitation in Bolivian Tin Mines.* New York: Columbia University Press.

National Treasury. 2012. *Budget Review* 2012. Pretoria: Department of National Treasury, South African Ministry of Finance.

———. 2013. *Budget Review* 2013. Pretoria: Department of National Treasury, South African Ministry of Finance.

Negri, Antonio. 2008. *Goodbye Mr. Socialism*. New York: Seven Stories Press.

Neves, David, and Andries du Toit. 2012. "Money and Sociality in South Africa's Informal Economy." *Africa* 82 (1): 131 – 49.

Neves, David, Michael Samson, Ingrid van Niekirk, Sandile Hlatshwayo, and Andries du Toit. 2009. *The Use and Effectiveness of Social Grants in South Africa*. Cape Town: Institute for Poverty, Land and Agrarian Studies (PLAAS), University of Western Cape; Economic Policy Research Institute (EPRI), University of Cape Town; and FinMark Trust.

Ngwane, Zolani. 2004. "'Real Men Reawaken Their Father's Homesteads, the Educated Leave Them in Ruins.'" In *Producing African Futures: Ritual and Reproduction in a Neoliberal Age*, ed. Brad Weiss. New York: Brill.

Niehaus, Isak. 2010. "Maternal Incest as Moral Panic: Envisioning Futures without Fathers in the south African Lowveld." *Journal of Southern African Studies* 36 (4): 833 – 49.

Nyamnjoh, Francis B. 2006. *Insiders and Outsiders: Citizenship and Xenophobia in Contemporary Southern Africa*. London: Zed.

Nyerere, Julius K. 1968. *Ujamaa: Essays on Socialism*. Dar es Salaam: Oxford University Press.

O'Laughlin, Bridget, Henry Bernstein, Ben Cousins, and Pauline E. Peters. 2013. Special Issue: "Agrarian Change, Rural Poverty and Land Reform in South Africa since 1994." *Journal of Agrarian Change* 13 (1): 1 – 196.

O'Malley, Pat. 1996. "Risk and Responsibility." In *Foucault and Political Reason: Liberalism, Neo-liberalism, and Rationalities of Government*, ed. Andrew Barry, Thomas Osborne, and Nikolas S. Rose. London: ucl Press.

Omer-Cooper, John D. 1966. *The Zulu Aftermath: A Nineteenth-Century Revolution in Bantu Africa*. London: Longmans.

Owen, Robert. (1813) 2004. *A New View of Society: Or, Essays on the Formation of the Human Character and the Application of the Principle to Practice*. Whitefish, MT: Kessinger Publishing.

Paine, Thomas. 1830. *The Political Writings of Thomas Paine*, vol. 2. New York: Solomon King.

Parnell, Susan, and Jennifer Robinson. 2012. "(Re)theorizing Cities from the Global South: Looking Beyond Neoliberalism." *Urban Geography* 33 (4): 593 – 617.

Pateman, Carole. 1989. *The Disorder of Women: Democracy, Feminism, and Political Theory*. Palo Alto, CA: Stanford University Press.

Peppiatt, David, John Mitchell, and Penny Holzmann. 2001. *Cash Transfers in*

Emergencies: Evaluating Benefits and Assessing Risks. Network Paper 35, Humanitarian Practice Network, Overseas Development Institute, London.

Perrings, Charles. 1979. *Black Mineworkers in Central Africa: Industrial Strategies and the Evolution of an African Proletariat in the Copperbelt, 1911–1941.* London: Holmes and Meier.

Peterson, Nicolas. 1993. "Demand Sharing: Reciprocity and the Pressure for Generosity among Foragers." *American Anthropologist* 95 (4): 860–74.

————. 2013. "On the Persistence of Sharing: Personhood, Asymmetrical Reciprocity, and Demand Sharing in the Indigenous Australian Domestic Moral Economy." *Australian Journal of Anthropology* 24:166–76.

Philip, Kate. 2013. *The Transformative Potential of Public Employment Programmes.* Occasional Paper Series 1/2013, Graduate School of Development Policy and Practice, University of Cape Town.

Phiri, Kings M. 1988. "Pre-colonial States of Central Malawi: Towards a Reconstruction of Their History." *Society of Malawi Journal* 41 (1): 1–29.

Piot, Charles. 1991. "Of Persons and Things: Some Reflections on African Spheres of Exchange." *Man* (n.s.) 26:405–24.

Pitcher, M. Anne. 2007. "What Has Happened to Organized Labor in Southern Africa?" *International Labor and Working-Class History* 72 (1): 134–60.

Piven, Frances Fox, and Richard Cloward. 1993. *Regulating the Poor: The Functions of Public Welfare.* New York: Vintage.

Platzky, Laurine, and Cherryl Walker. 1985. *The Surplus People: Forced Removals in South Africa.* Johannesburg: Ravan Press.

Pogge, Thomas W. 2008. *World Poverty and Human Rights: Cosmopolitan Responsibilities and Reforms,* 2nd ed. Malden, MA: Polity Press.

Polanyi, Karl. (1944) 2001. *The Great Transformation: The Political and Economic Origins of Our Time.* Boston: Beacon Press.

Posel, Deborah. 2005. "The Case for a Welfare State: Poverty and the Politics of the Urban African Family in the 1930s and 1940s." In *South Africa's 1940s: Worlds of Possibilities,* ed. Saul Dubow and Alan Jeeves. Cape Town: Double Storey Books.

Postone, Moishe. 1996. *Time, Labor, and Social Domination: A Reinterpretation of Marx's Critical Theory.* New York: Cambridge University Press.

Povinelli, Elizabeth A. 2006. *The Empire of Love: Toward a Theory of Intimacy, Genealogy, and Carnality.* Durham, NC: Duke University Press.

Radcliffe-Brown, A. R. 1965. "On Social Structure." In *Structure and Function in Primitive*

Society, 188 –204. New York: Free Press.

Rancière, Jacques. 2010. *Dissensus: On Politics and Aesthetics*. London: Bloomsbury Academic.

Rees, Tobias. 2014. "Humanity/Plan; or, On the 'Stateless' Today (Also Being an Anthropology of Global Health)." *Cultural Anthropology* 29 (3): 457 –78.

Robins, Steven. 2003. "Grounding 'Globalisation from Below': 'Global Citizens' in Local Spaces." In *What Holds Us Together: Social Cohesion in South Africa*, ed. David Chidester, Phillip Dexter, and Wilmot Godfrey James. Pretoria: Human Sciences Research Council (HSRC) Press.

―――. 2008. *From Revolution to Rights: Social Movements, NGO s, and Popular Politics after Apartheid*. New York: James Currey.

Roelen, Keetie, and Stephen Devereux. 2013. *Promoting Inclusive Social Protection in the Post-2015 Framework*. Policy Briefing 39, Institute of Development Studies, Brighton, UK.

Roemer, John E. 1996. *Equal Shares: Making Market Socialism Work*. New York: Verso.

Rogerson, Christian M. 1996. "Urban Poverty and the Informal Economy in South Africa's Economic Heartland." *Environment and Urbanization* 8 (1): 167 –79.

Rosaldo, Michelle Zimbalist. 1974. "Woman, Culture, and Society: A Theoretical Overview." In *Woman, Culture, and Society*, ed. Michelle Zimbalist Rosaldo and Louise Lamphere. Palo Alto, CA: Stanford University Press.

Rose, Nikolas. 1999. *Powers of Freedom: Reframing Political Thought*. New York: Cambridge University Press.

Ross, Fiona C. 2010. *Raw Life, New Hope: Decency, Housing and Everyday Life in a Post-apartheid Community*. Cape Town: Juta Academic.

Roy, Ananya. 2010. *Poverty Capital: Microfinance and the Making of Development*. New York: Routledge.

Russell, Bertrand. (1918) 2008. *Proposed Roads to Freedom: Socialism, Anarchism, and Syndicalism*. Rockville, Maryland: Arc Manor.

Rutherford, Blair. 2008. "Conditional Belonging: Farm Workers and the Cultural Politics of Recognition in Zimbabwe." *Development and Change* 39 (1): 73 –99.

Sahlins, Marshall. 1974. *Stone Age Economics*. Chicago: Aldine.

Sandbrook, Richard, Marc Edelman, Patrick Heller, and Judith Teichman. 2007. *Social Democracy in the Global Periphery: Origins, Challenges, Prospects*. New York: Cambridge University Press.

Sansom, Basil. 1976. "A Signal Transaction and Its Currency." In *Transaction and Meaning: Directions in the Anthropology of Exchange and Symbolic Behavior*, ed. Bruce Kapferer. Philadelphia: Institute for the Study of Human Issues.

Sassen, Saskia. 2010. "A Savage Sorting of Winners and Losers: Contemporary Versions of Primitive Accumulation." *Globalizations* 7 (1–2): 23–50.

Saul, John. 2011. "Proletariat and Precariat: Non-transformative Global Capitalism and the African Case." Paper presented at the conference Beyond Precarious Labor: Rethinking Socialist Strategies, cuny Graduate Center, New York, May 12–13.

Schmitt, John, Kris Warner, and Sarika Gupta. 2010. *The High Budgetary Cost of Incarceration*. Washington, DC: Center for Economic and Policy Research.

Seekings, Jeremy. 2005. "Visions, Hopes and Views about the Future: The Radical Moment of South African Welfare Reform." In *South Africa's 1940s: Worlds of Possibilities*, ed. Saul Dubow and Alan Jeeves. Cape Town: Double Storey Books.

_____. 2006. "Employment Guarantee or Minimum Income? Workfare and Welfare in Developing Countries." Paper presented at the Fifth Congress of the US Basic Income Guarantee Network, Philadelphia, February 2006.

_____. 2007. " 'Not a Single White Person Should Be Allowed to Go Under': Swartgevaar and the Origins of South Africa's Welfare State, 1924–1929." *Journal of African History* 48 (3): 375–94.

_____. 2008a. *Beyond 'Fluidity': Kinship and Households as Social Projects*. Working Paper 237, Center for Social Science Research, University of Cape Town.

_____. 2008b. "The Carnegie Commission and the Backlash against Welfare State-Building in South Africa, 1931–1937." *Journal of Southern African Studies* 34 (3): 515–37.

_____. 2008c. " 'Just Deserts': Race, Class and Distributive Justice in Post-apartheid South Africa." *Journal of Southern African Studies* 34 (1): 39–60.

_____. 2008d. "Welfare Regimes and Redistribution in the South." In *Divide and Deal: The Politics of Distribution in Democracies*, ed. Ian Shapiro, Peter A. Swenson, and Daniela Donno Panayides. New York: NYU Press.

Seekings, Jeremy, and Heidi Matisonn. 2010. *The Continuing Politics of Basic Income in South Africa*. Working Paper 286, Center for Social Science Research, University of Cape Town.

Seekings, Jeremy, and Nicoli Nattrass. 2005. *Class, Race, and Inequality in South Africa*. New Haven, CT: Yale University Press.

Sembene, Ousmane. 1997. *The Money-Order with White Genesis: Two Novellas*. London: Heinemann.

Sen, Amartya. 1983. *Poverty and Famines: An Essay on Entitlement and Deprivation*.

Oxford: Oxford University Press.

———. 1997. "Equality of What?" In *Choice, Welfare and Measurement*. Cambridge, MA: Harvard University Press.

———. 1999. *Development as Freedom*. New York: Anchor Books.

Sevenhuijsen, Selma. 1998. *Citizenship and the Ethics of Care: Feminist Considerations on Justice, Morality and Politics*. New York: Routledge.

Sevenhuijsen, Selma, Vivienne Bozalek, Amanda Bouws, and Marie Minnaar-McDonald. 2003. "South African Social Welfare Policy: An Analysis Using the Ethic of Care." *Critical Social Policy* 23 (3): 299–321.

Shachar, Ayelet. 2009. *The Birthright Lottery: Citizenship and Global Inequality*. Cambridge, MA: Harvard University Press.

Sharife, Khadija, and Patrick Bond. 2013. "Payment for Ecosystem Services versus Ecological Reparations: The 'Green Economy,' Litigation and a Redistributive Eco-debt Grant." *South African Journal of Human Rights* 29 (1): 144–69.

Sichone, Owen. 2008. "Xenophobia." In *New South African Keywords*, ed. Nick Shepherd and Steven Robins, 255–63. Athens: Ohio University Press.

Simon, Julian L. 1994. "The Airline Oversales Auction Plan: The Results." *Journal of Transport Economics and Policy* 28 (3): 319–23.

Simone, AbdouMaliq. 2004. *For the City Yet to Come: Changing African Life in Four Cities*. Durham, NC: Duke University Press.

Smith, Daniel Jordan. 2008. *A Culture of Corruption: Everyday Deception and Popular Discontent in Nigeria*. Princeton, NJ: Princeton University Press.

Soares, Fábio Veras, Rafael Perez Ribas, and Rafael Guerreiro Osorio. 2010. "Evaluating the Impact of Brazil's Bolsa Familia: Cash Transfer Programs in Comparative Perspective." *Latin American Research Review* 45 (2): 173–90.

South Africa. 2011. "About SA—Social Development." South Africa Government Online. Accessed October 13, 2011. http://www.info.gov.za/aboutsa/socialdev.htm.

Spiegel, Andrew. 2005. "From Expose to Care: Preliminary Thoughts about Shifting the Ethical Concerns of South African Social Anthropology." *Anthropology Southern Africa* 28 (3–4): 133–41.

Stallybrass, Peter. 1990. "Marx and Heterogeneity: Thinking the Lumpenproletariat." *Representations* 31 (1): 69–95.

Standing, Guy. 2002. *Beyond the New Paternalism: Basic Security as Equality*. New York: Verso.

———. 2008. "How Cash Transfers Promote the Case for Basic Income." *Basic Income Studies* 3 (1): 1–30.

_____. 2011. *The Precariat: The New Dangerous Class*. London: Bloomsbury Academic.

_____. 2013. "India's Experiment in Basic Income." *Global Dialogue: Newsletter for the International Sociological Association* 3 (5): 24–26.

Standing, Guy, and Michael Samson. 2003. *A Basic Income Grant for South Africa*. Lansdowne: University of Cape Town Press.

Statistics South Africa. 2013. *General Household Survey*, 2012. Statistical Release P0318. Pretoria: Statistics South Africa.

Strange, Susan. 1997. *Casino Capitalism*. Manchester, UK: Manchester University Press.

Strathern, Marilyn, ed. 2000. *Audit Cultures: Anthropological Studies in Accountability, Ethics and the Academy*. London: Taylor and Francis.

Swidler, Ann, and Susan Cotts Watkins. 2007. "Ties of Dependence: aids and Transactional Sex in Rural Malawi." *Studies in Family Planning* 38 (3): 147–62.

_____. 2009. "Teach a Man to Fish: The Sustainability Doctrine and Its Social Consequences." *World Development* 37 (7): 1182–96.

Tabatabai, Hamid. 2011. "The Basic Income Road to Reforming Iran's Price Subsidies." *Basic Income Studies* 6 (1): 1–24.

Taussig, Michael T. 1980. *The Devil and Commodity Fetishism in South America*. Chapel Hill: University of North Carolina Press.

Thompson, T. Jack. 1995. *Christianity in Northern Malawi: Donald Fraser's Missionary Methods and Ngoni Culture*. New York: Brill.

Tilton, Doug. 2005. "BIG Fact Sheet #1." BIG Coalition website. Accessed September 11, 2005. http://www.big.org.za/index.php?option=articles&task=viewarticle&art id=5.

Titmuss, Richard M. (1970) 1997. *The Gift Relationship: From Human Blood to Social Policy*. London: The New Press.

Tribe of Moles. 2011. "Work, Production and the Common: A Provocation." Accessed February 27, 2013. http://tribeofmoles.wordpress.com/a-provocation/.

Turner, Bryan S. 2010. "T. H. Marshall, Social Rights and English National Identity." *Citizenship Studies* 13 (1): 65–73.

Turner, Stephen J. 2005. *Livelihoods and Sharing: Trends in a Lesotho Village, 1976–2004*. Research Report 22, Program for Land and Agrarian Studies (plaas), University of the Western Cape, South Africa.

UNICEF (United Nations Children's Fund). 2012. *Zimbabwe Harmonized Social Cash Transfer Programme (HSCT): Analysis of the Process and Results of Targeting Labour Constrained Food Poor Households in the First 10 Districts*. Harare:

UNICEF Zimbabwe.

USBLS (United States Bureau of Labor Statistics). 2013. *Women in the Labor Force: A Databook.* Washington, DC: United States Bureau of Labor Statistics.

Valodia, Imraan, and Richard Devey. 2012. "The Informal Economy in South Africa: Debates, Issues and Policies." *Margin: The Journal of Applied Economic Research* 6:133.

van der Veen, Robert J., and Philippe van Parijs. 1986. "A Capitalist Road to Communism." *Theory and Society* 15 (5): 635–55.

van der Waal, Kees, and John Sharp. 1988. "The Informal Sector: A New Resource." In *South African Keywords: The Uses and Abuses of Political Concepts*, ed. Emile Boonzaier and John Sharp. Cape Town: David Philip.

van Onselen, Charles. 1976. "Randlords and Rotgut 1886–1903: An Essay on the Role of Alcohol in the Development of European Imperialism and Southern African Capitalism, with Special Reference to Black Mineworkers in the Transvaal Republic." *History Workshop* 2:33–89.

———. 1986. *Chibaro: African Mine Labour in Southern Rhodesia, 1900–1933.* London: Pluto.

———. 1992. "The Social and Economic Underpinning of Paternalism and Violence on the Maize Farms of the South-Western Transvaal, 1900–1950." *Journal of Historical Sociology* 5 (2): 127–60.

———. 1996. *The Seed Is Mine: The Life of Kas Maine, a South African Sharecropper, 1894–1985.* New York: Hill and Wang.

van Parijs, Philippe. 1993. *Marxism Recycled.* New York: Cambridge University Press.

———. 1995. *Real Freedom for All: What (If Anything) Can Justify Capitalism?* New York: Oxford University Press.

———. 2007. "International Distributive Justice." In *A Companion to Contemporary Political Philosophy*, vol. 2, ed. Robert E. Goodin, Philip Pettit, and Thomas Pogge, 638–52. Oxford: Blackwell.

———. 2013. "The Universal Basic Income: Why Utopian Thinking Matters, and How Sociologists Can Contribute to It." *Politics and Society* 41 (2): 171–82.

Vansina, Jan. 1990. *Paths in the Rainforests: Toward a History of Political Tradition in Equatorial Africa.* Madison: University of Wisconsin Press.

Virno, Paolo. 2004. *A Grammar of the Multitude: For an Analysis of Contemporary Forms of Life.* New York: Semiotext(e).

von Schnitzler, Antina. 2008. "Citizenship Prepaid: Water, Calculability, and Techno-Politics in South Africa." *Journal of Southern African Studies* 34 (4): 899–917.

Wacquant, Loic. 2001. "The Penalization of Poverty and the Rise of Neo-liberalism." *European Journal of Criminology Policy Research* 9 (4): 401 – 12.

———. 2009. *Punishing the Poor: The Neoliberal Government of Social Insecurity.* Durham, NC: Duke University Press.

Walker, Cherryl. 2008. *Landmarked: Land Claims and Restitution in South Africa.* Athens: Ohio University Press.

Weeks, Kathi. 2011. *The Problem with Work: Feminism, Marxism, Antiwork Politics, and Postwork Imaginaries.* Durham, NC: Duke University Press.

White, Hylton. 2001. "Tempora et Mores: Family Values and the Possessions of a Post-apartheid Countryside." *Journal of Religion in Africa* 31 (4): 457 – 79.

———. 2004. "Ritual Haunts: The Timing of Estrangement in a Post-apartheid Countryside." In *Producing African Futures: Ritual and Politics in a Neoliberal Age,* ed. Brad Weiss. Leiden: Brill.

———. 2010. "Outside the Dwelling of Culture: Estrangement and Difference in Postcolonial Zululand." *Anthropological Quarterly* 83 (3): 497 – 518.

———. 2012. "A Post-Fordist Ethnicity: Insecurity, Authority, and Identity in South Africa." *Anthropological Quarterly* 85 (2): 397 – 428.

Widerquist, Karl, and Michael W. Howard, eds. 2012. *Exporting the Alaska Model: Adapting the Permanent Fund Dividend for Reform around the World.* New York: Palgrave Macmillan.

Widerquist, Karl, José A. Noguera, Yannick Vanderborght, Jurgen De Wispelaere, eds. 2013. *Basic Income: An Anthology of Contemporary Research.* Hoboken, NJ: Wiley-Blackwell.

Widlok, Thomas. 2012. "Virtue." In *A Companion to Moral Anthropology,* ed. Didier Fassin, 186 – 203. Hoboken, NJ: John Wiley and Sons.

Wiese, Carl. (1891) 1983. *Expedition in East-Central Africa, 1888 – 891: A Report.* Ed. Harry W. Langworthy. Trans. Donald Ramos. Norman: University of Oklahoma Press.

Wilding, Paul. 1976. "Richard Titmuss and Social Welfare." *Social and Economic Administration* 10 (3): 147 – 66.

Wolpe, Harold. 1972. "Capitalism and Cheap Labour-Power in South Africa: From Segregation to Apartheid." *Economy and Society* 1 (4): 425 – 56.

Woodburn, James. 1998. " 'Sharing Is Not a Form of Exchange': An Analysis of Property-Sharing in Immediate-Return Hunter-Gatherer Societies." In *Property Relations: Renewing the Anthropological Tradition,* ed. C. M. Hann, 48 – 63. New York: Cambridge University Press.

World Bank. 2009. *Conditional Cash Transfers: Reducing Present and Future Poverty*. Washington, DC: The World Bank.

———. 2011. *Overview of State Ownership in the Global Minerals Industry*. Washington, DC: Raw Material Group, World Bank.

Wright, Eric Olin. 2006. "Basic Income, Stakeholder Grants, and Class Analysis." In *Redesigning Distribution: Basic Income and Stakeholder Grants as Cornerstones for an Egalitarian Capitalism*, ed. Bruce Ackerman, Anne Alstott, and Philippe Van Parijs, 91 – 100. New York: Verso.

Wright, John. 1995. "Mfecane Debates." *Southern African Review of Books*, 39 – 40.

Wright, Marcia. 1993. *Strategies of Slaves and Women: Life-Stories from East/Central Africa*. London: James Currey.

Yanagisako, Sylvia. 2002. *Producing Culture and Capital: Family Firms in Italy*. Princeton, NJ: Princeton University Press.

———. 2012. "Immaterial and Industrial Labor: On False Binaries in Hardt and Negri's Trilogy." *Focaal* 64:16 – 23.

Zaloom, Caitlin. 2010. *Out of the Pits: Traders and Technology from Chicago to London*. Chicago: University of Chicago Press.

Zelizer, Viviana A. 2005. *The Purchase of Intimacy*. Princeton, NJ: Princeton University Press.

Zhang, Li. 2002. *Strangers in the City: Reconfigurations of Space, Power, and Social Networks within China's Floating Population*. Palo Alto, CA: Stanford University Press.

Žižek, Slavoj. 2010. *Living in the End Times*. New York: Verso.

찾아보기

글레드힐, 존 129
글로벌 개발센터 123, 334
기근 125, 143, 233, 234, 252
기독교 91, 114, 136, 145, 221, 273, 312,
    313, 333
기본소득 6, 7, 9, 11~13, 15, 16, 18, 20~
    27, 64, 79~84, 86, 106, 108, 116,
    121~123, 126, 157, 158, 160, 163,
    164, 243, 244, 246, 275~281, 285,
    311~317, 319, 323, 330, 331, 333,
    336, 337, 341, 346~351, 354, 356
기본소득BIG 캠페인 275, 276, 278, 295,
    309, 311~313, 317, 323, 324, 330,
    331, 340, 347, 351, 358
깁슨, 그레엄 246

[ㄴ]

나미비아 23, 29, 34, 40, 41, 46~48, 50,
    64, 108, 122, 123, 125, 135, 151,
    152, 156, 158, 164, 192, 208, 241,
    272, 275, 278, 279, 291, 294, 309,
    311~317, 319, 323, 330, 333, 340,
    341, 354, 358
나트라스, 니콜라이 34, 267, 268
남로디지아 152, 155
남성성 17, 102, 107, 279
남아공공산당SACP 52, 298
남아공노동조합총연맹COSATU 52, 298
남아프리카
- 남아프리카에서의 돈과 상호성 215~250
- 남아프리카에서의 분배 74, 75, 171~214
- 남아프리카에서의 의존 251~286
- 남아프리카의 사회정책 135~170

- 남아프리카의 정치적·경제적 구조조정
    45~47, 109, 110, 155~157, 300, 327,
    328
- 정치적·경제적 지역으로서의 남아프리카
    40
남아프리카개발공동체SADC 317, 358
남아프리카공화국 9, 11, 15, 22, 25, 29,
    32~34, 36, 40~42, 44~55, 58, 60, 61,
    63~66, 80, 94, 100, 108, 110, 118,
    123, 125, 128, 130, 135, 149~151,
    153, 154, 156~158, 160, 161, 164,
    165, 172, 174, 177, 191~193, 196,
    200, 202, 206, 208~210, 215, 234,
    235, 238, 246, 253, 261, 262, 264~
    267, 269~271, 275~276, 278~280,
    282, 285, 289~295, 297~300, 302,
    303, 309, 313, 317, 323, 324, 326,
    336, 337, 340~342, 344, 345, 347,
    349, 351, 353, 354, 357~359, 361
- 사회개발과 345~347, 361, 362
네그리, 안토니오 322, 337
네베스, 데이비드 34, 192, 194, 200, 201,
    237, 241, 242, 328
노동 6~9, 13~15, 17, 20, 22~24, 29, 31,
    33, 43, 52~56, 61, 63, 69, 72, 77, 86,
    92~94, 97, 98, 105~108, 115~117,
    119~122, 124, 127, 128, 145, 147,
    150, 158~160, 173~175, 183, 186~
    189, 192, 197, 200, 203, 222, 246, 255,
    262, 264, 273~276, 279, 284, 286,
    291, 292, 308, 318~325, 327~329,
    332, 336~341, 349, 352, 358
- 노동성원권 266, 267, 277, 280, 282,
    284

분배정치의 시대

기본소득과 현금지급이라는 혁명적 실험

2017년 1월 16일 초판 1쇄 발행
2018년 4월 19일 초판 3쇄 발행

지은이 | 제임스 퍼거슨
옮긴이 | 조문영
펴낸곳 | 여문책
펴낸이 | 소은주
등록 | 제25100-2017-000053호
주소 | (03482) 서울시 은평구 응암로 142-32, 101-605호
전화 | (070) 5035-0756
팩스 | (02) 338-0750
전자우편 | yeomoonchaek@gmail.com
페이스북 | www.facebook.com/yeomoonchaek

ISBN 979-11-87700-12-8 (93330)

이 도서의 국립중앙도서관 출판시도서목록(cip)은 e-CIP 홈페이지(http://www.nl.go.kr/ecip)에서
이용하실 수 있습니다(CIP 제어번호: 2016032485).

이 책의 인세 전액은 빈곤사회연대에 후원됩니다.

여문책은 잘 익은 가을벼처럼 속이 알찬 책을 만듭니다.